国家社会科学基金青年项目"房价波动对系统性
金融风险影响的传导机制、动态特征及对策研究"（15CJY080）最终成果
天津市"131"创新型人才团队"金融风险创新团队"资助

房价波动对系统性
金融风险影响研究

郭　娜　著

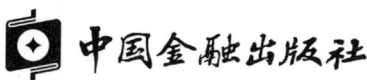

中国金融出版社

责任编辑：肖丽敏
责任校对：孙　蕊
责任印制：丁淮宾

图书在版编目（CIP）数据

房价波动对系统性金融风险影响研究（Fangjia Bodong dui Xitongxing Jinrong Fengxian Yingxiang Yanjiu）/郭娜著 . —北京：中国金融出版社，2018.8
ISBN 978 - 7 - 5049 - 9625 - 1

Ⅰ.①房…　Ⅱ.①郭…　Ⅲ.①房价—物价波动—影响—金融风险防范—研究—中国　Ⅳ.①F832.1

中国版本图书馆 CIP 数据核字（2018）第 139982 号

出版
发行　　中国金融出版社

社址　北京市丰台区益泽路 2 号
市场开发部　（010）63266347，63805472，63439533（传真）
网 上 书 店　http://www.chinafph.com
　　　　　　（010）63286832，63365686（传真）
读者服务部　（010）66070833，62568380
邮编　100071
经销　新华书店
印刷　北京市松源印刷有限公司
尺寸　169 毫米×239 毫米
印张　18.75
字数　345 千
版次　2018 年 8 月第 1 版
印次　2018 年 8 月第 1 次印刷
定价　56.00 元
ISBN 978 - 7 - 5049 - 9625 - 1
如出现印装错误本社负责调换　联系电话（010）63263947

目　　录

绪　　论

　　百年不遇的金融危机使人们再次清晰地认识到房地产价格波动对一个国家的银行业乃至金融稳定的重要影响，房地产价格的大幅上涨会导致泡沫经济的形成，而泡沫的破灭则会通过金融体系的作用引发金融危机。许多国家和地区在 20 世纪的最后 20 年里有过房地产泡沫破裂引发银行危机进而导致金融危机的痛苦经历，如美国的房地产泡沫和储蓄贷款业危机、日本泡沫经济的崩溃导致日本"失落的 10 年"以及东南亚金融危机、近期美国的次贷危机等。这场全球性金融危机促使各国金融监管部门开始更加关注资产价格因素，尤其是房地产价格因素对系统性金融风险产生的重要影响。如何在协调产出增长和物价稳定双目标的同时，有效地调控房地产价格，维护金融与宏观经济稳定已经成为各国金融监管部门面临的挑战。针对本次金融危机所暴露出来的金融顺周期性和系统性风险的特点，传统价格稳定的货币政策并不能保证宏观金融稳定，这促使人们对现有的货币政策和监管框架重新审视，许多国家因此开始构建基于自身要求的逆周期宏观审慎监管框架来抑制金融失衡，从而降低由房地产泡沫破灭引发的系统性金融风险。

　　近年来，我国的房地产市场发展十分迅速，住房市场改革不断推进，房地产价格也随之节节攀升。2016 年，房地产市场迎来了本轮周期的高点，国家统计局数据显示，2016 年 8 月，全国 70 个大中城市中有 64 个城市新建商品住宅销售价格同比上涨，其中，北京、上海、广州三大一线城市新建商品住宅销售价格同比涨幅均在 20% ~ 40%，房价涨幅屡创新高。持续上涨的房地产价格不仅侵蚀了居民的消费能力，同时也对我国的金融稳定乃至民生问题产生了巨大影响，加大了我国金融市场的脆弱性以及系统性金融风险产生的可能性。面对处于高位的房地产市场，我国政府开始担忧房价泡沫破灭对金融稳定造成的冲击，开启了新一轮严苛的房地产调控政策。随着全国多地楼市调控政策的密集出台，市场环境开始收紧，房价出现一定程度的回落。为了防止房价泡沫破灭所造成的系统性金融风险，2016 年 12 月中央经济工作会议中强调，要把防控金融风险放到更加重要的位置，并进一步明确住房的居住定位，在支持居民自住购房的同时更加注重抑制投资投机性需求，以防止热点城市的泡沫风险及市场出现大起大落。

　　有鉴于此，本课题从房价波动的视角切入，从理论上深入分析了房价波动对系统性金融风险影响的传导机制，并采用科学严谨的实证分析方法研究我国房地产价格波动对系统性金融风险影响的动态特征，并说明了影响房地产价格波动的因素，构建了基于金融安全视角和房地产价格波动风险因子的宏观金融风险监测体系和系统性风险早期预警体系，最后给出了促进我国房地产市场健康发展和防范系统性金融风险的相关政策建议。本书的研究结论对于我国房地产业和金融业的健康发展以及金融监管部门维护我国宏观经济稳定都具有十分重要的理论和现实意义。本书具体内容如下：

　　第一，房地产泡沫破灭引发系统性金融风险的国际比较研究。系统梳理和总结了房地产泡沫破灭引发金融危机的国际案例，对具有房地产泡沫推动特征、影响力度较大、影响范围较广的三次金融危机，即日本房地产泡沫危机、东南亚金融危机和美国次贷危机进行了重点分析。从形成原因、传导机制、表现形式、动态演进过程、主要特征、危机处理方式等方面，比较分析了共性规律和个性差异，并重点分析了本次次贷危机与以往金融危机的异同点以及其为世界各国金融监管部门带来的启示性意义。给出了包括促进实体经济与虚拟经济协调发展、合理利用外资谨慎进行资本项目开放、完善银行信贷体制监管、协调金融创新与金融监管之间关系等政策建议。

　　第二，房地产价格波动对系统性金融风险影响的传导机制。分别从传统渠道、影子银行体系渠道和新兴传导渠道三个方面深入探讨了我国房地产价格波动对系统性金融风险影响的传导机制。首先，在传统渠道中分别从银行信贷传导渠道、货币政策效应渠道、财富效应渠道和金融加速器渠道四个方面展开分析；其次，在深入分析我国影子银行体系产生和发展背景下，分别从信用创造能力增强、抵押资产增加和流动性风险三个方面分析了房价波动对系统性金融风险影响的影子银行体系渠道；再次，从互联网金融传导渠道和"杠杆率"传导渠道两方面探讨了房价波动对系统性金融风险影响的新兴传导渠道；最后，在上述分析基础上从房价上涨过程中的金融风险累积和房价下跌过程中的金融风险爆发两个层面论述了房价波动对系统性金融风险的影响机理。

　　第三，我国房地产价格波动的影响因素分析。首先是我国货币政策对房地产市场调控的非对称效应研究。利用2005—2016年的数据构建了包含房地产商部门的DSGE模型，分别考察了宽松和紧缩货币政策实施期下，数量型和价格型货币政策工具冲击对房地产价格的影响。研究结果表明，在不同的货币政策实施期，我国货币政策工具对房地产市场调控效果存在非对称效应。其次是我国房地产价格波动的金融影响因素分析。采用基于有向无环图（DAG）技术的结构向量自回归方法探讨了推动我国房地产价格上涨的金融相关影响因素。研究结果表明，我国社会融资规模、金融体系的资金支持、杠杆率的提高及利率的变化都对我国房地产价格的波动产生了重要影响。最后是老龄化、城镇化与我国房地产价格研究。在我国人口老龄化和城镇化进程的背景下，运用非线性的面板平滑转换模型研究了它们对房地产价格所产生的影响。实证结果表明，人口数量的增长确实是推动我国房地产价格上涨的重要因素，这种影响呈现明显的非线性特征，老龄化程度的加剧会减弱这种正向影响使房价下降，而城镇化水平的增加则会增强这种正向影响使房价上涨。

第四，我国房地产价格波动与银行风险研究。首先是我国房地产价格波动与银行信贷扩张研究。利用我国 31 个省市的房地产市场面板数据，采用面板误差修正模型和面板格兰杰因果检验等方法，实证研究了房地产价格上涨与银行信贷扩张之间的互动关系。研究结果发现，房地产价格与银行信贷之间存在正相关关系，银行信贷扩张能够显著地推动房地产价格的上涨，而房地产价格的增长也会进一步推动信贷规模扩张，这种双向循环会加剧房地产泡沫膨胀，促使金融风险通过银行体系迅速传导至实体经济，从而引发系统性金融风险。其次是房地产市场、影子银行与我国银行业系统性风险研究。构建了包含房地产商的动态随机一般均衡模型（DSGE），探讨了影子银行新兴传导渠道在房价波动对系统性金融风险影响中的作用。脉冲响应结果表明，影子银行融资利差增大、房地产需求的扩张以及紧缩的货币政策冲击均会使商业银行资金向影子银行转移，促使融资杠杆率提升，加大银行业系统性风险，影子银行的存在也在一定程度上造成了货币政策传导机制的失效。

第五，我国房地产价格波动对系统性金融风险的影响及动态特征。首先是我国房地产价格波动对系统性金融风险影响的动态机制研究。立足于本轮房价上涨，通过建立基于有向无环图（DAG）的结构向量自回归（SVAR）模型，探讨了房价波动对我国系统性金融风险造成的动态影响。实证结果表明，房价的大幅上涨是导致我国系统性金融风险积累的重要原因。其次是房价"黏性"、系统性金融风险与宏观经济波动。通过构建包含房地产部门的系统性金融风险内生化 DSGE 模型，分别考察了在不同房价黏性下，杠杆率等金融变量和宏观经济变量在面对不同外生冲击时的动态响应。研究结果表明：技术冲击使房价、产出和通胀等宏观变量呈现正向响应，使系统性金融风险和风险溢价呈现负向响应；紧缩的货币政策冲击使房价和产出等宏观经济变量下降，然而会促使杠杆率和系统性金融风险水平上升。最后是房价波动、宏观审慎监管与最优货币政策选择。通过建立 DSGE 模型，分别在技术冲击、住房需求冲击以及货币政策冲击下，研究了货币政策与宏观审慎政策的配合策略。研究结果表明：在住房需求冲击下，盯住房价的货币政策与宏观审慎政策相互配合，能够有效抑制房价上涨，较好地熨平经济波动；在技术冲击与货币政策冲击下，采用单一目标的货币政策规则并辅之以宏观审慎政策配合时政策实施持续性较高，可以很好地缓解房价波动，有效降低系统性金融风险，实现宏观经济稳定。

第六，基于房价波动因子的系统性金融风险早期预警体系。首先是我国系统性金融风险的度量与评估。采用主成分分析方法来从宏观层面（宏观经济维度、资产泡沫维度、货币市场维度、外汇市场维度）构建了系统性金融风险指数来测度整个金融系统的风险水平和变动趋势，并对其系统性风险影响因素进行了深入的分析，并且利用马尔可夫转换模型对系统性金融风险状态进行识别。其次是基于房价波动因子的系统性金融风险早期预警体系。采用多元有序 probit 模型，构建了适合我国经济现实的基于房价波动因子的系统性金融风险早期预警体系。研究结果表明，商品房平均销售价格同比增长率与金融危机发生的概率呈正相关，GDP 同比增速与金融危机发生的概率呈负相关，模型能够较好地预测我国系统性金融风险的发生。本研究构建的系统性金融风险早期预警体系，对于防范我国金融体系风险、维护我国宏观金融稳定具有重要的现实意义。

第七，房地产市场健康发展与宏观审慎视角的政策体系研究。首先是房地产市场健康发展的政策建议。分别从深化房地产供给侧结构改革、拓宽房地产企业融资渠道、完善房地产信息系统和完善保障性住房体系等四方面给出了相应的政策建议。其次是完善我国货币政策对房地产市场调控。分别从完善货币政策房地产价格传导渠道、提高中央银行对房地产价格的预测调控能力、强化房地产价格因素在货币政策制定中的地位、注重与其他政策手段的有效配合等四方面给出了相应的政策建议。最后是防范系统性金融风险的宏观审慎监管框架。分别从确立中国人民银行的宏观审慎监管主体地位、加强宏观金融风险的监测和预警、建立房地产市场宏观审慎监管体系、加大宏观审慎管理政策工具的开发与运用等四方面给出了相应的政策建议。

第一章 引　言

第一节　研究背景及意义

　　百年不遇的金融危机使人们再次清晰地认识到房地产价格波动对一个国家的银行业乃至金融稳定的重要作用，房地产价格的大幅上涨会导致经济泡沫，经济泡沫破灭则会通过金融体系传染进而引发金融危机。在 20 世纪的 80 年代后，许多国家和地区经历过从最初的房地产泡沫破灭进而引发银行危机最后导致金融危机的时期，如美国的房地产泡沫和储蓄贷款业危机、日本泡沫经济崩溃后那"失落的 10 年"、东南亚金融危机以及近期的美国次贷危机等。房地产市场的资金密集型特征和房地产资产本身具备的消费和投资双重属性，促使其价格变动会通过银行信贷传导渠道、货币政策效应渠道和财富效应等渠道影响到金融乃至宏观经济稳定。近年来不断兴起的影子银行体系和互联网金融平台，更是为资金流入房地产市场提供了更多的途径，进一步加剧了房价波动对系统性金融风险的影响程度。如何在协调产出增长和物价稳定双目标的同时，有效地调控房地产价格，维护金融稳定已经成为各国金融监管部门面临的挑战。针对本次金融危机所暴露出来的金融顺周期性和系统性风险的特点，传统价格稳定的货币政策并不能保证宏观金融稳定，这促使人们对现有的货币政策体系和金融监管框架进行重新审视，许多国家因此开始构建基于自身要求的逆周期宏观审慎监管框架来抑制金融失衡，从而防范由房地产泡沫破灭引发的系统性金融风险。

　　随着住房改革的不断推进，我国房地产市场蓬勃发展，房地产投资在国民经济中的占比也在不断提高，房地产投资占 GDP 的比重从 2003 年的 7.39% 上升到 2015 年的 14.18%，2016 年 9 月，中国房地产总市值占 GDP 的比重为 411%，远高于国际 260% 的平均水平。伴随着房地产投资在实体经济中占比的增加，我国房地产市场逐步形成了非理性上涨的局面，房地产价格也随之节节攀升。根据中国统计局数据，2006—2016 年的 10 年间，我国房地产价格保持着高速上涨的态势，一线城市尤为显著，北京、上海房价累计涨幅为 400%，深圳累计涨幅甚至达到 620%。2016 年，房地产市场迎来了本轮上涨周期的高点，国家统计局数据显示，2016年8月，全国70个大中城市中有64个城市新建商品住宅销售价格同比上涨，其中，北京、上海、广州三大一线城市新建商品住宅销售价格同比涨幅均在20%～40%，深圳新建商品住宅销售价格同比涨幅甚至高达43.01%，房价涨幅屡创新高。

不断上涨的房地产价格不仅限制了居民的消费能力，同时也对我国的金融稳定乃至民生问题都产生了巨大影响，加大了我国金融系统脆弱性以及系统性金融风险产生的可能性。面对处于高位的房地产市场，我国政府开始担忧房价泡沫破灭对金融稳定造成的冲击，2016年10月，新一轮严苛的房地产调控政策再次重启，旨在为大幅攀升的房价进行"降温"。辅之以货币政策，中央经济工作会议明确提出2017年"货币政策要更加稳健，回归中性"，"中性"一词表明货币当局对抑制房地产价格泡沫和防范系统性金融风险的重视。随着全国多地楼市调控政策的密集出台，市场环境开始收紧，房价出现一定程度的回落。2016年12月中央经济工作会议中强调，重视金融风险的防控，并进一步明确了住房的居住定位，支持居民自住购房的同时更加注重抑制居民投机性需求，避免热点城市出现泡沫风险及市场出现大起大落。近年来，调控房地产市场、防范系统性金融风险已经成为我国政府宏观调控的重要问题。

目前，我国房地产市场仍处于高位，积聚了大量的房地产泡沫，这使得我国金融体系所面临的系统性金融风险也在不断增大，从而引发市场各方开始重新关注房价波动对金融稳定的影响。正是基于对房地产市场新形势下系统性金融风险的担忧，各家银行机构纷纷展开了房贷压力测试，希望能够以此准确评估房价波动对自身风险的影响。那么，我国房价波动会对系统性金融风险产生多大的影响？传导机制和动态特征是怎样？如何测度系统性金融风险？如何防范和控制房价波动所引起的系统性金融风险？这些问题的正确回答对于我国房地产业和金融业的健康发展以及政府部门通过监管金融行业来维持我国宏观经济稳定运行有至关重要的理论与现实意义。因此，本书在研究国内外相关文献论述的基础上，结合我国房地产市场发展现实和宏观经济环境，采用理论与实证相结合的研究方法，对我国房地产价格波动对系统性金融风险影响的传导机制、动态特征进行了较为详尽细致的研究，并根据得出的研究结论结合我国经济发展实际提出了相应的对策建议。本书得出的结论丰富了相关理论研究，对于促进我国房地产市场健康发展、完善我国货币政策理论体系、加强监管部门对于金融行业的宏观审慎监管以及维护我国宏观金融稳定运行具有重要的实践意义。

第二节 研究思路与方法

一、研究思路

本书采用理论与实证相结合，从一般到特殊的研究方法来对房地产价格与系统性金融风险的问题进行研究，并借助各种计量经济分析方法，全面地研究了房地产价格波动对系统性金融风险影响的传导机制和动态特征。与此同时，在我国当前经济发展的现实背景下，提出了相关政策建议以促进房地产行业更为健康稳定发展、中央银行政策更为有力执行以及政府部门对金融行业更为有效监管。

具体来说，本书首先从房地产泡沫破灭引发系统性金融风险的国际案例出发，从形成原因、传导机制、表现形式、动态演进过程、主要特征、危机处理方式等方面对日本房地产泡沫危机、东南亚金融危机和美国次贷危机进行了比较分析与借鉴；其次，在理论上从传统渠道、影子银行体系渠道和新兴传导渠道三个方面研究了我国房地产价格波动对系统性金融风险影响的传导机制；再次，在理论分析基础上，本书采用实证分析的方法重点探讨了我国房地产价格波动与银行风险之间的动态关系以及影子银行新兴传导渠道在房价波动对系统性金融风险影响中的作用；复次，通过构建基于有向无环图的结构向量自回归模型和动态随机一般均衡模型，研究了在不同房价变动机制下房地产价格波动对系统性金融风险的影响及动态特征；又次，基于我国经济金融系统的异质性，构建了基于房价波动因子的系统性金融风险早期预警体系，以此来测度和预警我国金融系统的总体风险水平；最后，在上述理论与实证研究的基础上，本书给出了促进我国房地产市场健康发展和防范系统性金融风险的相关政策建议。

二、研究方法

本书采取多种研究方法相结合的方式，以理论阐述结合实践应用，以实证分析为主规范分析为辅，定性分析与定量分析并重、归纳分析联合演绎分析等，通过多种研究方法的合理配合使本书的结构更有层次，脉络更为条理，重点更加突出。

（一）规范分析与实证分析相结合的方法

规范分析与实证分析作为经济学研究中经常运用的分析方法，相辅相成又各有特点。规范分析是通过一定的价值判断针对某一问题来回答"应该是什么"的问题，在相关经济问题的研究中提出处理某些经济问题的标准，并以此作为树立经济理论的前提和经济政策制定的依据，探究符合该标准的方法；实证分析则通过分析特定经济现象或活动的发展趋势来得出规律性结论回答"是什么"

的问题。本书在研究方法上主要采取了实证分析的方法，并辅之以规范分析，两者交叉运用，体现了经济学研究的严谨性与科学研究的规范性。

（二）定性分析与定量分析相结合的方法

本书在分析过程中还综合运用了定性分析与定量分析这两种方法。其中，定性分析主要采用基本描述性统计分析、图表统计分析的方法；定量分析方法主要采用了单位根检验、协整检验、有向无环图分析、结构向量自回归模型、面板格兰杰因果检验、面板误差修正模型、脉冲响应函数分析、预测方差分解分析、递归的预测方差分解、动态随机一般均衡模型、主成分分析、马尔可夫转换模型、多元有序 probit 模型等计量经济学分析方法。

（三）归纳分析与演绎分析相结合

归纳分析与演绎分析是经济学研究中经常运用的研究方法，这两种方法源于人类逻辑思维的过程中交替使用，相伴而生。归纳分析是指从个别到一般的论证方法，是通过众多个别事物特征的研究与总结，归纳出其共有的一般特性与规律的研究方法；而演绎分析则是以既定的规律和假设为前提，经过一系列严密的推理得出新的规律和结论。在本书的研究中，房地产泡沫破灭引发系统性金融风险的国际比较研究和房地产价格波动对系统性金融风险影响的传导机制研究主要采用了演绎分析方法；房地产价格波动与银行风险的研究和房地产价格波动对系统性金融风险的影响及动态特征实证研究中主要采用了归纳分析的方法。

第三节　主要内容与研究框架

本书的研究主要包括三个重要方面，即房地产价格波动对系统性金融风险影响的传导机制、房地产价格波动对系统性金融风险的影响及动态特征以及房地产市场健康发展与宏观审慎视角的政策体系研究。本书的内容可分为七个部分，具体结构安排如下。

第一章为本书的引言，主要介绍了本书的研究背景、研究意义、研究思路、研究方法、主要内容、研究框架以及研究的改进与创新。

第二章和第三章为本书的理论分析部分。

第二章对房地产泡沫破灭引发系统性金融风险进行了国际比较研究。详细阐述了具有房地产泡沫推动特征、影响力度较大、影响范围较广的日本房地产泡沫危机、东南亚金融危机和美国次贷危机三个典型案例。从形成原因、传导机制、表现形式、动态演进过程、主要特征、危机处理方式等方面进行了比较分析，重点分析了本次次贷危机与以往金融危机的异同点以及其为世界各国金融监管部门带来的启示性意义。

第三章从理论上研究了房地产价格波动对系统性金融风险影响的传导机制。

首先，在传统渠道中，分别从银行信贷传导渠道、货币政策效应渠道、财富效应渠道和金融加速器渠道四个方面展开分析；其次，分别从信用创造能力增强、抵押资产增加和流动性风险三个方面分析了房价波动对系统性金融风险影响的影子银行体系渠道；再次，从互联网金融传导渠道和"杠杆率"传导渠道两方面探讨了房价波动对系统性金融风险影响的新兴传导渠道；最后，在上述分析基础上从房价上涨过程中的金融风险累积和房价下跌过程中的金融风险爆发两个层面论述了房价波动对系统性金融风险的影响机理。

第四章至第七章为本书的实证分析部分。

第四章主要研究了我国房地产价格波动的相关因素。首先，利用 2005—2016 年的数据构建了 DSGE 模型，分别考察宽松和紧缩货币政策实施期下，数量型和价格型货币政策工具冲击对房地产价格的影响；其次，采用基于有向无环图（DAG）技术的结构向量自回归方法探讨了推动我国房地产价格上涨的金融相关影响因素；最后，运用非线性的面板平滑转换模型研究了城镇化和老龄化对房地产价格所产生的影响。

第五章主要研究了我国房地产价格波动与银行风险之间的关系问题。首先，利用我国 31 个省市的房地产市场面板数据，采用面板误差修正模型和面板格兰杰因果检验等方法实证研究了我国房地产价格波动与银行信贷扩张之间的关系；其次，构建了包含房地产商的动态随机一般均衡模型，探讨了影子银行新兴传导渠道在房地产价格波动对系统性金融风险影响中的作用。

第六章主要研究了我国房地产价格波动对系统性金融风险的影响及动态特征。首先，建立了基于有向无环图的结构向量自回归模型，探讨了房价波动对我国系统性金融风险造成的动态影响；其次，构建了包含房地产部门的系统性金融风险内生化 DSGE 模型，分别考察了在不同房价黏性下，杠杆率等金融变量和宏观经济变量在面对不同外生冲击时的动态响应；最后，通过建立 DSGE 模型，分别在技术冲击、住房需求冲击和货币政策冲击下，研究了货币政策与宏观审慎政策之间能够有效抑制房价过快上涨，防范系统性金融风险的配合策略。

第七章构建了基于房价波动因子的系统性金融风险早期预警体系。首先，采用主成分分析方法从宏观层面构建了系统性金融风险指数来测度整个金融系统的风险水平和变动趋势，并对系统性金融风险的影响因素进行了深入的分析，并且利用马尔可夫转换模型对我国系统性金融风险的状态进行识别；其次，采用多元有序 probit 模型，构建了适合我国经济现实的基于房价波动因子的系统性金融风险早期预警体系，旨在较好地预测系统性金融风险的发生，对于防范我国金融体系风险、维护我国宏观金融稳定具有重要的现实意义。

第八章是本书的政策建议部分。首先，从房地产供给侧结构改革、房地产企业融资渠道、房地产信息系统和保障性住房体系四个方面给出了房地产市场健康发展的政策建议；其次，从货币政策传导渠道、中央银行的房价预测能力、货币政策制定、多种政策手段配合四个方面给出了完善我国货币政策对房地产市场调控的政策建议；最后，从宏观审慎监管主体、宏观金融风险的监测和预警、宏观审慎监管体系、宏观审慎政策工具四个方面给出了防范系统性金融风险的宏观审慎监管框架。

本书的整体框架如图1-1所示。

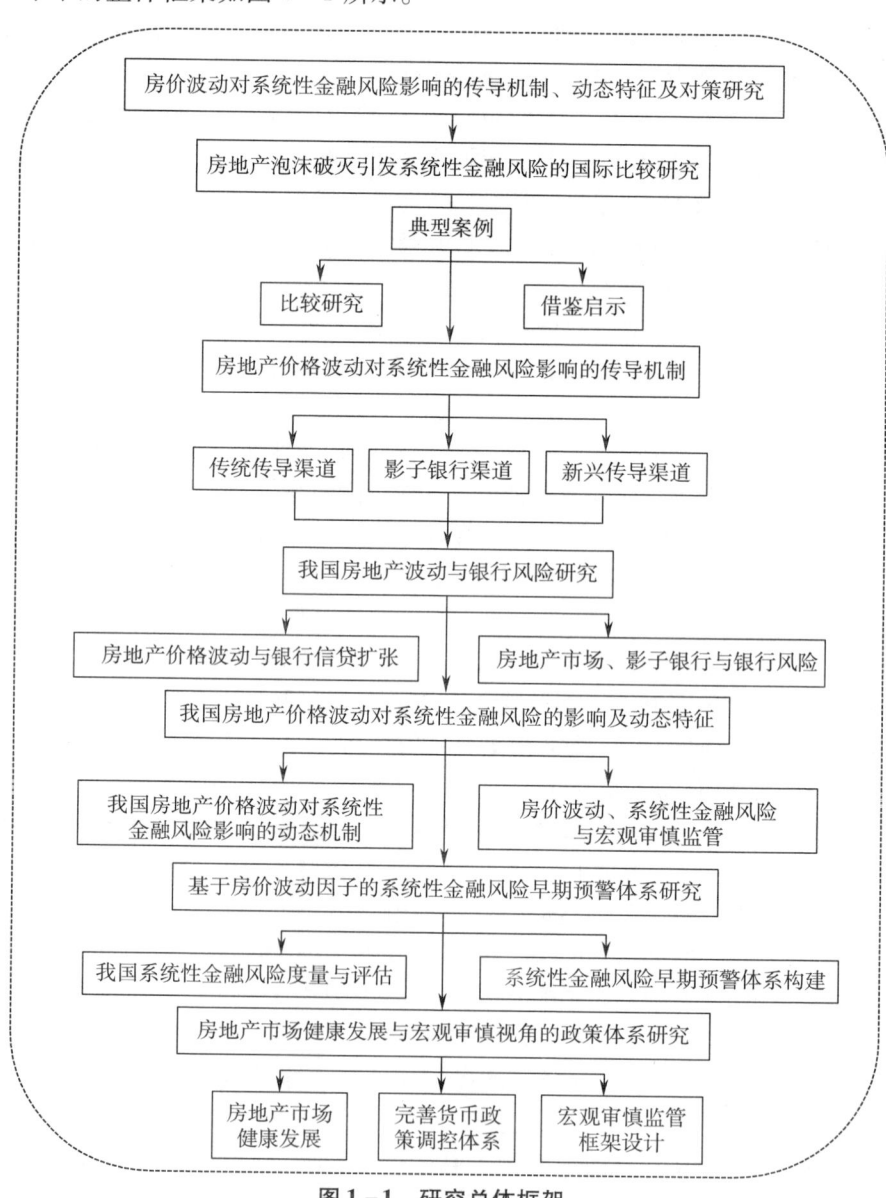

图1-1　研究总体框架

第四节 研究的改进与创新

本书以我国房地产价格与系统性金融风险为研究对象，采用理论分析与实证分析相结合的方法，深入细致地研究了两者之间的相互关系。本书研究创新主要体现在以下几个方面。

第一，与以往研究不同，本书的研究对象主要是我国房价波动对系统性金融风险的传导机制，同时讨论了房价上涨对系统性金融风险产生的重要影响。系统性金融风险是本次金融危机暴露出来的全球性金融体系新问题，许多国家因此开始构建基于自身需求的逆周期宏观审慎监管框架，从而降低由房地产市场失衡所引发的系统性金融风险。因此，讨论房价波动与系统性金融风险之间的关系问题，在现阶段更具现实意义。在研究方法上，为了克服传统向量自回归模型（VAR）的研究缺陷，本书采用了基于有向无环图（DAG）的结构向量自回归模型（SVAR）对系统性金融风险的影响因素进行了深入系统分析，以期得出更加准确且富有政策启示意义的结论，增强研究结果的稳健性和科学性。

第二，房价波动与其相关影响因素之间的问题，有关人口老龄化、城镇化这两种因素，前期文献并未考虑到其可能作为房地产市场发展的宏观经济背景，对房地产市场系统运行的供需状况产生影响，因此，本书采用非线性的面板平滑转换模型对上述问题进行研究，从而合理解释人口老龄化、城镇化与房地产价格之间的关系；另外，在货币政策方面大多数前期研究仅讨论一种货币政策工具对房地产价格产生的影响，并且大多数研究只考察一种币政策工具的冲击效果，却忽视货币政策在宽松期和紧缩期的调控效果可能会存在非对称差异，本书通过引入房地产商的 DSGE 模型，衡量在不同的货币政策实施期下，数量型与价格型两种货币政策工具货币政策对房地产价格调控存在的非对称效应；此外，前期文献没有对推动房地产价格上涨的金融相关影响因素进行比较分析，本书则采用基于有向无环图（DAG）的结构向量自回归模型将推动房价上涨的金融相关因素进行了深入分析。

第三，关于房价波动与金融稳定之间的关系问题，大多数前期研究仅仅探讨了它们之间的动态关系，却未深入讨论在不同的房价变动机制下金融与宏观经济风险的变动情况，这也就无法为房地产市场进一步调控及宏观审慎政策的实施提供理论依据；另外，在研究方法上大多数前期文献均采用 VaR、CoVaR、TVAR 和 FAVAR 等方法进行研究，存在一定的局限性且未能对系统性金融风险进行准确的测度。有鉴于此，本书立足于我国房价具有黏性价格这一特征，构建了系统性金融风险内生化的 DSGE 模型，并设置不同的房价黏性系数来考察在不同房价黏性下，系统性金融风险与宏观经济风险在面临不同冲击时的变动情况，同时对货币政策调控房地产市场的有效性问题进行了客观评价，以期得出更为稳健的启示性结论。

第四，国际金融危机爆发以后，学术界对于货币政策是否能够维护金融稳定的问题又开始了争论，同时宏观审慎政策工具的有效性问题也引起了各国学者的广泛关注。国内外学者在相关领域的研究视角丰富多样，但是有关货币政策与宏观审慎政策如何配合的研究相对较少，这也就无法进一步探究我国货币政策规则的最优选择问题。有鉴于此，本书从房价波动的视角切入，深入讨论在不同经济冲击背景下，货币政策与宏观审慎政策的协调配合问题，并据此给出不同情形下我国货币政策的最优操作规则。除此之外，在研究方法上，为了克服参数校准的局限性，本书采用贝叶斯估计的方法对部分参数进行了估计，以期得到更符合我国经济现实的结论。此外，本书还采用了损失函数法对货币政策与宏观审慎政策的配合效果进行福利分析，从而得到了最优的宏观审慎政策和货币政策组合。

第五，近年来，随着影子银行的快速扩张，影子银行风险也在逐渐显现，对商业银行乃至整个金融体系都造成了影响。在近期房价大幅上涨的背景下，大量的资金更是借道影子银行体系流向房地产市场，进一步推动了风险的集聚。然而，部分学者仅从宏观角度探讨了影子银行对银行业风险的影响，作为影子银行重要资金投向的房地产部门却较少有人将其纳入整个体系中进行综合研究。另外，在研究方法上，前期文献多采用宏观计量模型，从微观主体最优化决策对宏观经济影响视角切入的研究较少，使得研究结论有效性降低。有鉴于此，本书采用动态随机一般均衡模型，将各微观主体的最优化决策行为纳入其中，以房地产部门的融资行为作为出发点，探讨影子银行发展对于银行业系统性风险的影响，以期能够为政府及相关监管部门维护我国金融稳定提供有益的参考依据。

第六，对于宏观层面的系统性金融风险度量，目前国内学者的研究成果相对较少。本书采用主成分分析方法从宏观层面构建了系统性金融风险指数来测度整个金融系统的风险水平和变动趋势，结合系统性金融风险研究的前沿进展和我国金融机构的现实情况，提出度量系统性金融风险的新方法和新指标，丰富相关理论研究成果，并且利用 MS – Var 模型对金融风险的状态进行识别。另外，就目前国内研究而言，未有专门针对基于房价波动因子的系统性金融风险早期预警体系的建立。本书采用多元有序 probit 模型，构建了适合我国经济现实的基于房价波动因子的系统性金融风险早期预警体系，以期对我国金融体系风险进行预警与控制。该预警体系的建立有助于防范我国系统性金融风险，增强我国金融体系的抗风险能力，对于维护我国宏观金融稳定具有重要的现实意义。

第二章 房地产泡沫破灭引发系统性
金融风险的国际比较研究

第一节 房地产泡沫破灭引发金融危机的国际案例

自 1929 年美国经历"大萧条"以来，世界范围内先后发生了十几次大的金融危机，包括日本房地产泡沫危机、欧洲货币体系危机、东南亚金融危机以及美国次贷危机等，这些危机对世界经济的发展产生了较大的冲击，导致全球经济一度低迷，世界经济局势动荡不安。其中，距离目前时间较近且与房地产泡沫破灭相关、影响范围较广的三次金融危机分别是日本房地产泡沫危机、东南亚金融危机和美国次贷危机。这三次影响重大的金融危机发生的原因与本书的房地产行业息息相关，均给世界经济带来了巨大的冲击。下面我们将对这三次典型的金融危机进行详细描述。

一、日本房地产泡沫危机

第二次世界大战后的 20 年内，日本经济高速增长。1968 年日本实际 GDP 达到 1469.24 亿美元；1973 年第一次石油危机爆发后，日本 GDP 年均增长率趋于平稳，达到了 4% 的低速增长期；在这之后的 1985 年，日本的 GDP 总值为 13645.4 亿美元，经济整体高速发展，这使得日本国际收支存在巨大顺差。具体来看，日本经常项目顺差从 1979 年开始逐步扩大，最初大约为 18 亿美元，而到了 1981 年时已经达到了百亿美元规模，并且在此之后有了进一步的大幅度跳跃上升。由于巨大贸易顺差的存在，日本对外贸易摩擦不断加剧。为了迫使日元升值，1985 年 9 月，日本与美国、英国等五国签订了《广场协议》。《广场协议》的签订使日本经济的发展形成了巨大的限制，为了应对日元迅速升值带来的不利影响，日本政府从 1986 年 1 月起连续 5 次下调利率，到 1987 年 2 月时基准利率已经达到了 2.5%，这使得日本 GDP 增速从 1986 年的 2.9% 回升到 4.2%，但日本政府未进一步进行利率上调，这导致在之后的三年时间里货币供给量年均增长 10%，货币供给明显过多。

另外，由于当时的日本物价较低，使得大量闲余资金向股票和房地产行业流动。大量的资金的注入使得股票与房地产市场互相助推上扬。从房地产价格来看，从1985年到1987年这段时间里，日本的城市住宅和商业用地价格上涨幅度超过50%。同时，随着土地价格和房屋价格的上涨，抵押土地和住房的方式使得投资者获得更多资金进入楼市投机炒作，这又推动股价和房价的再次上涨，使得房地产价格过高直至显现出房地产泡沫，并变得越来越大。表2-1列出了日本地价和物价的对比，从中可以看到地价与物价差距呈现上涨趋势，并且上涨的速度在加快，这也说明了日本房地产泡沫在不断加剧。

表2-1　　　　　　　　　　日本1956—1990年地价与物价对比

时间	地价指数/批发价格指数
1956 年 3 月	1.0
1959 年 9 月	2.2
1962 年 3 月	6.1
1970 年 3 月	13.2
1973 年 3 月	20.2
1986 年 3 月	25.7
1990 年 3 月	68.2

资料来源：都留重人：《地价论》，岩波新书。

随着日本股市、楼市的泡沫化进一步加剧，日本政府开始了新一轮的调整。首先，日本的基准利率从1989年5月的2.5%上调到3.25%，此后连续4次加息，到1990年8月时基准利率已经上调至6%；其次，在1990年3月，日本银行推出了一系列的政策，在这其中包括不动产贷款总量控制政策，以此严格控制贷款率；最后，日本政府于1991年开征"地价税"，并且提高土地转让税。在这一系列的政策配合下，日本货币总量收紧，加之政策的变动引发了境外投机资金的撤离，日本股市和楼市面临崩溃。

日本经济泡沫被刺破后，日本股票大跌，全世界的资金打压日本的股市。1989年12月，东京交易所最后一次开市的日经平均股指高达38915点。在1990年10月日经指数已跌破20000点。1992年4月1日东京证券市场的日经平均指数跌破了17000点，日本股市陷入恐慌，直到8月18日降至14309点，基本上回到了1985年的水平。与此同时，房地产开始崩盘，房地产价格也从投机巅峰陡降下来，仅东京地区的土地价格在泡沫经济崩溃后的两年里就下跌了70%以上。到1993年，日本房地产业全面崩溃，企业纷纷倒闭，遗留下来的坏账高达6000亿美元，日本经济整体陷入了萧条之中，投资信心严重受挫，银行的不良贷款率剧增。而个人消费出现萎缩，失业增加，经济增长停滞甚至出现负增长，居民的整体生活水平出现下降。在整个的20世纪90年代，日本国内生产总值

（GDP）的实际年均增长率仅为 1.1%。

二、东南亚金融危机

20 世纪 80 年代中后期至 90 年代初期，泰国、马来西亚、印度尼西亚以及菲律宾等东南亚国家经济迅速发展，各国 GDP 逐年加速增加。在这样的大环境下，大量的国外资本流向这些国家开展投资投机活动。由于资本项目的开放，大量的资本进入泰国、印度尼西亚、菲律宾等国家，并且大多数流向了股市和房地产市场中。大量资本的盲目进入使得股市和房地产市场逐渐过热，最终使得这些国家的股价和房地产价格不断快速上升。从房地产市场来看，1988—1993 年，东南亚国家的房地产价格急剧上涨，其中 1988—1991 年，印度尼西亚上涨了约 4 倍，马来西亚在 1988—1992 年内上涨了 3 倍，泰国也上涨了约 3 倍。从表 2 - 2 中数据可以看出，到 1997 年危机爆发前，各国的房地产价格过度上涨，存在严重的房地产泡沫。

表 2 - 2 东南亚四国房地产价格指数

时间（年） 国家	1990	1991	1992	1993	1994	1995	1996	1997
泰国	74	82	168	367	232	192	99	7
印度尼西亚	—	119	66	214	140	112	143	40
马来西亚	113	113	126	369	140	199	294	64
菲律宾	32	34	39	81	80	87	119	59

资料来源：JP. Morgan，Asian Financial Market，1998。

东南亚国家金融和房地产泡沫的破裂以国际炒家对泰国的汇率制度的冲击为诱因。1997 年 7 月 2 日，泰国中央银行放弃泰铢与美元挂钩的联系汇率制，代之以浮动汇率制，当日泰铢汇率即下跌 20%。和泰国具有相同经济问题的菲律宾、印度尼西亚和马来西亚等国迅速受到泰铢贬值的巨大冲击。7 月 11 日，菲律宾宣布允许比索在更大范围内与美元兑换，当日比索贬值 11.5%。继泰国等东盟国家金融风波之后，中国台湾地区的新台币贬值，股市下跌，掀起金融危机第二波。10 月 17 日，新台币贬值 0.98 元，达到 1 美元兑换 29.5 元新台币，创下近 10 年来的新低。11 月下旬，韩国汇市、股市轮番下跌，形成金融危机第三波。从 1998 年 1 月开始，东南亚金融危机的重心又转到印度尼西亚，形成金融危机第四波。泰铢大幅贬值引起汇市与股市、房地产市场的泡沫破裂。随着泰铢大幅度贬值，大量外资恐慌性出逃，进而影响到印度尼西亚、马来西亚以及菲律宾等其他东南亚国家货币的贬值，外资从这些国家撤出，从而引发了这些国家国内房地产与股市泡沫的破裂。货币贬值以及外资的出逃加重了这些国家的外债负担，泡沫的破裂给银行造成了大量呆坏账，引发了影响范围广泛的金融危机。

发生的东南亚金融危机，是继 20 世纪 30 年代世界经济大危机之后对世界经济有深远影响的又一重大事件。这次金融危机反映了世界和各国的金融体系存在着严重缺陷，包括许多被人们认为是经过历史发展选择的比较成熟的金融体制和经济运行方式，在这次金融危机中暴露出许许多多的问题。东南亚金融危机虽然时间持续不长，但是它对东南亚各国的经济影响表现在各个方面。首先，金融危机严重制约了该地区国家经济发展速度，受金融危机的影响，泰国、马来西亚、印度尼西亚、菲律宾等国经济增长速度放缓；其次，由泰国引起的金融动荡一直蔓延到亚洲的北部乃至俄罗斯，马来西亚、印度尼西亚、中国台湾、日本、中国香港、韩国均受重创，这些国家和地区人民的资产大为缩水，亚洲人民多年来创造的财富纷纷贬值，大量金融公司倒闭，同时，金融危机使得东南亚国家社会动荡，大量员工被解雇，失业人口大幅度增加。东南亚金融危机刚开始还只停留在货币体系的崩溃，但随着危机的进一步深化，逐渐渗透到经济体的各个层面，亚洲一些经济大国的经济开始出现萧条，甚至一些国家的政局也随之混乱。

三、美国次贷危机

美国次贷危机的累积和爆发与美国房地产泡沫破灭具有十分紧密的联系。美国房地产泡沫的形成首先应归因于 2000 年以来实行的宽松货币政策。2000 年初新经济政策失败，为刺激经济增长，以格林斯潘为首的美联储采取宽松的货币政策。从 2001 年 1 月至 2003 年 6 月，美联储连续 13 次下调联邦基金利率，该利率从 6.5% 降至 1% 的历史最低水平，与此同时，住房抵押贷款利率也不断下降。在无担保、零首付的吸引力作用下，美国居民购房的热情高涨，这为美国房地产市场的发展提供了契机，也导致了美国房地产市场泡沫的形成并扩大。美国这一轮降息直接促成了 2001—2005 年美国房地产市场的繁荣。此外，美联储实行的低利率政策，让联邦基金利率在 1% 的水平上停留了一年之久，这给美国社会提供了大量的廉价资金，进而推进了房地产泡沫持续膨胀。据统计，2004 年美国的房屋保有率已经接近 70%，而这个数字在后来不断被刷新。除满足美国人的自住需求外，更多人开始投机房地产。那些年中，房地产这类固定资产在美国居民资产中的比例不断提高，2002 年这一比例为 31.6%，到了 2006年已经达到 32.4%。对房屋的需求和投资都在不断上涨，使得房地产价格迅速上涨，房地产市场像泡沫一样，内部被越吹越大。

由于更多人开始投机房地产，房地产这类固定资产的比例不断提高。对房屋的需求和投资都在不断上涨，使得房地产价格迅速上涨，内部泡沫被越吹越大。图 2 - 1 给出了美国住房价格走势，从图中可以看出，美国房价从 1996 年后开始了明显的上升过程，标准普尔 Case - Shiller 住房价格指数由 1996 年的 81.18 升至 2006 年的 198.93，累计上涨 145%。但值得注意的是，在此期间，美国的建筑材料以及劳动力的价格并未出现大幅度的变化，因此可以认为是土地占房价比重的上升导致了房价的上涨，可以认为美国房地产市场出现了泡沫。

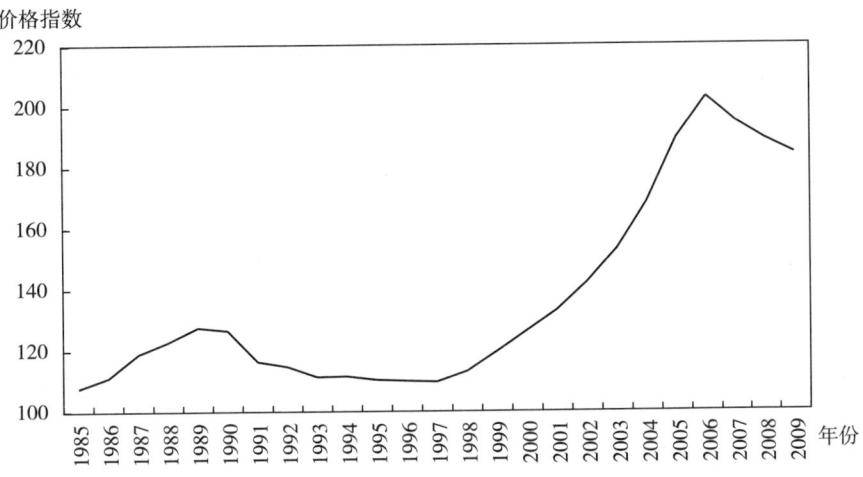

图 2 - 1　美国标准普尔 Case - Shiller 住房价格指数走势

随着美国经济的反弹和通胀压力增大，从 2004 年开始，美联储启动了加息周期，在一年半时间内 17 次加息，一年期国债收益率从 1.25% 涨到 5%。由于此前市场预期利率长期走低，借款人较偏好浮动贷款利率，加息后贷款利息负担大大加重，特别是次级贷款的借款人主要是抗风险能力弱的低收入人群，很多人在此情况下无力还款，房贷违约率上升。从次贷损失规模来看，美国次贷损失从 2007 年第三季度的 427 亿美元扩大到 2008 年第四季度的 2433 亿美元，信贷政策的频繁变动使得美国房地产市场的泡沫面临破灭。2007 年房地产泡沫破灭后，美国房价大幅度下跌，房价与 30 年期抵押贷款利率的差距从 2007 年第四季度的 6.49 个百分点迅速扩大到 2008 年第二季度以后的 9 个百分点以上，商业银行房地产贷款拖欠率也从 2007 年第四季度的 2.89% 大幅度提高到 2010 年第二季度的 10.1%。美国第二大抵押贷款公司——新世纪金融公司因无力偿付投资人贷款回购于 2007 年 4 月 2 日申请而破产的事件，标志着继"大萧条"以来最严重的经济危机——美国金融危机拉开了序幕。从 2008 年开始美国金融机构再度大量破产倒闭。次贷损失的快速扩张导致美国第四大投资银行雷曼兄弟首先于 2008 年 9 月破产倒闭，随后美林证券、花旗银行、JP 摩根等重大金融机构相继因次贷损失而陷入困境，美国次贷危机全面爆发。截至 2009 年第四季度，全球次贷损失已达 18 256 亿美元，其中美国损失 11 922 亿美元，占全球次贷损失的 65.3%。另外，受房地产抵押贷款债券及其衍生品泡沫破裂冲击，全球 OTC 衍生品市场规模迅速收缩，OTC 衍生品市场投资者持有的未平仓衍生品合约市值大幅度缩水，于是美国次贷危机继续演变为全球性金融与经济危机。

第二节　国际经验的比较分析与借鉴

房地产泡沫引发的金融危机具有很强的破坏性，深层次理解分析危机背后的原因、发展和传导机制，对于我们防控系统性金融风险意义重大。下面我们将分别从形成原因、传导机制、表现形式、主要特征及各国危机处理方式等几个方面对三次典型金融危机加以对比分析，以期能够从中总结经验教训，为今后我国的房地产发展和系统性金融风险的防控提供经验和方法。

一、形成原因

日本金融危机、东南亚金融危机及美国次贷危机的发生与对应地区或国家的房地产严重泡沫化密切相关，本节将对这些国家或地区发生的并与房地产泡沫有密切关联的金融危机背后的原因进行分析。

（一）日本房地产危机形成的原因

1. 日元升值的长期效应与日本房地产泡沫的形成

1985 年签订《广场协议》后，日元被迫大幅升值，日本中央银行迅速采取措施加大货币投放量。在这之后的很长一段时间里其货币供给增长速度都在 10% 以上，这直接带动了股市和房市的繁荣。1986 年 1 月 29 日，当美元兑日元突破 1 美元兑 200 日元大关时，日本中央银行将贴现率下调了 0.5%，降至 4.5%，以此为开端，直到 1987 年 2 月，短短一年零一个月内，连续五次降息，并将贴现率最终调整至 2.5%，达到"二战"后贴现率的最低点，宽松的货币政策刺激了企业的贷款需求。银行出于维护短期利益，急剧扩大面向不动产的贷款，从而引发了土地投机的热潮，造成银行的土地抵押贷款额急剧膨胀。另外，在《广场协议》签订后，国际投资可以通过汇率的变动及日本国内低利率政策下所引发的楼市价格的上涨来获得双重利润，在双重收益的刺激下，越来越多的资本趋利流入。

2. 信贷资金大量参与土地投机与日本房地产泡沫的形成

日本为了应对由 1973 年石油危机导致的经济萧条状况，进行了大量基础设施建设来刺激国民经济。但由于经济的不景气，税收不能满足政府投资需要，在这种情况下，为了弥补赤字，日本发行了大量的国债。但由于债券流通市场的利率一般高于受管制的银行利率，银行的竞争力出现下降。为了在竞争日益激烈的金融市场上进一步发展，在房地产开发机构需要大量资金进行土地开发时，银行便毫无节制地发放抵押贷款，这使得大量资金流向房地产市场。据统计，房地产抵押贷款在日本全国银行的贷款总额中所占的比例由1984年的17%迅速增长至1987年的20%。在这之后，贷款规模进一步扩大，在1992年3月更是达到了全国银行贷款余额的35.5%。除此之外，部分由日本财政部支持的住房贷款机构也向房地产开发企业大量地发放信贷资金，进一步导致土地价格上扬。

3. 日本金融体制与日本房地产泡沫的形成

20世纪80年代以来，虽然日本金融体制在自由化改革方面取得了不错的成果，但在改革过程中，存在着诸如自由化进程协调性差、监管体制存在缺陷等问题，导致放松管制成为泡沫经济的重要内因。这主要表现为以下两个方面。

其一，政府主导的主银行体系存在严重的道德危机。日本自20世纪80年代开始启动金融自由化改革以后，金融机构面临的环境发生了翻天覆地的变化。金融机构标榜要以城市银行为中心，加强资产经营能力。在这一思想的指导下，金融机构积极推行中小企业贷款及长期贷款，以提高资产经营能力，确保利差收益。中小企业贷款之所以增加，其中一个原因在于城市银行等大银行过去的主要融资客户是以制造业为主的大型企业，而这些大型企业在股价持续上升的形势下纷纷出现"脱媒"现象，融资从银行贷款转向资本市场筹资。金融机构为了适应这种变化，维持并增加运营资产的规模，于是转向积极开拓中小企业融资业务。大企业积极开展金融资产和金融负债的套利交易，通过增资、发行可转让公司债和认股权证等方式进行股权融资，或通过银行贷款、发行CP等大量融资。大企业把筹集到的资金投向利率自由化的定期存款、股票等金融资产，且规模大幅度超出了对设备、库存等实体经济领域的投资。出于维护国家的金融稳定，中央银行的主要工作之一就是尽力维护相关机构的存在与发展。但这也使得银行和企业毫无顾忌地放贷，最终导致许多危机的预警信号被掩盖，使得金融资本与产业资本逐渐地相互渗透，大量的信贷资金无限制地流向股市和楼市，导致股票价格和房地产价格大幅度上升，逐步形成"泡沫"。

其二，银行管制放松。20世纪80年代，日本的大企业普遍对银行贷款的需求呈现下降趋势。随着地价的上涨，银行资金主要投向不动产、非银行金融机构等领域，因此，在此期间的新增贷款中，有关不动产领域的融资占了大部分比重。1985—1990年，在所增加的以法人企业为对象提供的银行贷款中，建筑业、不动产、非银行金融机构等不动产领域的贷款占了一半以上。不合理的贷款组合，使银行的财务状况受地价变动影响非常大，经营体制明显弱化，为后来银行出现经营危机留下了隐患。对银行放贷业务的限制和范围的取消使得大量的贷款转向投资于房地产和股票，这使得中小企业贷款在全部银行贷款中所占的比重逐步提高。根据有关数据测算，中小企业贷款在 1989 年已经达到了57.3%，而且在泡沫经济期间，相应的银行金融机构并没有强化审查流程，使得经济泡沫破灭后大量的不良债权无法得到偿还，这在很大程度上对实体经济发展形成巨大冲击。除此之外，银行在泡沫经济时期也给很多非银行金融机构提供融资，而这些公司直接参与房地产投机，导致管理上更为混乱，对房地产市场形成了错误的引导。

（二）东南亚金融危机形成的原因

1. 经济结构失衡是东南亚金融危机的根源

东南亚金融危机的根源首先是投资结构失衡，泡沫经济膨胀。在经济高速增长条件下，政府宏观调节失当，大量投资者投资于房地产，导致严重的泡沫经济，一旦泡沫破灭，积累的矛盾必将立刻爆发。据统计，危机爆发前泰国积压的房屋已达 85 万套，大量资金占压不能周转，而其资金相当部分来源于银行贷款（房地产贷款占泰国银行贷款总额的 30%），因此又引起银行呆账大量增多，当时已达 200 多亿美元，使金融体系之中潜藏着巨大风险。其次是出口增长受阻，贸易逆差不断增加。东南亚国家经济基本上属于出口导向型，近年的经济高速增长就是建立在出口迅速增长基础上的。1991—1995 年，泰国出口平均增长 18.7%，经济平均增长 9%。但是随着劳动力成本的上升和周边国家的竞争，其出口竞争力不断下降，导致出口受阻，贸易赤字激增。最后是外债规模过度，债务结构不合理。巨额的贸易逆差和过热的经济发展，使泰国经济不得不过分依赖于引进外资。1996 年，泰国的外债总额高达 900 亿美元，分别占其国内生产总值的近 40% 和国内信贷总额的 32% 左右。不仅如此，外债的结构也非常不合理，存在诸如高利的商业性外债占比大、低利的官方及国际金融机构外债少、流动性过强的短期外债太多、外资的投向不合理等问题。另外，由于种种原因，东南亚国家的金融监管政策严重失误，导致金融机构的信贷投向出现重大偏差，过多地集中到了房地产领域，不仅为泡沫经济推波助澜，也使金融机构成为重要的受害者。

2. 经济政策的失误是东南亚金融危机的直接诱因

经济政策失误的表现首先是对经济过程中潜在的危机因素缺乏足够的重视。事实上，1996 年开始，东南亚经济已经暴露诸如贸易赤字加大、房地产积压、经济增长率锐减等问题。但是所有这些均没有受到重视，从而使政府失去了及时调整经济避免出现危机的良机。其次是长期坚持已不适应经济变化需要的与美元挂钩的联系汇率制。这种汇率制实际上就是固定汇率制，这种汇率制度在东南亚经济的发展中起过积极作用。但是由于各种货币必须跟着美元变动而变动，因此，美元的不断升值使东南亚各国货币也相应趋升，引起东南亚出口产品竞争力大幅度下降。在这种情况下，为了维护固定汇率，中央银行必须投入大量外汇，从而使外汇储备大幅度减少。最后是在继续实行联系汇率制的同时过早地开放了资本账户。自 1977 年以来，泰国的经常项目一直存在赤字，政府当局采取的对策不是使货币贬值刺激出口，而是扩大资本项目的盈余来加以弥补。1992 年，泰国政府取消了资本市场的限制，向外资全面开放。为了维持泰铢钉住美元的联系汇率制，泰国中央银行不得不长期实行高利率政策。这样，外国的大量游资为了追逐高利，通过开放的资本账户而不断涌入。

3. 国际投机资本的人为冲击是东南亚金融危机的导火索

截至危机爆发前，一个全球性的规模空前的资本市场已经形成。1970 年，全球外汇交易总额为 2.9 万亿美元，同年全球贸易总额近 6000 亿美元，前者为后者的 5 倍。但是，这其中只有一少部分用于贸易结算和投资交易，其余绝大部分属于投机买卖。这些高度投机性的资本在全球范围内流动，专门寻找一些金融体系或国内经济有问题的国家作为冲击对象。在当时，国际投机资金开始选择泰铢作为冲击的对象并于年初进行多次冲击，到 5 月又发起了更大规模的冲击，使泰铢在几天内贬值近 5%。为维持泰铢稳定，泰国中央银行投入了 100 亿美元，至 7 月 2 日终因无力继续维持下去而不得不宣布泰铢汇率开始浮动。所以，在国际投机资本的全面冲击下，隐藏在泰国经济结构内部的严重矛盾最终以金融危机的形式爆发出来，并迅速波及整个东南亚。

（三）美国次贷危机形成的原因

1. 金融工具创新过度

次贷危机中的金融创新主要指次级抵押贷款证券化。在传统的房贷领域，银行发放的房地产贷款被保留在自己的资产负债表中，风险和收益都归银行所有，因此银行高度重视贷款风险。在 2007 年次贷危机爆发前，美国的住房抵押贷款被转换成债券出售给新的投资者，投资者又利用它们创造出衍生产品再次打包和出售，并不断循环往复。在 2007 年前后，80% 的抵押贷款是通过资产证券化出售的。过度的金融创新政策通过次级抵押贷款证券化过程，使贷款风险通过隐藏而过度积累，最后被放大成了次贷危机。第一，贷款机构将次级贷款出售给投资机构，使次级贷款的风险与贷款业务分离，降低了自身风险，实现了风险的初次隐藏；第二，投资机构将购入的次级抵押贷款证券化，依据风险水平等将次级抵押贷款重新组合打包，次级抵押贷款的风险在加入其他证券的基础上被隐藏起来；第三，抵押贷款证券化过程中，链条长而复杂，产品复杂多样，资产定价困难，投资者难以判断其风险。美国存在这大量的抵押担保债务（CDO），这对美国次贷危机的加重起到了很大的作用。首先，CDO 的发展使得整体贷款规模增加，CDO 可以为银行带来丰厚的利润，银行通过这种方式可以将很大一部分高等级风险的次级贷款从资产负债表上剔除。在这种利益的推动下，银行改变原有发展理念，不顾信用的好坏不断扩张次级按揭贷款的规模，使得风险急剧膨胀。其次，CDO 的出现间接增强了次贷危机的影响力，CDO 的高利润特点使得大量的机构投资者和个体投资者转变投资方向，大量从证券市场涌入这一市场，这间接地增加了参与的金融机构数量。最后，CDO 面临的信用链条过长，使得风险估计十分困难，虽然评级公司竭力减少借款人与投资人之间的信息不对称带来的影响，但是由于评级方法本身的限制，往往不能给投资者提供正确的风险估计。由于过于依赖模型，在对 CDO 评级时给予了过高信用，这在一定程度上错估了风险水平，也误导了投资者和监管者。

2. 信用评级机构利益扭曲

信用评级机构在评级原则上要坚持公平原则，但是由于其自身存在非透明性，这就会产生许多问题，评级机构在很多时候可能会为了自身利益而损害投资人利益，有意造成评级误差。信用评级机构评级失误对这次危机的产生有很大的推动作用。首先，评级机构的运行偏离了公正性。在早期，由于由委托人支付评级费用，评级结果较为真实准确，但在后期的改革中，评级机构的商业模式不断转变，一些费用转移到了证券发行人身上，这时便会出现这样一种情况——信用评级机构很可能由于证券发行人的压力形成不公正的评级报告。其次，信用评级机构自身的预警能力也存在一定的滞后性，虽然很多情况下风险已经积累十分严重，但是评级机构没有对市场信息及时反应，使得评级结果失去了意义。但是各类经济对评级信息严重依赖，使得相关部门在政策制定时也出现了偏差，同时，大多数投资者也习惯把信用评级作为其判断证券风险的主要依据，然而评级的滞后性使得投资者无法及时改变投资策略，以致风险出现时，可能面临严重损失。

3. 货币政策监管放松

次贷危机的产生与美国政府采取的一系列经济政策有密不可分的关系。美国政府过分重视经济增长，对金融监管在很长一段时间里采取了较为宽松的政策，这使得房地产泡沫不断扩大。这次次贷危机的爆发与当时实行的货币政策关系十分密切。2003 年以来，美国金融机构采取了系列新举措吸引客户，最典型的是可调利率抵押贷款（APMs），即在借款头几年按低于市场的固定利率付息或不付息，其后则按浮动的市场利率付息，具体又包括混合式可调利率抵押贷款和随意性可调利率抵押贷款。可调利率抵押贷款在前期只要求偿付偏低的利息和本金，这吸引了多数次贷借款人。而在利率一直偏低且房价又一路高涨的情况下，即使认识到后期将按较高的浮动市场利率付息，准贷款人也愿意接受。在美国 2001 年发放的抵押贷款中，可调利率抵押贷款只占 10%，到 2004 年就升至了 1/3，至 2007 年，混合型可调利率押贷款约占美国次级抵押贷款的

90％。次贷危机爆发前，美国货币政策经历了剧烈变动。首先，为了刺激经济增长所进行的连续 13 次降息刺激了美国房地产业的发展。不过，在这之后，由于错误估计市场风险，美联储又 17 次上调利率，大大加重了购房者的还贷负担，伴随而来的是美国住房市场价格持续下跌，债务违约率不断上升。其次，美国政府向金融市场中不断注入大量资金，创立了一系列的附担保拆借工具。虽然通过大幅向金融市场注资在一定程度上缓解了市场资金压力，增强了资金流动性，但是这对于从根本上解决风险作用不大，而且浪费了宝贵的拯救时机。最后，美国政府通过行政手段直接或间接介入救援，美国政府采取的行政虽然短期内稳定了市场，但是这严重抑制金融市场的发展，不利于金融体系的完善。

二、传导机制

房地产泡沫演变为金融危机通常会有一定的传导途径：由于房地产行业的利润率较高，中央银行又实行了低利率扩张的货币政策，以及政府部门对金融业的过度支持，错误地引导资金流向房地产市场，引起产业结构失衡；而政府的宏观调控及时到位，同时金融机构又相对减少了对房地产的信贷方面支持，市场由此转为低谷，加速了房地产泡沫的破灭；而房地产泡沫一旦破灭，由于房地产行业资金密集的特点，会牵制影响到整个金融行业的稳定，使得金融业资产质量普遍下降和呆账、坏账增加，更因为危机的传导性，进而迅速蔓延到整个国家甚至世界的金融体系当中。

日本房地产泡沫破灭机理可以用图 2 - 2 来说明。

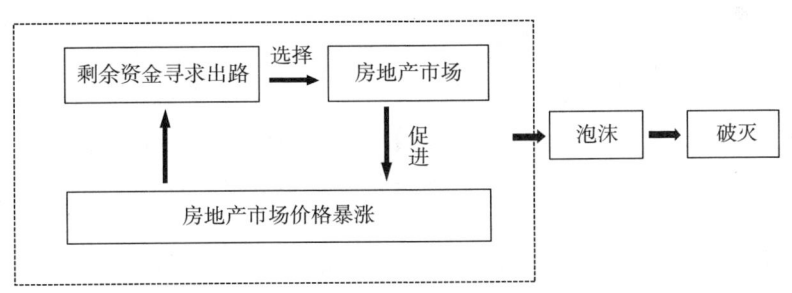

图 2 - 2　日本房地产泡沫破灭机理

日元急剧升值导致出口锐减，从而导致占据日本经济主导地位的出口相关企业利益锐减，这些企业需要为其资金寻求新的出路，房地产就成为了这些企业巨额资金的出路，而大量资金涌入房地产市场，加上日本放松对金融体系的管制，导致金融机构越来越敢于冒险，这两股力量促成了日本 20 世纪 80 年代中期房地产市场的上涨，但由于这些上涨缺乏坚实的需求基础，最后演化为下落局势，日本20世纪80年代中期形成的房地产市场泡沫终于破灭。

东南亚房地产泡沫破灭机理可用图2-3来说明。

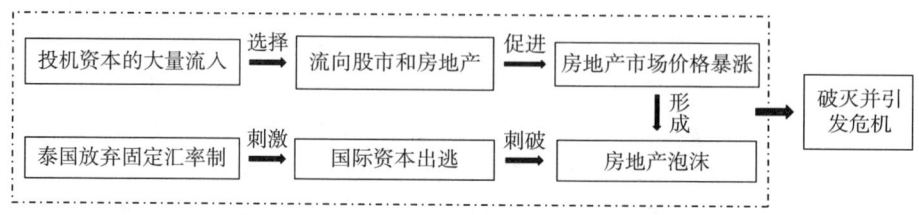

图2-3　东南亚房地产泡沫破灭机理

东南亚金融危机爆发的主要原因是过度投资引起资产价格上涨。在20世纪80年代中期到90年代初期，泰国的经济高速发展，而经济发展有赖于更多资金的输入，但实际上，并没有足够资金流向实体经济的生产部门，而是流入了房地产行业进行投机炒作，导致房价急速上涨，引发房地产泡沫。同时泰国也通过利用外资的方式发展经济，然而外债多以短期债务为主，期限结构不合理。国际投机资本的大肆炒作以及宏观经济政策及管理失误导致投资过度，在金融监管机制不健全的情况下盲目推进金融自由化，再加上过早开放金融市场来吸引资金的做法导致了危机的发生。东南亚金融危机形成的内在机理为：政府隐性担保—与政府相关联企业大量借取短期外债—资产泡沫—大量游资外逃—固定汇率机制难以为继—货币贬值—货币危机—亚洲其他国家金融危机。

美国房地产泡沫破灭机理可以用图2-4来说明。

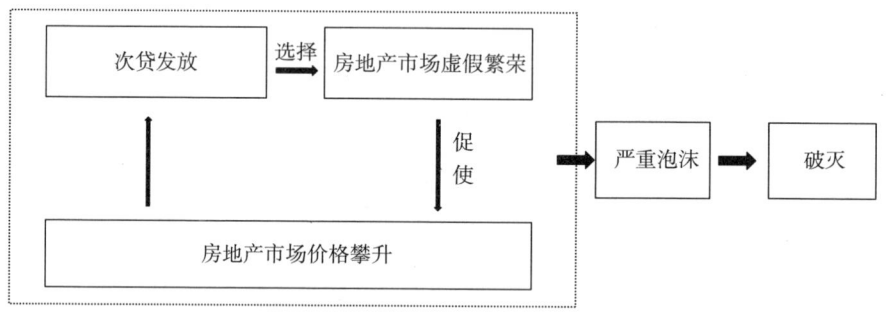

图2-4　美国房地产泡沫破灭机理

美国政府把房地产行业作为经济发展的支柱产业，放宽了次级贷款的限值，导致房地产市场被人为扩大了，而当时有利的经济发展形势和人们对金融创新的盲目追随，导致次级贷款被追捧，次级贷款市场迅速扩张，从而导致大量资金进入次级贷款市场，而次级贷款扩大又人为扩大了房地产的市场需求，导致美国房地产市场的繁荣，也导致其他资金纷纷进入房地产市场，涌入次级贷款市场和房地产市场的这两股资金促成了美国 21 世纪起始阶段房地产市场的快速上涨，但由于缺乏坚实的需求基础，最后演化为下跌，美国 21 世纪起始阶段形成的房地产市场泡沫终于破灭。次贷危机形成的内在机理为：长期超低利率—刺激消费—贸易逆差—信用膨胀（主要是次级房贷）—资产泡沫积聚不断提高利率—泡沫破灭—美国次贷危机—全球金融危机—全球经济危机。

三、三次金融危机的对比分析

虽然这三次危机发生的原因及传导渠道不尽相同，但是都对本国、本地区乃至整个世界的经济发展、就业、产业发展等方面产生了严重危害。下面我们对这三次典型金融危机的异同点进行对比分析。

（一）三次金融危机的相同点

1. 资产严重泡沫化，银行宽松的信贷政策

资产泡沫化，尤其是房地产泡沫化严重，是两次金融危机的主要相同点，也是引发金融危机的首要原因。股市和房地产市场存在资产泡沫，流动性过剩，银行和非银行信贷快速膨胀，导致了危机的发生。具体来看，东南亚各国经济迅速发展，银行房贷标准宽松，导致资金大量流入房地产市场，房地产价格暴涨；日本为了应对《广场协议》签订后的日元升值压力而采取的一系列措施也使得大量资金流入股市、楼市，推高了房价；美国政府将房地产业作为拉动经济的主要支柱，低利率政策及银行放贷标准宽松促使房地产市场呈现一派繁荣景象，房地产价格迅速膨胀。而房价过度膨胀，银行房贷过于宽松，银行业监管缺失，这些都为危机的爆发埋下严重隐患。当房市降温，银行呆账、坏账明显增多，危机则不可避免地爆发。

2. 三次金融危机均对起源国构成了较大威胁，其经济受到严重打击

随着泡沫的破灭，日本遭到了经济上的危机。首先日本股市出现暴跌，到 1990 年底，东京股市已下跌 38%。与此同时，房地产价格也从投机巅峰陡降下来，仅东京地区的土地价格在泡沫经济崩溃后的两年里就下跌了 70% 以上。到 1993 年，日本房地产业全面崩溃，企业纷纷倒闭，日本经济整体陷入了萧条之中，投资信心严重受挫，银行的不良贷款率剧增。而个人消费出现萎缩，失业增加，经济增长停滞甚至出现负增长，居民的整体生活水平出现下降。在整个 20 世纪 90 年代，日本国内生产总值（GDP）的实际年均增长率仅为 1.1%。

受金融危机的影响，1997 年泰国 GDP 出现负增长，增长率为 - 1.4%。1998 年经济进一步滑坡，GDP 增长率为 - 10.5%。表 2 - 3 列出了东南亚金融危机发生时东南亚一些国家 GNP 的波动情况，从中也可以看出这次危机给各国的经济带来了沉重的打击。

表 2-3   金融危机时东南亚各国 GNP 的波动情况

国家	GNP（10 亿美元）		下跌幅度（%）
	1997 年 6 月	1998 年 7 月	
泰国	170	102	-40.00
印度尼西亚	205	34	-83.41
菲律宾	75	47	-37.33
马来西亚	90	55	-38.89
韩国	430	283	-34.19

资料来源：雅虎财经网。

美国次贷危机起初由次级抵押贷款危机开始，多家住房抵押贷款机构破产清算，由于金融自由化，金融衍生工具的高杠杆作用，引发了华尔街股市的大幅波动，股市和房市面临危机，高杠杆率使得风险在危机爆发时迅速扩展到整个资本金融市场。加之银行信贷回收率低下，流动周转困难，导致许多家金融机构破产，之后危机逐渐蔓延至包括实体、虚拟经济在内的整个经济体系。

（二）三次金融危机的不同点

1. 三次金融危机发生地及影响范围、程度不同

日本房地产泡沫危机是从日本爆发的，鉴于股市、房市存在巨大的泡沫，日本政府上调基准利率，并对土地金融进行总量控制，规定全国的金融机构必须将每个季度的面向房地产业的融资余额增长率控制在全部贷款余额的增长率以下，这一人为的降温成了日本地产泡沫崩溃的导火索。一系列的政策措施刺破了泡沫，日本的股市、楼市价格大幅度下跌，并进一步引发了严重的金融危机。据日本经济学家计算，1990 年到 1997 年这几年间，日本的股票、土地的资产总额缩水约 1300 万亿日元。到 2003 年 4 月，日本股市到达了近 20 年来的谷底 7607 点。日本的地价指数也从 1990 年的最高峰 104.1，跌落到 2004 年的 30 左右，仅东京地区的土地价格就在泡沫经济崩溃后的两年间下跌 70% 以上。由于资产价格的狂跌，企业大量账面资产在短短一两年间化为了乌有，遗留下来的坏账达到了 6000 亿美元，它们因为在房产领域的投资失败无法还贷而纷纷破产。之后是向这些企业融资的银行和大型金融机构的纷纷破产，日本金融体系开始了剧烈动荡。

东南亚金融危机从泰国开始。1997 年索罗斯大量抛售泰铢，引起泰国金融市场的动摇，受此影响，菲律宾、印度尼西亚、马来西亚等国的货币也出现了较大幅度的价值损失，金融市场发生剧烈波动。表 2-4 列出了东南亚金融危机后主要受损国家货币对美元走势，可以看出，东南亚国家汇率波动所造成的损

失巨大。

表 2 - 4　　　　东南亚金融危机后主要受损国家货币对美元走势

国家	对美元汇率		贬值幅度（%）
	1997 年 6 月	1998 年 7 月	
泰国	24.5	41	-63.90
印度尼西亚	2380	14150	-494.54
菲律宾	26.3	42	-59.70
马来西亚	2.5	4.1	-64.00
韩国	850	1290	-51.76

资料来源：雅虎财经网。

　　而美国次贷危机则是从美国开始，然后到欧盟、日本等金融行业比较发达的国家，继而向全球范围内蔓延。美国的经济总量居世界第一位，股市规模更是占到世界近一半，它的金融、经济出了问题，全世界都会受到影响，只是各国受到影响的程度不同而已。因为美国金融市场在全球金融上占据着领导地位，所以，从影响力来说这次危机影响的范围更广，深度更深，涉及的国家更多，受影响的金融机构更广，破坏力也更强，具有全球性，而东南亚金融危机是局部性的。表2-5列出了美国次贷危机全球各主要金融市场股市的跌幅情况，从中可以看出全球都受到了此次经济危机的冲击，体现出了次贷危机破坏的全球性。

表 2 - 5　　　　美国次贷危机全球各主要金融市场股市的跌幅情况

地区	指数名称	各主要指数收盘点位		跌幅（%）
		2007 年 2 月 13 日	2008 年 10 月 10 日	
美洲	道琼斯工业指数	12552.24	8451.19	33.00
	纳斯达克	2373.93	1649.51	51.31
	加拿大	13282.30	9065.16	16.32
	阿根廷	2043.43	1215.19	99.40
欧洲	金融时报指数	5880.10	3932.06	33.00
	法兰克福指数	6973.67	4544.31	31.35
	巴黎 CAC40 指数	4855.10	3176.49	35.00
亚洲	日经 225 指数	13068.30	8276.43	43.37
	韩国指数	1631.78	1241.47	47.24
	新加坡指数	2929.54	1948.33	33.00
	上证指数	2831.87	2000.57	29.00
	香港恒生指数	23169.55	14796.87	87.36

资料来源：同花顺 iFinD。

2. 各国经济在金融危机前夕的状况不同

在次贷危机之前，美国经济已经进入低迷时期，宏观经济基本状况疲弱不堪，但金融增长强劲。众所周知，美国多年来一直为严重的宏观经济失衡所拖累。这种宏观经济失衡是由其双重赤字——经常项目赤字和财政赤字造成的。这种双重赤字已经发展成为美国经济的一个结构性缺陷。

与之相反，日本及东南亚的大多数经济体在金融危机爆发之前经历了强劲的增长。可以说，日本、东南亚许多经济体的实体经济部门表现强劲，而金融部门却十分脆弱（部分原因在于管制不善和制度基础薄弱）。日本和东南亚主要国家在金融危机发生前夕，基本上没有出现严重的财政赤字，但日本存在国际收支顺差状况，这也是其危机发生的主要原因之一。

3. 各国的金融危机的应对措施不同

日本股市、房市泡沫破灭后，政府行动缓慢，到 1991 年 7 月 1 日才将基准利率从 6% 下调至 5.5%，之后 9 次下调利率，直至 1995 年的 0.5%，并长期维持此极低利率。然而，低利率并不能促进投资，陷入了"流动性陷阱"。与此同时，日本政府没有着重解决银行的不良贷款问题，而是试图通过增加财政支出刺激经济，期望经济转好后债务人能逐步归还借款。日本政府未抓住主要矛盾，导致一些深层次问题迟迟无法解决，金融机构惜贷，货币政策无效，金融机构纷纷倒闭。而由于日本的基础设施已经相当完备，财政刺激的边际作用有限。在产业发展上，日本重应用轻研发，产业结构未能升级，企业纷纷到海外投资，国内出现"产业空洞化"。

东南亚金融危机发生之后，一些原因使得平抑危机的对策出台缓慢，措施软弱乏力，致使汇市和股市一跌再跌，难以遏制。危机发生以来，政府采取两项主要措施：一是鉴于泰国、韩国、印度尼西亚三国外债多，而且短期外债对外汇储备的比率高，1997 年时泰国、韩国、印度尼西亚分别高达 100%、203% 和 176%，不得不请求国际货币基金组织（IMF）的救助；二是部分国家放弃固定汇率制，实行浮动汇率制，使各国货币对美元汇率持续下跌，为了阻止汇率的不断下跌，直到 1998 年 4 月 8 日印度尼西亚同国际货币基金组织就一份新的经济改革方案达成协议，东南亚汇市才暂告平静。

美国次贷危机发生后，美国作为危机的发源地，其救助措施是最早最大的。从 2008 年 9 月初开始，美国首先是向美国两大住房抵押贷款公司房利美和房地美提供多达 2000 亿美元的资金救助，之后通过注资 7000 亿美元稳定金融机构和金融系统，并且实施非常全面的财政刺激计划。由于美国次贷危机的全球感染性，受其影响的其他国家政府也纷纷出台应对危机的措施：中国政府于 2008 年 11 月推出 4 万亿元救市计划，将资金投入加快建设保障性安居工程、加快铁路公路和机场等重大基础设施建设，加快医疗卫生文化教育事业发展，加强生态环境建设等方面；欧盟成员国在出台总额超过 2 万亿美元的救市计划外，还出台了 2000 亿欧元的一揽子经济刺激计划；日本也公布了约 2730 亿美元的一揽子经济刺激方案。

四、各国的危机处理方式

（一）日本房地产泡沫危机的拯救方案

日本在泡沫破灭、经济危机爆发时，政府处理危机缺乏经验，使得危机加深，威胁到整个国民经济体系。政府采取的措施只是针对部分金融机构，尽量确保存款人的利益不受损失，倒闭清算了一些金融机构，未能抓住主要矛盾，把握问题实质。之后的贷款违约率照常增加，各个机构依旧面临着流动性风险，呆账、坏账只增不减。直到后来政府才逐渐认识到仅处理倒闭的金融机构是远远不够的，应动用税金来充实金融机构的资本金以避免发生信用危机。就这样，日本耽误了处理危机的恰当时机，本来局部范围的金融危机演变为整个国民经济的动荡。

在金融危机全面爆发后，日本采取的主要措施如表 2-6 所示。

表 2-6　　　　　　　　　　日本应对危机措施

1989—1990 年	日本中央银行先后五次调整银行贴现率，从 3.25% 提高到 6%
1990 年	日本大藏省发布《抑制与土地有关的融资》，严格控制建筑业、不动产与非银行金融机构的融资总量
1995 年金融危机爆发后	日本中央银行调整再贴现率
1996 年	日本中央银行转而使用公开市场操作手段，将隔夜拆借利率作为市场基准利率
1997 年初	桥本龙太郎首相提出六大改革措施，包括行政改革、财政结构改革、金融体系改革、经济结构改革、社会保障改革和教育改革等
2001 年	日本中央银行再次转向使用再贴现率

资料来源：日本大藏省。

日本政府在房地产泡沫破灭后采取了扩张性的货币政策，符合通货紧缩情形下的货币政策规律。但日本经济正处于所谓的"凯恩斯陷阱"，即当市场利率降到很低水平时，市场参与者对利率变化不作出反应，市场利率降低不能起到刺激投资的作用，导致货币政策失效。日本政府频繁的货币操作而实际效果微弱，也证明这一事实。

（二）东南亚金融危机的拯救方案

泰国、印度尼西亚、马来西亚和菲律宾等国在泡沫破裂发生金融危机后，通过接受国际社会援助以及自我调整的方式，积极应对出现的问题。除了马来西亚外，泰国、印度尼西亚和菲律宾均接受了国际货币基金组织的救援。泰国于 1997 年 8 月 6 日接受了国际货币基金组织苛刻的救援计划；时任印度尼西亚总统的苏哈托在 1997 年 10 月 31 日宣布实行一个为期三年的一揽子改革计划，以作为接受国际货币基金组织 230 亿美元贷款的条件；菲律宾也积极寻求国际金融组织和国内的外资银行援助，菲律宾是东南亚金融危机爆发之后最早获得贷款允诺的国家。泰国、马来西亚、印度尼西亚以及菲律宾等国在泡沫破裂发生金融危机之后，还采取一些措施进行自救工作，其中以通过债务重组等恢复金融系统的正常运转功能为这些工作的核心，只有在金融系统恢复正常运作以后，其他的财政和货币政策才能得以有效地实施。下面对泰国、印度尼西亚、马来西亚和菲律宾四国的主要政策进行详细说明。

1. 泰国的相关政策

泰国在泡沫破裂而发生金融危机后于 1998 年 9 月宣布了对金融体系进行全面改革的计划，中央银行对六家长期面临资金短缺的中小型金融机构进行了干预并将其国有化，关闭了 56 家因对房地产投资而出现巨额坏账的金融机构。泰国政府还采取了一系列政策来抑制外汇过度投机。对于金融系统中因泡沫经济破裂而造成的巨额不良债务问题，泰国政府根据国际货币基金组织的建议，采取了如下三条对策：（1）政府注资，泰国政府在 1998 年 8 月宣布将筹集 80 亿美元注入银行系统；（2）由经营状况较好的银行兼并那些濒临破产的银行；（3）资产重组，将不良资产和优质资产分开管理。

2. 马来西亚的相关政策

为了应对金融危机，稳定经济，马来西亚政府在从 1997 年下半年到 1998 年上半年的期间内，主要采取了整顿金融机构、紧缩货币供应、紧缩财政支出等措施，目的在于稳定金融形势与经济形势。在整顿金融机构方面，采取了以下的措施：（1）加强对金融机构的监督与管理；（2）关闭营业状况恶化的银行与证券公司，促进金融机构的合并；（3）1997 年 12 月和 1998 年 3 月分别提出了以公布金融机构营业状况和加强对金融机构进行监督为中心内容的稳定金融体制的对策；（4）1998 年 4 月制定了以大型金融公司为中心进行金融公司合并的方案；（5）降低金融机构的法定储备金比率，以增强金融机构对产业领域的贷款能力；（6）限制金融机构的房地产股市投资的贷款比率。

为了处理不良债权，重建金融和公司部门，尽快恢复金融秩序，马来西亚成立了三个专门机构。1998 年 6 月成立了资产管理公司，负责收购金融机构的不良资产，将其从呆坏账的压力下解脱出来；由于股价下跌和大量不良资产的存在，银行资本金下降，马来西亚成立了国家资本基金公司，负责对陷入困境但仍有活力的银行注入资金，避免其破产倒闭，恢复其贷款能力；1998 年 8 月还成立了公司债务委员会协助银行与企业债务重组问题，它的主要目标是减少贷款者及股东的损失，使有活力的企业能继续得到银行的支持。这些以行政命令和计划管理的办法实行的应急措施对稳定马来西亚国内经济局势起到了一定的作用。

3. 印度尼西亚的相关政策

苏哈托在日益恶化的经济形势下被迫下台后，其继任者哈比比总统在 1998 年 8 月 16 日提出了八点改革计划：优先整顿金融机构解决私人企业债台高筑所带来的问题，通过消除现存的垄断主义作风使经济更加有效率和竞争力，提倡以诚实透明的方式治理国家和管理企业，以杜绝贪污、相互勾结及裙带关系等。

印度尼西亚的金融部门受危机的打击很大，其金融重组相对泰国来说步伐较慢，但也取得了一些进展。亚洲金融危机后印度尼西亚于 1998 年成立银行重组机构（BPPN），对银行业进行大刀阔斧的整改，关闭了 60 多家银行，对 12 家银行实行国有化，商业银行总数由原来的 220 家减少到 138 家。为了提高银行的资本充足率，印度尼西亚中央银行行长于 1998 年 9 月 29 日公布了政府的资本注入计划。大致内容为：以自有资本比率在 -25% 以上，不足 4% 的有可能存续下去的银行为对象，以追究旧经营阶层的责任和政府承认其今后的业务计划为条件，注入达到自有资本比率 4% 所需的最多 80% 的资金。该年年底后，政府对得到认可的银行在 1 个月后注入资本，不良资产移交给全国银行健全局管理，自有资本比率未满足要求的银行将进行与其他银行合并及作出清算等处理。

4. 菲律宾的相关政策

1997 年 7 月菲律宾比索贬值后，菲律宾中央银行一方面采取措施稳定汇率，如提高利率，要求各银行设立呆账准备金，加强外汇交易监管。另一方面，中央银行采取了一些金融改革措施：限制房地产贷款规模，调整银行买卖外汇的限额，加强对金融机构及其分支附属机构的管理与监管，以防止金融机构的"人情贷款"；提高金融业的经营透明度力度，加强中央银行对各银行的经营业务的监管，加强对外资投资金融业的条件审查与监管。1997 年下半年菲律宾政府所采取的应对措施主要集中在稳定金融市场与金融形势以确保金融系统的正常运转方面。

菲律宾政府对本国金融危机问题十分重视，先后采取了许多措施来逐步消除金融危机对菲经济的负面影响。拉莫斯总统下令各政府机关必须执行节约措施，包括中止新的资本支出，停止所有对公营企业及地方政府的赋税补贴，暂停政府机关人员及政府官员非必要的出国活动，精简驻外机构人员，停止发放政府人员的加班费，停止政府捐赠并减少公用水电费支出，以削减 25% 的政府支出。

（三）美国次贷危机的拯救方案

2007 年 3 月美国次级抵押贷款危机爆发，随之引起股市、楼市崩盘，房地产泡沫破灭，信用危机来临，投资者投资信心严重受损，以及之后的失业、金融机构和社会上其他企业破产倒闭等问题。为应对危机，美联储、财政部等美国政府部门相继采取了相应的措施，政府在次贷危机中的不同阶段相应采取了不同的政府干预措施。表2-7列出了美国采取的一些主要应对措施。

表2-7　　　　　　　　　　　　**美国应对危机的措施**

阶段	措施
2007年8月	FHA推出的再贷款计划
2007年9月	美联储将联邦基金基准利率由5.25%降为4.75%
2007年10月	重组了由贷款公司、投资者等机构参与的希望联盟
2007年12月	美国财政部牵头提出了市场救援计划并经总统批准，该计划通过与贷款公司、投资者等谈判，冻结两年以内发放的浮动利率抵押贷款
2007年12月之后	相继推出了三种新的流动性管理工具：期限拍卖融资便利、一级交易商信贷便利、定期证券借贷工具
2008年2月	美国政府联合美国银行、花旗银行、摩根大通等6家房贷公司推出了"生命线工程"
2008年7月	宣布救助计划，包括提高房利美和房地美的信用额度、买进两家公司股票以及改进监管等内容
2008年10月	美国政府提出了7000亿美元救市方案

资料来源：由雅虎财经网新闻整理。

然而，采取的一系列措施，只能够暂时性缓解金融市场的流动性不足问题。在措施实施后的一段时间里，金融机构盈利能力依然在不断地下降。同时，利率政策效应并不明显，投资风险进一步加大，经济仍旧在持续走向衰退。

第三节　我国金融监管的借鉴性启示

一、促进实体经济与虚拟经济协调发展，防止经济泡沫化

在实体经济的实际需求基础上发展虚拟经济可以引导经济向好，为实体经济的发展提供强有力的资金支持，从而活跃实体经济。而过度地强调发展虚拟经济忽略实体经济的发展，以致虚拟经济发展脱离了实体经济的基础而自成体系的话，其杠杆效应给我们带来的是更大的风险和严重的经济危机。

伴随着金融业的迅猛发展，会暴露出很多问题。由于国民经济体系是一个相互牵制相互影响的整体，一旦金融业发展中出现问题，危机将会随之蔓延到实体经济中。而虚拟经济的发展如若严重脱离实体经济需求，演变成虚涨的泡

沫化状态，金融危机便会初见端倪。美国次贷危机产生的原因之一即是如此，金融创新产品中的金融衍生产品脱离了实体经济相关资产的实际价值与规模，造成虚拟经济自成一派过度发展，增加了虚拟经济风险的同时也扩大了实体经济遭遇风险的可能性，造成经济体系的动荡。

因此，促进实体经济与虚拟经济保持协调一致发展，是制定解决危机政策时应当主要落实的方面。在经济全球化的背景下，我们还需要克服制度因素、市场因素等阻碍虚拟经济和实体经济平稳协调发展的因素，加快金融创新来发展虚拟经济服务于实际生产部门，注重实体经济的基础性发展与虚拟经济相配合，实体经济不能落后于虚拟经济或与虚拟经济的发展不匹配。

二、合理利用外资并谨慎实行资本项目开放

面临资金短缺的发展中国家在引进外资时要注意对外资的流向加以控制和引导。如果外资流入实体经济部门作为长期投资时，会相对比较稳定，并能提高该国的生产能力和技术水平。然而，如果外资流入股市或房地产市场，由于资金进出这些领域比较便捷，很可能引起这些领域泡沫的产生。所以，资本市场的对外开放一定要非常谨慎。具体来说，应该科学合理地确定利用外资的规模、结构和流动速度。引进外资要有合理的结构，即投入的经济部门要合理，投入工业企业的长期投资和投入于房地产和股票市场的短期投资也要合理。例如，东盟四国生产的土特产品，在国际市场上早已占有一定的份额。由于气候和土质等自然条件的限制，其他国家难以大量生产，因此可利用外资，改良品种，大量生产，在国际市场上是会畅销的。外资投资于工业部门时，也要研究被投资国的国内市场，特别是国际市场的需求，如生产的产品和发达国家同类企业生产的同类产品在各方面都相同，经过一段时间后，在国际市场上会出现滞销。引进外资必须取得应有的经济效益，不能只注意引进外资后本国经济的发展速度。从一般理论上来说，工业发展的速度加快了，就能取得应有的经济效益，但在一些国家的实际经济运行中，发展速度和取得的经济效益却很低。引进外资投入企业，取得的经济效益，要使本国经济能发展起来，必须在国际市场上出售产品取得盈利，要能持续不断地引进外国资本。取得经济效引进外资要从一个国家或地区的长远发展来考虑，不能急功近利。外资引进要以长期的直接投资为主，并引导外资投向本国的基础产业和高新技术产业，促进本国生产力的提高和实体经济的增长。

三、完善对银行信贷体制的监管

从这几次危机的发生可以看出，对于房地产这样需要巨额开发资金的资产开发，要严格控制银行信贷，防止大量的贷款不当地进入房地产市场，推高房

价。从银行监管体系来看，在信贷方面要严格审批。一方面，要对贷款者的信用进行完善而准确的评级，同时也要加强对贷出资金的流向进行严格的监管，防止出现资金运用不当的情况出现，银行不能只为了追逐利润和提高市场竞争力就放弃对贷款对象信用等级的准确划分，同时要保证留有足够的应急资金，加强金融监管的国际合作；另一方面，也可以组织专业人员成立第三方监管机制，从而更加全面地对银行信贷进行监管，防止银行自身为了追求短期利益而不加限制地进行短期信贷行为。总之，要结合监管机构、政府与银行三方面，加强对银行信贷体制的完善，从而实现对银行信贷的合理规划，降低信贷风险；还要密切关注银行监管的新理论新方法，避免银行信贷产品创新以及监管模式滞后而导致系统性风险程度增加，最后造成危机的爆发。

另外，建立完善的政府监控政策对我国房地产金融意义重大。近年来，我国房地产价格一路上行，房地产金融日益繁荣，风险也日益积累。结合上述危机及我国房地产金融的实际，我国政府应致力于以下方面的工作：建立科学的风险防控机制，有效弥补现行监管模式的不足，同时实现与国际金融风险防控接轨，有效监测国内外金融市场的系统性风险；加强对房贷政策、债券评级机构、主要金融机构和高风险金融衍生品等重要风险点的监控；加强房价监控，拓宽投资渠道，减少避险性质的购买需求，深入研究推进廉租房制度、租售同权、小产权房等多种供房方式，改变我国传统购房观念，缓解市场供需矛盾；加强消费者权益保护和消费者教育，设立金融消费者权益保护机构，提高消费者识别和应对金融市场风险的能力等。

四、处理好金融创新与金融监管之间的关系

金融衍生品的出现既给金融领域带来了活力，同样也给整个金融体系的运行带来了巨大的风险。美国次级贷款危机爆发的主要原因之一就是对华尔街不断进行的金融创新缺少必要的有效监管。虽然发展金融衍生品市场是金融业改革的必然趋势之一，但是出于对效率和利益的追求，全球金融创新持续快速发展，监管体系的建设显得有些滞后。在这样的情况下，各国监管当局开始调整和放松金融管制体系，以适应金融创新的发展。但是必须认识到，收益和风险总是相伴而生。中国的金融市场还不是很健全和完善，金融市场还比较脆弱，抵御风险的能力还不够强，这就更需要关注全球金融市场的发展和变化，加大对跨境资本的监管，强化外部监管，完善内部监管，提高风险识别和管理能力，正确认识与对待金融创新，增强中国金融体系的稳健性。要处理好鼓励创新与强化监管的关系，防止监管过度。金融创新是企业发展的动力，没有创新就不会有发展，但是创新不能脱离实体经济需要。如给 AIG 带来灭顶之灾的 CDS 产品保险（信贷违约掉期保险），就是一种基于复杂衍生产品的信用保险，几乎完

全建立在虚拟经济基础上，脱离了现实的社会需求和保险的本源，使保险应有的风险分散变成了现实的风险聚集，最终出现毁灭性亏损，加大了系统性风险。因此，金融业既需要加大创新来为行业发展服务，也需要加强对创新的监管，保证金融系统安全。强化监管的重要意义就在于，通过完善市场监管制度，让资本与管理层为自己行为负责，为保险业发展提供更加完备的制度保障和更加公平的竞争环境。加强监管，也要在一定程度上强化市场约束，使资本和经营者对自己的不当行为承担必要的责任。如果没有必要的退出机制，就很难真正规范市场秩序，维护行业的稳健经营。需要指出的是，与日本类似，创新不足是现阶段中国金融业发展面临的主要问题之一，监管部门在加强监管的同时，应鼓励和引导金融机构立足社会发展需要，以创新促发展。

五、加强区域金融发展，为地方经济发展服务

很多国家存在着金融地区发展不平衡的现象，例如，中国各地区的金融发展，从金融深化程度看，东部最好，东北和西部程度相当，次之，而中部地区最差。其原因归结为两个方面：一是外生性的政策因素，特别是中央政府对东部沿海地区给予了政策上的倾斜，这是主要原因；二是各地区的内生性因素。由于我国金融业正处于经济体制转轨的重要时期，区域金融的发展充满了错综复杂的结构性矛盾。无论从空间结构、地域结构、开放结构、内部结构，还是从融资方式、调控方式及运行等方面来看，区域金融的发展都存在很多不协调的地方。究其原因，除了区域经济发展水平的差异之外，区域金融政策支持力度的差异和缺乏有效的区域竞争机制也是一大诱因。区域金融内部协调和外部协调不仅能促进区域金融的发展，还能促进区域经济的发展，进而实现整个国民经济的良性循环。那么，从区域金融协调的层次来看，主要是区域金融的内部协调和外部协调。从区域金融协调的内容来看，基础环节是区域内外金融各自协调发展，关键保障是区域金融监管协调和区域金融政策的协调。只有实现了上述各层面的协调发展，区域金融才能最终实现协调发展。地方经济的发展，离不开金融的支持。从当前看，发展区域金融显得尤为重要。而要维持金融各地区发展的相对均衡，具体来讲，可从以下几方面入手：一是实施适度差别金融政策，也就是金融政策区域化；二是制定倾斜性信贷政策，实行向欠发达地区投资的企业提供优惠低息贷款政策，同时政府可提供信贷担保，目的是支持金融机构对欠发达地区的企业提供贷款，促进这些地区的经济开发和发展；三是通过创建区域都市圈，加强圈内各省域经济的联合和协作，减少重复建设，增强区域经济发展的能力。

实施区域金融政策是缩小区域金融差异、实现区域金融均衡发展的必然途径。区域差异的存在可能扭曲统一金融政策的作用机制，导致统一金融政策在

不同区域产生不同甚至相反的政策效应。因此必须结合国情，实施灵活多样的区域政策。当然，区域金融政策只是对"市场失灵"的矫正或补缺，不能替代市场机制。构建区域金融政策完善有效的制度框架，需要从中央到地方、从监管当局到金融机构等各个层面的携手合作与协调配合。

六、强化金融宏观审慎监管

金融系统具有内生脆弱性，外部冲击可能会加剧金融脆弱性，甚至引发剧烈的金融动态。微观层面中单个金融机构的合理行为，如果大多数金融机构同样为之，则会引起系统性金融风险。因此，需要政府强化金融宏观审慎监管思路，建立常态化的监管机制，并要求金融机构采取审慎的经营态度，将金融创新和风险控制在安全的阀门之内（李瑞娥和刘红，2015）。金融宏观审慎监管方式可分为两类，一是基于自动稳定器的作用，通过建立规则来约束金融机构的行为；二是在出现金融风险时，采取自上而下的相机抉择政策（杜朝运和林航，2012）。其中在相机抉择政策上，可以通过前瞻性压力测试，评估金融机构风险及风险所处的阶段，从而制订战略性补救计划。同时，为保障整个金融系统安全，需加快金融基础设施建设，包括完善金融支付体系、社会信用体系、金融法律体系等，建立良好的金融生态环境。第一，加快支付体系建设。此次金融危机在跨国支付债权履行、支付结算跨国监管等方面提出更大的挑战。支付体系的运行状况极大地影响参与者对自身流动性和风险敞口的判断，进而影响参与者的行为及市场的整体流动性。因此，加快支付体系建设将对整个金融体系的安全和效率具有举足轻重的影响。第二，不断完善社会信用环境。信用环境的不断完善，对于维护正常的社会经济秩序，防范和化解金融风险具有十分重要的作用。信用评级和征信体系建设是我国信用环境建设的重要内容。信用评级通过对经济主体、金融工具和其他社会组织的信用记录、经营管理、财务状况等要素进行独立、客观、公正的评价和判断，为投资者独立决策提供依据，对于加强市场约束、维护金融安全具有重要作用。第三，不断健全和完善金融法律体系。良好的法律环境是建立公平、高效市场机制的保障，金融法律法规的完善使金融机构的经营行为有法可依，亦是防范道德风险、保障金融体系安全的有力手段。

第三章 房地产价格波动对系统性
金融风险影响的传导机制

第一节 研究背景

2007 年由房地产价格泡沫引发的美国次贷危机以其强大的传染力和破坏力迅速蔓延至全球金融市场，形成了一场影响巨大的世界性金融危机，引发了全球长期性的经济衰退，用事实印证了房地产价格大幅波动与系统性金融风险之间的紧密关系。防止房地产价格泡沫、维护金融稳定，已经成为各国政府关注的重要层面。房地产业在我国国民经济中占据重要地位，在完善金融市场的资金配置、推动实体经济的协调运行中起着不可或缺的作用（梁云芳等，2006）。改革开放以来，我国房地产市场蓬勃发展。中国统计数据库显示，2006—2016年的 10 年间，我国房地产价格涨幅巨大，一线城市尤为显著，北京、上海房价累计涨幅为 400%，深圳累计涨幅甚至达到 620%。持续上涨的房地产价格对我国的金融稳定乃至民生问题都产生了巨大影响，房地产市场平稳发展也成为了近年来我国宏观调控的重要目标之一。2011 年"国十条"出台，发布"限购限贷令"以调整房地产市场的供求状况。2015 年底，中央经济工作会议重点提及房地产问题，提出要"适当降低商品住房价格"。"房地产去库存"成为我国经济发展亟待解决的任务之一。

2016 年初，针对我国经济进入新常态、实体经济疲软的经济状况，政府为稳定增长实行了一系列"放货币，加杠杆"政策，如调低准备金率、下调房产交易契税、降低首套房首付比、提供贷款优惠等，这种居民部门加杠杆的政策使得我国房价出现回升趋势。虽然 2016 年底政府为了使房市"降温"而密集出台了一系列限购限贷政策，在一定程度上抑制了房地产市场的非理性投机行为，但仍无法从根本上抑制我国过高的房地产价格。中国百城指数显示，2017 年 1月，北京、上海、广州三大一线城市房价同比涨幅分别为 59.84%、61.28% 和26.59%，而限购限贷政策针对的重点城市——天津，其商品住宅房均价为15084 元/平方米，同比上涨 27%。快速上涨的房价正在迅速演化成房地产泡沫，在侵蚀国内生产、消费能力的同时，也造成了经济和社会结构的失衡，加大了我国金融市场的脆弱性并带来了系统性金融风险产生的潜在可能性。国内众多理论研究也达成共识——房地产市场的价格泡沫是引发金融不稳定、触发系统性金融危机的重要原因，而我国的房地产价格不断上涨的过程正是金融风险不断累积的过程，一旦房地产价格泡沫破裂，极易促使系统性金融风险产生，带来金融危机的爆发（李瑞红，2011；贺聪等，2011；沈悦，2015）。然而，以前学术界并未系统讨论房价波动对系统性金融风险传导机制的问题，这也就无法为政府调控房价、维护金融问题提供理论依据。因此，研究房地产价格上涨对于系统性金融风险的传导机制，对于控制我国房地产市场泡沫，防范系统性金融风险，为货币当局提供针对性的政策建议，进而促进实体经济稳定健康发展都具有有十分重要的意义。

第二节　文献综述

房地产价格波动与金融稳定之间的关系一直是学术界热议的话题，国内外的科研成果都较为丰富。早期的国外学者对于房价波动对系统性金融风险影响的传导机制的研究最早集中于强调银行信贷渠道在传导中的核心作用（Davis，1995；Allen 和 Gale，1998；Hofmann，2003）。随着 2008 年美国次贷危机的爆发对全球金融市场产生的巨大冲击，更多的学者开始注意到房地产价格波动与系统性金融风险的紧密联系，进而对相关研究更加全面。Tsomocos（2008）等的研究表明，房地产具有作为抵押资产的虚拟属性，当房价下跌时会加大银行的表内风险、提高坏账率进而由银行内部的非系统风险演变成金融市场的系统性风险。Mendoza 和 Terrones（2009）研究了美国 1978—2008 年的季度数据，深入挖掘房地产价格、信贷扩张和系统性金融风险之间的关系，得出结论，房地产作为抵押资产的虚拟属性是其价格波动通过信贷渠道引发金融不稳定的重要原因。Geankoplos 和 Fostel（2009）通过理论研究发现，评级机构的虚增评级使房地产价格的波动形成泡沫，大量金融衍生产品的出现则在一定程度上加剧了房价泡沫对金融市场的冲击。Goetz（2009）基于银行资本金变动解释了资产价格波动对金融稳定的影响，但该文只是一个简单的均衡模型，没有理论分析等。Goetzmann 等（2009）实证研究发现，房地产市场里的潜在投资者存在理性预期，他们会根据以前的房价经济指数来预测未来房地产价格和抵押风险，从而改变房地产市场的供需量进而加快房价波动对系统性金融风险的传导速度。Gennaioli 等（2013）构建了一个包含影子银行的理论模型，得出结论，当投资者和中介机构忽视尾部风险时，影子银行会增加风险贷款的占比和中介机构风险的聚集，加大金融市场的脆弱性，促使房地产价格波动引发金融危机。Pan 和 Wang（2013）则通过构建面板门限向量自回归的方法，构建了不同的门限约束来分析房价波动对系统性金融风险影响的传导过程，发现房价波动会引发系统性金融风险产生的可能性。

　　房地产市场是国民经济的重要组成部分，关于房地产价格波动与金融稳定的关系，国内的前期文献多探讨房价波动对银行体系的冲击与影响（唐建伟，2006；李宏和曹宁，2009）。随着我国房地产市场的不断发展与完善，房地产价格形成的非理性上涨局面已经严重威胁到了实体经济的稳健发展，越来越多的学者开始从多个角度关注房地产价格对系统性金融风险的影响。周京奎（2005）构建了房地产市场局部均衡模型，认为金融的过度支持会引发房地产泡沫。部分金融学者从 2008 年次贷危机的动因出发，进行详细的理论分析及数据对比，发现房地产市场的泡沫以及次级房屋贷款的发放是引发金融危机的根源，因而得出房地产价格的波动可能引发系统性金融风险产生这一结论（葛奇，2008；李建伟和杨琳，2011）。项银涛（2011）研究发现，房地产价格波动对系统性金融风险影响主要通过房地产市场的有限理性这一渠道实现。他对房地产市场中的投资者、开发商和金融机构的有限理性进行了详细的实证分析，认为房价的波动最先影响到市场信心，其次引发银行资本金的过分扩张或收缩，最终产生银行系统的金融风险进而影响到整个金融市场稳定。陆却非和葛峰（2011）研究表明，我国推行的房地产投资信托基金（REITS）存在隐形化的风险。他们客观分析国外 REITS 实践，得出结论，大量资金极易通过 REITS 市场流向房地产市场，加重宏观失衡带来系统性风险的积累。陈雪楚等（2012）研究发现，城市间房价的相关性是房地产价格波动引发系统性风险的主要原因。她通过构建空间滞后模型来表明我国城市间房价呈现的相关性，这种相关性使房地产泡沫在各个区域产生风险传染效应，进而引发房地产行业的系统性风险。张宝林和潘焕学（2013）通过构建 SVAR 模型，观察并分析了我国 2003—2015 年的房地产销售价格指数，得出影子银行加剧房地产泡沫、诱发系统性风险的主要渠道的结论。沈悦等（2015）运用 FVAR 模型，构建因子增广模型的系统性风险信息集，从动态地角度探讨了房价的大幅度波动如何动态地演化成系统性风险，表明房地产冲击系统性风险的动态过程分为潜伏期、积累期和爆发期，并阐述新房市场和二手房市场分别通过融资渠道和资金价格两种渠道引发系统性风险。

　　随着 2016 年初我国供给侧改革去杠杆的逐步推进，杠杆率再一次进入学术视野。贾庆英和孔艳芳（2016）运用 PVAR 模型探讨利率房地产价格、经济杠杆与价格传递之间的关系，得出货币供给对房价和经济杠杆有明显的正向冲击作用这一结论。黄燕芬等（2016）则详细阐述了中国房地产市场存在的居民加杠杆现象，深入剖析了居民加杠杆在推动房价上涨中的重要作用，并为防止系统性金融风险针对性地提出了政策建议。王雪（2017）则通过对北京、上海、广州和深圳四个城市的房价指数进行趋势分析，深入挖掘我国房地产价格过度上涨的原因，发现我国房地产价格过度投机和投资是引发房地产价格泡沫、威胁金融市场的重要原因。

第三节 房价波动对系统性金融风险影响的传统渠道

一、房价波动对系统性金融风险影响的银行信贷传导渠道

（一）银行信贷渠道作用机理

房地产价格波动与银行信贷、金融稳定紧密相连，无论房地产商如何运作都离不开资金尤其是银行信贷资金的支持，通过对银行信贷与房价之间的波动能够看出，银行信贷机制是房地产价格波动引发金融不稳定，进而导致金融危机的主要原因。而将银行信贷机制作为主要传导渠道的原因归根结底在于两个方面：一是房地产产品的特殊性；二是我国房地产行业的特殊性。

一方面，房地产产品特殊之处在于其具有资产属性，这一属性使房地产商品具有实物消费和投资获利的双重属性。这意味着房地产不仅是居民和企业的"财富性"资产，同时也是贷款人向银行进行贷款时作为担保的"抵押性"资产，房地产同其他资产的功能和波动轨迹一样，能够用来融资、获利、保值，所不同的只是以不动产的形式存在而已，也容易导致资产泡沫及泡沫崩溃后的价格暴跌，这使得房地产与银行信贷密不可分。另一方面，房地产行业的特殊性体现在房地产行业属于资金密集型行业，大量的资金支持是该行业发展的主要特点，只有这样才可以维持供给与需求的平衡。同时我国房地产行业的融资模式主要是以间接融资为主，房地产行业的健康发展所必需的资金支持大部分来源于银行信贷渠道。但是，由于房地产行业借贷资金周期长，银行提供的信贷资金短时间内难以回笼，并且风险的不确定性较高，容易形成坏账，影响银行的正常经营，导致系统性金融风险上升。下面，主要从这两个方面来介绍房价波动对系统金融风险影响的银行信贷渠道的作用机理。

1. 房地产产品的特殊性

房地产是一种特殊的资产，兼具实物属性和虚拟属性的双重属性。这意味着房地产产品不仅具有实物资产的特征，同时也带有虚拟资产的特性。实物属性是指房地产可以作为企业进行研究、开发、生产产品所使用的厂房而被企业持有，同时也能够以居民采用消费方式获得的住宅的形式而存在；虚拟资产是指房地产可以成为投机者从事投机活动、谋求高额利润的投资工具或投机对象，也可以作为企业或普通贷款人向银行进行融资时的担保抵押品。

随着我国经济的虚拟化发展，房地产产品的虚拟性愈发突出，房地产充当

抵押品和投资品的角色日益彰显。抵押品和投资品的双重角色把房地产价格波动与银行信贷紧密联系起来，形成双向作用的正反馈机制。一方面，房地产价格波动会影响到银行信贷的供给和需求。这主要通过货币政策效应、资产负债表效应和财富效应等得以实现。如果房地产价格因为外部刺激性因素（如利率波动）而上涨时，房地产产品作为抵押品的价值会相应上升，银行资产负债表状况良好，银行会扩大信贷资金的投放规模；如果房地产价格下降，房地产产品作为抵押品的价值会下降，银行不良贷款率增加，自然会紧缩信贷规模，带来房地产市场信贷资金的缺失。另一方面，银行信贷的供给状况也会反向引起房地产价格的随之波动。这主要是因为房地产也是一种投资品。如果银行紧缩信贷规模，减少信贷资金的投放量，房地产市场资金的供给量便无法满足需求量，没有足够的资金投资房地产行业，房地产作为投资品的价值自然下降，进而引起价格的不断下跌；如果银行扩张信贷规模，信贷资金的投放量增加，房地产市场资金的供给量大于需求量，拥有足够的资金投入房地产行业，房地产作为投资品的价值自然上升，进而引起价格的不断攀升。由此可见，房地产产品作为抵押品和投资品的双重特性使得房地产价格与银行信贷规模紧密相连，这种双向作用的正反馈机制使得传统的银行信贷渠道成为连接房地产价格波动与系统性金融风险的重要节点。

2. 房地产行业的特殊性

房地产行业区别于其他行业的一个典型特征就是，房地产行业是资金密集型行业，该行业的健康发展与金融业息息相关，没有金融业的资金支持，房地产行业就没有好的发展前景。鉴于房地产行业与金融业如此紧密的关系，房地产行业也被称为"第二金融业"，因此房地产行业本身的行业特性就决定了以商业银行为主的金融业对房地产行业发展的重要性。

除去房地产行业本身的行业特性之外，我国房地产行业资金市场的特殊性也决定了银行信贷在联结房地产价格波动与系统性金融风险之间的重要作用。从近年来房地产行业的发展趋势不难发现，我国房地产行业虽然从表面上看资金来源渠道十分多样化，但实际上以商业银行为主的银行体系和类似于房地产信托类的影子银行才是真正维系房地产行业资金需求的支柱性力量，而企业通过发行股票或者债券等方式筹集资金的比例十分低。数据显示，在房地产融资成分中，银行信贷资金占比高达66.7%，此外，银行信贷还贯穿房地产市场各个环节。首先是第一阶段的土地购置环节，数据显示，中国72%的土地购置与房地产业开发的资金直接或间接地来源于银行信贷；其次是第二阶段的房地产售卖环节，大量的住房按揭贷款来自于商业银行。这种资本市场的抑制使得房地产市场形成了以间接融资为主、直接融资为辅的融资结构。

房地产市场存在的这种过度依赖间接融资的单一融资模式必然会带来一系

列问题，这也是传统的银行信贷渠道能够连接房地产价格与系统性金融风险的重要原因。一方面，单一的融资模式使得房地产信贷成为资金的核心来源，商业银行或其他金融机构为获取利益必然会创造出许多房地产相关产品如房地产信托、房地产基金等，大量衍生产品的出现使得影子银行的规模日益增大，影子银行体系的扩张会放大房地产价格波动对系统性金融风险的影响；另一方面，正常的融资体系由直接融资和间接融资共同组成，在达到资金合理分配的同时，风险也能够分摊，即"利益共享，风险共担"。但是我国房地产市场形成的这种过度依赖间接融资的单一融资模式，将商业银行放置在了不利的地位，银行体系将承担超额风险，即由于制度性失衡以及融资结构单一带来的风险配置不合理的风险（商业银行要承受本应由直接融资和间接融资共同分担的风险）。这种巨大的风险累积使得房地产价格一旦大幅波动，便会刺激到商业银行的潜在风险，银行不良贷款率增加、资产负债表恶化、资金链断裂带来的挤兑危机等，这些都会让商业银行面临破产风波，这种破产风波一旦爆发至整个银行体系，接踵而至的是系统性金融危机。因此，传统的银行渠道是将房地产价格波动扩大至整个系统性金融风险的重要原因。

（二）银行信贷传导渠道的主要类型

由于房地产行业在我国属于经济支柱型产业，而其资金来源大多由银行信贷提供，因此传统的银行信贷渠道是房地产价格波动对系统性金融风险影响传导机制的核心。根据银行信贷渠道的作用机理，可以将传统的银行信贷渠道划分为以下四种类型。

1. 银行信用渠道

房地产市场是金融市场的重要组成部分，房价波动极易通过银行信用的扩张或收缩将风险引至银行系统，进而扩张至整个金融市场。另外，当前银行信用市场存在着大量的信息不对称问题，不仅使银行无法准确评估借款人质量，而且信息不对称带来的道德风险极大地增加了银行的交易成本。为解决借贷市场上的信息不对称问题，获取银行的信任取得贷款，借款人大多会将房地产等不动产作为抵押品，这就将银行信贷和房地产价值紧密联系起来。当房价受外部因素的刺激出现下跌时，会导致银行紧缩信贷，带来资本紧缩效应。对于银行而言，抵押资产的价值下跌会导致坏账率提高，资产负债表状况恶化，甚至不得不变卖抵押资产，进而使得市场上房地产供给大于需求，加大房价下跌的程度；对于借款人而言，若抵押资产的价值增加，借款人会更加倾向于将房地产作为抵押品交给银行获取贷款，银行与房地产行业的联系更加密切，银行系统以房地产为代表的风险资产比重增大，信贷比例失调在一定程度上会增加银行系统的脆弱性，使得房地产价格的波动极易影响到整个银行系统的安全，而银行业作为我国金融业的主体产业，其风险极易对整个金融市场构成威胁，银行系统的非系统风险扩张至金融市场形成系统性风险，导致系统性金融风险上升。

2. 现金流渠道

流动性是银行经营目标之一，保持现金流的正常运转是流动性目标得以实现的基础。鉴于美国次贷危机的背景分析，不难发现，房地产价格的波动一般通过金融创新产品对银行等金融机构的流动性产生影响。银行等金融机构为转移资产负债表内的风险，一般会通过开发一些金融创新产品的方式，典型的就是将一些流动性不强的抵押资产进行分类、组合，打包形成可在市场上认购、交易的证券，即资产证券化。资产证券化表面上看，银行转移了资产负债表内的风险，却实质上承担了资产价格波动所带来的流动性风险。当房地产价格不断攀升时，资产价值不断提高，由抵押资产组合形成的证券看似稳定性极强，但随着房地产价格的上涨逐渐形成泡沫时，该证券所带来的风险实质上在不断累积。一旦房地产泡沫破裂，证券的认购者会怀疑这些证券的价值而选择将这些证券变现。大量的同时期的证券变现很容易造成银行挤兑现象发生，投资者恐慌情绪加强，进一步加重银行现金流动问题，使银行系统的现金流断裂，经营规模小、资产负债能力不强的银行甚至会因此而破产倒闭。鉴于银行系统同业拆借频繁、关联性极强，银行间的关系错综复杂，单个银行的倒闭极易将风险传导至多家银行乃至整个银行系统，带来系统性金融风险。

3. 信息传递渠道

借款人将房地产作为抵押品来向银行系统获取贷款，表面上看是一种减少信用市场摩擦、降低信用市场信用不对称现象的有效措施，但实质上却加剧了信息不对称，恶化逆向选择和道德风险的问题。当房地产价格大幅上涨，虚增至泡沫期时，抵押资产价值升高，借款人的名义净资产增加，资产负债表状况良好，这使银行无法确切得知借款人实际的资本状况，只是根据得到的正面信息盲目地扩张信贷规模，大量地吸收以房地产为标的物的抵押资产，这使得银行风险资产增加，银行系统的脆弱性提高，同时潜在的逆向选择和道德风险也在这段期间不断累积。另外，银行将房地产产品等不易变现的产品进行打包重组成为可流动的证券资产，由于过于复杂的资产链条超越了一般投资者的风险识别能力，造成投资市场风险识别能力的集体性缺失，从而导致整个市场投资决策的扭曲。一旦房地产市场泡沫破裂，累积的风险全部爆发，大量的违约行为发生，银行面临的是资产负债表的恶化和挤兑危机。因此，银行信贷过程中的正常信息传递渠道被阻碍也是房地产价格波动引发系统性金融风险的原因之一。

4. 风险生成渠道

传统的银行信贷机制是房地产价格波动对系统性金融风险影响的重要传导

机制，这一传导机制经历了一个完整的风险生成阶段性过程。房地产价格的上涨是风险生成的过程，房地产价格上涨逐步形成泡沫是风险累积的过程，泡沫破裂、房地产价格暴跌是风险爆发的过程，该爆发一般会先从银行系统开始，逐步进行风险传染从而引发系统性金融风险。当房价受外部刺激初步上涨时，银行信贷规模扩张，风险资产占比提高，银行系统内风险生成；随着房价的逐步攀升，不断上涨，银行在扩张信贷的同时还会发行大量的以房地产为标的物的证券进行流通，大量认购者理性预期房地产市场前景良好而大规模地买进该种证券，风险不断累积；当房地产市场泡沫破裂，房价大幅下跌时，借款方违约行为产生，购买证券的投资者要求变现，银行系统的违约风险、流动性风险大面积爆发，整个银行系统受到剧烈的冲击；此时银行会选择紧缩信贷，变卖相关资产，房地产市场供需不平衡，加剧了房地产价格的下跌。银行系统作为整个金融市场的支柱，其崩溃将会使风险传染至整个金融市场，从而带来系统性金融风险。

二、房价波动对系统性金融风险影响的其他传统传导渠道

银行信贷渠道是房地产价格波动对系统性风险影响的核心传导渠道，目前，在我国还存在其他的传统传导渠道使得房地产价格波动诱发系统性风险。房地产价格可以通过抑制货币政策传导机制的运行、改变市场的心理预期诱发风险，通过市场中的"金融加速器"放大风险等方式，将其效应传导至整个实体经济，引发系统性金融风险。

（一）货币政策效应渠道

货币政策是我国中央银行调控市场经济的重要手段之一，是指中央银行为实现既定的目标，运用各种工具调节货币供应量来调节市场利率，通过市场利率的变化来影响民间的资本投资，通过影响总需求来影响宏观经济运行的各种方针措施，中央银行可以通过选择恰当的货币政策来达到稳定物价、促进经济增长的目的。房地产市场作为国民经济的支柱，货币政策在房地产价格调控体系中起着至关重要的作用。但是房地产价格的大幅波动在一定程度上会降低货币政策效应，使得货币政策传导机制异化（胡国，2005），破坏完整的房地产价格调控体系。

关于货币政策与资产价格关系的研究，国外学者分为两类观点。部分学者认为，货币当局不应对资产价格泡沫进行反应，只要"事后救助"及时，依然可以控制泡沫破灭所导致的损失（Mishkin，2007）。也有一些学者认为，虽然资产价格泡沫会导致金融不稳定，但积极的通货膨胀目标制可以在资产价格泡沫破裂时稳定产出和通胀，只要资产价格波动对通货膨胀预期没有影响，那么货币政策对资产价格波动的直接反应就不会显现出来（Bernanke，1999，2001；Batini 和 Nelson，2000；Gilchrist 和 Leahy，2002）。然而，部分学者持相反的观点，当资产价格与基本面有偏差时，货币政策应及时根据资产价格的波动作出直接反应，从而实现宏观经济稳定（Goodhart，1995，1999，2002）。货币政策的设定应该包含房价波动引起金融失衡的解决机制，在货币政策规则中引入房地产价格能有效避免发生资产价格泡沫，从而减少资产价格大幅度下降所导致的清理残局的成本（Borio 和 Lowe，2002；Iacoviello，2005；Ahearne，2005）。

国内学者大多肯定了货币政策与资产价格之间的紧密联系。他们认为，资产价格中包含了关于未来产出与通胀的信息，忽视资产价格波动会导致较大的福利损失，因此货币政策应该盯住资产价格（唐齐鸣和熊洁敏，2009；赵进文和高辉，2009；梁斌和李庆云，2011；陈继勇等，2013）。一方面，银行系统是货币政策效应传导给实体经济的重要渠道，房地产价格的上涨会使货币政策的效果更多地流入资本市场，进而弱化实体经济（钱小安，1998）；另一方面，当房地产价格持续上涨时，市场上会出现大量的投机者，投机者向银行等金融机构的大量融资使资金由生产领域投向非生产领域，资金在实体经济中的作用弱化，货币政策带来的效果大打折扣。

（二）财富效应渠道

关于房地产价格的财富效应渠道，国内外有不少相关的研究。早期的国外文献主要集中于研究资产价格引发的财富效应。Haberler（1939）研究发现，资产价格的波动通过消费行为使得财富效应得以实现，即如果资产价格增长，人们认为自身拥有的财富价值增加，进而扩大消费支出，厂商为迎合增加的消费需求而加大生产，促进就业，即财富效应产生。Frideman（1957）研究认为，财富效应的产生基于生命周期理论及理性预期理论，根据生命周期理论，家庭与个人会根据自己所有的财富和持久性收入将资金分配到生命的各个阶段，当资产价格上涨，人们会加大当前的消费支出，改变消费行为。这一观点在 Dvornak 和 Kohler（2007）、Yoshikawa 和 Ohtake（1989）、Chen（2006）的研究中得到了印证。

国内学者也有许多关于房地产价格波动与财富效应之间的关系的研究。李亚明和佟仁城（2007）通过实证分析发现，中国房地产市场存在财富效应，长期房地产价格的上升会刺激居民进行消费，短期的房地产价格上升则存在特殊性，不同的城市具有不同的表现形式。李成武（2010）利用面板数据研究了各地区房地产市场存在的财富效应，得出了东部沿海地区的财富效应比中部和西部地区房地产的财富效应更显著这一结论。李天祥和苗建军（2011）基于房地产财富效应传导机制的角度，将财富效应模型化，证明了房地产价格上涨对国民经济具有复杂的影响。赵扬（2011）通过分析房地产市场财富效应的产生路径，研究发现房地产价格波动能够通过财富效应来作用于居民的消费水平，进而影响到整个宏观经济。

财富效应渠道主要是通过改变公众的心理预期，继而影响消费来将风险传导至整个经济的。当房地产价格上涨时，拥有房产的家庭会认为自身的财富增加，一般家庭会选择出售房地产或者以房地产作为抵押获取资金。如果家庭选择出售房地产，良好的公众预期会使房地产价格越"炒"越高；如果选择将房地产作为抵押品来获取资金，银行系统会因此而吸收更多以房地产为标的物的抵押品，这在一定程度上增加了银行系统风险资产的比重，加剧了银行系统的脆弱性。此外，家庭认为自身"虚拟财富"的增加也会在一定程度上改变自己的消费习惯，形成"非理性"消费，甚至会参与房地产市场的"过度投机"，风险逐步加大。因此，房地产价格的大幅上涨可以改变公众心理预期，在财富效应的引导下影响社会消费和加大银行系统风险，一旦房价下跌，风险必将传导至整个实体经济，转变为系统性风险。

（三）金融加速器渠道

房地产市场是我国实体经济的重要组成部分，国民经济的发展十分依赖房地产市场的发展状况，这使得"金融加速器"理论在我国得以成立（黄静，2010）。"金融加速器"是指当信贷市场和房地产市场出现信息不对称时，金融和信贷市场会变成一个"加速装置"（柯昇沛等，2011）。不完全信息对于借款者和贷款者关系的重要影响使银行获得关于企业项目的信息成本较高。资本市场的这些不完全性导致外部融资的代理成本高于内部融资，即有外部融资额外费用，投资就必须依赖于企业的资产负债表的状况。因此，伯南克和格特勒认为，投资水平依赖于企业的资产负债表状况：较高的现金流量和资产净值对于投资有直接或间接的正面影响，直接影响是它增加了内部融资的来源，间接影响是因为它提供更多的抵押品而减少外部融资成本。在我国，提供的抵押品多数为房地产，当房价受到经济中的正向冲击或负向冲击，其净值随之升高或降低时，经由信贷市场的作用会将这种冲击对经济的影响放大。金融加速器效应会使得即使经济中出现很小的冲击，如利率上升、技术进步等，金融和信贷市场都会迅速将该冲击放大，以致影响到整个实体经济。

研究"金融加速器"在我国的实践，首先要了解"外部融资溢价"这个概念。"外部融资溢价"是指企业外部融资与内部融资两者机会成本的差额。在我国，由于信息不对称，一般情况下外部融资溢价是大于 0 的。为降低企业外部融资的成本，使得外部融资溢价尽量变小，企业大部分情况下会选择通过抵押资产的方式从银行获取资金，这也就使得房地产作为抵押资产归入银行的风险资产的组成部分，房地产作为标的物意味着房地产价格的波动与银行的资产负债表内风险息息相关。当房地产价格受外部刺激的影响有所波动时，房价作为抵押物资产的价值也会有所波动，进而使得银行体系的脆弱性增加，极易将风险扩散放大至整个实体经济，形成系统性金融风险。

第四节　房价波动对系统性金融风险影响的影子银行体系渠道

一、影子银行的产生与发展

影子银行又叫做平行银行系统，是行使一定的银行业务，却又游离在实体银行体系之外的信用中介组织。其主要包括投资银行、对冲基金、货币市场基金、债券保险公司、结构性投资工具（SIV）等非银行金融机构，主要的功能有提供股权资本融资、金融组合产品、金融衍生工具、金融交易服务的非银行金融机构或金融行为。有些影子银行没有一个具体的形态，来自于民间又不受监管机构的监管。它从民间日益增长的对信贷的需求中产生，传统银行业因为成本时滞和各方面复杂手续的缘由，已经不能够满足人们日益膨胀的信贷需求。影子银行的迅猛发展虽然缓解了信贷压力，但也抑制了银行在金融体系中发挥的作用，高杠杆率也积累了许许多多的系统性风险。同时，影子银行也是银行的证券化活动，房地产贷款以有价证券的形式在资本市场上交易，原本传统的房地产业务是由银行所进行的融资活动，经过这种方式变成一种投资。

影子银行基本上来说可以分为以下三种：第一种有一个具体的机构形态，比如，投资银行，对冲基金，私募股权基金，SIV 和货币市场基金；第二种隐含在传统的银行体系之中，这些银行本身接受监管机构的监管，由中央银行集中管理统一控制，但是它们吸收影子银行的操作方法，其所经营的一些业务具备影子银行的基本特征，这些业务是不受具体监管的；第三种是单纯的影子银行工具，主要是一些能够让机构转移风险、提高杠杆，并且能够规避监管的金融衍生品，官方的有商业银行销售的金融创新的理财产品，以及非银行金融机构售卖的类信贷产品，非官方的最典型的为民间高利贷。

（一）美国影子银行概况

1. 美国影子银行的规模

20 世纪 70 年代初，影子银行开始在美国出现，并开始在欧美国家蔓延，脱媒型信用危机即存款机构的资金流失、信用收缩、利润下降、银行倒闭等。在接下来的几十年中，政府为了应对这种危机不断大规模地放松对金融部门的各种监管，在激烈的市场竞争环境下，不断推出了各种新型的金融产品、金融工具、金融组织及金融经营方式，形成了金融界一股创新的热潮。影子银行又称平行银行系统（The Parallel Banking System），这一含义来源于 2007 年的美联储年度会议，由美国太平洋投资管理公司执行董事麦卡利首次提出并得到广泛采用。它主要包括投资银行、对冲基金、货币市场基金、债券、保险公司、结构性投资工具（SIV）等非银行金融机构。在美国金融市场上，多样化的金融创新产品由于管制的放松层出不穷，影子银行体系在这一过程中也随之形成。比如，从各类金融产品的使用中，我们可以发现美国衍生产品和结构性产品的发展前景远超传统金融产品。影子银行的概念得到广泛的重视是在美国次贷危机爆发之后。它最初的运作方式是通过银行贷款证券化进行无限信用扩张，这样一来就可以巧妙地把传统的银行信贷关系转变为隐藏在证券化中的信贷关系。这种信贷关系单纯地行使了传统银行的功能却并不具有传统银行的组织机构，只是看上去像传统银行而已，即类似存在一个影子银行体系。

美国影子银行的核心是住房按揭贷款证券化。住房按揭贷款融资来源渠道的转变，通过利用衍生工具的方式使得信贷更加全球化、平民化，廉价的信贷更容易被大众得到而不再是少数人的专利。影子银行平缓了因生产力进步和分工细化产生的经济波动，促进经济增长，使收入与利润增加。影子银行虽说在一定程度上降低了住房按揭者的融资成本，但也成了新的系统风险的来源，相关的系统性风险有期限错配、流动性转换、信用转换和高杠杆。美国监管环境较为宽松，加上近年来推行的低利率政策，使得影子银行系统受益并且得以充分发展。美国影子银行资产规模速度扩张，其增长幅度几乎达到60%。美国拥有全球最大的影子银行系统，2014年资产规模达到25万亿美元，美国商业开发公司、特种金融公司以及房地产投资信托基金一个季度内的资产规模就达到了1.22万亿美元，远高于上一年的7790亿美元。

2. 美国影子银行的发展

在2008年金融危机以前，影子银行的发展规模每年都以很大的幅度上涨，但缺乏整治规范和严格监管，使得在2008年影子银行负债规模达到21万亿美元的历史新高，而传统银行的债务规模才仅仅达到13万亿美元左右。这个状态一直延续到2008年金融危机的爆发，美国政府才逐步认识到影子银行在金融危机中的重要影响，并开始对影子银行进行监管、规制，影子银行的规模才逐渐呈现减少趋势。2012年的规模是15万亿美元，但是到了2014年以后，影子银行的规模又一次创造新高，达到25万亿美元，所以美联储这些年积极推行去杠杆化，尽量减少由高杠杆带来的波动和风险，协整金融秩序，缓解系统性风险。

然而在实际实施中发现，联邦存款保险公司限制银行存款承保的上限，这就导致活期存款与机构投资者的投资需求无法相适应，另外又由于国债市场规模的限制以及外国投资者对美国国债强烈需求的限制，短期国债以及以国债为担保的金融资产也很难满足机构投资者对安全性资产的需求。Pozsar（2011）提出一个保守估计，在2003—2008年这6年内，美国机构投资者对"短期政府担保的投资工具"的需求缺口就可能高达 1.5 万亿美元。在货币市场和商业银行体系内机构投资者的部分超额需求不能得到很好地满足，因此，他们只能转身投资影子银行体系，购买流动性高以及安全性也较高的金融产品，最终形成了这样的一个局面：影子银行体系的"存款人"由资产规模增长迅速的机构投资者扮演，通过购买回购协议等金融产品的方式不断将现金资产"存入"影子银行，最终成功为贷款人实现融资。所以，虽然美联储尽力推行了去杠杆化，目前仍在推行中，影子银行的势头也没有得到多大的抑制。

鉴于以上现状，可以得出，对影子银行体系进行监管尤为重要。美国开始重视并改革金融监管制度是在全球金融危机爆发之后。2010 年，美国总统奥巴马签署了《多德—弗兰克华尔街改革与消费者保护法案》，从字面上看，其主旨似乎是加强宏观审慎性金融监管和消费保护，里面的内容处处涉及影子银行体系。同时，成立了金融稳定监管委员会，对系统性金融风险进行有效的识别和防范，保持金融环境的稳定，并在法案中规定，一旦发生的某些行为可能威胁整个金融系统的稳定，金融稳定监管委员会有权力建议美联储对这类金融机构或金融交易进行更加严格的金融监管。

（二）中国影子银行概况

我国的影子银行基本上由两个方面组成。一方面是银行业内的表外贷款，银信合作是一个典型，如资产证券化，这种业务很少受到监督，另外还有委托贷款、银行承兑汇票、同业代付；另一方面是不受监管的民间金融，如地下钱庄、民间借贷和典当等。

1. 我国影子银行的发展现状

自改革开放以来，中国一直在推行制度性金融，将许多金融机构国有化，改为由政府主导。而在这种环境下成长起来的民间金融就会时常受到抑制和打压，因此，自 20 世纪 90 年代以来，以民间金融为外壳存在的影子银行逐渐转入了地下活动。这一部分机构虽然很难给大型国有企业、军工企业等这一类资金雄厚、规模庞大并有政府大的财团作支撑的企业提供融资贷款，但是也普惠了不少民营企业、中小微企业、轻工业工厂。由于它们对融资贷款对象没有基准利率、抵押品、风险、存贷利率、信用等级等过于严格的要求，减少了资金成本，弥补了需求空缺，成为民营企业十分重要的资金来源。另外，政府支持的一些影子银行，灵活地运用银行这一金融中介的便利，实现了企业对企业之间的资金转移。政府作为后台，让银行联合一些大型信托投资公司，开展银信合作理财业务，向公众发行理财产品来募集资金，随后这些资金给投资公司，再贷给有资金需求的企业。除此之外，这类机构还有政府批准备案的基金公司、信托投资公司、财务公司、担保公司、典当行、小额贷款公司、金融租赁等。

（1）影子银行与传统银行关联度高

由于我国影子银行的发展历史短，起步晚，因此我国的影子银行大多依附于传统银行，因此影子银行体系与传统银行体系有着不可分割的联系，非保本浮动收益类业务属于银行的表外理财业务，是影子银行的重要组成部分。一方面，影子银行的监管真空也为商业银行扩大业务量、规避金融管制提供了空间，银行通过发行表外理财的方式获取资金，通过委托贷款、委外投资等方式实现资产出表，"同业存单—表外理财—委外投资"构成了金融加杠杆的资金链条，导致资金在金融系统内部空转套利，对实体经济的支持作用减弱；另一方面，传统商业银行的存款创造业务为影子银行提供了必要的资金进行资产证券化、发展金融业务，为影子银行额快速发展提供了重要支持。表 3－1 给出了中国影子银行与传统银行之间的区别与联系。

表 3－1　　　　　　　　　影子银行与传统银行的比较

项目	影子银行	传统商业银行
监管体系	监管体系不完善	完善的金融监管体系
业务模式	批发	零售
资金来源	资产证券化	吸收存款
交易方式	场外交易	场内交易
信息披露	不透明	透明

（2）影子银行发展速度快，涉及范围广

近年来，我国影子银行无论在数量上还是在规模上都有极大的发展。统计数据显示，2012 年年底，我国影子银行总规模大体是 24.6 万亿元，其中券商资产管理业务规模为 0.93 万亿元，其他表外业务委托和信托贷款规模为 6.5 万亿元，未贴现银行承兑汇票规模为 5.6 万亿元，信托存量约为 6.58 万亿元。全国的影子银行以银行体系为主导的规模为 20.1 万亿元，民间的非官方、P2P 网络、典当行、小贷公司、地下钱庄加总起来融资规模大概为 4.5 万亿元。截至 2015 年年底，我国影子银行规模大规模激增，总体规模达到 53 万亿元，接近同年 GDP 的 80%（见图 3－1）。

最新统计数据显示，2015 年年底，我国数量庞大的影子银行系统中，包含 21.6 万亿元理财产品，10.9 万元委托贷款，7.2 万亿元非正式或者 P2P 贷款，5.9 万亿元银行承兑汇票，2.5 万亿元金融机构贷款（见图 3－2）。

（3）完善的影子银行监管体系尚未建成

完善的影子银行监管体系，可以有效地规范影子银行的行为，防止影子银行为利益最大化而采取侵蚀社会公众财富、危害金融市场健康运行的行为。因此，如何建立健全的影子银行监管制度是亟待解决的问题。目前，我国规范影

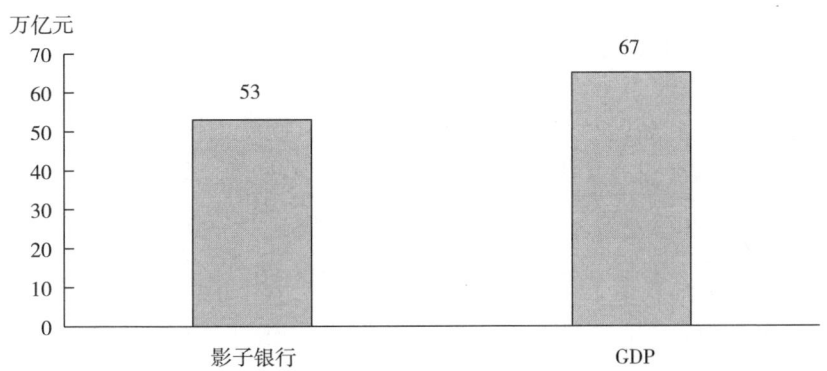

资料来源：国家统计局。

图 3 - 1 2015 年底我国影子银行与 GDP 规模对比

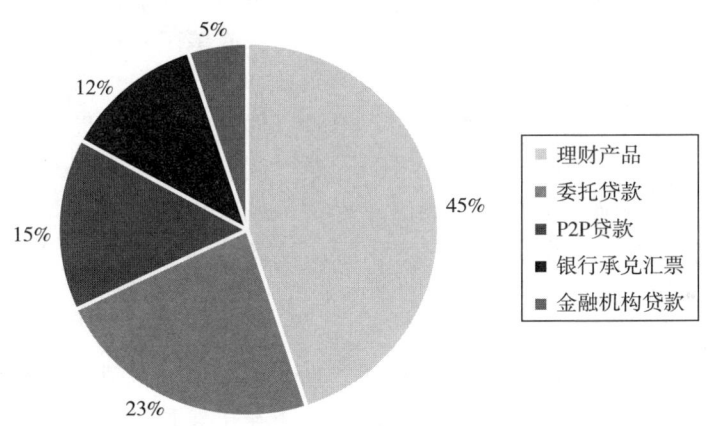

资料来源：国家统计局。

图 3 - 2 2015 年底我国影子银行体系构成情况

子银行的相关文件十分匮乏，虽然在 2013 年年底出台了《关于加强影子银行监管有关问题的通知》，但尚未提出具有针对性的建议。

影子银行监管体系的缺陷主要表现在三个方面：第一，监管范围模糊。由于我国的影子银行发展特点与国外的差异较大，因此对于我国影子银行的正确界定一直是学术界和金融界的难点之一。不同的监管主体无法明确地对不同类型的影子银行进行具有针对性的监管措施，因此，没有明确且清晰的监管范围和标准使得我国影子银行监管体系较为混乱。第二，影子银行相关法律文献存在空白。对于金融业的监管，一直是我国立法部门十分看重的一个方面。近年来，《中华人民共和国商业银行法》《中华人民共和国中国人民银行法》《中华人民共和国证券法》和《中华人民共和国保险法》等各个领域的法律均已相继出台，涉及传统商业银行、中央银行、证券业、保险业等各大领域，但是对于影子银行领域的具体的法律文件仍未出台，这就为影子银行提供了规避管制的巨大空间。第三，监管机构的职责划分不清晰。目前，我国采用"一行三业"的监管模式，但是在监管期间，常存在交叉监管、过度监管、监管不均等现象，如何有效地分配中央与地方、地方与地方之间关于影子银行的有效监管，是未来建立健全的影子银行体系的重要问题。

2. 中美两国影子银行的比较分析

（1）发展特征对比

中国影子银行体制性特征明显，中国的影子银行除了民间金融的自营部分，大多要受到政府的控制和密切关注，这和美国的自由放任特点有所不同，甚至很多在中国认定属于影子银行的一部分在西方却不在影子银行的范围内；中国没有真正意义的资产证券化，目前的金融创新仍只是体制内的资产持有形式转化，资产杠杆化程度不高，资金利益链条不长，而美国不仅仅让资产得以证券化，甚至已经证券化的资产再一次打包进行证券化，形成次级贷；中国的影子银行和传统银行同质化较高，两者关系千丝万缕纠缠不清，以致资金可以流入流出，如委托贷款、委托理财；中国影子银行业务创新不足，形式内容大多沿用西方。在中美两国影子银行发展的过程中，也有相似之处，即都是利率市场化、投资标的多样化催生的结果，产生于房地产业繁荣的背景之下，商业银行迫于金融创新的压力，在影子银行的某些范围之内缺乏有效的监管和风险控制。

（2）影子银行的风险对比

中美两国因国情不同，经济政策也会有许多差异。美国是一个金融创新方面比较活跃的国家，衍生品市场发达，资产证券化导致风险利益链条较长，高杠杆率经营导致风险程度加大，这两方面因素使得在美国危机更容易发生而且一旦出现危机就会迅速蔓延，在中国，这样的状况相对较少发生。此外，中国的影子银行除了房地产行业带来的冲击，还伴随着政府融资平台债务过高的风险。

关于影子银行带来的风险，中美两国的相似之处大概分为四点：其一，银子银行使得资金大量流入房地产业，房地产需求与价格决定了这些资金能不能得到有效的配置，决定了社会资金链条是否能进入一个良性循环；其二，借款周期短、贷款周期长造成的期限错配引起流动性风险；其三，没有相应的风险隔离机制，当机构之间发生资金流动之时，一个金融机构出了问题差错，会造成坏的连锁反应；其四，金融创新远超过金融监管的更新和力度，容易出现监管漏洞。

二、房价波动对系统性金融风险影响的影子银行渠道

近年来，居高不下的房地产价格已经成为影响我国国民经济健康发展的隐患，因此，探讨引起房价上涨的因素对于提高政府调控有效性、增强实体经济可持续性具有重要意义。房地产市场价格上涨因素的研究多基于商品供求关系理论（马征等，2008；何新易，2012；安辉和王润东，2013）。供求关系理论认为，商品的供求关系影响商品的价格，若供大于求，商品的价格趋于下跌，供小于求，商品的价格趋于上涨。而当前，我国房价的上涨与房地产市场投资过多、空置率较高有重要联系。我国房地产市场目前投资性、投机型购房需求极高，根本原因在于，房地产行业作为资金密集型行业，被称为"第二金融业"，房地产业的发展与金融业息息相关，房地产泡沫的形成与房地产行业大量的资金投入有紧密关系。除去传统的银行渠道为房地产行业提供资金之外，近几年不断发展的影子银行体系也成为资金"借道"进入房地产市场的重要工具，影子银行体系的快速扩张和发展促使我国房地产价格快速上涨形成房地产价格泡沫，同时带来系统性金融风险产生的隐患。因此，我们从以下三个方面分析影子银行对房地产价格泡沫形成的影响。

（一）信用创造能力增加，加剧房价上涨

鉴于影子银行与传统商业银行的紧密联系，从业务模式分析来看，影子银行也具有和传统商业银行一样的功能，即信用创造功能。一般来讲，原始信用和派生信用构成了影子银行体系信用创造的两大类型。影子银行的原始信用主要包括委托贷款、信托贷款、银行承兑汇票等。当货币当局为了抑制房地产价格泡沫、降低房地产价格膨胀时，一般会选择紧缩型货币政策。由于传统商业银行的金融管制较为严格，在货币政策的压力下将不得不紧缩银根，减小资金贷出。而影子银行的监管体系尚未健全，法律体制存在空白，此时，影子银行便可以通过发展其原始信用，如委托贷款、信托贷款等来向房地产市场输入源源不断的资金。这样一来，紧缩性货币政策对房地产市场的调控效应大大降低，资金"借道"进入房地产市场，房地产价格仍无法得到有效的调控，房地产泡沫继续膨胀，引发金融危机。发挥影子银行派生信用功能的机构主要包括地下钱庄、小额贷款公司、资产管理公司等非银行类金融机构。这些小型的金融机构的快速发展正逐步侵蚀房地产金融市场，其信用创造、派生存款的功能正逐步放大资金在房地产市场的效用，同时给传统的商业银行带来竞争危机，加大财务杠杆，增加银行体系的脆弱性。一旦房地产价格泡沫破灭，极易引发系统性金融风险。

（二）抵押资产增加，放大金融体系脆弱性

房地产的双重属性使得房地产市场可以作为抵押资产来提高房地产企业的

信用能力。上文中提过，房地产价格的波动会加大抵押资产价值的波动性，进而增大银行体系的资产负债表的不稳定性和脆弱性。影子银行将房地产产品进行证券化，资金链条加长。这一方面导致实体得到的融资总量下降，大部分资金淤积在金融体系内，增大了金融体系的脆弱性；另一方面，实体的融资成本上升，链条的各个环节成本都有所提高，穿透底层资产，影子银行体系创造的货币大部分最终流向房地产、地方政府融资平台、"两高一剩"行业等资产，也导致了这些资产价格大涨，加剧了房地产价格的波动。影子银行的存在无疑更加放大了金融体系的脆弱性，因为影子银行与传统商业银行不同的是，它的财务杠杆较大，结构性融资极强，因此，一旦房地产价格泡沫破裂，房价下跌，在"金融加速器"的作用下，影子银行体系会率先崩溃，进而带来传统银行体系的崩溃，引发系统性金融风险。

（三）引发流动性风险，带来风险传染

我国货币当局对房地产市场的调控一直在进行，因此房地产企业单单通过传统的商业银行信贷，很难获得可持续性的资金来源。因此，影子银行体系逐步产生，并与传统的商业银行体系形成了相互依赖并错综复杂的资金关系，具体表现为，商业银行向影子银行提供融资渠道，影子银行帮助商业银行运用资金、逃避管制等。一方面，当房地产价格上涨形成泡沫，然后最终破裂时，影子银行体系将产生财务风险和经营风险，而鉴于影子银行与传统银行的紧密联系，这种经营风险与财务风险必将传导至传统的商业银行体系，环环相扣相连，最后蔓延至整个金融市场，带来系统性金融风险；另一方面，影子银行的业务存在期限错配，即影子银行大多会通过资产证券化筹集短期资金，然后将短期资金投资于与房地产相关的长期项目，这种期限错配实质上为影子银行埋下了隐患，一旦房地产市场不景气，房价下跌，影子银行资金链就会断裂，无法持续维持房地产项目的长期发展，进而带来影子银行体系的流动性危机和房地产企业众多项目的叫停，同时传统商业银行必然也免不了遭受打击，整个金融体系极易在此番重创下崩溃，爆发金融危机。

第五节　房价波动对系统性金融风险影响的新兴传导渠道

一、房价波动对系统性金融风险影响的互联网金融渠道

互联网金融是现代金融发展的必然趋势，是传统金融行业和互联网为代表的大数据领域相结合的新兴行业，不是互联网和金融业的简单结合，而是在实现安全、移动等网络技术水平上，被用户熟悉接受后，自然而然为适应新的需

求而产生的新模式及新业务。它是以信息大数据为基础，以互联网技术、移动通信技术为工具，以实现资金的融通和资源的有效配置为目的而发展形成的行业。近年来，我国互联网金融快速发展，在金融市场的份额逐步扩大，对金融市场的完善及国民经济的发展起着至关重要的作用。鉴于房地产市场与金融市场之间的紧密联系，互联网金融作为金融市场的重要组成部分，是房地产价格波动对系统性风险影响的传导体系中的重要的一环。

（一）互联网金融的产生与发展

1. 国外互联网金融的产生与发展

美国作为世界的金融巨头，拥有全世界最发达的金融市场和最健全的金融体系，作为信息革命最早发生的国家，互联网金融早期被称为"电子金融"，起源于美国。具体而言，互联网金融在美国的发展大致可以划分为三个阶段，即20 世纪 90 年代的产生与快速发展阶段、21 世纪初的平稳发展阶段和 2008 年后的新时期阶段。

20 世纪 90 年代对于互联网金融来说是一个关键的时期，在这一阶段里，互联网金融在美国产生并形成雏形，在新技术的浪潮下不断地蓬勃发展。20 世纪 90 年代初，民用互联网技术率这一名词在美国产生，即将互联网技术率民用化，充分运用互联网技术扩大市场份额，这在一定程度上带动了高新技术产业和信息技术产业的发展，同时一大批网络衍生金融产品如网络理财、网络保险等产生，引发了一波"互联网金融热潮"。1992 年，E – trade 成立，美国第一家互联网经纪商诞生。1995 年，美国安全第一网络银行（security first network bank，SFNB）成立，它是全世界第一家互联网银行，真正意义地脱离了具有物体介质的实体银行模式，完全依赖于网络运营，因此在国内外互联网金融史上具有里程碑式的作用。1998 年 12 月，美国最大的电子商务子公司 EBAY 以最快的速度融入互联网金融的市场环境中，成立了互联网支付全资子公司 Paypal。该子公司允许通过电子邮件在标识身份的用户之间转移资金，并开创性地运用货币资金与电子商务实现对接的形式，避免了传统邮寄支票或者汇款方法的同时实现了资金的有效配置。20 世纪 90 年代末，随着互联网金融的蓬勃发展和互联网监管体系的不断健全，美国基本已经形成了较为成熟的互联网金融模式和相对完整的产业链条。首先，美国已经形成了传统金融机构、新型网络金融机构和电信运营机构并行的金融机构体系；其次，传统金融产品和非传统金融产品并存，抵押贷款、网络借贷、网络经纪、互联网保险和网络转账支付等金融产品发展雏形基本形成；再次，成熟的门户网站和专业化的技术顾问完善了美国互联网金融的产业链条；最后，大量的综合服务网站更是为消费者提供了多样化的服务，比如金融产品检索、价格对比等信息获取方式更加便利，最为典型的综合服务网站 Lending free. com 目前仍在美国普遍应用。网络金融集团和跨国网络集团的形成更是推动了 20 世纪 90 年代美国互联网金融的蓬勃发展。

2000 年，美国高科技泡沫破灭，美国各界学者开始不再盲目地追逐互联网金融的热潮，而是更加理性化地看待互联网金融这一领域。在 21 世纪初，美国的互联网金融开始进入平稳有序的发展阶段。在这一阶段，传统的金融机构为了适应时代的发展逐渐转变为网络化的金融机构，金融机构网络化成为美国互联网金融发展的主流，美国各大传统机构开始致力于稳步拓展自身网络化领域、加快信息化步伐，逐步融入互联网金融市场。2008 年美国次贷危机的发生，使得美国国内资金大量流出，包括银行在内的金融机构资金链均出现断裂，因此如何提升公众信心、回笼金融市场的资金是这一时期美国互联网金融行业的主要议题，美国互联网金融领域的整合重组阶段正式开始。在这一期间，为迎合资金筹集的需要，许多新型的互联网金融模式开始出现。2009 年 4 月，Kickstarter 成立，这是美国互联网金融行业的又一开创性金融模式——众筹。这一模式主要由发起人、跟投人、投资平台构成，具有门槛低、产品多、依靠大众支持、注重创意的特征，是指一种通过向群众募集资金来支持个人或组织的行为。2010—2011 年，是美国众筹模式发展的"黄金两年"。在这两年内，Kickstarter 完成了 15746 个筹资项目，筹资金额达到 1.27 万美元，给互联网金融领域再添一强有力的工具。2012 年，美国通过了《初创企业促成法》。这标志着美国的中小企业利用众筹方式筹集资金这一行为具有了合法性，进一步推动了众筹模式在美国的发展。目前，美国形成了以众筹模式和 P2P 平台并行的互联网金融架构。

2. 我国互联网金融的产生与发展

近年来，伴随着信息全球化和金融大数据化的迅速发展，互联网金融已经成为我国金融市场的重要组成部分。目前，互联网金融不仅改变着我们的生活方式，更从根本上给我国的金融业带来一场巨大的变革，单纯地依靠商业银行的传统金融模式正逐步没落，随之形成的是以传统金融为主、互联网金融为辅的新兴金融模式。互联网金融依托大数据、互联网和云技术等，以飞快的速度在我国金融市场扩张，其发展规模之广、发展速度之快、影响程度之深都不容小觑，促使我们正确认识互联网金融为国民经济带来的利弊。一方面，互联网金融弥补了我国金融领域的空白，使社会各个阶层和群体都可以获得金融服务。特别是在对小微企业的扶持上，传统的金融机构对小微企业的贷款力度较低，小微企业很难从商业银行获取足够的资金支持，而互联网金融则给小微企业提供了更广阔的平台满足它们日益增长的融资需求，更好地实现"惠普金融"。此外，互联网金融可以利用自身的优势覆盖传统金融业务的盲区，在对商业银行等传统金融机构形成补充的同时，也成为了有力的竞争者，刺激传统商业银行对旧产品重新定价的同时开展金融创新。由此可见，互联网金融是推动我国利率市场化的重要动力，是我国利率市场化的助推器。另一方面，互联网金融也存在一定的缺陷。我国的互联网金融发展历史短，完整的互联网金融体系尚未建成，内部和外部的运作和监管机制尚未健全，必然会给金融市场带来一定的风险。从内部来看，从事互联网金融的企业大多为中小型高新企业，其实力参差不齐，相关技术掌握深浅不一，因此很容易存在风险漏洞；从外部来看，与国外相比，我国对互联网金融尚未建成完备的法律体系，监管体系也存在一定的缺陷，这极易引起互联网金融企业逃避监管，为企业利益最大化从事危害市场经济的活动，带来系统性金融风险。因此对于互联网金融，我们有必要进行深入地探讨，利用互联网金融的优势最大化地防范对我国金融市场造成的风险。

与美国等发达经济体相比，我国的互联网金融起步较晚，发展历史较短。2012 年，谢平首次提出"互联网金融"这一概念，国内学术界首次出现这一词汇，他把互联网金融定义为从传统银行、证券、保险、交易所等金融中介和市场到瓦尔拉斯一般金融均衡对应的无金融中介和市场情形之间的所有金融交易和组织形式。我国互联网金融的发展历程大致分为三个阶段，即起步萌芽阶段、蓬勃发展阶段和行业细化阶段。

第一阶段，起步萌芽阶段（1990—2005 年），这一发展阶段的特征为"传统金融网络化"。"传统金融网络化"又称"金融机构信息化"，主要特征就是传统金融机构与以信息技术为代表的新兴互联网融合。从外部来看，表现为传统的金融机构如商业银行、证券公司、保险公司等为拓展自身的业务形态，借助互联网这一平台，更加快捷地拓展业务形式，扩展业务群，进而改善经营状况；从内部来看，表现为传统金融机构利用先进的互联网技术来重构内部业务办理流程，优化服务模式以及风险控制，提高金融机构从事业务的便捷性、效率性和安全性。传统金融互联网的核心观念是客户自助化，即创造出一系列产品能够促使申请、办理业务的客户通过网络与通讯的媒介自助完成流程，这种利用互联网平台将业务从线下转到线上的方式能够有效地减少人力成本，提高业务效率。在这一阶段创造出的产品仍沿用至今，如网络银行、手机银行、ATM、POS 机、金融 IC 卡等。

第二阶段，蓬勃发展阶段（2005—2011 年），这一发展阶段的特征为"互联网居间台化"。在这一阶段，互联网作为一个居间平台出现，即委托人利用互联网这一平台作为居间人来获取资金，居间人会对委托人的资信状况进行调查、分析和审核，降低贷款风险，然后再从其中获取中介费。互联网的居间台化产生的第一个典型产品为第三方支付。2015 年年初支付宝应用平台的出现标志着第三方支付平台在我国全面应用的开始。第三方支付平台主要分为两类：第一类为独立的第三方支付模式，如快钱、拉卡拉等，它不具有担保功能，只具备替委托人支付款项这一种功能；第二类为依托电商的有担保模式，如支付宝、财付通等，它不仅具有支付功能，还具备担保功能，当买卖双方进行交易时，货款不会立刻支付至卖家，而是暂由平台保管，平台作为买卖双方中介，在货款支付和货物到达时分别会提示卖家发货和买家确认收货，继而交易达成。这种依托电商的有担保模式下的第三方支付，实际上为买卖双方都进行了增信，能够吸引大量的流动资金进入第三方支付平台。正是这种以支付宝为代表的第三方支付平台的出现，严重地冲击了传统的以商业银行为主的单一金融模式，并且随着第三方支付的不断完善发展，其业务规模不断扩大甚至出现了与商业银行相同的业务，如基金、保险等个人理财业务等，与传统的商业银行形成了竞争。互联网的居间台化产生的第二个典型产品为 P2P 金融平台。个人与个人间的小额借贷交易，一般需要借助电子商务专业网络平台确立借贷关系并完成相关交易手续。借款者可自行发布借款信息，包括金额、利息、还款方式和时间，自行决定借出金额实现自助式借款。P2P 完全脱离了第三方，是互联网金融中最具有发展空间和势头的平台。国家统计局数据显示，2015 年，全国 P2P 网贷成交额突破万亿元，达到 11805.65 亿元，同比增长 258.62%，历史累计成交额 16312.15 亿元，创下历史新高。中国第一家 P2P 是"拍拍贷"，它于 2007 年面世，是国内首家 P2P 纯信用无担保网络借贷平台，同时也是第一家由工商部门批准的平台。它的最大特点在于采用纯线上模式运作，平台本身不参与借款，而是实施信息匹配、工具支持和服务等功能，借款人的借款利率在最高利率限制下，由自己设定。与"拍拍贷"同样运作模式的还有 2010 年成立的"人人贷"。随着利率市场化的不断深入，以"翼龙贷"和"合力贷"为代表的线上线下合作模式以及以"宜信"为代表的债券转让模式产生。由于我国 P2P 网贷还处于初级阶段，尚未建立完备的监管和风控体系，虽然发展前景可观，但是也会带来许多风险。

第三阶段，行业细化阶段（2011 年至今），在这一阶段的特征为"互联网金融业务实质化"。一方面，互联网开始与传统金融业相互渗透，互联网金融业务逐渐实质化，衍生出了大数据金融和商业银行电商平台两类典型。大数据金融是指大量非结构化数据的集合，实时监控实时分析，方便得到互联网金融机构的所有客户的信息，对客户的交易行为和消费信息进行具体的分析从而把握客户的消费习惯，进而预测客户下一步的行动，以便金融机构和金融服务平台更好地把控营销和风险。它主要分为供应链金融和平台金融两大模式。供应链模式的典型代表为京东金融平台、华胜天成等，运作模式为利用自身的产业优势，掌控上下游企业现金流、转销存，依靠自身的资金平台或合作金融机构对上下游企业提供金融服务；平台金融的典型代表为阿里金融，它通过建立一个综合性的平台，在这一平台上集合众多商户来获取大量的交易信息，再对交易数据进行专业化的挖掘和分析，从而获取客户的基本资信状况，以此作为阿里小贷发放小额贷款的基础性依据。商业银行电商平台则是商业银行与互联网金融平台竞争的产物，它是商业银行利用互联网技术建立的一种新型平台，是商业银行向互联网行业渗透的方式，也是商业银行的金融创新产品。银行跨界构建电商平台，将支付、融资、金融交易、大数据信息等功能融合，并通过搭建平台，提高客户黏性和活跃程度，创新出更为贴近市场的金融服务。同时，互联网金融的典型代表 P2P 迅速发展，网贷之家联合盈灿咨询发布的数据显示：截至 2016 年 5 月底，P2P 网贷行业历史累计成交量已经达到了 20361.35 亿元，实现了第二个万亿元；P2P 网贷行业于 2015 年 10 月实现了第一个万亿元，用时超过 7 年之久，而第二个万亿元仅仅用了 7 个月时间。5 月 P2P 网络贷款实现了 1480.17 亿元的整体成交量，较 4 月环比上升了 3.44%，单月成交量创下了历史新高（见图 3 – 3）。2010 年，招商银行推出"非常 e 购"信用卡网上商城；2012 年，中国银行、中国建设银行和交通银行分别推出"云购物""善融商务"和"交博汇"；2014 年，中国工商银行建立"融 e 购商城"。各家银行竞相推出各类电商平台，标志着互联网金融真正意义上的形成与发展。另一方面，互联网金融也引起了政府的高度关注。2012 年，互联网金融被写进政府工作报告；2014 年，政府明确表明了鼓励互联网金融创新发展的态度，地方政府开始建立互联网金融园区，众多企业家开始通过收购或入股的方式从事互联网金融行业；2015 年，十二届全国人大三次会议上，明确将借贷市场区分开来对待，将其划分为民间金融范畴，更加明确了中央银行对于互联网金融的基本态度，即鼓励创新发展、分类适度监管。一方面，互联网和传统金融业务相互渗透；另一方面，政府加大了对互联网金融的关注和监管力度，内部和外部的发展均表明互联网金融业务开始向实质化转变。

3. 我国互联网金融发展现状及问题

近年来，我国互联网金融迅猛增长，形成了以传统业务互联网化、互联网支付清算、互联网信用业务及网络货币四大模式并存的互联网金融体系。中国财政局公布数据显示，截至 2016 年 12 月，中国使用网上支付的用户规模达到 4.75 亿元，较 2015 年 12 月网上支付用户规模增加了 5831 万人，年增长率为 14%，中国网民使用网上支付的比例从 60.5% 提升至 64.9%。其中，手机支付用户规模增长迅速，达到 4.69 亿元，年增长率为 31.2%，网民手机网上支付的使用比例由 57.7% 提升至 67.5%，互联网金融正以强劲的势头在我国金融市场扩张。伴随着迅速扩张的互联网金融规模，一系列问题也开始出现。2016 年 7 月，国务院印发的《十三五规划纲要》中强调"规范发展互联网金融"，针对互联网金融风险，将如何规避和消除提上议程。正视我国互联网金融存在的问题并提出针对性的政策建议，成为金融市场亟待解决的问题。

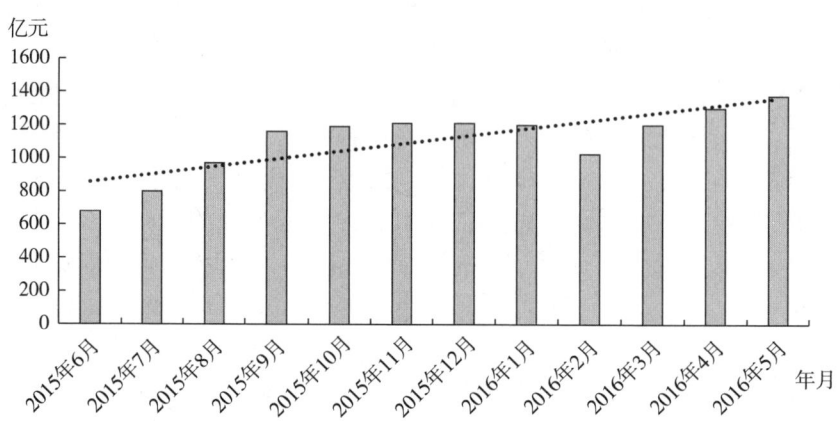

资料来源：中经情报网。

图 3 - 3　2015 年 6 月至 2016 年 5 月我国 P2P 发展情况

（1）尚未建成完备的监管体系，行业自律性较弱

我国互联网金融存在的最核心问题是，从事互联网金融的企业为了利益最大化，利用中国金融体系的漏洞，通过现代网络技术追逐一个又一个获利的机会与空间，而舍弃了金融的本质——对信用风险定价。而我国尚未形成完善的互联网金融监管体系，其行业自律性也比较弱，因此，如何对从事互联网金融的企业进行有效监管的问题，成为互联网金融发展过程中需要研究的重点。

针对我国目前互联网金融业存在的监管缺失问题，近年来，我国的政府、中央银行、银监会和保监会及相关自律组织等都逐步出台了相关文件，但是都不健全。2011 年 8 月，银监会发布《关于人人贷有关风险的通知》，意在防止 P2P 信贷业务的风险传导至银行部门而引发系统性风险，该文件的颁布标志着监管部门开始注意互联网金融所带来的风险。但是由于文件中尚未涉及银监会对 P2P 的监管，因此尚不具备完备性；2013 年初，中国小额贷款联盟发布《个人对个人小额信贷信息咨询服务机构行业自律公约》，强调了从事 P2P 机构的行业自律性，然而反馈甚微，加入自律联盟的机构组织至今都很少；2015 年 7 月，保监会出台《互联网保险业务监管暂行办法》，这是首部互联网金融规范性文件，但是由于我国互联网金融业务涵盖面较广，而此份文件也只是对互联网保险业务的基础层面进行了规范和处理，因此仍无法健全整个监管体系；2015 年 7 月 18 日，中国人民银行等十部委发布了《关于促进互联网金融健康发展的指导意见》，明确了网络借贷业务由银监会负责监管的意见，表明政府开始加强互联网金融的监管体系，但此规范性文件的细节仍未完善；2016 年 7 月，中国互联网金融协会发布第一届会员代表大会暨第一届常务理事会通过的《中国互联网金融协会章程》《中国互联网金融协会会员自律公约》和《互联网金融行业健康发展倡议书》等，意在强化行业自律性，结果尚不确定。目前，我国 P2P 信贷的平台数量、成交量极大，但是仍处于监管真空地带，余额宝、蚂蚁花呗等新型的余额增值服务监管问题也亟待解决。因此，政府监管当局仍需要密切关注以下问题：如何构建完整的互联网金融监管机制，如何提升互联网金融行业的自律性以及如何有效地防范互联网金融的潜在风险。

（2）社会信用环境缺失，产业发展环境尚不完善

互联网金融的核心取决于社会诚信度的建设，而我国的基本国情决定了我国社会诚信体系还不完善，互联网金融相关法律的滞后、信用体系的缺失引发了互联网金融风险。由于存在互联网监管空白，非金融机构在利用网络技术提供金融服务的同时利用互联网谋取私利的现象仍然存在：有的公司为了自身利益利用互联网非法吸收存款，将投资者的资金用于非法业务，对投资者进行欺诈；有的企业将客户的个人信息非法卖出来牟利，个人信息泄露而导致不法分子利用投资者信息进行违法活动的现象也比较严重；互联网金融知识的普及还不够广泛，导致新型互联网金融业务规模难以扩大，市场经营鱼龙混杂；政府未能高效地将互联网金融发展的相关优惠政策和有关公共服务联系起来，良好的互联网金融发展环境没有形成。除此之外，我国金融行业还存在开放深度不够、金融牌照监管体系宽松、行业垄断明显、利率市场化发展速度过慢、存款保险制度缺失、多层次金融监管体系缺乏等问题。产业发展环境不完善使互联网金融发展过程中滋生了诸多风险，而互联网金融的风险一旦爆发，势必会波及银行业等其他金融机构，引起系统性金融风险。因此，加快建立完善的社会信用环境，加快推进金融行业的发展，是防范互联网金融风险的根本途径。

（3）互联网金融风险较多，风险控制能力不足

我国互联网金融市场存在很多风险点，如操作风险、法律风险、声誉风险等。操作风险的主要来源于以下几个方面：由于互联网的"虚拟性"，如果交易主体操作不当，就在交易过程中出现流动性不足、支付结算中断等问题；黑客恶意攻击、木马病毒的侵害，可能导致系统瘫痪、交易异常、客户资料泄露、资金被盗等重大风险事故；第三方平台造成的滞留金问题；等等。法律风险表现在：多数第三方支付平台在为买卖双方提供第三方担保的同时，积聚了大量的在途资金，这就使其更倾向于资金存储，吸收存款，第三方支付目前所从事的业务经营超出了法律界定。声誉风险表现在：互联网金融建立在互联网基础上，虚拟性和传播性较强，任何有关事件的动态变化都能引发舆论轰动，一旦出现有关企业的不利信息，就会迅速扩散，造成投资者的恐慌，引发企业危机。互联网金融市场风险控制能力不足，是引发系统性金融风险的关键原因。因此，如何建立完备的互联网金融风险防范机制，从内部体制建设和外部监管制度两个层面防控互联网金融风险，是当前互联网金融行业稳健发展需解决的根本

问题。

（4）尚未建成完备的互联网信息保障系统

互联网金融发展的核心是"大数据"，即对大量的数据进行搜集、分类、分析等，了解客户的资金需求，评估客户的信用状况，为客户提供更多便利、安全、简单的金融服务。在数据集中的过程中，极有可能出现信息泄露、篡改或者被违法分子非法获取的风险，这不单单会影响互联网金融业务的顺利运行，更重要的是会对客户的个人财产及人身安全造成极大的威胁，信息半透明时代这种由互联网带来的风险隐患是不可预估的。

2013 年 3 月，第三方支付的行业龙头——支付宝，出现了重大的信息安全问题，通过搜索引擎就能够获取大量用户的支付宝账户信息，严重威胁到了客户的私人财产；2015 年 9 月，微信、QQ 等 APP 被黑客植入恶意代码，用户私密信息被泄露；2015 年 10 月，网易邮箱过亿用户信息包括密码、身份证号在内的敏感信息被暴露；2016 年 8 月，《移动互联网金融 APP 信息安全现状白皮书》显示，目前国内移动互联网金融 APP 存在大量的低级漏洞引发的信息安全问题。互联网金融信息安全保障体系的建设与互联网金融快速发展不匹配这一问题影响到了金融市场的健康发展，因此，如何建立健全互联网信息保障系统，这一问题应当得到广泛的重视。

（二）国内外互联网金融发展的比较分析

如何使我国互联网金融行业更加规范，稳定我国互联网金融的快速发展，并能够使互联网金融更好地与传统金融相结合，加速建立一个稳定并富有创新性的互联网金融体系，是我国当前金融业的金融业务之一。与中国不同的是，美国的互联网金融行业发展脚步较为稳定，且稳中有进，形成了一个较为先进和完善的互联网金融体系。比较国内外互联网金融，旨在取其精华，并使之与中国特色的实体经济相结合，为政府制定完善的互联网金融体系政策提供参考。

中美互联网金融的区别主要表现在几个方面：行业经济结构、垄断及不正当竞争的规制、利率水平差异、法律监管程度、投资渠道多样性等。具体差异参见表 3 - 2。

表 3 - 2　　　　中美两国互联网金融发展主要差异对比

比较差异 ＼ 国家	中国	美国
行业经济结构	行业发展不协调，政府对市场干预较多，市场力量不均衡	行业联系紧密，市场化经济体制完善，资源由供需决定
垄断及不正当竞争的规制	尚未形成完善的垄断及不正当竞争的规制	已经形成较为完善的垄断及不完全竞争规制

续表

比较差异 / 国家	中国	美国
利率水平差异	高利率水平为互联网金融提供参与市场竞争的相对优势	近乎为零的极低的利率水平使互联网金融发展空间较小
法律监管程度	尚未形成健全的法律体系，形成金融创新的同时，也易产生欺诈	已经形成了健全且完善的法律监管体系
投资渠道多样性	投资渠道匮乏，导致国内的金融服务范围小，质量低	多样化的投资渠道使公民享受到较多层次的金融服务

（三）互联网金融在传导机制中的作用

与影子银行体系相比，互联网金融在房价波动对系统性金融风险的传导机制中充当的角色类似。即互联网金融也可为房地产市场提供更多的融资渠道，使得资金能够借机大量涌入房地产市场，增加房地产市场泡沫破灭的风险，一旦房地产价格泡沫破灭，将引发系统性金融风险。互联网影响金融在传导机制中的作用见图3-4。

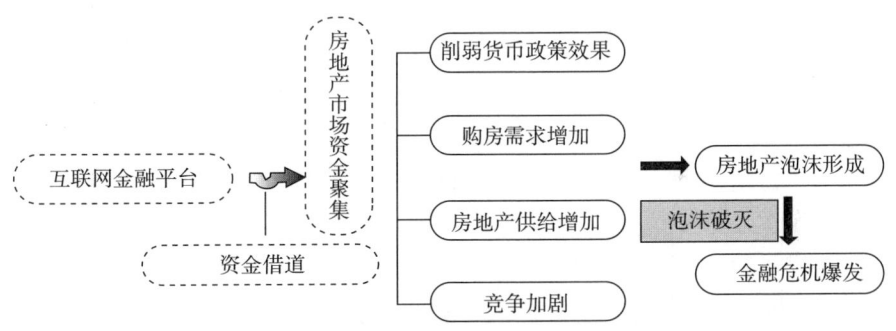

图3-4　房地产价格波动对系统性金融风险影响的互联网金融渠道

二、房价波动对系统性金融风险影响的"杠杆率"渠道

（一）杠杆率的出现与发展

杠杆率的典型定义是商业银行持有的一级资本与调整后的表内外资产余额的比率（马建堂等，2016）。在统计上，负债与股权之比、资产与股东权益之比、资产与负债之比及上述指标的倒数都可以衡量杠杆率；在宏观经济学上，尚未有明确的定义，但在实际计算中大部分学者认同负债与GDP之比作为杠杆率（Dailo，2013；李佩珈，2015；黄燕芬等，2016），因此本书也采用债务比率来衡量杠杆水平。居民杠杆率是指居民负债占整个GDP的比重。居民部门加杠杆可以用来补偿政府部门、企业部门高杠杆部门杠杆率所带来的一定程度的经

济下行，是稳定经济增长的重要方式。

自 2008 年金融危机以来，我国杠杆率快速上涨。2015 年底，我国经济总杠杆率达到 249%，同比增长 14 个百分点，持续增长的杠杆率已经引起了政府的关注。2015 年底，中央经济工作会议上明确表明将"去杠杆"作为 2016 年的五大任务之一；2016 年 11 月，财政部公布《关于落实降低企业杠杆率税收支持政策的通知》再次强调降低企业杠杆率的迫切性。根据财政部行情平台发布的消息，2016 年 11 月，我国政府与企业的杠杆率均不超过 40%，但去杠杆只是针对杠杆水平较高的企业和政府，对居民部门反而需要加杠杆来稳定增长（黄燕芬等，2016）。因此，2016 年初，政府实行了"降低首付款比率""以房抵贷""首付贷"等一系列居民部门加杠杆措施，导致 2016 年我国居民部门杠杆率持续增长。2016 年 6 月底，我国居民杠杆率为 36%，并以持续增长的态势不断攀升，居民部门杠杆率达到极限。我国近年来居民部门杠杆率增长情况如图 3 - 5 所示。

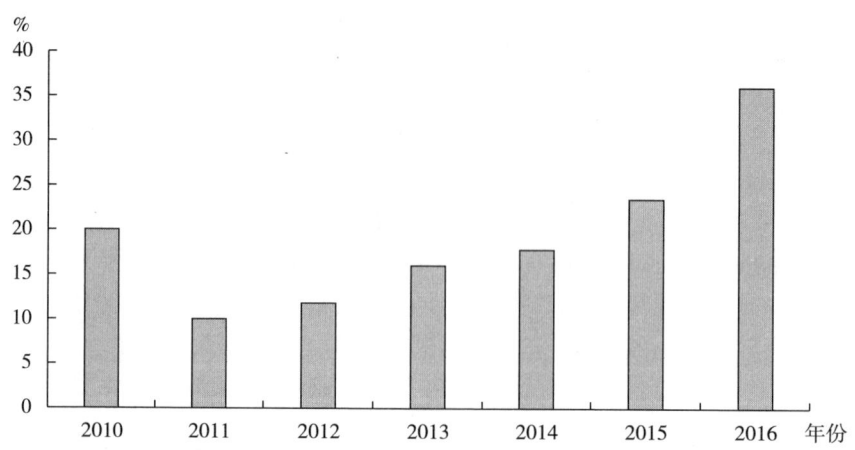

数据来源：国家统计局。

图 3 - 5　2010—2016 年我国居民部门杠杆率

（二）房地产价格波动对系统性金融风险的杠杆率传导渠道

杠杆率的上升可以通过对房地产市场供给和需求的双重作用来推动房地产价格的上涨，形成需求拉动型房价上涨和供给推动型房价上涨，进而呈现出房地产市场"价量齐升"的局面。经济的快速发展是杠杆率对房价上涨的推动机制得以实现的基础。一方面，经济发展水平提高，会提高居民的人均收入，相应地就会提高居民的消费水平进而刺激消费者增加对房地产的投机需求，为满足消费者增长的资金需求，商业银行会引入杠杆率加以运用、提升，进而形成需求拉动型房价上涨；另一方面，房地产企业会根据市场的需求状况来决定扩大或缩小房地产的生产规模，当经济发展水平提高，为满足房地产企业因供给增加而增长的资金需要，无论是商业银行还是企业，杠杆率都会有所提升，进而形成供给推动型房价上涨（见图3－6）。

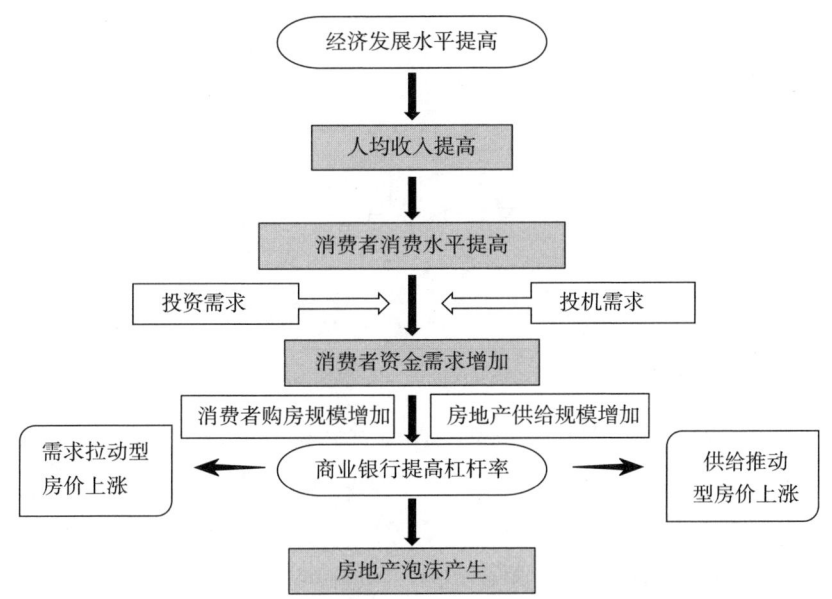

图3－6 房地产泡沫产生的杠杆率传导机制

鉴于杠杆率具有一定的政策导向性，我们发现杠杆率会通过向房地产市场传递政策信号来调整微观主体预期，改变房地产市场的需求状况进而引发房价的波动（黄燕芬等，2016）。杠杆率与房地产价格之间呈正向作用机制，当政府趋于加杠杆时，市场主体会通过政策导向推断出经济面上行、房地产市场发展良好的信号，进而促使房地产市场看涨预期的形成，随之刺激消费、投资和投机型购房需求的增长，推动房地产价格快速上涨形成泡沫。一旦房地产价格大幅下降，导致杠杆率突然上升，居民和企业将资不抵债，紧缩开支，就会对总需求产生紧缩的影响，加大整个金融体系的脆弱性，进而带来系统性金融风险产生的隐患。

第六节 房价波动对系统性金融风险的影响分析

一、房价波动对系统性金融风险的影响机理

房地产行业作为国民经济的支柱产业，不仅能够带动经济中其他产业的发

展，同时，在经济发展的周期中具有十分重要的作用，房地产的特殊属性使其在经济发展中有着特殊的地位。房地产价格波动影响宏观经济安全、引发系统性金融风险的机理具体见图3－7。

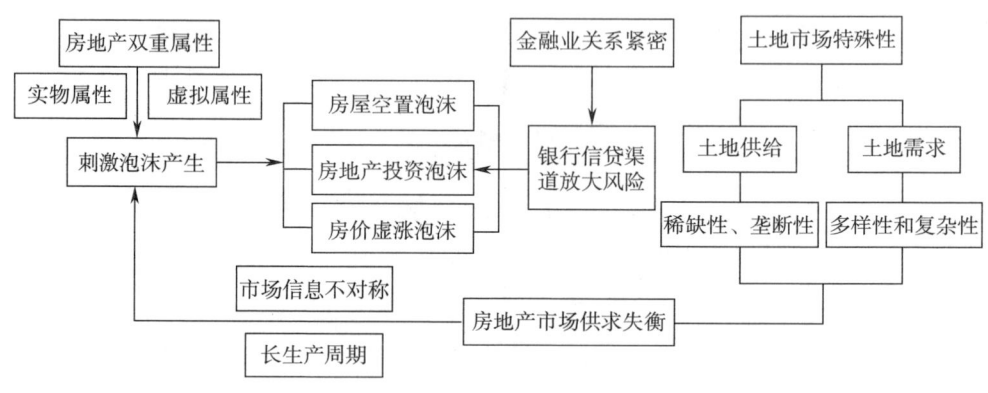

图3－7 房地产价格波动对系统性金融风险的影响机理

（一）房地产市场属性

房地产具有实物资产和虚拟资产双重属性，这种双重属性使得房地产价格波动极易演变成房地产价格泡沫，继而引发系统性金融风险。近年来，随着我国经济的快速发展，房地产市场的虚拟属性，即投资属性愈发地明显，房地产不再仅仅作为住宅等实物属性被居民使用，更多地被当做投资工具和投机对象来使用，这促使房地产价格不断攀升。如果房地产价格泡沫无法得到严格的监控，任其膨胀，极易破坏经济市场平衡以及房地产产业带动其他产业发展的价值链，带来金融的不稳定，引发系统性金融风险。房地产市场的双重属性引发的泡沫主要有三种，房地产虚涨泡沫、房屋空置泡沫和房地产投资泡沫，分别是由房地产市场地价泡沫、房地产市场不良的供求关系以及恶性投资投机性需求引发的。

（二）房地产业与金融业紧密联系

如前文所述，房地产业作为"第二金融业"，与金融市场有着紧密的联系，无论是传统的银行信贷渠道，还是新型的影子银行等渠道，对房地产价格泡沫的形成、破灭及系统性金融风险的产生具有重要的作用。

（三）土地市场的特殊性

我国土地市场具有其特殊性，主要表现在供给与需求两方面：从供给层面来看，我国土地供给具有稀缺性和垄断性两个显著特征。土地供给的稀缺性和垄断性是推动地价上涨的重要原因，地价上涨带动房地产价格上涨，促使房地产脱离其本身的市场价值，埋下风险产生的隐患。在我国，土地资源与其他生产要素比较，其供给弹性最小，供给量很难与日益增长的需求量同步增加，这也就极易造成土地市场供给与需求不平衡。一旦外部刺激引发土地需求增加，土地资源的稀缺性导致土地资源的供给无法迅速与土地需求相匹配，进而带来需求和供给的脱节。从需求层面来看，随着我国经济的快速发展，居民的购买力逐步提高，对房地产市场的需求也愈发地呈现多样性和复杂性。首先，我国房地产市场价格存在价格黏性，住房作为居民的生活必需品，居民对房地产的需求是有基础量的，因此房地产价格弹性较小；其次，随着经济的发展，居民对生活层次和生活水平的要求不断提高，对房地产的要求也更加的多样化，对面积、质量、外部设施建设、环境的安全度等都具有更高的要求，这进一步加剧了房价泡沫的形成；最后，住房的虚拟属性促使房地产具有保值和增值的功能，这又在一定程度上刺激了房地产市场的投机和投资性需求，加大了土地市场的需求。因此土地供给的稀缺性和垄断性、土地需求的多样性和复杂性，极易引发房地产市场供求失衡，加之房地产市场本身的长生产周期以及市场信息的不对称性，房地产价格很容易形成泡沫，带来系统性金融风险产生的可能。

二、房价波动对系统性金融风险影响的阶段性传导机制

房地产价格波动对系统性金融风险的影响机制具有显著的阶段性传导特征，主要分为两个层面：第一个层面为房地产价格上涨过程中的金融风险积累；第二个层面为房地产价格下跌过程中的金融风险爆发。

（一）房价上涨过程中的金融风险累积

一般情况下，房地产价格的上涨是由一定的外部刺激引发的，如降低利率、降低税种、金融创新、人口增加、政府鼓励购房等，均在一定程度上推动房地产价格上涨，形成房地产价格泡沫萌芽期。而由于信息不对称和市场主体的博弈，在房地产价格泡沫萌芽期，资源配置效应、银行资产负债表效应以及潜在效应和累积效应会导致房地产价格泡沫的快速膨胀以及金融风险的累积增长。一是资源配置效应。由于我国传统产业利润率较低，而房价上涨阶段房地产投资收益率很高，因此当存在外部刺激时，大部分民间闲置资金就会涌入房地产市场，银行也将信贷投入房地产行业，大量资金集聚在房地产行业，资源配置失衡，风险逐步积累。二是银行资产负债表效应。房价上升，银行内部未收贷款的房地产抵押品价值也随之上升，贷款资金的安全性提高，银行资产的高质量驱使银行进一步扩大对房地产行业的信贷投放规模，推动房价持续高涨，形成房价泡沫。三是潜在效应和累积效应。房地产信贷资金的风险在房价处于上涨阶段时会被隐藏，逐渐在银行内部累积起来，具有潜在性和累积性。

（二）房价下跌过程中的金融风险爆发

当房地产价格泡沫快速膨胀并威胁到实体经济时，政府开始出台一系列管制措施，市场收到此信号，银行信贷规模开始缩水，市场预期开始下降，房价

泡沫被戳破，房地产价格快速下跌。房价下跌带来的风险由购房者、银行等金融机构以及房地产商三方承受。对于房价下跌引发的金融不稳定，可以从四个方面进行条件分析：首先，从规模上看，房价崩溃之前是否出现价格大幅下降，即房地产泡沫现象。其次，考察房价下跌的速度及幅度。在一个较长的时间内如果房地产价格慢慢下降，对房地产企业的负面冲击较小，虽然利润降低但不会出现大规模亏损的现象；若在一个较短的时间内房价出现急剧式下跌，对房地产行业会产生巨大的影响，面临市场经营环境的恶化以及大量呆账坏账激增，加大金融体系的不稳定。再次，观察房地产价格下跌时企业的资产负债情况。如果债务比率不高，则企业对房价下跌的有较强的承受能力，对金融体系的冲击也较小；如果资产负债率较高，再加上银行信贷的迅速变化，会使银行受到严重损失。最后，中央银行能否在房价崩溃之后实施合理的货币政策，也是判断房价下跌是否会引起金融不稳定从而导致系统性金融风险的重要条件之一。房价下跌过程中的金融风险爆发过程见图3-8。

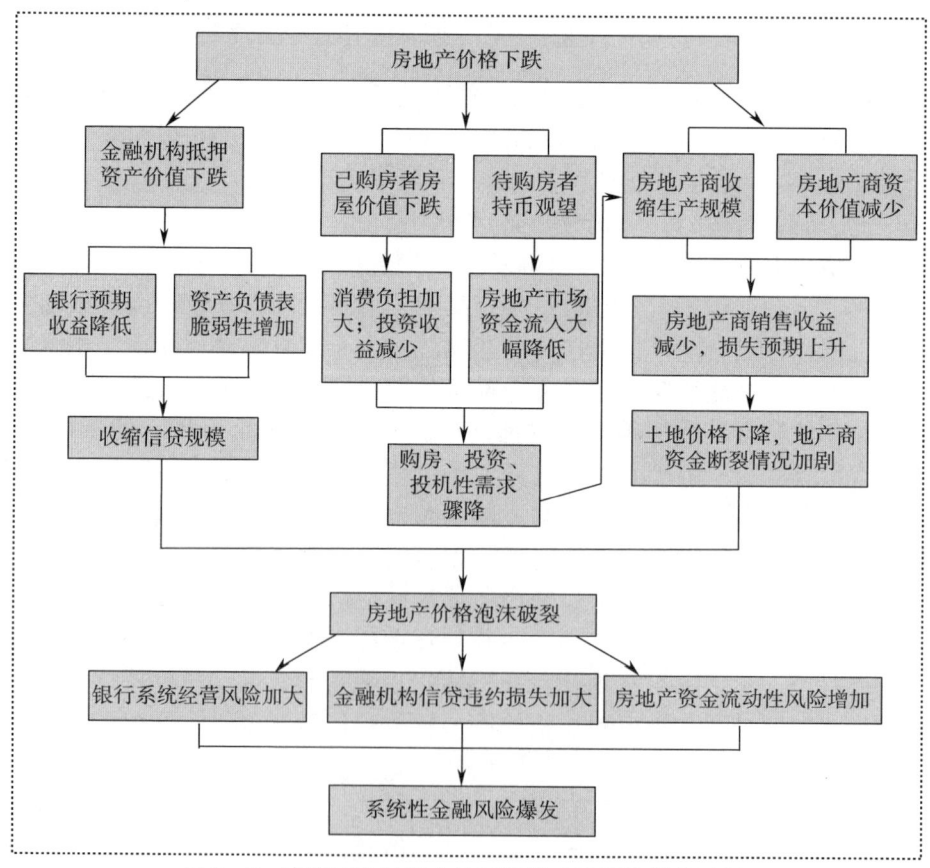

图3-8　房价下跌过程中的系统性金融风险爆发过程

第四章　我国房地产价格波动的
影响因素分析①

第一节　货币政策对我国房地产市场调控的
非对称效应研究

一、研究背景

房地产行业是国民经济的重要组成部分，保持平稳、合理的价格是房地产行业健康发展的关键。近年来，随着我国房地产市场的迅猛发展，我国房地产价格一路攀升，形成了非理性的上涨局面，2005—2015年是我国房地产市场发展的黄金期，全国房价累计上涨超过80%，2015年，北京、上海、广州、深圳等一线城市的房价更是达到了20%~30%的涨幅。2015年底中央经济工作会议重点提及房地产问题，提出要"适当降低商品住房价格"，"房地产去库存"成为我国经济发展急需解决的五大任务之一。2016年初，由于国家降低首套房首付比例以及调低存款准备金率等，我国各地房价又开始了新一轮的上涨。国家统计局数据显示，2016年8月全国70个大中城市中有64个城市新建商品住宅销售价格环比上涨，57个城市二手住宅销售价格环比上涨，一线城市房价更是呈现失控局面，环比涨幅超过了4%，同比增幅更是达到18.06%，创下历史新高。

此轮房价的飞涨引起国务院、人民银行和相关部委的关注。2016年9月，限购政策再次重启，货币政策又一次在新一轮的调控中扮演重要角色。众多理论研究认为，我国的中央银行有必要也有责任对资产价格的异常波动给予高度关注，并适时合理地采用货币政策工具来对资产价格进行调控，从而达到稳定物价和促进经济增长的货币政策最终目标（瞿强，2001；易纲和王召，2002；

---

① 本章部分内容引自：[1] 郭娜，李政. 我国货币政策工具对房地产市场调控的有效性研究——基于有向无环图的分析.《财贸经济》，2013（9）.［2］郭娜，刘镇林，章倩. 我国货币政策对房地产市场调控的非对称效应研究——基于 DSGE 模型的分析.《华东经济管理》，2017（11）.［3］郭娜，章倩. 我国房地产价格波动背后的金融影响因素分析.《价格理论与实践》，2016（11）.［4］郭娜，吴敬. 老龄化、城镇化与我国房地产价格研究——基于面板平滑转换模型的分析.《当代经济科学》，2015（2）.

郭田勇，2006)。那么，中央银行采取的货币政策是否有效？数量型货币政策工具与价格型货币政策工具的调控效果孰强孰弱？宽松货币政策实施期与紧缩的货币政策实施期的政策效果是否一致？在经济"新常态"背景下，我国经济增长的动力发生了本质的变化，房地产行业的运行状态和成长逻辑将受到新的挑战，能正确回答这些问题，对于我国货币政策传导机制的完善和房地产市场的健康发展有着重要的实际意义。有鉴于此，本书将通过建立包含房地产部门的DSGE 模型，对比宽松与紧缩货币政策实施周期下，数量型与价格型货币政策工具对房地产价格的调控效果，以求对上述问题作出较好的解释。

二、文献综述

随着各国房地产市场的蓬勃发展，国外学者开始将目光聚焦到房地产市场上来，最早的相关文献大多探讨抵押信贷对房地产价格的影响（Agawal 和 Phillips，1984；Kiyotaki 和 Moore，1997）。随着货币政策信贷传导理论的逐步延伸，各国学者开始关注货币政策对房地产价格的影响。Iacoviello（2000）以美国为数据样本进行实证分析，通过脉冲响应函数证明，货币政策能够解释美国房价变动的 20% 。Bjornland 和 Jacobsen（2009）以挪威、瑞典和英国为数据样本进行实证分析，通过结构向量自回归模型得出房地产价格对这三个国家的货币传导机制有重要影响这一结论。Beatrice（2012）等则以南非的房地产市场为研究对象，利用 MS – VAR 模型，发现货币政策对房价具有显著影响，而且经济上行时期货币政策对房价波动的作用更为明显。Xiao（2013）等通过实证分析发现，货币政策对于调控房地产价格后续的涨跌情况具有重要作用。Robstad 和 Ørjan（2014）则运用贝叶斯结构的 VAR 模型研究了房地产价格和家庭信贷对货币政策冲击的响应，他们发现货币政策冲击对房地产价格具有显著的影响。

近年来，随着我国房地产市场的飞速发展和房地产价格的急剧攀升，国内学者开始从不同的角度讨论货币政策与房地产价格的关系。王来福和郭峰（2007）通过构建 VAR 模型，运用脉冲响应函数和方差分解的方法，研究货币供应量对国内房地产价格的冲击，得出中央银行对货币供应量的调节能有效地调控房地产市场价格这一结论。梁斌和李庆云（2011）运用动态随机一般均衡模型，刻画了首付约束和利率对房地产价格的影响，发现提高利率能够有效地抑制过快上涨的房价。王云清等（2013）通过构建两个部门的 DSGE 模型，探讨了产量波动和房地产价格的机制，贝叶斯参数估计显示，众多因素中货币政策冲击能够解释约 60% 的房价波动，从而证实了货币政策是我国房地产价格波动的主要来源。顾海峰和张元娇（2014）采用现金流贴现模型、资本资产定价模型和供需均衡模型，以存款准备金率对房价的影响为切入点，证明了货币政策中调整准备金率这一工具对调整房地产价格具有显著的影响。徐淑一等

（2015）则探讨了市场利率、房地产价格和货币政策目标变量之间的关系，结果表明中央银行的货币政策工具对调控房地产市场价格具有显著的作用。

从现有文献来看，大多数前期研究仅讨论一种货币政策工具对房地产价格产生的影响，对于不同货币政策工具对房地产价格调控的比较研究并不多见，并且大多数研究只考察一种货币政策工具的冲击效果，忽视货币政策在宽松期和紧缩期的调控效果可能会存在非对称差异，这也就无法为中央银行货币政策的进一步有效实施提供理论依据。因此，本书通过引入房地产商的DSGE 模型，衡量在不同的货币政策实施期下，数量型与价格型两种货币政策工具、货币政策对房地产价格调控存在的非对称效应，以期为货币政策实施提供有益的参考依据。

三、研究方法：DSGE 模型

本书以 Kiyotaki 和 Moore（1997）开发的借款人—贷款人模型为基础，构建的 DSGE 模型包括家庭、中间厂商、最终产品生产商、房地产商、商业银行和中央银行等经济主体。

（一）家庭部门

根据 Iacoviello（2005）的设定，经济生活中存在两种异构家庭，即耐心的家庭和不耐心的家庭。耐心的家庭有着较高的储蓄倾向，不耐心的家庭有着较高的消费倾向，即耐心的家庭的贴现因子要高于不耐心家庭。假设他们通过劳动获取报酬、消费以及房地产投资来实现他们的效用最大化，耐心的家庭试图最大化他们的效用函数：

$$\max \mathrm{E}_0 \sum_{t=0}^{\infty} \beta_s^t \left(\log C_{s,t} + j_t \log H_{s,t} - \frac{N_{s,t}^{\eta}}{\eta} \right) \tag{4.1}$$

其中：$0 < \beta_s < 1$，为耐心的家庭的跨期贴现因子；$C_{s,t}$，$N_{s,t}$，$H_{s,t}$ 分别为 t 时期的非房地产消费、工作时间和房地产投资；$1/\eta$ 为劳动力供给弹性，$\eta > 0$；j_t 为房地产投资在效用函数中的比重，我们假定 $\log j_t = \log j + u_{Jt}$，并且 u_{Jt} 遵从自回归过程，对 j_t 的冲击意味着对房地产投资边际效用的冲击。这些冲击直接影响着家庭对房地产的需求，因此可以被解释为房地产价格外生的冲击变量。

其预算约束为：

$$C_{s,t} + B_t + Q_t(H_{s,t} - H_{s,t-1}) = \frac{R_{t-1} B_{t-1}}{\pi_t} + W_{s,t} N_{s,t} + F_t \tag{4.2}$$

其中：B_t 为耐心家庭在商业银行的存款；R_t 为耐心家庭在商业银行存款的利息总回报；Q_t 为 1 消费单位的房地产价格；$W_{s,t}$ 为实际工资率；F_t 为家庭从企业获得的总回报。耐心的家庭部门的最优经济行为的一阶条件为：

$$\frac{1}{C_{s,t}} = \beta_s \mathrm{E}_t \left(\frac{R_t}{\pi_{t+1} C_{s,t+1}} \right) \tag{4.3}$$

$$W_{s,t} = N_{s,t}^{\eta-1} C_{s,t} \tag{4.4}$$

$$\frac{j_t}{H_{s,t}} = \frac{1}{C_{s,t}} Q_t - \beta_s \mathrm{E}_t \frac{1}{C_{s,t+1}} Q_{t+1} \tag{4.5}$$

式（4.3）为跨期消费的欧拉方程，式（4.4）为劳动供给条件，式（4.5）为房地产投资的跨期条件。而不耐心的家庭试图最大化以下效用函数：

$$\max \mathrm{E}_0 \sum_{t=0}^{\infty} \beta_b^t \left(\log C_{b,t} + j_t v_h \log H_{b,t} - \frac{N_{b,t}^{\eta}}{\eta} \right) \tag{4.6}$$

其中：$0 < \beta_b < 1$，为不耐心的家庭的跨期贴现率。

不耐心的家庭在最大化其效用函数时会受到预算约束：

$$C_{b,t} + \frac{R_{t-1} B_{t-1}}{\pi_t} + Q_t (H_{b,t} - H_{b,t-1}) = B_t + W_{b,t} N_{b,t} \tag{4.7}$$

同时还有商业银行信贷约束：

$$\mathrm{E}_t \frac{R_t}{\pi_{t+1}} B_t = \kappa_t \mathrm{E}_t Q_{t+1} H_{b,t} \tag{4.8}$$

其中：B_t 代表不耐心家庭的商业银行贷款；R_t 代表不耐心家庭获得的商业银行利息总额；κ_t 为贷款与价值比率，抵押约束把不耐心家庭的商业银行贷款限制在他们所持房地产的折现价值。

不耐心家庭最优化经济行为的一阶条件为：

$$\frac{1}{C_{b,t}} = \beta_b \mathrm{E}_t \left(\frac{R_t}{\pi_{t+1} C_{b,t+1}} \right) + \lambda_t R_t \tag{4.9}$$

$$W_{b,t} = N_{b,t}^{\eta-1} C_{b,t} \tag{4.10}$$

$$\frac{j_t}{H_{b,t}} = \frac{1}{C_{b,t}} Q_t - \beta_b \mathrm{E}_t \left(\frac{1}{C_{b,t+1}} Q_{t+1} \right) - \lambda_t \kappa_t \mathrm{E}_t (Q_{t+1} \pi_{t+1}) \tag{4.11}$$

其中：λ_t 为不耐心家庭借贷约束的乘数，此一阶条件可被视作不耐心的家庭最优经济行为的一种。

（二）中间产品生产商

假定中间产品生产商垄断竞争，中间产品生产商雇用耐心的家庭与不耐心的家庭的劳动力进行生产，同时还会租借、购买资本存量。在此设定正如 Iacoviello（2005）、Iacoviello 和 Neri（2010）指出的，两类家庭的劳动类型是互补的。

一个连续统的垄断性竞争厂商，生产中间产品 $y(z)$，使用以下柯布－道格拉斯生产函数表示的技术：

$$Y_t(z) = A_t N_{s,t}(z)^{\alpha} N_{b,t}(z)^{1-\alpha} \tag{4.12}$$

其中：$\alpha \in [0,1]$，为各劳动力类型在劳动力中的比重，耐心的家庭比例为 α，不耐心的家庭比例为 $1 - \alpha$，这样假定的经济学意义为储蓄者家庭为富有阶层，中间产品生产商由耐心的家庭掌握，并且耐心的家庭劳动力的工资会高于不耐心的家庭；A_t 为生产技术，并且遵循自回归过程：

$$\log A_t = \rho_A \log A_{t-1} + \mu_{A_t} \tag{4.13}$$

其中：ρ_A 为自回归系数；μ_{A_t} 为一个均值为 0，方差为 $\sigma_{\mu_{A_t}}^2$ 的独立同分布的白噪声过程。并且，中间产品生产商同样受到经济系统的资源约束，其约束可由国民收入恒等式 $Y_t = C_t + I_t$，中间产品生产商的生产函数 $Y_t = A_t N_{s,t}^{\alpha} N_{b,t}^{1-\alpha}$ 和中间产品生产商的资本积累方程 $\Delta K_{t+1} = I_t - \delta K_t$ 得出。

中间产品生产商的资源约束为：

$$A_t N_{s,t}^{\alpha} N_{b,t}^{1-\alpha} = K_{t+1} + C_t - (1 - \delta) K_t \tag{4.14}$$

劳动力需求由实际工资决定，则有以下条件：

$$W_{s,t} = \frac{1}{\chi_l} \alpha \frac{Y_t}{N_{s,t}} \tag{4.15}$$

$$W_{b,t} = \frac{1}{\chi_t} (1 - \alpha) \frac{Y_t}{N_{b,t}} \tag{4.16}$$

其中：χ_t 为垄断竞争厂商的边际成本倒数，厂商的利润最大化为生产要素的边际成本等于边际收入。本书在模型中引入新凯恩斯框架中的价格刚性，从而如 Calvo（1983）提出的形式，在 t 时期每个中间厂商仅以 $(1 - \theta)$ 的概率重新设定价格，θ 也代表了厂商的名义价格刚性。价格为 $P_t(z)$。

则最优价格设定为：

$$\sum_{\kappa=0}^{\infty} (\theta\beta)^{\kappa} E_t \left\{ \Lambda_{t,k} \left[\frac{P_t^*(z)}{P_{t+k}} - \frac{\varepsilon/(\varepsilon-1)}{X_{t+k}} \right] Y_{t+k}^*(z) \right\} = 0 \tag{4.17}$$

则总价格水平为：

$$P_t = \left[\theta P_{t-1}^{1-\varepsilon} + (1 - \theta)(P_t^*)^{1-\varepsilon} \right]^{1/(1-\varepsilon)} \tag{4.18}$$

通过对数线性化，并联合式（4.17）、式（4.18），可以得到一个前瞻性的新凯恩斯菲利普斯曲线：

$$\log\left(\frac{P_t}{P_{t-1}}\right) = \beta \left[E_t \log\left(\frac{P_{t+1}}{P_t}\right) \right] + \psi \log\left(\frac{X_t}{X}\right) \tag{4.19}$$

其中：X_t 为垄断厂商生产的边际成本。进而有：

$$\hat{\pi}_t = \beta E_t \hat{\pi}_{t+1} - \psi \hat{x}_t + \mu_{\pi t} \tag{4.20}$$

式（4.20）显示出当前的通货膨胀与未来的通胀预期呈正相关关系，与总成本呈负相关关系。其中：$\psi \equiv (1-\theta)(1-\beta\theta)/\theta$；$\mu_{\pi t}$ 为一个成本推动冲击；π_t 为当期的通货膨胀率，$\hat{\pi}_t$ 为通货膨胀率对其稳态 π_t 的对数偏离。

（三）最终产品生产商

假定最终的消费品由最终产品生产商生产，并且最终的商品 Y_t 是由完全竞争厂商使用 $y_t(z)$ 单位的各种中间产品 z，以不变的规模报酬、递减的边际产品和恒定的技术替代弹性，也就是通过 CES 生产函数生产出来的，并且最终产品的生产不需要投入其他要素，则：

$$Y_t = \left[\int_0^1 y_t(z)^{\frac{\varepsilon-1}{\varepsilon}} dz \right]^{\frac{\varepsilon}{\varepsilon-1}} \tag{4.21}$$

其中：$\varepsilon > 1$ 是恒定的弹性替代参数。一个中间产品 $y_t(z)$ 的价格，被表示为 $P_t(z)$，并且被认为是竞争性的最终产品生产商给定的。假定最终产品生产商通过投入 $y_t(z)$ 来实现最大化利润 $\prod_t$，则最终产品生产商的最优化行为方程如下：

$$\begin{aligned} \max \prod_t &= p_t y_t - \sum_{i=1}^N P_t(z) y_t(z) \\ &= P_t \left[\sum_{i=1}^N y_t(z)^{\frac{\varepsilon-1}{\varepsilon}} \right]^{\frac{\varepsilon-1}{\varepsilon}} - \sum_{i=1}^N P_t(z) y_t(z) \end{aligned} \tag{4.22}$$

则最终产品生产商的一阶条件为：

$$\frac{\partial \prod_t}{\partial y_t(z)} = P_t \left(\frac{y_t}{y_t(z)} \right)^{1/\varepsilon} - P_t(z) = 0 \tag{4.23}$$

求解成本最小化，可以产生一个恒定价格弹性需求函数，对于最后总产出每一种同质产品 z 的需求，都有：

$$y_t(z) = \left[\frac{P_t(z)}{P_t} \right]^{-\varepsilon} y_t \tag{4.24}$$

又因为此时的均衡利润等于 0，所以此时最终产品价格指数为：

$$P_t = \left[\int_0^1 P_t(z)^{1-\varepsilon} dz \right]^{1/(1-\varepsilon)} \tag{4.25}$$

（四）房地产商

根据 Aoki 等（2004）与 Christensen 等（2013）与 Mendicino 和 Punzi（2014）模型的设定，资本生产商从零售商手里购买一部分最终产品作为投资，把它与现有资本存量结合到一起，以构成新的资本产品。本书假定房地产商的生产行为类似于资本的生产过程。就是说，他们购买最终产品 $I_{h,t}$，并与自有住宅存量相结合，同时也生产新的房产。房地产生产的调节成本为 $\frac{\psi_h}{2\delta_h} \left(\frac{I_{h,t}}{H_{t-1}} - \delta_h \right)^2 h_{t-1}$，其中：$\psi_h$ 为支配房地产商成本调整函数的斜率；δ_h 为房地产商生产资本的折旧率。房地产商在 $I_{h,t}$ 水平上最大化他们的利润：

$$\max_{I_{h,t}} Q_t I_{h,t} - \left[I_{h,t} + \frac{\psi_h}{2\delta_h} \left(\frac{I_{h,t}}{H_{t-1}} - \delta_h \right)^2 h_{t-1} \right] \tag{4.26}$$

通常认为，资本生产商的资本积累方程为 $I_{k,t} = k_t - (1 - \delta_k)k_{t-1}$，所以，类似的有房地产商资本积累方程：

$$I_{h,t} = H_t - (1 - \delta_h)H_{t-1} \tag{4.27}$$

其中：房地产总存量 $H_t = H_{c,t} + H_{b,t}$，$H_{c,t}$，$H_{b,t}$ 分别为两种家庭所持有的房地产存量。其一阶条件为：

$$Q_t = \left[1 + \frac{\psi_h}{2\delta_h} \left(\frac{I_{h,t}}{H_{t-1}} - \delta_h \right) \right] \tag{4.28}$$

式（4.28）代表房地产商利润最大化时的房地产供应，其中新的房产资本产品售价为 Q_t。在没有投资调整成本时，Q_t 是恒定的，且为1。

（五）中央银行

假定中央银行为了调控经济，特别是房地产市场，而采用数量型货币政策工具和价格型货币政策工具，先看数量型货币政策工具，货币政策调控具有平滑性的特点，所以对名义货币增长率可以引入通货膨胀预期，即 $\omega_t = \frac{M_t}{M_{t-1}} \pi_t$，用货币供应量作为数量型货币政策工具的代理变量则有如下表达式：

$$\omega_t = \rho_m \omega_{t-1} - \varsigma_1 E_t \pi_{t+1} - \varsigma_2 Y_t + \upsilon_{m,t} \tag{4.29}$$

其中：p_m 为货币供应量的冲击持续性参数；ς_1 为数量型货币政策工具通货膨胀预期的权重系数；ς_2 为数量型货币政策工具中产出缺口的权重系数；$\upsilon_{m,t}$ 为数量型货币政策工具冲击，且服从 AR（1）过程 $\upsilon_{m,t} = p_m \upsilon_{m,t-1} + \varepsilon_m$，$\varepsilon_m$ 是一个均值为0，方差为 σ_ε^2 的独立同分布的白噪声过程。

将利率作为价格型货币政策工具的代理变量，假定中央银行采用广义的泰勒规则：

$$R_t = \rho_r R_{t-1} + \varsigma_3 E_t \pi_{t+1} + \varsigma_4 Y_t + \upsilon_{r,t} \tag{4.30}$$

利率规则的设定主要考虑了通货膨胀的预期和产出缺口。ρ_r 为利率的冲击持续性参数；ς_3 为价格型货币政策工具通货膨胀预期的权重系数；ς_4 为价格型货币政策工具中产出缺口的权重系数；$\upsilon_{r,t}$ 为价格型货币政策工具冲击，且服从 AR（1）过程 $\upsilon_{r,t} = \rho_r \upsilon_{r,t-1} + \varepsilon_r$，$\varepsilon_r$ 是一个均值为0，方差为 σ_ε^2 的独立同分布的白噪声过程。

（六）市场出清条件

市场均衡需要达到如下条件：

$$Y_t = C_{s,t} + C_{b,t} \tag{4.31}$$

房地产的总供给是固定的，所以有：

$$H_{s,t} + H_{b,t} = 1 \tag{4.32}$$

本书构建的 DSGE 模型由（3）、（4）、（5）、（7）、（9）、（10）、（11）、（12）、（13）、（15）、（16）、（20）、（27）、（28）、（29）、（30）、（31）、（32）等 18 个差分方程组组成。内生变量包括 $C_{s,t}$、$N_{s,t}$、$H_{s,t}$、$W_{s,t}$、B_t、Q_t、R_t、D_t、ω_t、F_t、$C_{b,t}$、$N_{b,t}$、$H_{b,t}$、$W_{b,t}$、A_t、Y_t、M_t、$I_{h,t}$；参数包括 β_s、β_b、j、η、κ、ρ、α、θ、ε、ψ_h、δ_h、ρ_m、ρ_r、ς_1、ς_2、ς_3、ς_4；外生冲击变量包括 $\upsilon_{m,t}$、$\upsilon_{r,t}$。

四、数值模拟与结果分析

（一）样本数据

本书将货币政策划分为宽松期与紧缩期，并在每种货币政策时期类型下都设置价格型货币政策工具冲击与数量型货币政策工具冲击，采用的数据均为季度数据，样本区间为 2005 年第一季度至 2016 年第四季度。主要经济变量为总产出（采用实际 GDP 数据）、消费（社会消费品总额和房地产消费额）、通货膨胀（采用 CPI 指数）、利率（采用中央银行公布的三年期贷款基准利率），广义货币供应量（$M2$）、房地产销售价格（全国商品房销售额/销售面积）。以上数据均来源于中经网数据库和 WIND 数据库。在数据处理上，本书所用数据经过季节调整法和 H - P 滤波法调整，以剔除其中变量的趋势项影响，使之符合模型对于稳态的要求。在我国货币政策紧缩期与宽松期的划分上，本书以我国人民银行按季度发布的《中国货币政策执行报告》中对于当前阶段所实行货币政策的描述为基准①。根据《中国货币政策执行报告》的描述，本书定义 2005 年第一季度至 2008 年第二季度为货币政策的紧缩期，2008 年第三季度至 2016 年第四季度为货币政策宽松期。

（二）参数校准

DSGE 模型的参数校准一般通过两种方式，其一是参考现有参考文献，其二是根据我国的实际情况，通过宏观数据测算得出。对于两种家庭的主观贴现因子，β_s 取值 0.98，β_b 取值 0.96；2015 年我国房地产投资占 GDP 14.2%，因此将效用函数中 j_t 设定为 0.14；根据刘斌（2008）的研究，劳动力供给弹性的倒数取值 6.16，即 $\eta = 6.16$；基于我国 2016 年住房贷款政策的调整，首付比例不低于 25%，因此将信贷约束 κ_t 设定为 0.25；根据 Iacoviello（2005），设定 $\alpha = 0.64$；根据 Zhang（2009）的估计，将消费品的替代弹性 ε 设定为 4.16；将 δ_h 设定为 0.025，以使资本年折旧率为 1%；房地产商成本调整函数的斜率 ψ_h 参考冯涛（2014）的研究，设定为 0.68（见表 4 - 1）。

---

① 该报告中对于中国当前执行的货币政策有以下几种表达：适度紧缩、紧缩、适度宽松、宽松和稳健。

表 4 – 1 参数校准值结果

参数符号	参数含义	参数校准值
β_s	耐心家庭贴现因子	0.98
β_b	不耐心家庭贴现因子	0.96
η	劳动力供给弹性倒数	6.16
κ_t	信贷约束因子	0.25
α	耐心家庭劳动力比重	0.64
ε	消费品替代弹性	4.16
δ_h	房地产折旧率	0.025
ψ_h	成本调整函数斜率	0.68

（三）贝叶斯参数估计

贝叶斯参数估计的方法是把待估计的参数设定成特定先验概率分布的随机变量。这样在对样本数据进行估计时，就能把预先设定变量的先验概率密度转变成变量的后验概率密度，也就是通过样本数据对我们初始假设的参数估计值进行修正。由贝叶斯公式可知：

$$p(\theta|X) = \frac{p(X|\theta)^* p(\theta)}{p(X)} \tag{4.33}$$

此时不直接估计参数的值，也不要求后验概率最大，而是允许参数服从一定概率分布。这样就需要求 $p(X)$，即已有数据的概率，当有新样本数据被观测时，其变量的后验概率也会随着进行调整。而这需要根据现有研究，对模型待估计参数的先验分布有所了解，如果想得到新值 $\hat{x}$ 的概率，可以由式（4.34）计算得出。

$$p(\hat{x}|X) = \int_{\theta \in \Theta} p(\hat{x}|\theta) p(\theta|X) \mathrm{d}\theta = \int_{\theta \in \Theta} p(\hat{x}|\theta) \frac{p(X|\theta) p(\theta)}{p(X)} \mathrm{d}\theta \tag{4.34}$$

由于模型中其他待估计参数的敏感性较强，能对结果产生较大影响，所以均采用贝叶斯估计的方法进行估计。模型的待估计参数为 θ，ρ_m，ρ_r，ς_1，ς_2，ς_3，ς_4，$\upsilon_{m,t}$，$\upsilon_{r,t}$。

为使本书的估值更加准确，数量型货币政策工具冲击的持续性参数 ρ_m 参考马文涛（2011）的估计，设为 0.6，价格型货币政策工具冲击的持续性参数 ρ_r 依据陈利峰（2015）的研究，设定为服从均值为 0.5 的 Beta 分布。数量型货币政策工具通货膨胀预期的权重系数 ς_1，数量型货币政策工具中总产出缺口的权重系数 ς_2，价格型货币政策工具通货膨胀预期的权重系数 ς_3，价格型货币政策工具中总产出缺口的权重系数 ς_4 遵照刘喜和等（2014）的研究，分别设定 0.04，0.06，0.08，0.06。厂商的名义价格刚性 θ 设定为服从均值为 0.75 的 Beta 分布

（马亚明和刘翠，2014）。数量型货币政策工具冲击 $v_{m,t}$、价格型货币政策工具冲击 $v_{r,t}$ 的标准差的先验均值均设定为 0.1，且服从 InvGamma 分布（见表 4-2）。

表 4-2 贝叶斯参数估计结果

变量	先验分布	均值	标准差	后验均值	95% 后验置信区间
θ	Beta	0.75	0.5	0.7005	[0.6498, 0.7506]
ρ_m	Beta	1.5	0.5	1.4152	[1.1786, 1.4596]
ρ_r	Beta	0.5	0.5	0.5182	[0.4339, 0.6196]
ς_1	Beta	0.04	0.5	0.0652	[0.0350, 0.8315]
ς_2	Beta	0.06	0.5	0.0767	[0.0596, 0.0845]
ς_3	Beta	0.08	0.5	0.1156	[0.0817, 0.1386]
ς_4	Beta	0.06	0.5	0.0595	[0.0298, 0.9913]
$v_{m,t}$	InvGamama	0.1	INF	0.2052	[0.1813, 0.4862]
$v_{r,t}$	InvGamma	0.1	INF	0.3191	[0.1385, 0.5012]

（四）模拟结果分析

通过模拟分析，我们可以得到各宏观经济变量对本书中引入的价格型货币政策工具冲击和数量型货币政策工具冲击的脉冲响应图，这样能更加直观地了解货币政策对房地产价格、总产出、通货膨胀的影响程度。脉冲图的横坐标为季度时期，纵坐标为变量相对于期稳态值水平的偏离。

1. 货币政策宽松期下价格型货币政策工具冲击的响应

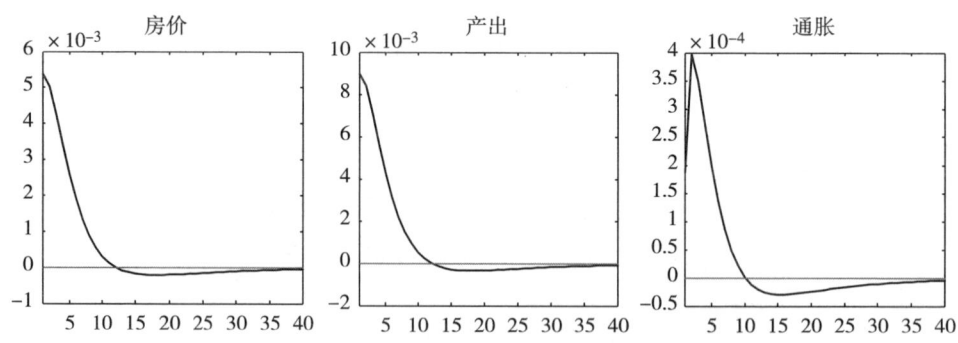

图 4-1 货币政策宽松期下价格型货币政策工具冲击的响应函数

图 4-1 表示货币政策宽松期下价格型货币政策工具冲击的响应函数。在给定中央银行基准利率下降 1 个百分点的冲击下，图 4-1 分别显示了房地产价格、总产出和通货膨胀三个指标的响应情况。关于房地产价格的响应情况，当房地产价格受到冲击时，房地产价格立即上升，增加了大约 5.3 个单位，随后慢慢

下降，并在 15 期下降至最小值 -0.25，在第 35 期回归至稳态值水平；关于总产出的响应情况，当总产出受到冲击时，在第 1 期偏离稳态值达到最高点，增加大概 9 个单位，之后回落，在第 15 期下降到最小值 -0.5，随后慢慢回升，在40 期回后达到稳态值水平；关于通货膨胀的响应情况，当通货膨胀受到冲击时，立即在第 1 期向上偏离稳态值 0.2 个单位，在第 2 期升至最高点 0.4，之后回落，在第 15 期下降至最低点 -0.025，之后逐渐回升，并在 40 期后达到稳态。通过房地产价格、总产出和通货膨胀的脉冲响应图，可以看出，宽松期下的价格型货币政策工具对于总产出的影响最大，对房地产价格的影响次之，对于通货膨胀的影响最小。这表明，扩张性的价格型货币政策工具对房地产价格有正向的刺激作用，并且借助货币政策的房地产价格传导机制，对通货膨胀和总产出水平的影响也较为明显，但价格型货币政策工具对通胀水平的刺激作用产生一定的时滞。

2. 货币政策宽松期下数量型货币政策工具冲击的响应

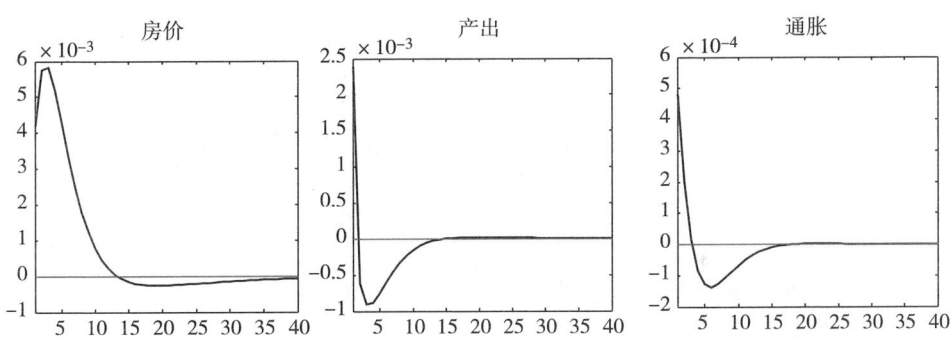

图 4 - 2　货币政策宽松期下数量型货币政策工具冲击的响应函数

图 4 - 2 表示在货币政策宽松期的情况下数量型货币政策工具冲击的响应函数。在给定中央银行货币供应量增加 1 个百分点的冲击下，图 4 - 2 分别显示了房地产价格、总产出和通货膨胀的响应情况。关于房地产价格的响应情况，当房地产价格受到冲击时，房地产价格立即上升，增加了大约 4.5 个单位，随后继续迅速上升，在第 3 期上升到最大值 5.9，随之慢慢下降，在第 20 期降至最小值 -0.25，随后逐渐回升，第 40 期后回归至稳态值水平；关于总产出的响应情况，当总产出受到冲击时，在第 1 期立即达到最高点，比稳态值增加 2 个单位，之后迅速回落，在第 3 期下降到最小值 -0.9，之后逐渐回升，第 15 期时回归至稳态值水平；关于通货膨胀的响应情况，当通货膨胀受到冲击时，立即偏离稳态值至最高点 0.45，之后回落，在第 6 期下降至最低值 -0.15，之后上升，并在第 15 期回归至稳态值水平。通过房地产价格、总产出和通货膨胀的脉冲响

应图可以看出，宽松期下的数量型货币政策工具对于房地产价格的影响最大，对总产出的影响次之，对于通货膨胀的影响最小。这表明，扩张性的数量型货币政策工具对房地产价格同样具有正向的刺激作用，并且相对于扩张性的价格型货币政策工具，通胀水平受冲击的时滞效应更短，说明货币供应量是致使通胀水平产生波动的重要原因。

3. 货币政策紧缩期下价格型货币政策工具冲击的响应

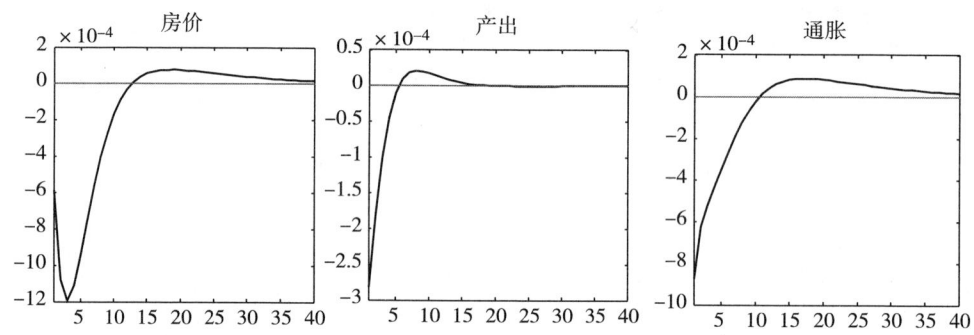

图 4-3 货币政策紧缩期下价格型货币政策工具冲击的响应函数

图 4-3 表示在货币政策紧缩期下价格型货币政策工具冲击的响应函数。在给定中央银行基准利率增加 1 个百分点的冲击下，图 4-3 分别显示了房地产价格、总产出和通货膨胀的响应情况。关于房地产价格的情况，当房地产价格受到冲击时，房地产价格立即下降，在第 1 期减少了大约 0.7 个单位，随后继续下降，在第 3 期下降到最小值 -1.2，之后慢慢上升，在第 17 期达到最大值 0.1，之后逐渐回落，在第 40 期时回归至稳态值水平；关于总产出的情况，当总产出受到冲击时，在第 1 期即偏离稳态值下降至最低点，降低大概 0.28 个单位，之后上升，在第 8 期达到最大值 0.025，随之慢慢下降并在第 17 期恢复到稳态值水平；关于通货膨胀的响应情况，当通货膨胀受到冲击时，立即在第 1 期偏离稳态值，下降至最低点，减少约 0.85 个单位，之后回升，在第 15 期达到最大值 0.1，随后逐渐下降，并在第 40 期以后回归到稳态值水平。通过房地产价格、总产出和通货膨胀的脉冲响应图可以看出，紧缩期下的价格型货币政策工具对于房地产价格的影响最大，对通货膨胀的影响次之，对于总产出的影响最小。这表明，紧缩性的价格型货币政策工具对房地产价格有负向的抑制作用。利率水平的下降，使得房地产市场消费水平降低，通胀水平受到抑制，短期内总产出水平也随之下降，但随后房地产消费增加，总产出水平、通胀水平回升，房价回升，最终回归均衡状态。

4. 货币政策紧缩期下数量型货币政策工具冲击的响应

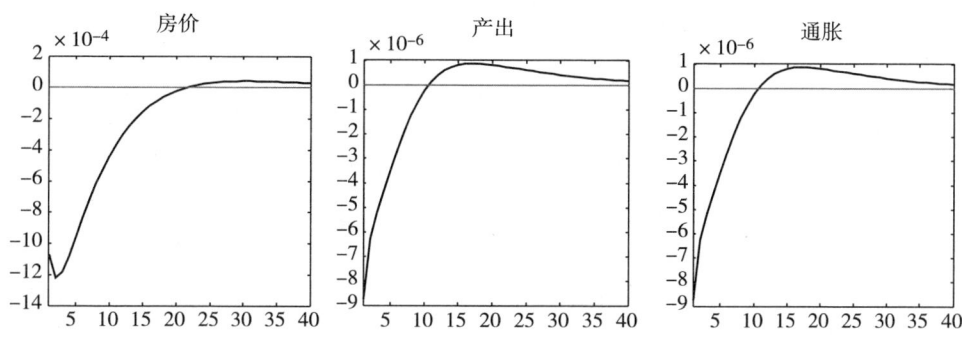

图 4 - 4　货币政策紧缩期下数量型货币政策工具冲击的响应函数

图 4 - 4 表示货币政策紧缩期下的数量型货币政策工具冲击的响应函数。在给定中央银行货币供应量减少 1 个百分点的冲击下，图 4 - 4 分别显示了房地产价格、总产出和通货膨胀的响应情况。关于房地产价格的响应情况，当房地产价格受到冲击时，房地产价格立即下降，减少了大约 1 个单位，随后继续下降，在第 2 期达到最小值 - 1.22，之后上升，在 25 期达到最大值 0.05，随后趋于稳定；关于总产出的响应情况，当总产出受到冲击时，在第 1 期立即下降到最低点，比稳态值减少大概 0.9 个单位，之后回升，在第 16 期达到最大值，接近 0.1，随后下降，并在 40 期以后回归至稳态值水平；关于通货膨胀的响应情况，当通货膨胀受到冲击时，在第 1 期立即偏离稳态值降至最低点，减少大概 0.85 个单位，之后回升，在第 16 期升至最高点 0.1，随之回落，在第 40 期后回归至稳态值水平。通过房地产价格、总产出和通货膨胀的脉冲响应图，可以看出，宽松期下的数量型货币政策工具对于房地产价格的影响最大，对总产出的影响次之，对于通货膨胀的影响最小。这表明，紧缩期的数量型货币政策工具同样对房地产价格有负向的抑制作用。相比紧缩性的价格型货币政策工具，数量型货币政策工具的调控效果更加显著，同样印证了我国当前利率市场化尚不成熟，虽然利率管制已经基本放开，但仍以国家控制为主，以利率规则为代表的价格型货币政策传导机制仍存在一定的阻滞。

通过对比房地产价格、总产出和通货膨胀对于不同货币政策时期不同性质货币政策工具的响应，不难发现：对于房地产价格而言，宽松时期的货币政策影响显著，而紧缩期的货币政策影响较小；相比价格型货币政策工具，数量型货币政策工具影响更大，作用时期更长，该结果也与李成等（2011）的研究结论相类似。对于调节总产出而言，在货币政策的宽松期，价格型货币政策工具对总产出的刺激显著大于数量型货币政策工具，能有效刺激总产出增长，然而在货币政策的紧缩期，价格型货币政策工具对总产出的调控效果小于数量型货币政策工具，这表明在不同货币政策实施期，货币政策工具对于总产出的调节表现出不同的效果，人民银行应该根据具体实施期来合理制定货币政策调控方案使之发挥更大效果；对于通货膨胀而言，价格型和数量型的货币政策工具的调控效果差别并不大，货币政策紧缩期下的作用时间要略长于货币政策宽松期，因此，人民银行在调整货币政策工具以实现稳定物价最终目标时，要根据不同时期的时滞性来选择货币政策调控时间并以此得到最佳的实施效果。结合以上分析可以得出，不同的货币政策实施期下数量型和价格型的货币政策工具对房地产价格、总产出和通货膨胀的调控效果存在差异，因此人民银行如果选择运用货币政策工具来调控房地产市场，应在考虑货币政策实施期对房价调控效果的非对称性效应的同时，权衡该货币政策对总产出和通货膨胀的影响，在符合经济最终目标的前提下实现房地产市场调控的有效性。

五、主要结论及政策建议

本节基于非对称效应的角度，构建了包含房地产商部门的 DSGE 模型，研究了在我国不同货币政策实施期、房地产价格、总产出和通货膨胀等变量的对不同货币政策工具的脉冲响应。实证结果表明，货币政策对房地产价格的调控具有非对称效应：一方面，宽松期货币政策工具对房地产市场调控的效果要大于紧缩期货币政策的调控效果；另一方面，数量型货币政策工具的调控效果要优于价格型货币政策工具的调控效果。对于总产出和通货膨胀而言，货币政策宽松期下价格型货币政策工具对总产出的刺激明显大于数量型货币政策工具；而通货膨胀则表现出不同的结论，即无论在货币政策宽松期还是紧缩期，数量型与价格型货币政策工具的作用效果基本一致，只是作用时间上略有不同。由此可知，在我国尚未形成完善的利率市场化环境下，中央银行以数量机制为主导的调控体系较之以价格机制为主导的调控体系更加有效，作用效果更加明显。

为了建立完善的房地产市场价格调控体系，增强我国货币政策对房地产价格调控的有效性，结合本书实证分析结果，我们提出以下政策建议：首先，人民银行应当在权衡总产出和物价的前提下，充分利用货币政策对房地产市场价格调控的非对称性，根据房地产环境所处的货币政策实施期，采用适当的货币政策工具进行调节，如调整货币供应量和公开市场操作等，以达到抑制房价过快上涨、稳定房地产市场的目的；其次，应加快推动利率市场化改革，使价格改革与结构改革、数量改革并进，在取消对利率直接管制的基础之上，推动人民银行和市场参与者行为模式的转变，疏通货币政策的传导渠道，提高货币政策传导的有效性，从而更快地促进房地产市场价格回归理性。

第二节 我国房地产价格上涨的金融 相关影响因素分析

一、研究背景

改革开放以来，我国房地产市场蓬勃发展，持续上涨的房地产价格对我国的金融稳定乃至民生问题都产生了巨大影响，房地产市场平稳发展也成为了近年来我国宏观调控的重要问题之一。2015 年年底，中央经济工作会议重点提及房地产问题，提出要"适当降低商品住房价格"，"房地产去库存"成为我国经济发展需要解决的五大任务之一。然而，2016 年年初，为适应经济新常态的需要，我国供给侧改革去杠杆开始推进，政府为稳定增长实行了一系列"放货币，加杠杆"政策，如调低准金率，下调房产交易契税，降低首套房首付比，提供贷款优惠等，我国房价出现回升的势头。据统计，2016 年 11 月底，全国 100 个城市中有 66 个城市的新建住宅平均价格环比上涨。其中，北京、上海等一线城市涨幅超过 1.02% 和 3.10%；而 2016 年 10 月重点推行限购限贷政策的城市天津、石家庄和长沙三地的新建住宅平均价格环比涨幅分别为 10.62%、8.58% 和 4.95%，仍保持较快的增长速度。此轮房地产价格的上涨似乎表现出与以往不同的特点，不仅一线城市房价仍保持上涨，二线、三线城市房价的涨幅也开始扩大，这与实体经济下行压力之大、政府对房地产市场调控之严的前提无法相称。虽然政府重启的限购限贷政策在一定程度上抑制了非理性投机需求，但没有从根本上稳定房价，房价未来走势也并不明朗。由于房地产行业资金密集的特点，其发展离不开金融体系的支持，而房地产行业也为金融业提供了一个高回报的投资渠道。金融业与房地产行业的紧密联系使金融支持力度大小成为房价波动的重要因素（李勇刚和李祥，2012）。因此本书基于金融相关因素的视角，探讨推动此轮房地产价格快速上涨的因素，为进一步有效实施我国房地产市场调控政策提供理论依据。

二、文献综述

有关房地产价格影响因素方面的研究，最初的学者关注于微观层面的因素，认为房屋单位建造成本、土地使用密度等微观因素都会影响当地的房地产价格（Muth，1960）。随着宏观数据可获性逐渐增强，学者开始关注银行信贷和利率这两种宏观金融变量对房地产价格的影响。Davis 和 Zhu（2004）建立了包含银行信贷和房地产价格的一般均衡模型，发现房地产价格和银行信贷呈双向的关系，房价的变化影响银行贷款的同时银行信贷的扩张对房价上涨也具有正向作用。Gerlach 和 Peng（2005）利用中国香港地区的季度数据实证分析了住宅房地产价格、银行贷款等变量之间的短期波动与长期均衡的关系，发现房地产价格波动导致银行信贷扩张，而不是相反。Iacoviello（2005）采用 VAR 模型研究了房地产价格与经济周期之间的关系，得出银行提高利率、采取紧缩的货币政策会对实际房地产价格起到负向的作用。Jacobsen 和 Bjornland（2009）则在结构向量自回归模型的分析基础之上得出，英国、瑞典和挪威的利率水平的上升与房地产价格的大幅下降有直接的关系。

国内的相关研究起步较晚。陈璋和王继源（2014）运用 VAR 模型研究引起房价变动的因素，得出社会融资规模对房价呈现出正向影响这一结论。杜龙波和高婧（2014）通过建立房地产价格决定模型探讨了社会融资规模与房地产价格之间的关系，发现社会融资规模在一定程度上能够左右房地产的价格，从而明确了社会融资规模在房地产市场调控中的重要作用。最早研究杠杆率与房地产价格关系的是郭晔（2011），他以我国 37 个大中城市的面板数据为样本建立微观行为模型，研究发现杠杆率是推动房价上涨的重要原因，且这种现象在一线城市尤为显著。随着 2016 年初我国供给侧改革去杠杆的逐步推进，杠杆率再一次进入学术视野。黄燕芬等（2016）详细阐述了中国房地产市场存在的居民加杠杆现象，深入剖析居民加杠杆在推动房价上涨中的重要作用，并针对性地提出了政策建议。关于利率对房地产价格的影响，国内的学术界则存在一定的争议。沈悦等（2011）通过构建 FVAR 模型，实证研究了利率对房价的有效性，得出住宅价格对利率的调整呈现显著的负向变动趋势；丁军（2013）基于"地价决定房价"理论，将土地引入实证模型，发现提高利率不会抑制房价，反而会刺激地方政府追求"土地财政"的积极性进而抬高地价，最终抵消利率对房价的调控效果。

前期的研究大多数集中在单个金融变量对房地产价格的影响上，并没有对推动房地产价格上涨的金融相关影响因素进行比较分析，同时对该轮房价上涨的解释也没有得到一致的结论，这也就无法为政策进一步有效实施提供参考依据。鉴于此，本节将采用基于有向无环图（DAG）的结构向量自回归模型将推动房价上涨的金融相关因素进行深入分析，以期得出更加准确且富有政策启示意义的结论。

三、理论分析

近年来，居高不下的房地产价格已经成为影响我国国民经济健康发展的隐患，因房地产行业作为资金密集型行业，被称为"第二金融"业，房地产业的发展与金融业息息相关，社会融资规模、杠杆率和利率等金融相关因素的变化对房地产价格的波动具有重要影响。因此，本书从房地产市场供给与需求出发，结合当前我国宏观经济发展态势，从金融层面上来深入剖析房价上涨的影响因素。

社会融资规模是指一定时期内实体经济从金融体系获得的资金总额，它全面反映了实体经济与金融体系的关系以及金融市场对实体经济支持的总量（赵胜民，2012）。社会融资规模与房地产价格之间大多呈正向互动关系，它主要是通过调整对房地产企业资金支持力度的大小来改变房地产市场的供给状况，进而引发房价的波动。一方面，作为社会融资规模的重要组成部分和房地产企业的核心融资方式，传统的银行信贷能够通过适当的降低利率、提高贷款限额等方式扩大对房地产企业的信贷规模，加大对房地产企业的资金支持力度，间接地刺激房地产企业加大生产规模、增大供给，带来房价的短期繁荣进而引发房价上升；另一方面，社会融资规模除了传统的银行信贷外还包括其他融资模式，如影子银行、信托基金和委托贷款等。这些新兴融资渠道的出现也为房地产企业提供了更多的外部资金来源，促使房地产企业扩大建设规模，推动房地产价格的快速上涨。

杠杆率因素具有一定的政策导向性，我们发现杠杆率会通过向房地产市场传递政策信号来调整微观主体预期，改变房地产市场的需求状况进而引发房价的波动（黄燕芬等，2016）。杠杆率与房地产价格之间呈正向作用机制，当政府趋于加杠杆时，市场主体会通过政策导向推断出经济面上行、房地产市场发展良好的信号，进而促进房地产市场看涨预期的形成，随之刺激消费、投资和投机型购房需求的增长，推动房地产价格的快速上涨。2016年年初，基于供给侧改革去杠杆的背景下，政府为使购房需求稳定增长，对低杠杆的居民部门采取了减少首付比例、降低购房门槛、首付贷等一系列加杠杆措施，造成了房地产市场投机型和投资型资金的大量流入，这可能是推动此轮房价上涨的主要原因。

利率的高低代表资金成本的高低，利率调整对调控房地产价格起着基础性的作用。一般情况下，利率与房地产价格之间呈负向关系。当中央银行实行宽松型的货币政策时，会采取放松银根、降低存贷款利率的方式，这在一定程度上会刺激社会总需求，促进经济繁荣。一方面，存款利率的降低会促使消费者减少储蓄在个人财富中的比重，刺激投资性购房需求，进而引发需求拉动型房价上涨；另一方面，向银行融资是房地产企业扩大生产规模的重要资金来源之一，贷款利率的降低意味着外部筹资的资金成本减小，房地产企业能够获得足够的资金支持来从事大规模的生产和投资，促进房地产市场的短期繁荣，引发供给推动型房价上涨。反之，若中央银行实行紧缩型货币政策，提高存贷款利率，则在一定程度上会抑制房价的上涨。

四、研究方法与样本数据

（一）SVAR 模型和结构方差分解

一般 p 阶 VAR 模型可以表示为：

$$X_t = \mu + \sum_{i=1}^{p} \Phi_i X_{t-i} + e_t, t = 1, 2, \cdots, T \qquad (4.35)$$

其中：X_t 为 k 维内生变量列向量；μ 为截距列向量；p 为滞后阶数；T 为样本个数；$k \times k$ 维矩阵 $\Phi_1, \cdots, \Phi_p$ 为待估计的系数矩阵；e_t 为 k 维扰动列向量，它们不与自己的滞后值以及等式右边的变量相关，但是它们相互之间可以同期相关；$\sum$ 为一个 $(k \times k)$ 的正定矩阵，表示 e_t 的协方差，VAR 模型同期相关的全部信息都包含在 $\sum$ 中。

为了分析变量之间的关系，传统的研究方法常使用格兰杰因果关系检验，然而，正如上文所述，该方法存在诸多局限性。预测误差分解方法虽然能够为研究者提供更多的信息，但却需要对扰动项 e_t 之间的同期因果关系进行设定：

$$Ae_t = \upsilon_t = Bu_t, u_t \sim N(0, I_k) \qquad (4.36)$$

其中：A 和 B 都为 K 阶方阵；u_t 为结构扰动项。A 矩阵体现了变量的结构关系，主要依据经济理论施加约束，B 矩阵主要是为了体现 υ_t 不是单位矩阵，因此其约束形式一般为对角矩阵。

乔利斯基正交化分解实际上是对变量设定了一个恰好识别的递归结构，即 A 是主对角线元素为 1 的下三角矩阵，B 为对角矩阵，这种递归的同期因果关系无疑是一种非常强的假设，而且不同的变量顺序往往会带来不同的分析结果。研究者大多依据以往的研究成果和自己的主观判断建立 SVAR 模型，变量之间的同期因果关系一般很难依靠经济理论指导，因此主观色彩较为强烈，进而基于此模型的方差分解结果也不能保证可靠性和合理性（Swanson 和 Granger，1997；杨子晖，2008）。

建立 SVAR 模型和合理地进行方差分解的关键在于正确地设定扰动项的结构，最新发展的"有向无环图"技术有效地克服了传统研究方法的这一缺陷。DAG 完全基于数据，不需要先验的经验或者理论假设，使得传统研究方法中存在的主观判断问题得到有效的解决，提高了 SVAR 和方差分解结果的可靠性和科学性。

（二）有向无环图分析方法

有向无环图（DAG）技术能够以图形的方式来描述变量之间的因果关系。如果在有向无环图中出现相互连接的变量，则表明它们之间存在同期因果关系；如果在有向无环图中没有相互连接的变量，则表明它们之间没有同期因果关系。

具体来讲，变量 X 和变量 Y 存在以下 5 种可能的情形：（1）" $X \rightarrow Y$ "，存在 X 到 Y 的单向因果关系，在其他变量不变时，X 的变化直接导致了 Y 的变化；（2）" $Y \rightarrow X$ "，表示存在 Y 到 X 的单向因果关系，在其他变量不变时，Y 的变化直接导致了 X 的变化；（3）" $X \leftrightarrow Y$ "，表示 X 和 Y 之间存在双向因果关系；（4）" $X - Y$ "则表示 X 和 Y 存在着方向性不明确的因果关系；（5）" $X\ Y$ "表示 X 和 Y 两者是独立的，互相不受影响。

在实际分析中，借助 Spirtes 等（2000）采用的 PC 算法，变量之间的同期因果关系，可以通过"去边"和"定向"两步有效识别。首先，从"无向完全图"开始，通过 PC 算法得到各个变量之间的无条件相关系数，如果相关系数显著为零，则去掉相应连接的边，表明其不存在同期因果关系；接下来，再看一阶偏相关系数的情况，如果偏相关系数显著为零，则去掉相应连接的边，以此类推可以进行到 $N-2$ 阶的偏相关系数，最后呈现出来的图则为无环图。在"定向"阶段，PC 算法主要依据"相邻"和"隔离集"两个概念来确定因果关系的方向。[①]

（三）样本数据

本书的原始数据来源于中经网经济统计数据库和中国人民银行网站，由于社会融资规模的季度数据起始于 2002 年第一季度，所以本书的样本区间设定为 2002 年第一季度到 2016 年第三季度。其中，房地产价格是全国房地产平均销售价格，是根据原始数据中商品房销售额和商品房销售面积计算得到的；杠杆率采用债务率替代度量。由于所有的数据来源均没有提供总产出和其他指标的消涨指数，因此，本书通过消费物价指数（CPI）构建了以 2002Q1 为基期的消涨指数，并对所有名义变量进行了消涨处理。另外，所有数据均采用 $X - 12$ 方法进行季节调整，并取对数值。房地产价格、社会融资规模、杠杆率和一年期银行贷款利率分别采用 HP、Fin、Lev、R 来表示。

五、房地产价格上涨的金融相关影响因素实证分析

（一）单位根检验和协整检验

本书采用 ADF 检验法对各个变量进行单位根检验，以判定模型中各个时间序列的稳定性，采取贝叶斯信息准则 SIC 来选取滞后阶数以保证残差非自相关。VAR 模型中各变量单位根检验结果见表 4 - 3。

---

① 限于篇幅，这里只对 DAG 的 PC 算法作简单的介绍，关于 PC 算法定向的详细讨论，可以参见 Spirtes 等（2000）、Yang 等（2006）和杨子晖（2008）的相关研究。

表4-3 模型中变量单位根检验结果

原变量	滞后期	截距	t	ADF 值	临界值		
					1%	5%	10%
房地产价格（HP）	1	有	有	-2.68	-4.15	-3.50	-3.18
社会融资规模（Fin）	0	有	有	-1.56	-4.15	-3.50	-3.18
杠杆率（Lev）	1	有	无	-1.92	-3.57	-2.92	-2.60
贷款利率（R）	1	有	无	-1.25	-3.57	-2.92	-2.60
一阶差分变量	滞后期	截距	t	ADF 值	临界值		
					1%	5%	10%
房地产价格（HP）	2	有	有	-6.27	-4.17	-3.51	-3.18
社会融资规模（Fin）	0	有	有	-8.64	-4.15	-3.50	-3.18
杠杆率（Lev）	1	有	无	-8.43	-3.58	-2.93	-2.60
贷款利率（R）	1	有	无	-7.65	-3.57	-2.92	-2.60

由表4-3的单位根检验结果可以看出，各变量的 ADF 值均在5%的显著水平下接受非平稳的原假设，而这四个变量的一阶差分值都在5%的水平下拒绝了非平稳原假设，由此可知，实证分析中的各个变量均为 I（1）变量。对于一阶单整的非平稳变量，建立 VAR 模型的前提是各个变量之间具有协整关系，因此，我们要检验变量之间的协整关系。Johansen 协整关系检验结果见表4-4，可以看出，在5%的显著水平下这四个变量均接受原假设，变量之间存在协整关系，因此我们可以建立一个四变量的 VAR 模型。

表4-4 Johansen 协整关系检验结果

协整关系数	特征值	最大特征值统计量	5%临界值	P 值
0	0.43	76.53***	47.86	0.00
最多一个	0.28	43.67**	29.80	0.01
最多两个	0.21	16.98**	15.49	0.03
最多三个	0.01	0.54	3.84	0.43

注：***、**分别表示在1%、5%的显著水平上拒绝原假设。

（二）同期因果关系的 DAG 分析及 SVAR 识别

根据 AIC 和 FPE 最小化原则，在上述变量具有协整关系的基础上，我们建立了一个二阶向量自回归（VAR）模型，[①] 进而得到的残差相关系数矩阵如下：

---

① 限于篇幅，VAR 模型的回归结果没有列出，感兴趣的读者可以向作者索取。

$$corr = \begin{pmatrix} 1 & & & \\ 0.1285 & 1 & & \\ 0.1890 & -0.1621 & 1 & \\ 0.2913 & 0.3458 & 0.1036 & 1 \end{pmatrix} \qquad (4.37)$$

接下来，我们以式（4.37）残差相关系数矩阵为基础，运用有向无环图（DAG）的方法来分析房地产价格（*HP*）、社会融资规模（*Fin*）、杠杆率（*Lev*）和一年期贷款利率（*Rev*）之间的同期因果关系。第一步，我们画出变量之间的"无向完全图"（图4－5）开始进行分析，变量之间可能存在的同期因果关系均用一条无方向的边表示；第二步，我们通过"扰动相关系数矩阵"来进行变量之间的去边，从而推算出各个变量之间的同期因果关系，并结合"相邻"和"隔离集"概念来整体确定无环图的因果方向。① 我们只能获得较短的时间序列数据，主要由于我国房地产市场发展时间较短。在样本较小的情况下，采用较高的显著水平对于发现变量之间的同期因果关系有很大的帮助，譬如在样本量少于100时，可以采用20%的显著水平（Spirtes 等，2000；杨子晖，2008）。因此，本书将采用20%的显著性水平来探究变量间的同期因果关系。

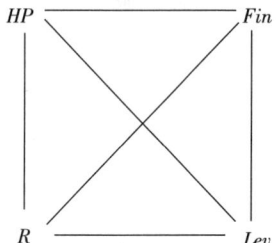

图4－5　无向完全图

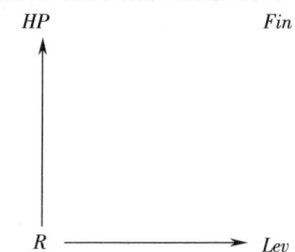

图4－6　20%显著水平下的有向无环图

首先，我们通过无条件相关系数可知，房地产价格（*HP*）与社会融资规模（*Fin*）的相关系数为0.1285，其 *P* 值为0.3463，这说明在20%的显著水平下 *HP* 与 *Fin* 扰动项是同期独立的，因此，*HP* 与 *Fin* 之间表示同期因果关系的连线可以除去。同理，社会融资规模（*Fin*）与杠杆率（*Lev*）的相关系数为－0.1621，其 *P* 值为0.3981，结果表明 *Fin* 与 *Lev* 扰动项在20%的显著水平下为同期独立关系，由此可以去掉 *Fin* 与 *Lev* 之间的连线；一年期贷款利率（*R*）与杠杆率（*Lev*）的相关系数为0.1036，其 *P* 值为0.4529，结果表明 *R* 与 *Lev* 扰动项在20%的显著水平下也为同期独立关系，因此可以去掉 *R* 与 *Lev* 之间的连线。下一步，我们进行偏相关系数分析。当一年期贷款利率（*R*）扰动为条件变量时，房地产价格（*HP*）与杠杆率（*Lev*）的偏相关系数为0.1890，相应的 *P* 值

---

① 我们采用 TETRAD 3 已设计好的 PC 算法来分析上述变量间的同期因果关系（Scheines 等, 1996）。

为 0. 3056，结果表明 HP 与 Fin 扰动项在 20% 的显著水平下也表现为同期独立关系，因此可以接着去掉 HP 与 Lev 之间的连线。由此，在无向完全图去掉四条连线后，只有 HP 与 R 以及 R 与 Lev 之间存在表示同期因果关系的连线，可以表示为 $HP - R - Lev$，这样 HP 与 R "相邻"，R 与 Lev "相邻"。最后，我们来分析变量之间的同期因果关系方向。由以上偏相关系数结果可知，R 属于 HP 和 Lev 的 "隔离集"，因此根据 Spirtes 等（2000）提出的有向图算法，我们可知 $HP—R—Lev$ 三者之间的同期因果关系应为 $HP \leftarrow R \rightarrow Lev$。

（三）基于 DAG 的预测方差分解分析

通过上文建立的基于有向无环图的 SVAR 模型，我们进行了预测方差分解，来进一步分析三种宏观因素与房地产价格之间的动态关系和影响变化过程，预测方差分解结果见表 4 – 5。

表 4 – 5 　　　　　　　　　　基于 DAG 的预测方差分解结果 （%）

预测期	房地产价格预测方差分解				社会融资规模预测方差分解			
	HP	Fin	Lev	R	HP	Fin	Lev	R
1	100. 00	0. 000	0. 000	0. 000	10. 394	7. 824	1. 068	80. 714
2	80. 682	2. 527	5. 447	11. 344	11. 187	18. 249	2. 152	68. 412
4	71. 149	9. 205	6. 320	13. 350	27. 033	33. 257	1. 789	37. 922
6	55. 085	20. 559	12. 947	11. 409	32. 993	40. 851	1. 463	24. 692
8	48. 690	27. 512	14. 722	9. 081	35. 656	43. 948	1. 321	19. 075

预测期	杠杆率预测方差分解				贷款利率预测方差分解			
	HP	Fin	Lev	R	HP	Fin	Lev	R
1	2. 850	97. 150	0. 000	0. 000	2. 415	2. 082	95. 503	0. 000
2	5. 903	92. 627	0. 153	1. 317	3. 517	5. 292	69. 581	21. 610
4	10. 280	84. 864	1. 828	3. 028	5. 405	9. 267	65. 530	19. 798
6	21. 398	73. 947	2. 009	2. 645	7. 212	10. 529	62. 346	19. 913
8	25. 935	70. 285	1. 803	1. 978	9. 178	10. 450	59. 073	21. 343

由表 4 – 5 预测方差分解结果可以看出，房地产价格波动在第一期中有 100% 的比例由房地产价格自身来解释，在后面几期中大部分由其自身来解释，解释比例逐渐下降，由第二期的 80. 68% 下降到第八期的 48. 69%。但是，解释比例一直保持在 45% 以上，说明在很大程度上我国房地产价格的持续上涨还是受其自身惯性的影响，一方面我国城镇化水平的提高以及我国人口数量的增长所形成的住房刚性需求一直推动着我国房地产价格的不断上涨（郭娜和吴敬，2015）；另一方面房地产价格的升值预期和投机行为也是引起房价不断上涨的重要原因（赵胜民等，2011）。

在这三种金融相关影响因素中，首先，社会融资规模相对于其他变量来说拥有对房地产价格波动更大的解释力，由第一期的 0.00% 逐渐上升到第四期的 9.21%，最后增长至第八期的 27.51%，说明社会融资规模的扩大是推动房地产价格上涨的重要因素。一方面，银行信贷作为房地产企业的核心融资方式，可以通过利率管制、信贷配给等方式调整房地产企业的信贷可得性进而影响房地产企业的融资规模（杜龙波和高婧，2016）。当信贷扩张、融资规模扩大时，房地产企业能够得到足够的资金支持来投入房地产的生产建设，进而带动房地产市场的过热，引发房价上涨。另一方面，"影子银行"、信托贷款、委托贷款等新型融资方式的出现为房地产企业提供了更多的方式"借道"进入房地产领域，为房地产市场注入充足的资金支持，带动房地产市场的不断繁荣。特别是影子银行作为社会融资规模中核心的新型渠道，可以通过信用生成机制、抵押信贷机制、风险扩散机制等来放大资金在房地产市场的规模，加速推动房价的上涨，形成房地产泡沫的膨胀和系统性金融风险的累积（张宝林和潘焕学，2013）。根据中央银行网站公布的最新数据，2016 年 1—10 月我国社会融资规模累积增量为 14.35 万亿元，同比增加 1.78 万元，社会融资规模的快速扩张已经成为推动我国房价上涨过程中不可忽视的因素。

其次是杠杆率的影响，由最开始的 0 上升到第四期的 6.32%，随后快速增长至第八期的 14.72%，说明杠杆率的提高在房价上涨的过程中的重要性日益凸显，成为此轮房价上涨的主要推动因素。自 2008 年金融危机以来，我国杠杆率快速上涨，2015 年年底，我国经济总杠杆率达到 249%，同比增长 14 个百分点。鉴于杠杆率与房地产市场的同向变动关系（贾庆英和孔艳芳，2016），降低杠杆率成为政府调控房地产的重要内容。2015 年年底，中央经济工作会议上明确表明将"去杠杆"作为 2016 年的五大任务之一；2016 年 11 月，财政局公布《关于落实降低企业杠杆率税收支持政策的通知》，再次强调降低企业杠杆率的迫切性。但我国的去杠杆主要针对政府、企业等高杠杆主体，对居民部门则需要加杠杆来稳定经济的增长。根据财政局行情平台发布的消息，2016 年 11 月，我国政府与企业的杠杆率均不超过 40%，但居民部门的杠杆率仍保持快速上涨趋势，这与 2016 年初政府推行的降低首付、多次降息等居民加杠杆政策相关。居民加杠杆政策一方面会降低购房的门槛，刺激市场的购房需求，引发房价的上涨；另一方面会向市场传达积极信号，引发微观主体对房地产市场的看涨预期，投机、投资需求随之增长，进一步"炒热"房地产市场，甚至引发潜在的市场风险（黄燕芬等，2016）。

最后是利率水平变动影响，由第一期的 0 上升至第四期的 13.35%，随后逐渐下降并稳定在第八期的 9.81%，整体来看变动差异不大，说明以利率为代表的资金成本的提高在房地产价格上升过程中起到基础性作用。一般情况下，利率与房地产价格呈负向变动的互动关系（沈悦等，2011）。利率的高低代表资金成本的大小，当降低利率时，房地产企业外部资金成本会降低，得到充分的资金支持会促使房地产企业扩大生产规模增加供给，引发房地产市场短期的繁荣，进而推动房价上涨。但我国利率市场化机制尚不完善，利率对房价的作用力度受到许多其他因素的影响，如土地财政、区域差异等（丁军，2013；郑宁等，2016），因此利率对此轮房价上涨的推动作用并不显著。通过表4－5的数据我们可以发现，社会融资规模和杠杆率在此期的比率均超过了利率，同样佐证了这一观点。

预测方差分解结果还显示，在三种影响因素的预测方差分解结果中，房地产价格冲击的解释力都较强。首先，其对社会融资规模的影响最大，从第一期的10.39%一直上升到第八期的35.66%。这说明随着时间的推移，我国商品房的投资属性逐渐超越了消费属性，人民币贷款、信托贷款、投资性房地产和其他金融工具等社会融资规模指标都与房地产行业息息相关，房地产的投资需求增加导致融资需求大幅攀升，从而助推社会融资规模不断扩大。其次是对杠杆率的影响，从第一期的2.85%一直上升到第八期的25.94%。这说明房地产价格与杠杆率之间是正向互动关系，当房地产价格上涨，市场主体对房地产市场的看涨预期会刺激房地产市场消费、投资和投机需求，促使企业、商业银行提高杠杆率，再度引发房价上涨。最后是对银行利率的影响，从第一期的2.42%缓慢上升到第八期的9.18%，表明我国人民银行对房地产价格波动给予了关注而没有盯住，在制定货币政策时并未充分考虑房价变动因素，而是更多地将目光投向经济增长与通货膨胀因素。

六、结论及政策建议

在我国房地产市场发展步入新常态背景下，本书采用有向无环图（DAG）技术和基于DAG的结构向量自回归方法探讨了推动我国房地产价格上涨的金融相关影响因素。检验同期因果关系的DAG分析表明，我国存在利率到房地产价格的同期因果关系，以及利率到社会融资规模的同期因果关系。也就是说，在我国利率对房地产价格具有同期影响，利率对社会融资规模也具有同期影响，其他变量之间的同期影响为零。另外，基于DAG的脉冲响应函数和预测方差分解研究表明：社会融资规模是推动我国房地产价格上升的主要因素，表明金融体系乃至影子银行体系的资金支持对房价上升起到重要的推动作用；杠杆率随着时间的推移，对房地产价格的冲击作用逐步加强，说明杠杆率的提高在推动房地产价格上涨的过程中地位逐渐增强；相对而言，利率的增长在推动房价上涨的过程中起基础性作用，但不是推动此期价格上涨的主要原因。2016年，我国经济下行压力较大，调整经济结构、维持"稳增长"任务都十分艰巨，基于这样的经济背景，如何实现稳定房价，提高对房地产市场调控的有效性，成为政府亟待解决的问题。为此，本书提出如下政策建议。

（一）完善房地产价格动态监控机制，健全金融监管体系

中央银行应完善对房地产价格的动态监控机制，实时监测房地产价格变化，通过灵活运用货币政策工具，改善货币政策的传导机制和环境的方式，引导社会融通资金的流向，将社会的融资规模控制在合理的范围内，实现资金的合理配置。此外，应加快健全金融监管体系，此监管体系不仅包括对传统银行体系信贷业务的审慎监管，还应包括对影子银行等表外业务的监管，同时应完善金融体系安全网和传统银行退出机制，这要求货币当局密切关注影子银行等渠道对房地产市场的融资规模存在的潜在风险点，防止房价波动引发风险点爆发、传导至传统银行体系并产生系统性金融风险，以致威胁国民经济的安全。

（二）深化经济体制改革，建立全方位、多层次的去杠杆体系

政府应全面推进经济体制改革，调整经济结构，增强实体经济活力，提高资金使用效率，防止资金在房地产行业的过度使用和浪费，并建立杠杆的逆周期监管机制，防止经济杠杆通过房地产价格波动扩散风险至金融市场。同时，针对政府、企业和居民部门杠杆率的差异，应建立全方位、多层次的去杠杆体系。政府和企业等杠杆率高的部门，应鼓励主体通过调整债务期限、利率结构来进行债务重组，减轻短期偿债压力，降低杠杆率；杠杆率偏低的居民部门，不能盲目地采取相同的加杠杆政策导向，而应根据区域和群体的差异，建立有特色、多样化的金融服务机制，规模融资与小额融资并存，融资需求与风险控制并存，旨在政府运用杠杆率调控房地产市场的安全性和效益性。

（三）完善利率市场化改革，疏通货币政策传导渠道

2015年10月，中央银行不再对金融机构设置存款上限，实现了利率管制的基本放开，标志着我国利率市场化改革基本完成。但目前利率的定价机制仍需完善，真正以市场供求为基础、以中央银行基准利率为引导的利率体系仍未实现，有鉴于此，政府应加快完善利率市场化改革的后续工作，落实中央银行和政府传统行为模式改变，并鼓励银行业建立新型的风险管理模式、创新业务结构，摆脱传统大额存贷款业务的束缚；此外，应完善利率的价格形成机制，形成以价格改革为主、数量与结构改革为辅的新型改革体系，进而疏通货币政策传导渠道，提高利率调控的有效性，旨在运用价格型货币政策和数量型货币政策的双重机制，达到全方位调控房地产市场价格的目的。

第三节 老龄化、城镇化与我国房地产
价格变动研究

一、引言

我国房地产市场经历了十几年的飞速发展，房地产价格不断节节攀升，持续上涨的房地产价格不仅侵蚀了居民的消费能力，同时也对我国的金融稳定乃至民生问题都产生了巨大影响，抑制房价过快上涨成为了近年来我国宏观调控的重要问题之一。2014年上半年，调控政策效果逐渐显现，我国房地产市场出现了商品房成交量下降、房价环比上涨城市个数减少、房地产开发投资增速持续放缓的新局面。① 然而究竟是何种因素影响了房地产价格的变动，学术界并未给出一致的结论。

众多前期研究表明，我国的土地政策、货币政策、信贷政策、居民收入、心理预期等都是驱动房价的重要因素（张晓晶和孙涛，2006；况伟大，2010；郭娜和李政，2013），然而似乎较少提及人口因素对于房价的影响。哈继铭（2006，2007）曾指出，中国房地产市场发展有人口红利和城市化两大动力，人口年龄结构和城镇化的发展变化分别作为人口结构在时间和空间上的表现，是影响住房价格变动的关键性因素。人口年龄结构的变化一方面直接影响住房刚性需求的变化；另一方面则通过"人口红利"为住房需求提供现实的经济基础。随着日本和德国等发达国家相继进入老龄化社会，人口结构和资产价格的关系问题越来越受到国际学术界的广泛关注。近年来，我国也开始步发达国家的后尘进入老龄化社会，人口老化超前于经济发展水平而提前出现，人口老龄化已经成为我国经济社会发展所面临的重大考验。截至2013年年底，中国65岁以上的人口已经占到全国总人口数的9.7%，远高于其他发展中国家5%的平均水平（邹瑾，2014）。中国作为一个新兴经济体和经济大国，快速的老龄化将对我国房地产价格产生怎样的影响，如何更好地处理老龄化对房地产市场带来的冲击，这是本书重点研究的问题之一。另外，我国城镇化的推进带来了城镇人口数量的大幅提升，对房地产市场的有效需求也产生了深远的影响。党的十八大明确了城镇化是最大的内需来源，并提出了新型城镇化战略。城镇化作为我国经济发展的必然要求，直接推动了住房需求的上升，土地要素的稀缺性则决定了土地供给弹性很低，进而需求和供给共同作用推动"经济起飞"的同时也推动了"房价起飞"（易君健和易行健，2008）。目前，我国正处于城镇化快速发展阶

---

① 资料来源：中国人民银行《中国货币政策执行报告》，2014年第二季度，2014年8月1日。

段，2011 年我国的城镇化率达到 51.27%。据联合国预测，2030 年我国城镇化率将达到 60.3%。快速的城镇化和持续的经济增长将带来巨大的基本居住需求和改善性住房需求，那么我国的城镇化进程究竟对房地产市场影响几何，如何来协调城镇化所带来的房地产市场供需矛盾，这是本书重点探讨的另一方面问题。对这些问题深入研究，将有助于宏观决策者深入了解我国老龄化和城镇化背景下的房地产市场变动趋势，从而制定有效的经济政策来促进我国房地产市场的健康繁荣发展，同时对我国城镇化进程中人口政策的长期调整提供有益的参考依据。鉴于此，本节采用非线性的面板平滑转换模型对上述问题进行研究，实证分析人口老龄化、城镇化对房地产价格变动的影响，为我国房地产市场调控和城镇化过程规划及人口政策调整提供理论依据。

二、文献综述

关于房地产价格的影响因素，学者最初关注于微观方面的研究，认为单位建造成本、土地使用密度、其他商品销售额等微观因素会对房价产生影响（Muth，1960）。随着宏观数据可获性的增强，许多学者开始探讨宏观经济因素对于房地产价格的影响（Fair，1972；Weinberg 等，1981；Horioka，1988；Case & Shiller，1990；Iacoviello，2005；Del Negro & Otrok，2007；Bjornland & Jacobsen，2009；Takats，2010），他们认为收入水平、预期未来房租、所在地区经济状况、人口数量、货币政策调整等因素都会影响到房屋价格。然而，随着发达国家相继步入老龄化社会，人口结构和房地产价格的关系问题就开始受到学术界的广泛关注。人口年龄结构对资产价格的影响，主要是基于生命周期理论和代际交叠模型。[①] Mankiw 和 Weil（1989）最早基于生命周期理论将人口年龄结构引入房地产市场进行研究。他们使用美国 1970 年的人口调查数据回归估计出不同年龄段的房屋需求量，实证研究发现美国 20 世纪末房地产价格的上升与"婴儿潮"有着较为显著的联系，并成功地预测了 1969—1989 年美国房价的上涨。McFadden（1994）、Green 和 Hendershott（1996）、Dent（2004）、Takets（2010）分别采用不同的方法也得出了人口年龄结构因素对房地产价格具有显著影响的结论。

我国房地产市场发展时间较短，因此国内学者对房地产价格影响因素的研究起步相对较晚，且多集中于探讨我国宏观调控政策对房地产价格所产生的影响，且大部分研究侧重于研究货币政策方面。

关于人口年龄结构与房地产价格关系的研究起步较晚，文献相对较少，且

---

① 生命周期理论认为经济个体将平滑各年龄段的消费和储蓄（投资）行为来获得整个生命周期的效用最大化；代际交叠模型认为人口结构变化将导致资产供求关系的变化进而导致资产价格和收益的变化，中青年人购买资产为老年储蓄，老年人卖掉资产满足退休后的消费。

大部分采用定性研究的分析方法（刘颖春，2004；Guo 和 Zhou，2010；叶青等，2012），认为人口年龄结构的变动及其未来发展趋势是影响住房需求的一个重要因素，人口红利因素推动了我国房地产价格的上涨。相比较而言，定量的研究成果相对有限。徐建炜等（2012）以人口年龄结构变化作为切入点，采用面板数据模型对中国住房价格持续高涨的现象进行了分析，研究结果显示，中国少年人口抚养比与房价呈反向关系，而老年人口抚养比则与房价呈正向关系，并预测 2015 年后中国的房价将不再具备快速上涨的条件，房价总体水平将逐渐走弱。陈斌开等（2012）基于微观数据实证研究得出，我国居民住房需求与年龄高度相关，个人在 20 岁以后住房需求快速上升，而"组群效应"使个人在 50 岁以后的住房需求逐步下降。邹瑾（2014）则讨论了人口老龄化对我国房价波动的影响，研究认为人口老龄化曾对我国房价上涨起到推动，然而在中长期这种趋势可能发生逆转。

随着城市化的发展，大量农村人口不断向城市转移，伴随着购房适龄人口的增加，新增刚需为主导的居住性购买需求推动着房地产价格的不断上涨。在体现人口结构空间变化的城镇化与房地产市场关系方面，国外学者更多地是将房地产市场作为影响城镇化发展的重要因素，探讨动态变化中的过程和联系。Pug（1995）研究了以非洲和部分亚洲国家为代表的发展中国家在城镇化过程中所产生的经济问题，其中对不同时期城镇化与房地产市场政策的目的和路径进行了对比分析和评价。Chen（2011）在住房制度改革背景下，以城镇化水平和房地产价格为研究对象，论证了城镇化在城市房地产繁荣过程中所起到的重要推动作用。Desai（2012）则重点关注发展中国家在城镇化进程中的住房问题，回顾了 1960 年至今城镇化与房地产政策的相关变化，同时讨论了两者之间的相互影响关系。

国内学者主要采用实证研究的方法对城镇化与房地产市场之间的关系进行了探讨。任木荣和刘波（2009）引入城市化水平与住房价格的动态经济模型，同时采用我国的省际面板数据模型进行了实证研究，得出城市化速度的上升会导致我国房价迅速上涨的结论。陈石清和朱玉林（2008）的研究也得出了类似的结论，认为中国城市化水平的提高是中国房地产价格上升的原因，我国的房地产价格与城市化水平之间存在着一种长期稳定的正向变动关系。谢福泉和黄俊辉（2013）采用实证分析方法研究了城镇化与房地产供求之间的关系，得出城镇化水平与房地产需求和供给之间存在着显著的正向相关关系，推动着房地产价格的上升。而史青青等（2010）则通过建立 OLG 均衡模型，得出了在完全理性的市场中房地产投资收益率与城市化水平负相关的结论。

由以上研究成果可以看出，国内外学者研究角度多样，从多个层面探讨了人口年龄结构、城镇化与房地产价格之间的关系。然而大多数前期文献采取了理论分析方法进行定性研究，定量研究成果比较有限，且实证研究多以线性方法为主，讨论人口老龄化、城镇化对房地产价格的直接影响，并未考虑到这两种因素更可能作为房地产市场发展的宏观经济背景，对房地产市场系统运行的供需状况产生影响，从而影响房地产价格变动。鉴于此，本节采用非线性的面板平滑转换模型对上述问题进行研究，从而合理解释人口老龄化、城镇化与房地产价格之间的关系，以其对我国房地产市场调控，城镇化过程中人口政策的长期调整提供有益的参考依据。

三、研究方法与样本数据

（一）面板平滑转换模型

面板平滑转换模型（Panel Smooth Transition Regression Models，简称 PSTR 模型）最早由 Gonzalez 等（2004）提出的非线性模型，是 Hansen（1999）面板门限模型的推广，适用于经济系统存在几个极端状态（或机制），其结构在状态（或机制）平滑转移连续变化的情形。PSTR 模型回归系数随时间与截面的变化而变化，具有异质性。模型系数在不同状态（或机制）之间平滑转换连续变化通过转移函数实现，转移函数为转移变量（可观察变量）的连续函数。本书使用的 PSTR 模型设定为解释变量外生的固定效应模型。

基本的 PSTR 模型由下式给出：

$$y_{it} = \mu_i + \beta_0 x_{it} + \sum_{j=1}^{r} \beta_j x_{it} g_j(q_{it}^{(j)}; \gamma_j, c_j) + u_{it} \tag{4.38}$$

其中：$g_j(q_{it}^{(j)}; \gamma_j, c_j)$ 为转移函数。比较常见的为 logistic 函数或指数函数，本书设定为 logistic 函数，即：

$$g_j(q_{it}^{(j)}; \gamma_j, c_j) = [1 + \exp(-\gamma_j \prod_{z=1}^{m} (q_{it}^{(j)} - c_{jz}))]^{-1}, \gamma > 0, c_{j1} \leqslant \cdots \leqslant c_{jm} \tag{4.39}$$

其中：γ_j 为转移函数的斜率，决定了转移过程的平滑度；c_j 为第 j 个状态的位置参数。

当只有两个状态时，PSTR 模型即为：

$$y_{it} = \mu_i + \beta_0 x_{it} + \beta_1 x_{it} g_1(q_{it}; \gamma, c) + u_{it} \tag{4.40}$$

状态一对应的模型为 $y_{it} = \mu_i + \beta_0 x_{it} + u_{it}$；状态二对应的模型为 $y_{it} = \mu_i + (\beta_0 + \beta_1) x_{it} + u_{it}$。模型的系数则在区间 $(\beta_0, \beta_0 + \beta_1)$ 连续变动。

（二）模型设定与变量选择

老龄化和城镇化这两种宏观经济因素作为房地产市场发展的经济背景，对房地产市场系统运行的供需状况产生影响，从而会影响到房地产价格变动。因此，在参考 Takats（2010）和徐建炜等（2012）前期文献变量选取的基础上，同时考虑到我国的实际情况，本书设定如下实证模型来检验老龄化和城镇化对于房地产价格变动的非线性影响。方程设定的具体形式如下：

$$HP_{it} = \beta_{00} + Z_1 + g(\lambda;\gamma,c)Z_2 + u_{it} \qquad (4.41)$$

$$Z_1 = \beta_{01}growth\_pop + \beta_{02}GDP_{per\ capita} + \beta_{03}income + \beta_{04}CPI$$
$$+ \beta_{05}\ sex\ ratio + \beta_{06}budget\ outlays$$

$$Z_2 = \beta_{11}growth\_pop + \beta_{12}GDP_{per\ capita} + \beta_{13}income + \beta_{14}CPI$$
$$+ \beta_{15}\ sex\ ratio + \beta_{16}budget\ outlays$$

其中：被解释变量为房地产价格（HP_{it}），采用商品房本年销售价格替代度量，$i = 1,2,\cdots,N$，表示样本中的省、直辖市和自治区，$t = 1,2,\cdots,T$，为样本时期；解释变量为人口增长率（$growth\_pop$），用以衡量人口总量因素对于房地产价格的影响（Takets，2010）；转换变量为老龄化（$ageing$）和城镇化（$urbanization$），分别衡量老龄化和城镇化因素通过人口增长影响房地产价格变动的非线性效应；控制变量为人均地区国内生产总值（$GDP_{per\ capita}$），用来衡量我国经济增长对于房地产价格的推动作用；居民消费价格指数（CPI）用来衡量通货膨胀因素对于房地产价格的影响；人均可支配收入（$income$）用来衡量当地居民的购买能力对于房地产价格的影响作用；Wei 和 Zhang（2011）认为性别比例的失衡推升了房价，因此本书在模型中也加入了性别比（$sex\ ratio$）变量用以衡量性别因素对于房地产价格的影响情况；政府预算支出（$budget\ outlays$），用来表明政府公共品供给对于房地产价格的影响效应（Simth 和 Ohsfeldt，1982），同时也可以看出地方政府土地财政对于房地产价格的推动作用（张晓晶和孙涛，2006）。[1]

（三）样本数据

考虑到数据的可获得性和可比性，本书选取了我国东部地区、中部地区和西部地区的 31 个省级行政单位（包括 22 个省、5 个自治区和 4 个直辖市）。[2] 鉴于我国从 1998 年才全面启动住房货币化改革，因此本书的样本区间设定为 1999 年到 2011 年。商品房本年销售价格（HP）来源于中经网中国经济统计数据库。

---

① Simth 和 Ohsfeldt（1982）研究了房地产价格与政府公共品供给之间的关系，得出结论政府公共品投入越多则房地产价格上涨速度越快；张晓晶和孙涛（2006）认为房地产周期的驱动因素中，地方政府在其中扮演了非常重要的角色，地方政府的考核体制与预算软约束在制度面上推动了房地产周期的上升。

② 依据国家统计局口径，本书将我国分为东、中、西部三大经济区域。东部地区包括北京、天津、河北、辽宁、上海、江苏、浙江、福建、山东、广东、广西和海南等 12 个省、自治区和直辖市；中部地区包括山西、内蒙古、吉林、黑龙江、安徽、江西、河南、湖北、湖南等 9 个省和自治区；西部地区包括重庆、四川、贵州、云南、西藏、陕西、甘肃、宁夏、青海、新疆等 10 个省、自治区和直辖市。

老龄化（*ageing*）采用老年抚养比[①]指标来衡量，城镇化（*urbanization*）采用城镇人口占比来衡量，性别比用男性人口/女性人口的百分比来衡量。人口增长率（*growth_pop*）、人均地区国内生产总值（$GDP_{per\ capita}$）、人均可支配收入（*income*）、居民消费价格指数（*CPI*）、性别比（*sex ratio*）、政府预算支出（*budget outlays*）、老年抚养比和城镇人口占比均来源于中国宏观经济数据库。本书根据各省市公布的年度消费物价指数环比指标构建了以 1999 年为基期的消涨指数，对房地产价格、人均地区国内生产总值、城镇居民人均可支配收入等以价格表示的名义变量进行了消涨处理，并在实证分析中对这些消涨后的变量取对数值。

四、实证分析

（一）模型的非线性检验

对于特定的经济系统，是否适合面板平滑转换模型以及存在几个极端状态（机制），需要进行设定检验，根据设定检验结果确定该经济系统面板平滑转换模型的具体形式，然后进行估计。设定检验为序贯检验，分为两个步骤。第一步检验是否存在异质性（非线性）；第二步检验存在几个极端状态（机制）。应先检验否存在异质性（非线性），原假设：模型为线性模型（$H_0 : \gamma = 0$），备择假设：模型为非线性模型（$H_1 : \gamma = 1$）。如果不存在异质性（非线性），则系统为同质，即系统只有一个极端状态（机制），应使用线性模型，不使用面板平滑转换模型；如果存在异质性（非线性），那么系统至少存在两个极端状态（机制），应使用非线性模型。在第一步确定系统至少存在两个极端状态（机制）（$\gamma = 1$）的情况下，继续检验是否存在至少三个极端状态（机制）（$\gamma = 2$），以此类推，直至接受无异质性残余的假设。

上述步骤检验统计量使用受约束回归相应的统计量，由于面板平滑转换模型存在无法定义的冗余参数，需要将转换函数在 $\gamma = 0$ 处按照一阶泰勒展开构造辅助回归模型，将该辅助回归模型视为受约束回归模型构造检验统计量，本书借鉴 Colletaz 和 Hurlin（2006）的做法，使用 LM、LMF、LRT 三种统计量检验模型的非线性和确定极端状态（机制）个数。

我们首先对备选转换变量老龄化（*ageing*）和城镇化（*urbanization*）做了非线性检验，确认面板数据存在异质性。从前面的理论分析推断，模型最有可能存在两个状态和一个位置参数，所以我们首先从一个位置参数开始检验，如不合适则设定两个位置参数。非线性序贯检验结果见表 4-6。

[①]　老年抚养比是指 64 岁以上人口占工作人口的比重。

表 4 - 6　　　　　　　　　　　非线性序贯检验结果

检验形式	转换变量			
	ageing		urbanization	
$H_0: r=0$, $H_1: r=1$	LM: 18.387	pvalue: 0.000	LM: 35.555	pvalue: 0.000
	LMF: 2.916	pvalue: 0.001	LMF: 5.903	pvalue: 0.000
	LRT: 18.819	pvalue: 0.000	LRT: 37.222	pvalue: 0.000
$H_0: r=1$, $H_1: r=2$	LM: 3.393	pvalue: 0.495	LM: 18.084	pvalue: 0.006
	LMF: 0.501	pvalue: 0.571	LMF: 2.772	pvalue: 0.012
	LRT: 3.408	pvalue: 0.049	LRT: 18.502	pvalue: 0.005

对两个转换变量老龄化（ageing）和城镇化（urbanization）在一个位置参数 $m=1$ 条件下进行非线性序贯检验（表 4 - 6）。检验结果显示，老龄化（ageing）和城镇化（urbanization）在 1% 显著性水平下 $r=1$，这表明对于备选转换变量模型存在两个状态。对于位置参数个数，我们认为中国房价机制转换渐进单调变化（即不同机制间对转移变量单调递增或递减），而非抛物线形等非单调变化（两个机制间对转移变量递增递减同时存在），因此设定一个位置参数合理，不再通过数据估计结果搜寻最优的位置参数个数。

（二）参数估计与实证结果

本节仍然使用 Colletaz 和 Hurlin（2006）的方法进行估计，该方法分两步，第一步通过去除截面均值的方法消除截面效应，第二步使用非线性最小二乘法估计转换后的模型。面板平滑转换模型的估计结果见表 4 - 7，平滑转换函数曲线见图 4 - 7 和图 4 - 8。

表 4 - 7　　　　　　　　　面板平滑转换模型的估计结果

参数	转换变量：ageing			转换变量：urbanization		
	参数估计值	标准差	t 统计量	参数估计值	标准差	t 统计量
β_{01}	0.063	0.011	5.756 ***	0.023	0.005	4.755 ***
β_{02}	-0.198	0.107	-1.856 *	-0.087	0.079	-1.110
β_{03}	0.852	0.186	4.577 ***	0.343	0.110	3.125 ***
β_{04}	-0.010	0.005	-1.969 **	-0.003	0.003	-1.015
β_{05}	-0.027	0.007	-3.728 ***	-0.009	0.006	-1.534
β_{06}	0.216	0.071	3.057 ***	0.339	0.058	5.843 ***
β_{11}	-0.038	0.012	-3.247 ***	0.035	0.010	3.461 ***
β_{12}	0.167	0.121	1.385	0.011	0.102	0.109
β_{13}	-0.504	0.182	-2.765 ***	0.228	0.163	1.400

续表

参数	转换变量：*ageing*			转换变量：*urbanization*		
	参数估计值	标准差	*t* 统计量	参数估计值	标准差	*t* 统计量
β_{14}	0.006	0.006	1.067	-0.006	0.007	-0.946
β_{15}	0.018	0.006	3.051 ***	-0.013	0.007	-1.829 *
β_{16}	0.091	0.037	2.474 **	-0.045	0.056	-0.800
γ		124.942			53.723	
c		0.203			0.514	

注：*** 、** 和 * 分别表示 1%、5% 和 10% 水平显著。

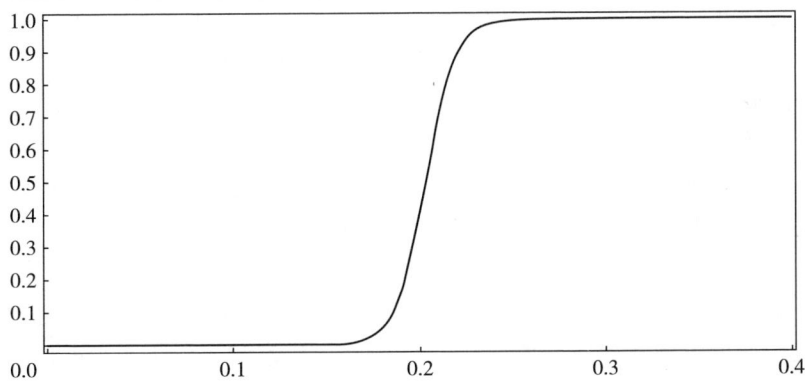

图 4-7　以老龄化为转换变量的平滑转换函数曲线

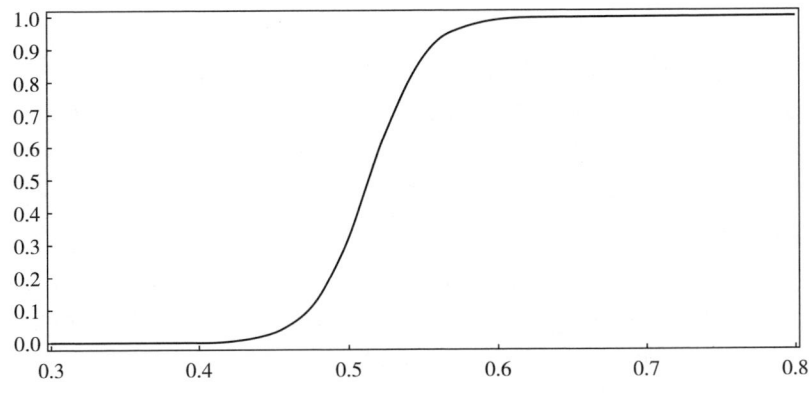

图 4-8　以城镇化为转换变量的平滑转换函数曲线

由表 4-7 的面板平滑转换模型估计结果和图 4-7 的平滑转换函数曲线可以看出，在以老龄化作为转换变量时，人口增长率的回归系数都在 1% 水平显著，

$\beta_{01} > 0$，$\beta_{11} < 0$，$\beta_{01} + \beta_{11} > 0$，$c = 0.203$。$\beta_{01} = 0.063 > 0$，说明我国人口增长率与房地产价格之间表现为正相关关系。人口数量的增长确实是推动我国房地产价格上涨的重要因素，然而，随着老龄化程度的加剧，人口增长率对房地产价格的正向影响会逐渐减弱，并通过平滑转换函数的作用最终转换为 0.025（0.063 - 0.038），这与陈斌开等（2012）和邹瑾（2014）的看法相一致。我国人口老龄化在长期内对房地产市场需求产生负向影响：一方面人口老龄化意味着中青年人口比率的下降，从而直接减少了适龄人口对房地产的居住性购买需求；另一方面人口老龄化意味着劳动人口比重的下降，从而使"人口红利"所带来的社会经济增长和收入水平提升效应逐渐减弱，间接地降低了整个社会的购房能力和购房需求。由表 4 - 7 的面板平滑转换模型估计结果和图 4 - 8 的平滑转换函数曲线可以看出，在以城镇化作为转换变量时，人口增长率的回归系数都在 1% 水平显著，$\beta_{01} > 0$，$\beta_{11} > 0$，$\beta_{01} + \beta_{11} > 0$，$c = 0.514$。$\beta_{01} = 0.023 > 0$，说明我国人口增长率与房地产价格之间表现为正相关关系，然而这种效应会受到城镇化因素的影响进而使回归系数增加，也就是说随着城镇化进程的发展，人口增长率对房地产价格的正向影响会逐渐增强，并通过平滑转换函数的作用最终转换为 0.058（0.023 + 0.035）。这表明我国城镇化进程的加快，一方面会直接带来产业与人口的积聚效应，从而对土地和住房产生大量需求，推动着城市房价的上涨；另一方面，也会带来国民收入的增长和消费结构的提升，使居民对于房地产业的消费需求不断升级，从而进一步推动房价不断上升。

在控制变量中，人均地区国内生产总值的回归系数 β_{02} 和 β_{12} 在 5% 水平下均不显著，说明我国人均地区国内生产总值与房地产价格之间并没有很强的相关关系；居民消费价格指数的回归系数在老龄化为转换变量的模型中都在 1% 水平显著，$\beta_{03} > 0$，$\beta_{13} < 0$，$\beta_{03} + \beta_{13} > 0$，说明居民消费价格指数与房地产价格之间表现为正相关关系，而老龄化程度的加剧，使得通货膨胀对房地产价格的正向影响逐渐减弱，通过平滑转换函数的作用从 0.852 最终转换为 0.348（0.852 - 0.504）；人均可支配收入的回归系数 β_{04} 和 β_{14} 在 5% 水平下基本不显著，说明我国人均可支配收入与房地产价格之间并没有很强的相关关系；性别比的回归系数在老龄化为转换变量的模型中都在 1% 水平显著，$\beta_{05} < 0$，$\beta_{15} > 0$，$\beta_{05} + \beta_{15} < 0$，说明我国性别比与房地产价格之间表现为负相关关系，其回归系数为 - 0.027，但是随着老龄化程度的增加，性别比对房地产价格的负向影响会逐渐减弱，并通过平滑转换函数的作用最终转换为 - 0.009（ - 0.027 + 0.018）；政府预算支出的回归系数在 5% 水平基本都显著，$\beta_{06} > 0$，$\beta_{16} > 0$，$\beta_{06} + \beta_{16} > 0$，说明政府预算支出与房地产价格之间表现为正相关关系，然而随着老龄化程度的增加，政府预算支出对房地产价格的正向影响会逐渐增强，这说明政府公共品供给的增加能够促进房地产价格的上升，同时也可以看出，地方政府的土地财政和预算软约束对于当地的房地产价格也具有一定的推动作用。

从图4-7与图4-8的转换函数曲线可以看出，转换函数呈现平滑渐进变化趋势，说明老龄化与城镇化对房地产价格变动存在着非对称的影响，通过比较两个转换变量的转换斜率值，我们可以知道老龄化在两种条件下的转换速度更快，进一步说明了老龄化对于房地产市场的影响更快。

五、结论及政策建议

本节运用非线性的面板平滑转换模型研究了我国人口老龄化、城镇化进程对于房地产价格变动所产生的影响。实证结果表明，人口数量的增长确实是推动我国房地产价格上涨的重要因素。然而，随着老龄化程度的加剧，人口增长率对房地产价格的正向影响会逐渐减弱，我国人口老龄化将在长期内对房地产市场需求产生负向影响；相反，随着城镇化水平的不断提高，人口增长率对房地产价格的正向影响会逐渐增强，说明我国城镇化进程的加快，会推动房地产价格的不断上涨。根据本节的实证分析结论，我们提出如下具有针对性的政策建议。

随着适龄人口的下降和老年人口的增多，人口结构对房地产需求的影响将由当前的刚性需求为主转变为改善性需求为主，房地产价格会随之而下降。为了减少房价波动对金融风险和国民经济的影响，我国政府应该根据人口结构变化情况适时调整房地产行业发展战略，加强人口因素对于房地产市场影响的监测和预警，及时向社会公众发布相关信息，使房地产企业和社会公众了解其风险状况并作出合理预期。同时，应构建老龄化所导致房价下降的应对机制，不遗余力地推进养老和医疗等制度改革。另外，在城镇化方面要坚持以人为本，合理增加住房供给量和优化住宅供给结构，平衡房地产市场供需。增加供给往往是平抑房价的重要手段，因此我国政府应增加有效供给以满足目前我国新增城镇人口的基本住房需求和现有城镇人口的改善性需求，同时，应用税收等手段盘活存量房、增加保障房的供给，以满足城镇流动人口和中低收入群体的住房需求。最后，应把握城镇化的适当进度，控制大城市与中小城市的适度规模，大力发展中小城市以缓解大城市的房价压力。

第五章　我国房地产价格波动与银行风险研究[①]

第一节　我国房地产市场繁荣与银行信贷扩张研究

一、研究背景

近年来，随着许多工业化国家住房价格的上涨，信贷扩张率也在逐渐提高，信贷业务与房地产价格相互促进，不断达到新的高度。Acharya 和 Richardson（2010）认为，当前危机的根本原因是信贷繁荣和房地产泡沫。许多学者也持有相同的观点，并从两个角度开展相关研究：一方面，房地产价格增长和信贷增长的互动关系是否仅反映了受一个共同驱动力的第三方因素影响（例如，货币政策或经济周期）；另一方面，它是否反映了两个变量之间的直接联系。

大多数研究集中于探讨第一个方面，即两个市场之间所观察到的同步变化关系是由第三方因素引起的，如宽松的货币政策。Glaeser 等（2010）考察实际的低利率是否导致宽松的信贷并且进一步刺激房地产价格上涨，他认为，较低的实际利率只能够解释 1996 年至 2006 年的价格上涨了1/5。Xu 和 Chen（2012）认为，中国货币供给水平的增长推高了住房价格（Guo 和 Huang，2010；Li，2013）。McDonald 和 Stokes（2013）认为，美联储在 2001 年至 2004 年的利率政策降低了联邦基金利率，并人为地使它维持较低的状态，而这可能是产生房价泡沫的一个主要原因。Favilukis 等（2012）则认为，在金融市场自由化时，资本流入虽然对房地产价格的影响并不是很大，但会导致利率降低并且促使抵押贷款热潮的形成。对于房地产价格和信贷增长之间的互动关系是否反映了两个变量之间的直接联系这一方面的研究，当前较为匮乏，很多文献讨论超前一阶

①　本章部分内容引自：［1］Chung - Hua Shen, Yen - Hsien Lee, Meng - Wen Wu, Na Guo, Does Housing Boom Lead to Credit Boom or Is It the Other Way Around? The Case of China. *International Review of Economics and Finance*（SSCI），2016（42）．［2］郭娜，马莹莹，张宁. 我国影子银行对银行业系统性风险影响研究——基于内生化房地产商的 DSGE 模型分析.《南方经济》，2018（8）．

滞后关系的两个相反方向。第一个因果关系是信贷增长导致房地产价格上涨。从理论上讲，更多的信贷供应肯定会推动房地产价格上涨，因为信贷增长刺激经济的发展，也就成为推高楼价的一个重要因素。全球储蓄过剩导致可贷资金的增加，可贷资金的增加又导致实际利率较低从而大幅提升了住房需求和价格（Himmelberg 等，2005；Mayer 和 Sinai，2005；Taylor，2009）。第二个因果关系是房地产价格增长导致信贷增长，使用高价值资产作为抵押将增加信贷的能力，这反过来又会促使信贷规模进一步扩张。最初的房地产价格增长可能归于国内资金和国外资金的刺激，以前的研究通常使用宏观经济数据来研究这个问题。例如，Karapetyan（2011）使用住房信贷和住房价格的宏观数据来研究两个市场之间的双向因果关系。Bakker 等（2012）用图表展示国家综合房价和信贷增长之间的密切联系（Anundsen 和 Jansen，2011；Goodhart 和 Hofmann，2008）。此外，很多研究集中于探讨"繁荣时期"是否为引发这场危机的关键因素，如信贷繁荣和房地产繁荣。在一段时期内，从数量或价格来说，无论二者的增长速度或偏差趋势都超过一定的临界值并且达到一个非常高的水平，则称这段时期为繁荣时期，例如，Bakker 等（2012）把信贷繁荣定义为信贷对 GDP 比率的增长速度在 10% 以上，而 Mendoza 和 Terrones（2012）通过比较信贷与 GDP 之比与非线性趋势来定义繁荣。

根据有关繁荣时期的各种解释，我们讨论到底什么是繁荣时期。在我国，近些年房地产市场的繁荣景象并没有因为经济从高速增长过渡到中高速增长而热度有所减退，流动性高涨、资本市场投资标的有限、回报普遍较低以及激进的首付贷政策都大大助推了房地产热潮，再加上资本管制，更是促进了房地产市场的持续繁荣。同时，我国政府已采取各种措施给一线、二线城市房地产市场降温，三线、四线城市房地产价格迅速增长。信贷繁荣是指一定时期内，市场上的信贷量迅速扩张，信贷增长越多，意味着融资渠道增加，金融对投资和经济增长的支持增大。但是，信贷膨胀过于迅速，往往会造成贷款标准下降、过度杠杆化和资产价格泡沫，进而大大增加金融系统的脆弱性。同时，信贷市场的繁荣会进一步导致房地产市场的繁荣，这是因为大量资金突然注入过热的房地产市场，促使房地产价格的进一步攀升。相应地，房地产市场的繁荣将使银行贷款增加。双繁荣时期指的是信贷繁荣和房地产繁荣同时发生的时期，政府部门为双繁荣时期的存在感到担心，因为信贷繁荣和房地产繁荣同时发生可促使彼此产生增长的协同作用，导致泡沫化经济的发生，增加市场风险和信用风险，增加金融系统的脆弱性，最终很有可能导致市场崩溃和金融危机。相反地，我们也要特别注意非双繁荣时期的发生，因为单繁荣或者房地产和信贷市场皆不繁荣也可能对金融、房地产等行业造成不良影响，进而导致经济下行。相关文献中关于信贷或房地产市场在经济繁荣时期如何影响金融稳定方面的研究已有不少，但是两者在经济繁荣和非经济繁荣时期市场之间的相互作用却很少。

本节的研究与使用整体宏观经济数据的研究有所不同，本节使用了中国各省和直辖市的面板数据，两个市场之间的相互作用是研究的前提，这可以预测是否存在一种可能性，即联合影响或者顺序效应的存在。我们使用了中国 27 个省份和 4 个直辖市 1999—2012 年的数据，分别调查了两个问题。首先，我们调查了样本中是否发生了信贷市场和房地产市场的繁荣；其次，我们研究了在三个不同的采样期间两市场间的领先—滞后关系，即整体时期、双繁荣时期以及非双繁荣时期。我们使用两个变量，即信贷与 GDP 的比率（信用）和房价（房地产市场）来检验两个市场之间的经济活动影响。

我们应用面板误差修正模型（PECM）检验两个市场之间的领先和滞后关系，考虑到该估算结果不能拒绝这两个变量均为非平稳即通过单位根的检验，我们进一步检验两个变量是否存在协整关系。对于协整关系，我们使用误差修正模型（Engle 和 Grange，1987），并进一步用 PECM 预测面板数据。我们的研究结果表明，无论是在双繁荣时期还是非双繁荣时期，房地产市场的繁荣都将导致信贷市场的繁荣，我们可以通过整个样本数据发现这种双向的因果关系。在很大的程度上，促使房地产市场最初的繁荣可能是由于使用了自有资金或外资流入，随之影响的是信贷市场，之后它们相互影响。例如，2007 年房地产市场繁荣带来的房地产泡沫在 2008 年金融危机中破灭，随之而来的是巨额的信贷扩张，接着是救市。由此单一事件——房地产的增长导致信贷增长，Goodhart 和 Hofmann（2008）发现了房价与资金之间的双向关系，特别是 1973 年到 2006 年间 17 个工业化国家房地产繁荣的现象。但是他们并没有考虑到房地产市场和信贷市场在繁荣各个时期之间的相互联系。这也有可能是基于最优投资组合的调整机制理论，资产价格上涨促使代理商来调整自己的消费，进一步增加信贷需求和供给（Goodhart 和 Hofmann，2008；Meltzer，1995；Nelson，2003；Setzer 和 Greiber，2007）。

最后，我们研究了信贷和房地产市场之间的领先—滞后关系。我们的简化模型并不讨论两个变量之间的结构相互作用，虽然"真正的关系"可能是缺少的第三方可变因素引起的，但这不是本研究的目的。

二、文献综述

（一）信贷与房地产市场之间的领先—滞后关系

以往研究信贷和房地产市场之间的关系常常使用宏观经济数据。例如，Karapetyan（2011）使用了挪威 1979—2010 年的宏观经济数据进行研究，发现从国家水平上来看房价上涨是导致信贷增长的重要原因；Anundsen 和 Jansen（2011）同样以挪威宏观经济数据作为样本得到了类似的结论；Bakker 等（2012）使用图表来进行数据分析，结果显示房地产价格和信贷之间呈正相关关系。

关于第三因素的影响，例如，货币政策怎样推动信贷和房地产价格增长，这方面的研究前期文献较少。Xu 和 Chen（2012）采用自回归研究方法，发现货币供应量增长等扩张性货币政策加速了 1998 年至 2009 年间 70 个中国城市随后的房价上涨。Guo 和 Huang（2010）采用向量自回归（VAR）模型，得出来自于其他国家的过热资金会带动我国的房地产价格，并且会加速价格在这两个国家加速波动的结论。Li（2013）则使用固定效应面板数据回归模型得到结论，地方政府的支持，包括加快城市化进程、银行可贷资金增加和房地产买卖增加，都会推动房地产市场化。

另外一部分研究表明，信贷和房地产价格快速增加会共同影响金融稳定。Brunnermeier 和 Oehmke（2012）、Claessens 和 Kose（2013）、Borio 和 Lowe（2002）认为，持续的信贷快速增长与资产价格大幅上涨相结合可能会增加金融的不稳定性。Goodhart 和 Hofmann（2008）认为，在房地产市场十分繁荣的时期，货币信贷对房地产价格的影响比较强烈。McDonald 和 Stokes（2013）运用格兰杰因果分析和 VAR 建模方法研究了房地产泡沫产生的原因。他们发现，2001 年到 2004 年美联储的利率政策降低了联邦基金利率，并使它保持人为低位，从而导致了房地产价格泡沫的产生。Glaeser 等（2010）进行了类似的研究。这些利用中国数据进行相关研究的文献往往专注于相似但不同的问题。例如，一些投资银行认为，基于西方国家的经验，信贷和房地产市场可能在中国崩溃（Bloomberg，2010）。Dreger 和 Zhang（2010）的研究发现，2009 年底，中国房地产价格泡沫主要集中在 35 个主要城市。

我们的研究检验了整体时期、双繁荣时期和非双繁荣时期两个市场之间的领先和滞后关系，并利用省份和直辖市的面板数据来探讨，进而弥补了现有研究的不足。但是，我们没有从国家层面上集中探讨单一信贷和房地产以及这两个变量对金融稳定的影响。相反地，我们的研究探讨了这两个变量如何互相影响。

（二）中国的信贷和住房市场：简要介绍

1. 中国信贷市场

我们选取的样本期间开始于 1999 年，中国在 1997 年和 2009 年经历了两次快速的信贷增长，分别对应于亚洲金融危机和次贷金融危机。在这期间，中国政府采取宽松的货币政策和财政政策。在 1997 年亚洲金融危机中，政府通过降低利率来救助企业和银行，刺激经济增长，政府采取大规模信贷投放扩建计划，比如发起高达 4 万亿元人民币的财政政策来挽救经济。信贷占 GDP 比率在 2008 年和 2009 年（BIS，2013）上升到了历史最高——近 25%，而在 2011 年、2012 年以及 2013 年上半年经济增长处于放缓阶段。2013 年以来，各类经营模式的非银行金融机构陆续进入国内信贷市场，2015 年到 2017 年，大量非银机构、P2P、小额贷款公司开始涌入，信贷市场逐渐进入一种相对混乱的饱和期，普惠金融和金融去杠杆化也顺应潮流逐渐发展。2017 年，虽然广义 M2 全年保持超预期的低增速，但普通民众的信贷规模却一直保持较高增长，信贷规模的扩张主要集中在房地产贷款方面。由各大机构发布的数据，2017 年中国信贷规模达 13.7 万亿元，增长 12.9%。

2. 中国房地产市场

房地产市场与政府的三个重要政策密切相关。首先，1998 年以前，中国采取了福利住房分配制度，福利分房是中华人民共和国成立以后计划经济时代特有的一种房屋分配形式，居住人实际支付的房租远远低于建筑和维修成本，房屋的分配实际上是一种福利待遇。其次，从 1998 年开始住房市场逐步放开，这也就暗示了房屋的自由购销，从 1998 年到 2008 年房价稳步增长，并达到了增长率为 88.21% 的高峰。再次，2008 年危机以后实施宽松的住房购买政策，包括购房补偿和贷款利率的降低，这些宽松的政策进一步推高了房价，另外市场上大量投机者的参与导致房地产价格急剧上涨及房地产泡沫的形成，房地产价格从 2008 年到 2010 年涨幅达到 32.42%。最后，2010 年政府试图通过提高购买者的标准和采取紧缩的货币政策来冷却过热的房地产市场，此时，虽然价格持续增长，但增长的速度放缓。政府实施的严格的限制购买住房政策，如税务征收、供应的控制和差别化住房信贷政策等，正如预期的那样，这些政策温和地控制了房价上涨。

三、理论分析

（一）信贷繁荣

我们把信贷增长分为四个发展阶段、即开始阶段、信贷增长过快阶段、信贷繁荣阶段和信贷增速下滑阶段。国际货币基金组织（IMF）（2004）将信贷快速增长的第二阶段定义为三年平均实际信贷增长超过实际信贷增长的中位数的时期。从 28 个发展中国家 1970 年至 2002 年的数据中，Mendoza 和 Terrones（2012）发现，信贷快速增长的国家占到了样本容量的 17% 左右。

信贷繁荣是信贷过度扩张的一个小插曲，这个插曲是不可持续的，最终会自行崩溃〔国际货币基金（IMF），2004〕。因此，只有私人信贷比名义 GDP 增长更为迅速的时期，才可以说是一个信贷繁荣期。此外，外部因素（例如，发达经济的低利率）或强烈的通货膨胀（Gourinchas、Valdés 和 Landerretche，2001）和房价上涨驱动的资本流入激增，可能会引起信贷繁荣。房地产价格可以促进良好的实际贷款条件、较高的资产价格和更乐观的风险评估。Mendoza 和 Terrones（2012）提出了一种可以衡量信贷繁荣并描述其与宏观经济变量关系的方法。信贷增长和房地产价格在双繁荣时期表现出很大的相互联系。

信贷繁荣在文献中有四种略有不同的定义。第一个定义来自 Barajas 等（2007），他们认为信贷繁荣应该具有两层含义。一是信贷占 GDP 的比例的差距（以下简称信贷比率差距）大于国家特定标准偏差的 1.5 倍，并且正常信贷比例的增长速度达到 10%；二是在信贷繁荣期，信贷比例的年增长率超过 20%，Hilbers 等（2005）将信贷比率差距超过五个百分点作为信贷过度的经济指标。第二个定义是一个稍有不同的信贷定义，Mendoza 和 Terrones（2012）使用的是实际信贷增长，即两个连续年终观测值之间的人均名义信贷减去居民消费价格指数。在早些的研究中，Mendoza 等（2004）采用了真正的私人信贷缺口，当这个缺口大于 1.75 倍的标准偏差时即为信贷繁荣。第三个定义来自 Gourinchas 等（2001），他们认为相对差距超过 5 或绝对差距超过 3 就是信贷繁荣。第四个定义来自 Ottens 等（2005），他们将繁荣期定义为政策制定者的损失函数，政策制定者会发现，如果银行危机的成本等于采取预防措施成本的五倍，那么当信用比率连续两年超过 5% 以上，此时申请介入是最优的。

由于上述四种定义方法有相似之处，我们综合上面的定义简单地定义两种信贷繁荣。信贷繁荣 1（CB1）是信贷趋势偏差大于 k 倍标准差的情况，信用比率的正常增长率超过 10%，其中 k 被暂时设定为 1.5。信贷繁荣 2（CB2）是信贷比例的年增长率超过 15% 的情况。我们还考虑不同的 k 值进行稳健性检查。

$$CreditGrow_{i,t} = \alpha_0 + \alpha_1 trend_{i,t} + \alpha_2 trend_{i,t}^2 + \varepsilon_{i,t} \tag{5.1}$$

$$CB1_{i,t} = \begin{cases} 1 & \text{if } \varepsilon_{i,t} > \mu_{i,t} + k \times \sigma_\varepsilon \text{ and } CreditGrow > 10\% \\ 0 & \text{otherwise} \end{cases} \tag{5.2}$$

$$CB2_{i,t} = \begin{cases} 1 & \text{if } CreditGrow > 15\% \\ 0 & \text{otherwise} \end{cases} \tag{5.3}$$

其中：CreditGrow 为信贷增长率（即信贷与 GDP 的比率）；CB1 和 CB2 表示在这项研究中使用信贷繁荣的两个不同定义。CB1 考虑了与趋势回归的较大偏差，这里假定 k 是 1.65 的大偏差，μ 和 σ 是信贷增长率的均值和标准偏差；CB2 假定信贷增长超过某一阈值，这在本研究中是 15%。

（二）房地产繁荣的定义

早期的研究通常侧重于房地产市场与宏观经济在国家和国际层面上是如何相互关联的。这些研究已经表明房地产价格受到商业周期的强烈影响，因此受到收入增长、工业生产和就业率等基本因素的驱动（详见 Ceron 和 Suarez，2006；Hwang 和 Quigley，2006）。其他的研究发现，利率、货币和信贷供应量等金融变量都与房价有关（Englund 和 Ioannides，1997；Kasparova 和 White，2001；Kennedy 和 Andersen，1994）。Gerdesmeier 等（2010）研究了 17 个经合组织（OECD）工业化国家从 1969 年第一季度到 2008 年第三季度的样本数据，重点关注资产价格破灭背后的原因。通过 Probit 模型验证测算多达八个季度的数据，结果显示，国内信贷总量、名义长期利率和投资是预测萧条的最佳指标。然而，只有少数的实证研究检验"繁荣"和"萧条"下房地产价格波动的基本面因素的作用。近些年的研究还发现，我国市场上出现实体经济"低迷"和房地产市场"繁荣"的困局，经济进入新常态后，宽松的货币政策导致增加的货币流向了房地产行业，资源的错配使投资和产出长期无法走出"L"形区间。何怡瑶（2017）通过三次模拟实验证明，政府可以考虑适当地通过对代表性家庭征房产税来进行宏观调控，并以此来解决资源错配的问题。

尽管房价很重要，但是划定房地产市场的繁荣和萧条却是一项艰巨的任务。与界定信贷繁荣相似，定义房地产繁荣需要考虑三个命题，并假定这些事件与当前的资产价格相当脱节，并显示出估计的历史参考水平。第一，Bordo 和 Jeanne（2002）发现，当三年增长率的移动平均值落在置信区间外，资产价格序列出现繁荣或衰退，这个置信区间是通过参照该系列的历史第一和第二高位时刻来限定的。有趣的是，他们称资产价格繁荣与萧条交替发生的常规特征一方面与资产价格衰退有关，另一方面与经济减速、金融和银行的问题有关。第二，Borio 和 Lowe（2002）认为可以将资产价格涨幅定义为实际资产价格偏离各自发展趋势的程度。他们发现，持续的信贷增长与资产价格大幅上涨相结合提高了金融不稳定的可能性［见 Kaminsky 和 Reinhart（1999）危机和繁荣的一个类似定义］。第三，Detken 和 Smets（2003）定义的资产价格涨幅是实际资产价格超过估计趋势的10%，该趋势是使用具有高平滑参数的单向 HP 滤波方法进行计算的。

考虑到这三种方法在本质上相似，我们的研究中定义房地产繁荣为实际房地产价格与平稳趋势之间的持续偏差。与两种信贷繁荣的定义相平行，两种房地产繁荣定义如下：房地产市场的繁荣1（HB1）是指房地产价格指数超过某个阈值的偏差，房价指数的正常增长率超过10%；房地产市场的繁荣2（HB2）是指房价指数的增长率超过15%。

$$HouseGrow_{i,t} = \alpha_0 + \alpha_1 trend_{i,t} + \alpha_2 trend_{i,t}^2 + \varepsilon_{i,t} \qquad (5.4)$$

$$HB1_{i,t} = \begin{cases} 1 & \text{if } \varepsilon_{i,t} > \mu_{i,t} + h \times \sigma_\varepsilon \text{ and } HouseGrow > 10\% \\ 0 & \text{otherwise} \end{cases} \qquad (5.5)$$

$$HB2_{i,t} = \begin{cases} 1 & \text{if } HouseGrow > 15\% \\ 0 & \text{otherwise} \end{cases} \qquad (5.6)$$

其中：HB1 和 HB2 分别为房地产繁荣的两个不同定义；HouseGrow 为房地产价格指数的增长速度；HB1 考虑从趋势回归得到的较大偏差，其中 h 被假定是1.65；HB2 假定信贷增长超过某一阈值，在本研究中是15%；μ 和 σ 分别为房地产价格增长率的均值和方差。

四、实证模型

(一) 面板格兰杰因果关系模型

我们建立了面板误差修正模型 (PECM), 假设有关变量是非平稳和协整的 (Afonso 和 Rault, 2014; Apergis 和 Payne, 2012; Chana 等, 2014; Wahab, 2012; Westerlund, 2007)。我们对 PECM 有如下设定。

$$\Delta y_{i,t} = \alpha_{0,i} + \alpha_1 \Delta y_{i,t-1} + \cdots + \alpha_p \Delta y_{i,t-p} + \beta_1 \Delta x_{i,t-1} + \cdots + \beta_p \Delta x_{i,t-p}$$
$$+ \phi ECM_{i,t-1} + \varepsilon_{i,t} \tag{5.7}$$

其中: 下标 t 和 i 分别为在 t 年和第 i 个国家; Δ 是差分算子; y 和 x 分别为信贷和房地产价格。另外, 根据不同的模型, ΔCredit 和 ΔHouse 分别为信贷和房地产的增长率; 并且 $ECM_{i,t-1} = y_{i,t-1} - \theta x_{i,t-1}$ 是长期协整变量, θ 是误差项。

如果 x 和 y 不协整, 该模型通过查分移除 ECM 或者 $\phi = 0$。

测试信贷市场是否在时间上优先房地产市场, 我们令 y 代表房地产, x 代表信贷。零假设是信贷市场而不是房地产市场的格兰杰原因 (即 x 不是 y 的格兰杰原因)。

$$H_0(\text{whole sample}): \beta_1 = \beta_2 = \cdots = \beta_P = 0 \tag{5.8}$$

这种假设是通常被称为短期因果关系 (Arbeláeza 和 Abbasb, 2001; Shen 和 Chen, 2008; Badarudin 等, 2013; Chana 等, 2014), 并由 F 统计量评估长期因果关系是否为 0。或者, 如果我们要评估房地产市场是否在时间上优先信贷市场, 我们交换 y 和 x 所代表的变量, 即 y 代表信贷, x 代表房地产, 然后检验相同的零假设。

我们通常在样本期较短的数据中采用一个或两个滞后期, 这在面板数据中是很常见的。Shen 和 Chen (2008) 在研究银行和货币危机因果关系中同时考虑了滞后一期和两期, 因为估计通常会损失一定的自由度。Fiordelisi 等 (2011) 在分析不良贷款和银行效率之间的因果关系中也考虑了两个滞后。

我们进一步把公式 (5.5) 取差分来消除个体效应。这个差分使新的误差项与滞后因变量的变化相关联。此外, 在处理解释变量可能 存在的内生性时, 我们需要使用工具变量。在误差项不序列相关和解释变量 x 弱外生的假设下 (即解释变量被假定为与未来的误差项不相关), 我们使用的是 Arellano 和 Bond (1991) 提出的广义矩估计 (GMM)。

Arellano 和 Bond (1991) 提出的 GMM 的正交性条件是:

$E(\varepsilon_{i,t} - \varepsilon_{i,t-1})\Delta y_{i,t-s} = 0; s \geq 2, t = 3, \cdots, T.$ $E(\varepsilon_{i,t} - \varepsilon_{i,t-1})\Delta x_{i,t-s} = 0; s \geq 2, t = 3, \cdots, T.$ 和 $E(\varepsilon_{i,t} - \varepsilon_{i,t-1})\Delta x_{i,t-s+1} = 0; s \geq 2, t = 3, \cdots, T.$ 这里 $(T-2) \times (T-1)/2$。

许多人认为信贷和房地产泡沫是金融危机的原因, 并经常思考这两个问题的正交性条件。

（二）在繁荣和非繁荣时期面板格兰杰因果关系

如第 2 部分中定义，我们考虑了两个市场在繁荣时期的领先和滞后关系，具体地，当两市场繁荣同时发生时，产生了"双繁荣"（TB）。一个繁荣时期的面板格兰杰因果关系如下规定。

$$
\begin{aligned}
\Delta y_{i,t} =\ &(\rho_{0,i} + \rho_1 \Delta y_{i,t-1} + \cdots + \rho_p \Delta y_{i,t-p} + \psi_1 \Delta x_{i,t-1} + \cdots + \psi_P \Delta x_{i,t-p}) \times TB_{i,t} \\
&+ (\delta_1 \Delta y_{i,t-1} + \cdots + \delta_p \Delta y_{i,t-p} + \gamma_1 \Delta x_{i,t-1} + \cdots + \gamma_P \Delta x_{i,t-p}) \times (1 - TB_{i,t}) \\
&+ \phi ECM_{i,t-1} + \varepsilon_{i,t}
\end{aligned}
\tag{5.9}
$$

在上述公式中，$TB = CB \times HB$，是虚拟变量，当信贷和房地产繁荣共同出现时是 0。我们也考虑到只有信贷或住房热潮发生的情况，即只有信贷或房地产市场繁荣出现。当只出现信贷繁荣时，TB 是由 CB 替代；当只出现房地产市场繁荣时，TB 由 HB 替代。在经济繁荣时期，零假设 x 不会是 y 的格兰杰原因。

$$
\mathrm{H}_0(\mathrm{boom}): \psi_1 = \psi_2 = \cdots = \psi_P = 0
\tag{5.10}
$$

在非经济繁荣时期，零假设 x 不会是 y 的格兰杰原因。

$$
\mathrm{H}_0(\mathrm{non - boom}): \gamma_1 = \gamma_2 = \cdots = \gamma_P = 0
\tag{5.11}
$$

五、描述性统计分析

（一）数据来源

本研究采用中国 31 个行政地区（包括 27 个省和 4 个直辖市）从 1999 年到 2012 年的信贷和房地产数据来计算信贷繁荣。1999—2011 年每个省的银行业总贷款数据来自中国宏观统计数据库，2012 年的数据从中国金融统计年鉴获得，GDP 数据是从中国的经济和社会发展统计数据库。1999 年至 2011 年的商品房价格数据来自中国经济统计数据库，而 2012 年的数据来自国研网。这些房地产价格数据已广泛应用于各种研究中，例如，Wang 等（2015）将这些房地产价格数据应用在货币政策研究中，Yang（2012）利用这些房地产数据来研究住房对消费的影响。

（二）基础数据

表 5 - 1　　　　　　　　　　　　基础数据

统计数据	$Credit_{i},\ t$	$House_{i},\ t$	$\Delta Credit_{i},\ t$	$\Delta House_{i},\ t$
面板数据 A：基础数据				
平均值	104.032	31.971	0.245	9.526
标准差	33.484	24.949	10.490	9.763
最大值	258.472	177.820	51.864	44.954
最小值	53.293	8.200	-66.885	-48.025

注：1. $Credit$ 是信贷与 GDP 的比率；$House$ 是房地产价格。

2. $\Delta Credit_{i}, t = \ln(Credit_{i}, t\ /\ Credit_{i}, t-1)$，$\Delta House_{i}, t = \ln(House_{i}, t\ /\ House_{i}, t-1)$。

3. $N = 31$（27 个省和 4 个直辖市），$T = 14$（1999—2012）。

表 5 - 1 列出了采用全样本的基本数据。*Credit* 和 Δ*Credit*（即信贷增长）分别是 103.43% 和 9.526%，而 *House* 和 Δ*House*（即房地产价格增长率）分别是 33.15% 和 0.167%。*Credit* 的最大值，Δ*Credit* 的最大值，*House* 的最大值，Δ*House* 的最大值分别为 258.5%，51.9%，177.8% 和 45.0%。使用增长率作为评价繁荣的标准，这两个市场表现为超出标准，这表明存在繁荣周期。

表 5 - 2　　　　　　　　　　基础数据：信贷和房地产价格增长率

序号	省份	Δ*Credit*				Δ*House*			
		平均值	标准差	最大值	最小值	平均值	标准差	最大值	最小值
1	安徽	1.469	5.914	16.208	−4.837	10.501	8.295	21.977	−4.907
2	北京	2.569	14.311	33.742	−22.206	8.488	14.586	33.310	−13.802
3	福建	4.057	5.391	13.144	−2.095	11.019	9.859	23.359	−6.619
4	甘肃	−0.558	9.240	22.225	−12.733	7.977	13.784	31.895	−11.243
5	广东	−0.762	12.043	31.663	−11.842	7.250	8.058	24.372	−1.955
6	广西	0.308	8.659	26.088	−11.201	7.839	7.922	23.603	−4.517
7	贵州	1.623	6.836	17.188	−7.922	8.967	8.099	20.598	−8.637
8	海南	−3.523	17.694	36.866	−44.428	11.376	13.642	33.300	−12.477
9	河北	1.443	12.258	26.469	−14.295	9.212	6.375	20.295	−2.697
10	河南	−2.306	9.104	18.130	−16.617	10.164	6.408	20.935	−1.923
11	黑龙江	−3.019	26.853	51.864	−66.885	7.133	4.917	13.757	−0.222
12	湖北	0.267	9.207	18.550	−10.751	10.452	8.758	30.267	−1.718
13	湖南	−0.189	8.320	17.068	−10.621	10.288	5.839	18.623	1.494
14	吉林	−5.431	7.177	12.947	−17.824	8.158	9.141	22.335	−5.620
15	江苏	2.587	7.854	19.322	−8.193	11.124	7.177	23.671	0.619
16	江西	−0.624	8.808	24.037	−10.387	13.504	7.032	27.713	2.395
17	辽宁	−0.694	7.637	16.937	−16.131	7.277	4.013	14.845	0.610
18	内蒙古	−3.116	9.012	19.246	−11.692	9.710	6.934	21.572	−0.964
19	宁夏	0.137	8.268	19.570	−10.101	8.147	9.742	23.822	−8.008
20	青海	1.461	9.314	25.078	−12.351	6.652	9.587	18.483	−16.631
21	山东	0.588	7.322	16.670	−9.970	9.733	5.632	18.595	2.081
22	山西	−1.153	12.955	26.504	−22.920	10.207	9.361	25.320	−10.586
23	陕西	−2.993	9.194	20.168	−17.477	12.984	8.762	27.503	−1.295

序号	省份	$\Delta Credit$				$\Delta House$			
		平均值	标准差	最大值	最小值	平均值	标准差	最大值	最小值
24	上海	3.172	6.874	17.333	−8.548	10.871	12.579	44.904	−3.782
25	四川	0.276	8.053	22.376	−10.594	10.733	7.695	22.358	−0.743
26	天津	0.964	9.629	25.500	−10.191	9.961	9.735	26.372	−6.216
27	西藏	2.255	12.146	33.813	−16.566	7.017	27.490	44.954	−48.025
28	新疆	−0.464	12.283	26.926	−14.320	7.787	8.288	17.015	−13.660
29	云南	2.579	6.850	20.565	−5.234	7.199	5.072	14.662	−1.634
30	浙江	4.922	6.788	20.418	−1.165	13.222	8.124	31.997	2.023
31	重庆	1.746	8.769	21.767	−11.683	10.042	7.704	21.813	−1.906

表5-2列出了27个省和4个直辖市的四个基本统计数据。信贷增长率的均值范围从天津的4.922%到江苏的−5.431%，房地产价格增长率的均值范围从辽宁的13.504%到山东的6.652%，我们发现31个省级行政区域房价平均涨幅超过6%。$\Delta Credit$（$\Delta House$）的标准差范围从湖北的26.853到甘肃的5.391（浙江的27.490到内蒙古的4.013），而$\Delta Credit$，$\Delta House$最高值分别是湖北的51.864和西藏的44.904。

图5-1显示了我国31个省级行政区域的数据，其中所述阴影区域表示以定义 CB1 为基础的信贷繁荣时期（与整体趋势的偏差）。有1、7和23个地区分别显示出0、1和2次信贷扩张。除了北京，每个区域至少发生一次信贷繁荣，在2009年，中国政府注入4万亿元刺激市场。几乎所有的区域信贷繁荣都围绕在2009年同时出现（除了北京和上海）。如第二部分所述，2009年的信贷繁荣不是因为市场的力量，而是政府为了拯救2008年金融危机造成的经济下行所实施的大规模财政和货币政策所推动。

图5-2借鉴图5-1，但是使用 CB2 定义信贷繁荣（即增长速度超过15%）。我们可以看出分别有4个，22个和5个地区分别发生0次，1次和2次信贷繁荣。同样，除了北京、福建、吉林和西藏之外的27个地区在2009年都经历了1次繁荣时期。

图5-3和图5-4中所述阴影区域表示根据 HB1（偏离趋势）和 HB2（增长率超过15%）定义的繁荣。使用 HB1，有0，0，4，6，13和6个地区分别经历0，1，2~6次繁荣；使用 HB2，有1，3，6，16，4，1和0个地区经历0~6次繁荣发展，不同于信贷繁荣时期，一些省份经历了三年以上的房地产市场繁荣。此外，房地产繁荣发生周期被分散在样本的各个年份，这一点不同于主要集中在2009年的信贷繁荣。

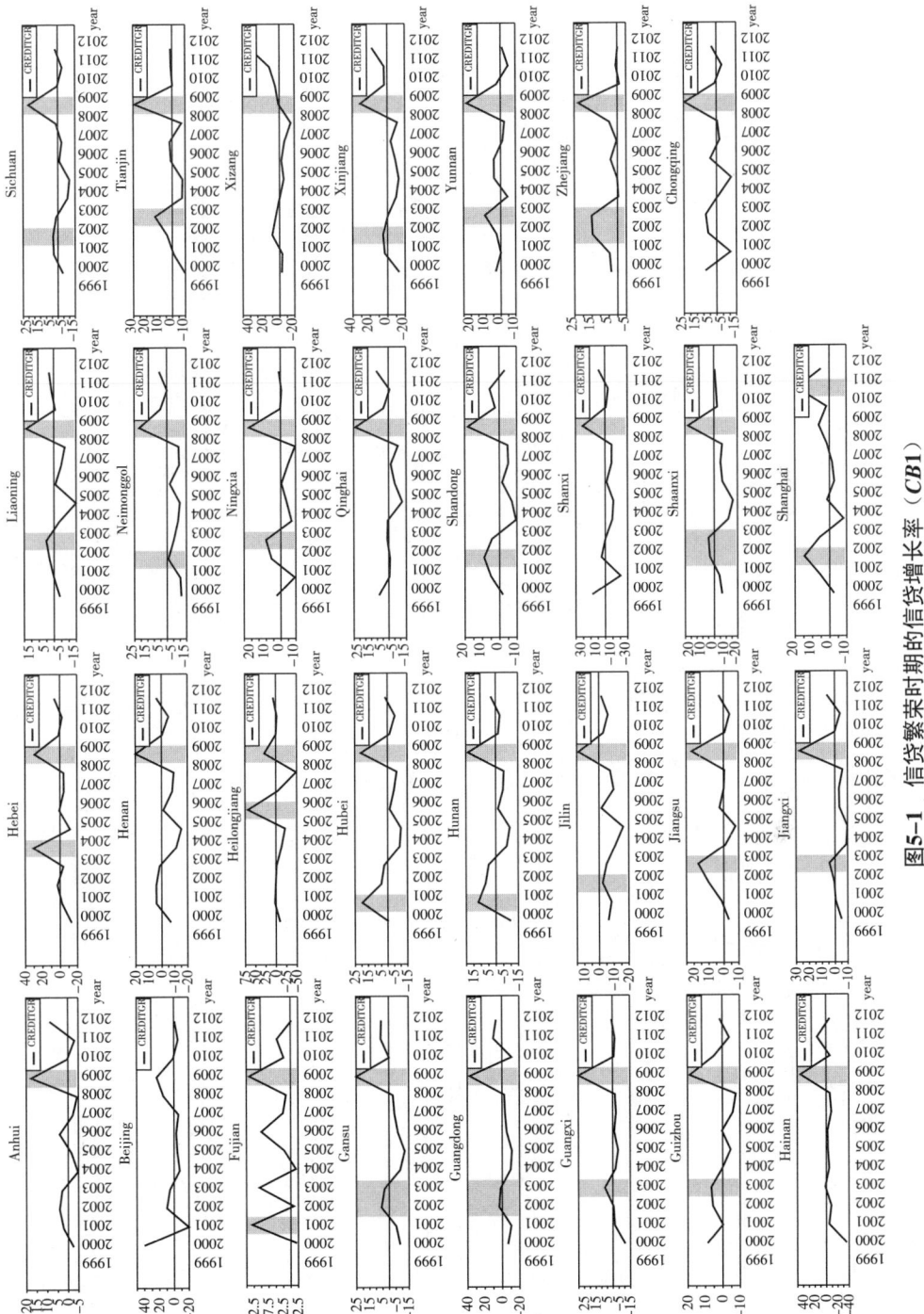

图5-1 信贷繁荣时期的信贷增长率（CB1）

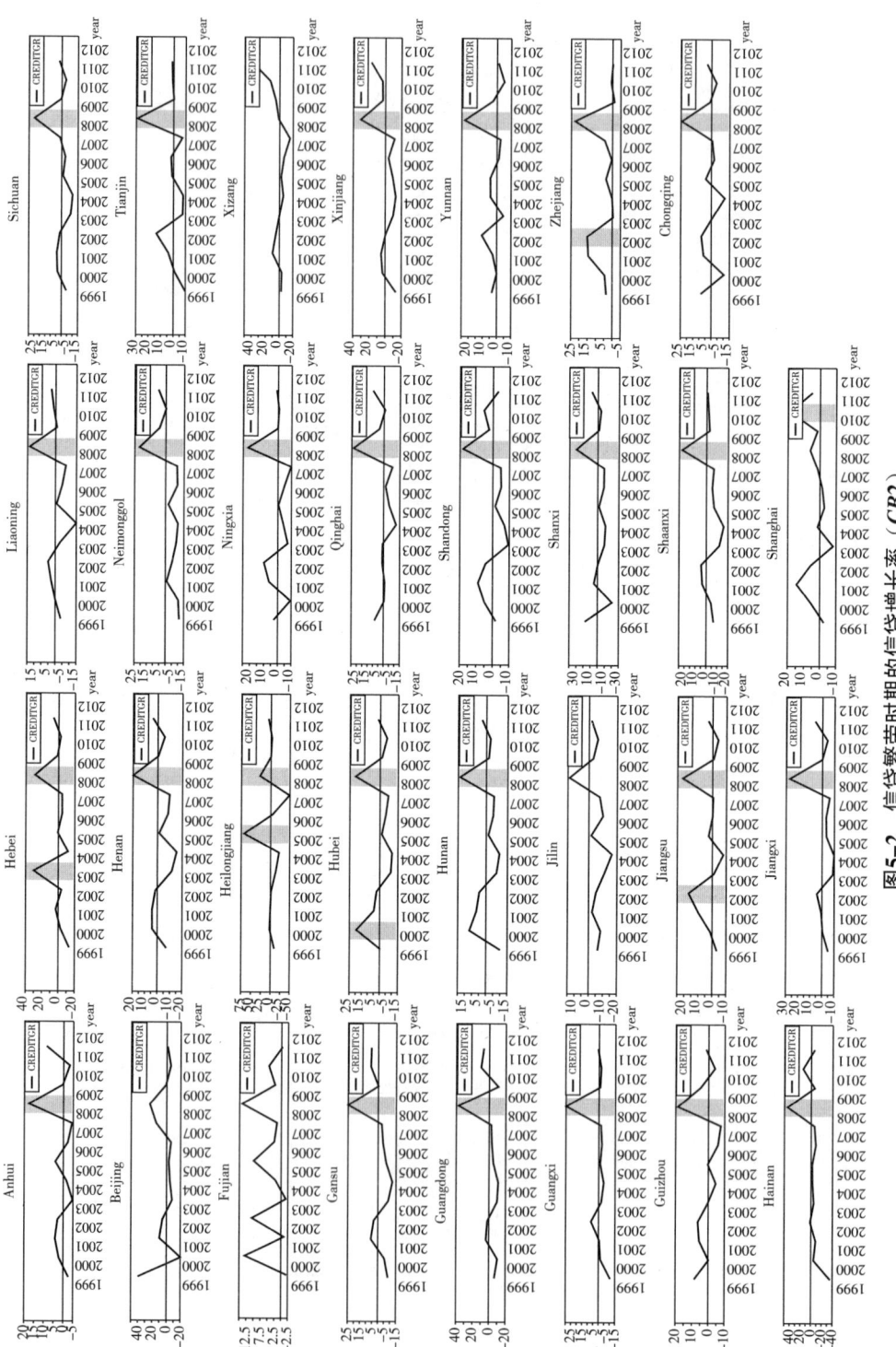

图5-2 信贷繁荣时期的信贷增长率（CB2）

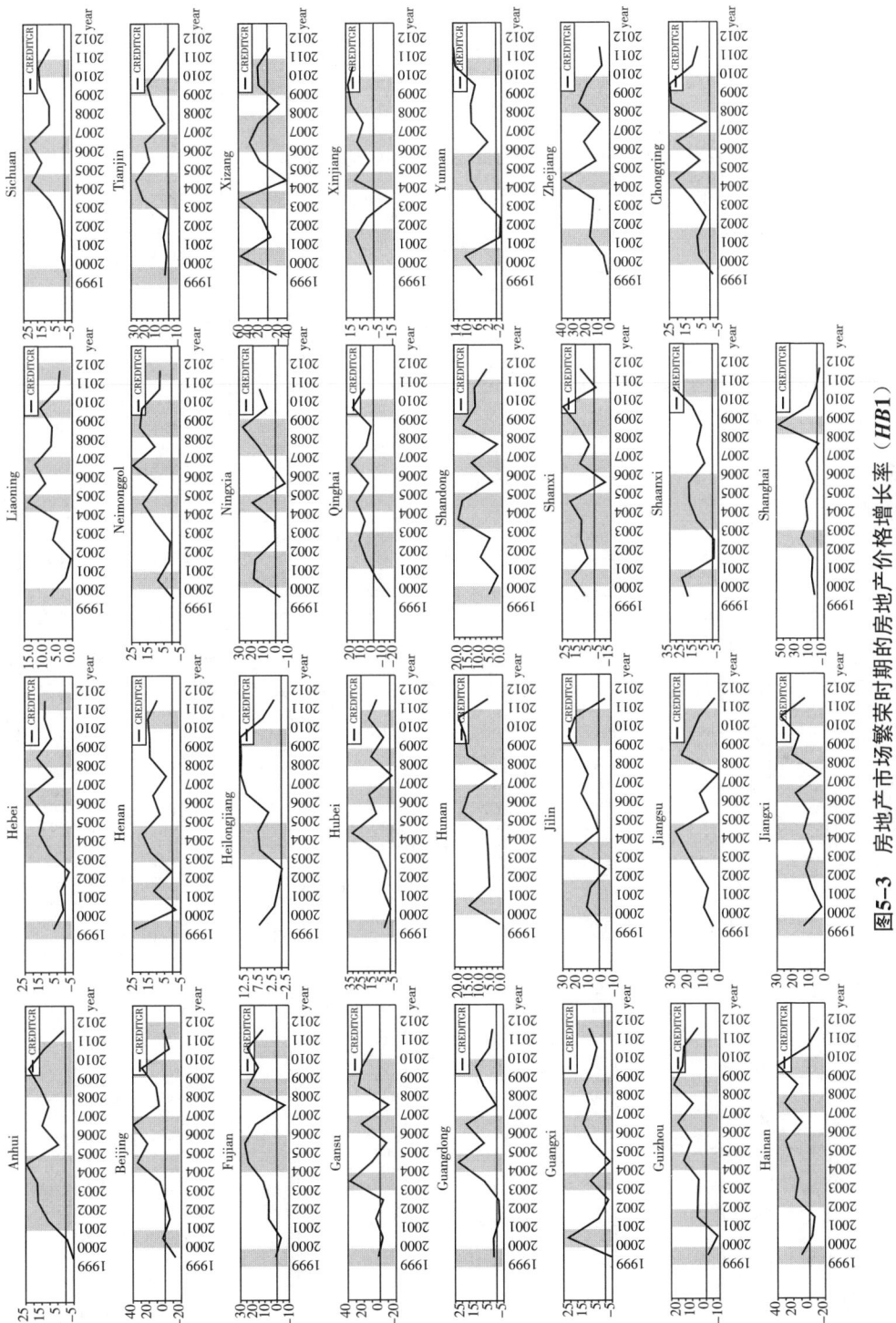

图5-3 房地产市场繁荣时期的房地产价格增长率（HB1）

117

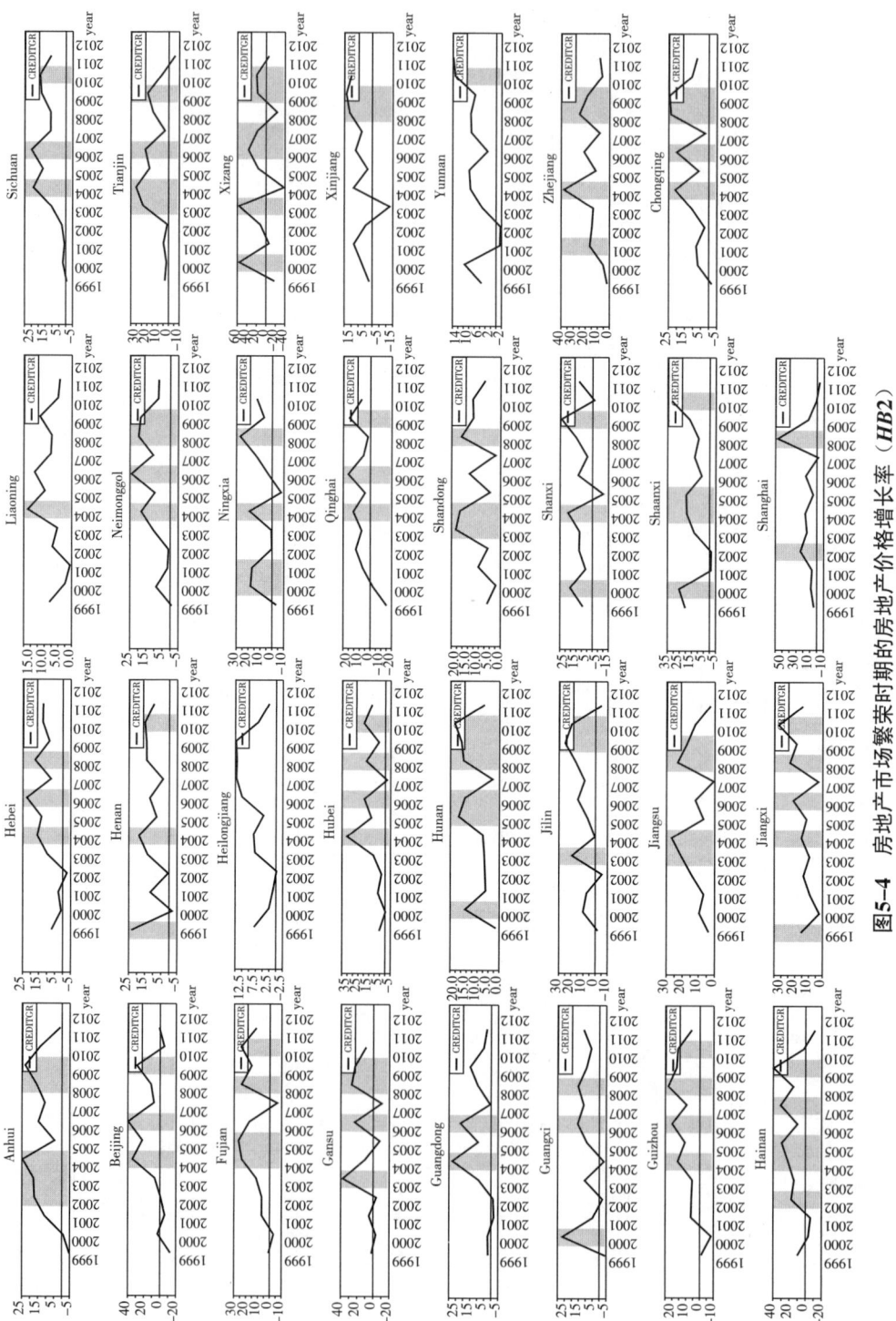

图5-4 房地产市场繁荣时期的房地产价格增长率（HB2）

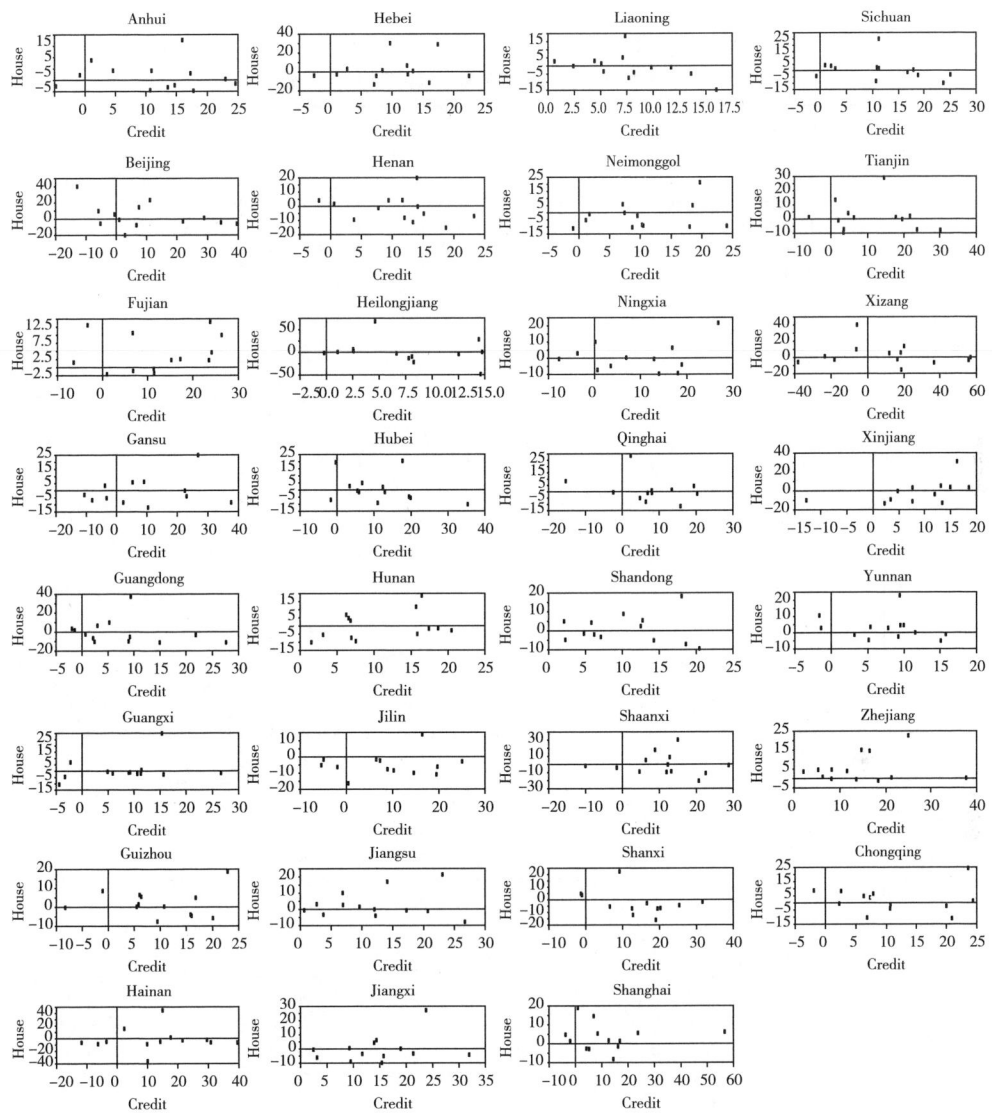

图 5-5 信贷增长与房地产增长的散点图

（x：信贷增长；y：房地产增长）

图 5-5 为信贷增长和房地产增长的散点图。从图中可以看到，两个市场似乎正相关，然而，我们很难仅通过观察图形来评价领先—滞后关系。

六、实证结果分析

（一）面板单位根和协整检验

表5-3 　　　　　　　各省市信贷繁荣、房地产繁荣和双繁荣的频率

序号	省份及城市	CB1	CB2	HB1	HB2	TB1	TB2
1	安徽	1	1	7	5	1	1
2	北京	0	0	5	3	0	0
3	福建	2	0	5	4	1	0
4	甘肃	3	1	5	4	1	1
5	广东	3	1	4	2	0	0
6	广西	2	1	5	3	1	1
7	贵州	2	1	6	4	1	1
8	海南	1	1	7	5	0	0
9	河北	2	2	6	3	2	1
10	河南	1	1	5	3	0	0
11	黑龙江	2	2	3	0	0	0
12	湖北	2	2	5	4	1	1
13	湖南	2	1	6	6	2	1
14	吉林	2	0	5	3	1	0
15	江苏	2	2	5	4	1	1
16	江西	2	1	6	5	2	1
17	辽宁	2	1	5	1	0	0
18	内蒙古	2	1	6	4	1	1
19	宁夏	2	1	5	4	1	1
20	青海	1	1	5	3	0	0
21	山东	2	1	7	3	1	1
22	山西	1	1	7	3	1	0
23	陕西	3	1	5	4	0	0
24	上海	2	1	2	2	0	0
25	四川	2	1	4	3	0	0

续表

序号	省份及城市	CB1	CB2	HB1	HB2	TB1	TB2
26	天津	2	1	5	4	0	0
27	西藏	1	0	6	6	0	0
28	新疆	2	1	6	2	2	1
29	云南	2	1	4	1	0	0
30	浙江	3	2	4	4	2	1
31	重庆	1	1	6	4	1	1

注：1. $CB1$ 定义为偏差超过 1.65 倍的标准差，并且信贷增长超过 10%；偏差其实指实际信贷增长和它的趋势之间的差距；$CB2$ 指的是信贷繁荣的第二个定义，定义为信贷增长超过 15%。

2. $HB1$ 为房地产繁荣第一个定义，定义为偏差超过 1.65 倍的标准差，并且信贷增长超过 10%；$HB2$ 定义为房地产增长超过 15%。

3. $TB1$ 为双繁荣期的第一个定义，代表信贷繁荣 1 和房地产繁荣 2 同时发生，即 $TB1 = CB1 \times HB1$，$TB2 = CB2 \times HB2$。

表 5 - 3 列出各个省市的信贷、房地产和双繁荣的频率。在这两个信贷繁荣的定义中，我们使用的是仅增长率超过一定的阈值即是轻度繁荣的定义，因此，$CB2$（$HB2$）的发生频率比 $CB1$（$HB1$）少。此外，信贷繁荣与房地产市场的繁荣相比更加少见。在大多数省份，$CB1$ 和 $CB2$ 只发生 1 次，但 $HB1$ 和 $HB2$ 出现 5 ~ 7 次。四个区域发生 7 次房地产繁荣，而上海发生房地产市场繁荣的次数最少（2 次）。鉴于 $CB2$ 大部分地区只出现 1 次，$CB2$ 的出现决定了双繁荣发生的频率和日期。这意味着，当 $CB1$ 发生时，可能会发生 $HB1$，反之则不太可能发生。

表 5 - 4 每年发生繁荣的次数

年份	CB1	CB2	HB1	HB2	TB1	TB2
1999	0	0	0	0	0	0
2000	0	0	13	2	0	0
2001	3	1	12	6	1	0
2002	10	0	9	2	3	0
2003	12	2	6	3	1	0
2004	1	1	14	7	1	0
2005	0	0	25	22	0	0
2006	1	1	5	4	0	0
2007	0	0	19	15	0	0
2008	0	0	3	2	0	0

续表

年份	CB1	CB2	HB1	HB2	TB1	TB2
2009	29	26	18	17	17	15
2010	0	0	19	15	0	0
2011	1	1	14	11	0	0
2012	0	0	5	0	0	0

注：1. 信贷繁荣代表的是信贷繁荣第一种定义 CB1 和信贷繁荣第二种定义 CB2。

2. 房地产繁荣代表的是房地产繁荣第一种定义 HB1 和房地产繁荣第二种定义 HB2。

3. 双繁荣代表的是 TB1 和 TB2 定义的信贷和房地产繁荣同时发生。

表 5 - 4 显示了近年来各种繁荣的发生情况。CB1 和 CB2 最常发生在 2002 年，2003 年和 2009 年，而 HB1 最常发生在 2000 年、2001 年、2004 年、2005 年、2009 年和 2010 年。

表 5 - 5   **面板单位根检验**

Panel A. Level Form	$Credit_{i,t}$		$House_{i,t}$	
单位根检验	统计值	P 值	统计值	P 值
Levin, Lin and Chu t	0.015 (2)	0.506	11.707 (1)	1.000
Im, Pesaran and Shin W – stat	0.961 (2)	0.832	13.319 (1)	1.000
Panel B. Difference Form	$\Delta Credit_{i,t}$		$\Delta House_{i,t}$	
Levin, Lin and Chu t	− 9.470 *** (1)	0.000	− 5.775 *** (1)	0.000
Im, Pesaran and Shin W – stat	− 5.932 *** (1)	0.000	− 3.253 *** (1)	0.001

注：1. Levin – Lin and Chu's H_0：存在共同的单位根。

2. Im, Pesaran, and Shin's H_0：存在个体单位根。

3. 括号内数据代表滞后期长短。

4. $N = 31$，$T = 14$（1999—2012）。

5. 单位根模型是基于以下带有常数项的回归模型。Levin – Lin、Chu's、Im, Pesaran、Shin's 单位根模型设定如下：$\Delta Z_{it} = \alpha_0 + \alpha Z_{it-1} + \sum_{j=1} \hat{\beta}_{ij} \Delta Z_{it-j} + \varepsilon_{it} \Delta Z_{it} = \alpha_0 + \alpha_i Z_{it-1} + \sum_{j=1} \hat{\beta}_{ij} \Delta Z_{it-j} + \varepsilon_{it}$，Levin – Lin 和 Chu's H_0：假设存在共同的单位根（H_0：$\alpha = 0$，H_1：$\alpha < 0$）。Im, Pesaran 和 Shin's H_0：存在一个个别单位根（H_0：$\alpha i = 0$，对于所有的 i。H_1：$\alpha_i = 0$，$i = 1, 2, \cdots, N$ 或 $\alpha_i < 0$，$i = N + 1, N + 2, \cdots, N)$）。

6. *，** 和 *** 分别代表在 10%，5% 和 1% 显著。

表 5 - 5 的报告显示了面板单位根检验的结果。本研究采用了 Levin，Lin 和 Chu（LLC）及 Im, Pesaran 和 Shin（IPS）的面板单位根检验方法。该 LLC 检验假定存在一个共同的单位根过程，而 IPS 检验允许在截面存在个体的单位根过程。这些检验的目的是验证银行信贷和房地产价格的水平值是非平稳的而一阶差分值是平稳的。信贷和房地产的 LLC 分别是 0.015 和 11.707，而它们的 IPS 分别为 0.961 和 13.319。因此，对于信贷和房地产价格存在一个单位根的零假

设不能被拒绝，这表明信贷和房地产序列是非平稳的。然而，对于差分形式的单元根零假设在1%的显著水平被拒绝，这表明变量的一阶差分形式是稳定的。

表5-6　　　　　　　　　房地产市场和信贷市场的面板协整检验

项目	统计数据
面板 v	1.350
面板 ρ	-2.372***
面板 t 统计量（半参数）	-5.384***
面板 t 统计量（参数）	-3.341***
ρ 统计组	1.370
t 统计组（半参数）	-2.779***
t 统计组（参数）	-3.614***

注：1. *Credit*：*Credit/GDP*，*House*：房地产价格指数。

2. 这个面板协整检验采用 Pedroni（1999）提出 7 个不同的基于残差的面板协整检验来评估信贷和房地产市场之间的长期关系。

3. 对假设协整回归残差的计算：

$$y_{it} = \alpha_i + \lambda_i t + \beta_{1i} X_{1i,t} + e_{i,t} \text{ 和 } \hat{e}_{i,t} = \hat{\rho}_i \hat{e}_{i,t-1} + \sum^{K_i} \hat{\rho}_{ik} \Delta \hat{e}_{i,t-k} + \hat{\mu}_{i,t}^*, t = 1999, \cdots, 2012; i = 1, \cdots, 31,$$

这些协整检验的非协整零假设是 $H_1:\rho_i = 1$ 且 $i = 1,\cdots,N$，但另一种基于维度之间的假设（统计上基于维度内容的统计）$H_1:\rho_i < 1(H_1: \rho_i = \rho < 1)$ 对于所有的 $i = 1,\cdots,N$。

4. $N = 31$ 和 $T = 14$（1999—2012）。

5. 临界值的选取参考 Pedroni（1999）。*，** 和 *** 代表在置信度 10%，5% 和 1% 水平下显著。

表5-6 报告了面板协整检验。我们的研究使用了由 Pedroni（1999，2004）提出的 7 个基于残差面板协整检验来评估信贷和住房市场之间的长期关系。7 个检验是面板 v，面板 ρ，面板 t 统计量（半参数），面板 t 统计量（参数），ρ 统计组，t 统计组（半参数）以及 t 统计量组（参数）。这些值是显著的，因此，我们拒绝了在 1% 的显著性水平下非协整的零假设。考虑到 7 个检验中 5 个表明信贷和房地产市场之间的长期关系效应，我们采用了误差修正模型作为回归模型。然而，我们也尝试采用差分形式来检查所估计结果的稳健性。

（二）面板格兰杰因果关系：GMM

鉴于这两个变量存在协整关系，我们应用 GMM 结合 PECM（公式 5.7）检验两个市场之间的领先和滞后关系。正如前面提到的，在我们的模型中因为样本长度较短，因此我们模型中的滞后长度被选择为一个和两个。当信贷和房地产市场作为因变量，我们分别称它们为信贷回归和房地产回归。表5-7 显示，在滞后一期模型（左面部分）使用整个样本，F 统计量（公式 5.8）在信贷和房地产回归中都不显著。这一结果表明，两个市场不存在领先和滞后关系。另外，在滞后两期模型（右面部分），F 统计量在两个回归中都显著，表示在这两个市场之间存在双向因果关系。

表 5-7 信贷市场与房地产市场的格兰杰因果关系

x	滞后一期				滞后两期			
	y				y			
	$\Delta House_{i,t}$		$\Delta Credit_{i,t}$		$\Delta House_{i,t}$		$\Delta Credit_{i,t}$	
$\Delta House_{i,t-1}$	0.729 ***	[9.181]	-0.046	[-1.369]	0.428 ***	[10.354]	-0.154 **	[-2.393]
$\Delta House_{i,t-2}$					0.480 ***	[5.216]	0.166 **	[2.345]
$\Delta Credit_{i,t-1}$	0.090	[1.299]	-0.154 ***	[-3.046]	0.168 ***	[2.677]	-0.157 ***	[-2.640]
$\Delta Credit_{i,t-2}$					-0.017	[-0.347]	-0.218 ***	[-3.979]
$ECM_{i,t-1}$	-3.705 ***	[-4.210]	4.976 ***	[6.051]	-5.124 ***	[-5.208]	5.342 ***	[5.133]
F 值	1.687		1.874		3.822 **		3.217 **	
调整的 R^2	-0.680		0.060		-0.406		0.076	
N	372		372		341		341	

注：1. 使用的是信贷和房地产市场的面板误差修正模型（PECM）。

2. Arellano 和 Bond 的 GMM 用来检验这个模型。

3. F 值是用来联合检验 $x_{i,t-1}$ 和 $x_{i,t-2}$ 是否是 y 的格兰杰因果（如果 $\Delta House$ 是 y，x 是 $\Delta Credit$，反之则相反）。

4. ECM 是一个误差修正项。

5. $N = 31$，$T = 14$（1999—2012）。

6. *，** 和 *** 代表的是 10%，5% 和 1% 水平显著。

鉴于滞后一期和两期模型的结果相矛盾，我们使用似然比（LR）检验来进行检验。当滞后两期变量的系数是零则假定为零假设，估计出来的似然比统计量在 5% 的水平回归显著，从而拒绝滞后一期模型。因此，我们提出了基于滞后两期模型的结论，这表明在短期内这两个市场之间存在双向因果关系。

使用滞后两期模型时信贷增长率回归和房地产增长率回归的 ECM 系数分别为 5.342 和 5.124，则使用滞后两阶段模型非常显著。相应地，两个市场在短期和长期都会互相影响。

（三）双繁荣时期面板格兰杰因果关系

1. 双繁荣的定义 1：$TB1 = CB1 \times HB1$

表 5-8 双繁荣时期（$TB1$）的格兰杰因果检验

	滞后一期				滞后两期			
	y				y			
	$\Delta House_{i,t}$		$\Delta Credit_{i,t}$		$\Delta House_{i,t}$		$\Delta Credit_{i,t}$	
面板 A：繁荣时期								
$\Delta House_{i,t-1} \times TB$	0.584	[0.694]	1.325 **	[1.998]	0.594	[0.739]	1.377 **	[2.304]

续表

	滞后一期				滞后两期			
	y				y			
	$\Delta House_{i,t}$		$\Delta Credit_{i,t}$		$\Delta House_{i,t}$		$\Delta Credit_{i,t}$	
面板 A：繁荣时期								
$\Delta House_{i,t-2} \times TB$					1.252 **	[2.529]	− 0.048	[− 0.105]
$\Delta Credit_{i,t-1} \times TB$	0.334	[0.402]	− 1.064 *	[− 1.930]	0.268	[0.359]	− 1.257 **	[− 2.363]
$\Delta Credit_{i,t-2} \times TB$					− 0.677	[− 1.509]	0.096	[0.253]
F 值（繁荣期）	0.161		3.992 **		1.140		2.706 *	
调整的 R^2								
面板 B：非繁荣期								
$\Delta House_{i,t-1} \times nonTB$	0.709 ***	[7.230]	− 0.117 **	[− 2.122]	0.371 ***	[5.167]	− 0.238 **	[− 2.093]
$\Delta House_{i,t-2} \times nonTB$					0.489 ***	[3.369]	0.182 **	[2.061]
$\Delta Credit_{i,t-1} \times nonTB$	0.047	[0.512]	− 0.312 ***	[− 3.088]	0.054	[0.743]	− 0.299 ***	[− 2.640]
$\Delta Credit_{i,t-2} \times nonTB$					0.004	[0.039]	− 0.215 **	[− 2.091]
$ECM_{i,t-1}$	− 3.550 ***	[− 4.035]	5.622 ***	[5.016]	− 4.826 ***	[− 4.082]	5.753 ***	[4.490]
F 值（非繁荣期）	0.262		4.502 **		0.285		2.430 *	
调整的 R^2	− 0.677		0.0004		− 0.424		0.003	
N	372		372		341		341	

注：1. TB 代表双繁荣时期，指的是信贷和房地产市场同时发生繁荣的时期。TB 是一个虚拟变量，当双繁荣发生时，$TB = 1$，否则等于 0。$nonTB = 1 - TB$，$TB1 = CB1 \times HB1$，根据繁荣 1 的定义，偏差大于平均趋势要超过 1.65 倍的标准偏差且每个市场增长率要超过 10%。

2. F 值（繁荣期）：联合检验零假设 $H_0 : x_{i,t-1} \times TB1$ 且 $x_{i,t-2} \times TB1$。

3. F 值（非繁荣期）：联合检验零假设 $H_0 : x_{i,t-1} \times nonTB1$ 且 $x_{i,t-2} \times nonTB1$。

4. $N = 31$，$T = 14$（1999—2012）。

5. ECM 是误差修正项。

6. *，** 和 *** 代表在 10%，5% 和 1% 水平下显著。

表 5 - 8 给出了基于第一个繁荣的定义在双繁荣和非双繁荣时期的估计结果，即趋势偏差大于平均值超过 1.65 倍的标准差。面板 A 给出了双繁荣时期的估计结果，结果表明无论在哪个模型中房地产市场只有在双繁荣时期对信贷市场上有影响作用，F 统计（或者 $\Delta House_{i,t-1} \times TB$ 的系数）在信贷回归中是显著的，在房地产回归中则不显著。在双繁荣时期，房地产市场很可能会影响信贷市场，因为房地产市场的繁荣增加了抵押品价值，反之增加了银行贷款。

我们的结果在使用非双繁荣时期子样本（面板 B 在表 5 - 8 中）时仍保持相似，特别是房地产市场仍然会影响信贷市场，因为 F 统计量（非双繁荣期）在 $\Delta Credit$ 回归中是显著的。总之，在短期内双繁荣和非双繁荣中房地产市场繁荣都将导致信贷市场繁荣时期。转向长期因果关系的情况下，该系数不管在哪个模型中都十分显著。这种结果与我们的预期是一致的，例如，我们发现，ECM 在信贷和房地产回归中的系数分别为 5.622 和 -3.550。因此，在长期也存在双向因果关系。

2. 双繁荣定义 2：$TB2 = CB2 \times HB2$

表 5 - 9　　　　　　　　双繁荣期（$TB2$）的格兰杰因果检验

	滞后一期				滞后两期			
	y				y			
	$\Delta House_{i,t}$		$\Delta Credit_{i,t}$		$\Delta House_{i,t}$		$\Delta Credit_{i,t}$	
面板 A：繁荣期								
$\Delta House_{i,t-1} \times TB$	0.468	[0.651]	0.081	[0.167]	1.383 *	[1.685]	0.588	[1.157]
$\Delta House_{i,t-2} \times TB$					-1.535 *	[-1.673]	0.274	[0.453]
$\Delta Credit_{i,t-1} \times TB$	0.350	[0.555]	0.050	[0.126]	-0.466	[-0.702]	-0.537	[-1.224]
$\Delta Credit_{i,t-2} \times TB$					1.754 *	[1.921]	-0.204	[-0.394]
F 值（繁荣期）	0.308		0.028		2.033		0.796	
调整的 R^2								
面板 B：非繁荣期								
$\Delta House_{i,t-1} \times nonTB$	0.727 ***	[7.715]	-0.090 *	[-1.952]	0.380 ***	[5.164]	-0.213 **	[-2.062]
$\Delta House_{i,t-2} \times nonTB$					0.524 ***	[3.641]	0.184 **	[2.088]
$\Delta Credit_{i,t-1} \times nonTB$	0.082	[0.902]	-0.260 ***	[-2.982]	0.103	[1.485]	-0.254 **	[-2.559]
$\Delta Credit_{i,t-2} \times nonTB$					0.033	[0.347]	-0.211 **	[-2.172]
$ECM_{i,t-1}$	-3.687 ***	[-4.193]	5.247 ***	[5.433]	-5.240 ***	[-4.662]	5.361 ***	[4.714]
F 值（非繁荣期）	0.814		3.810 *		1.408		2.378 *	
调整的 R^2	-0.688		0.037		-0.457		0.041	
N	372		372		341		341	

注：1. TB 代表双繁荣期，指的是信贷和房地产市场同时发生繁荣的时期。TB 是一个虚拟变量，当双繁荣发生时，$TB = 1$，否则等于 0。$TB2 = CB2 \times HB2$，双繁荣时期第二个定义是每个市场的增长率都超过 15%。

2. F 值（繁荣期）指联合检验零假设 $H_0 : x_{i,t-1} \times TB2$ 和 $x_{i,t-2} \times TB2$。

3. F 值（非繁荣期）指联合检验零假设 $H_0 : x_{i,t-1} \times nonTB2$ 和 $x_{i,t-2} \times nonTB2$。

4. $N = 31$，$T = 14$（1999—2012）。

5. ECM 是误差修正项。

6. *，** 和 *** 代表在 10%，5% 和 1% 的水平下显著。

当我们使用第二个繁荣定义（即房地产和信贷市场的增长率都超过 15%），我们的研究结果略有改变。房地产市场在非双繁荣时期仍然会影响信贷市场，而不是在双繁荣时期。在表 5 - 9 中，对于双繁荣时期（面板 A）和 F 统计量

（繁荣期）二者滞后长度的两个回归都显得微不足道，这表明在双繁荣时期这两个市场之间没有超前滞后关系。在非双繁荣时期，F 统计量信贷回归是显著的，但在房地产回归中不是，这表明在非双繁荣时期房地产增长会导致信贷增长。因此，应用第二种繁荣定义做部分的稳健性检验。房地产市场仍然在非繁荣时期影响信贷市场，在双繁荣时期两个市场不存在关系。

我们发现两个有趣的结果。首先，我们的结果对繁荣期定义不敏感。在双繁荣时期，房地产市场在第一个定义的基础上会影响信贷市场，但使用第二个定义时发现没有领先—滞后关系。其次，房地产市场繁荣大多数情况下会导致信贷市场繁荣，包括整个样本、非双繁荣时期和部分双繁荣时期样本。长期双向因果关系对于不同的样本量和不同的繁荣期定义都是稳健的，因为这两个回归系数都显著。

七、主要结论

我们的研究旨在解决两个问题。第一个是在我国的各个省市我们的样本时期是否会出现信贷和房地产市场繁荣。我们的研究结果表明，不同的省份和直辖市在信贷和房地产繁荣有不同的频率、周期长度和增长模式。多数省份经历一次信贷繁荣，部分省份出现两次，少数省份则没有出现（如北京、福建、西藏），一些经历了 2~6 次房地产繁荣的省市中也有类似的情况发生。与信贷繁荣不同，一些省份经历的房地产市场繁荣甚至超过了 3 年。

接下来，我们确定了信贷和房价涨幅之间观测到的相关性是否反映两个变量之间的直接联系。然后，我们通过实证研究证实了他们之间的相关性，并且采用全样本数据证明了信贷和房地产市场之间的双向因果关系是存在的。按照非双繁荣时期的第一个定义来看，我们的结果在很大程度上支持房地产市场繁荣会导致信贷市场繁荣这一假设。产生这个结果的原因是房地产市场的繁荣带来了房地产泡沫，这种房地产泡沫会在金融危机期间破灭。为了挽救崩溃的市场，政府会注入大量的资金，从而创造了信贷繁荣。因此，首先产生房地产市场繁荣，之后导致了信贷市场繁荣。

我们的研究结果与 Hofmann（2003），Goodhart 和 Hofmann（2004），Goodhart 等（2006）使用宏观经济数据的发现相一致。他们的研究结果支持银行贷款和房地产价格的正相关关系及这两个方向的因果关系。然而，房地产价格对信贷的影响似乎比信贷对房地产价格的影响更加强烈。Gerlach 和 Peng（2005）分析了香港房地产价格和信贷之间的联系，发现因果关系是从房地产价格银行到贷款而不是相反。我们的研究结果在经济繁荣和非经济繁荣时期与他们的研究结果相一致。在未来的研究中可能会考虑是否某些特定因素会影响这种因果关系，这两大繁荣时期是否会增加金融稳定的概率问题也值得研究。

第二节　我国影子银行对银行业系统性
风险影响研究

一、研究背景

随着经济发展和社会信贷需求的不断增加，影子银行已经逐步成为发达国家金融体系的重要参与主体之一。影子银行系统又称平向银行系统，包括一些非银行金融机构，如投资银行、对冲基金、货币市场基金、债券保险公司、结构性投资工具等，银行贷款被加工成有价证券交易到资本市场，房地产业传统上由银行系统承担的融资功能逐渐被投资所替代，影子银行属于银行的证券化活动。与此同时传统银行体系的影响力在不断下降。2007年美国次贷危机的爆发，影子银行在其中起到了关键性的助推作用，影子银行对于次级贷款的过度发放和融资高杠杆率特性成为此次金融危机的重要诱因，引发了各界对影子银行的重点关注。不同于国外以金融创新和证券化为基础的影子银行体系，我国的影子银行从产生之初就以商业银行为主导，以理财、信托等业务为典型代表，其资金的来源方多为商业银行（林琳等，2016）。这就意味着我国影子银行体系与银行业之间有着密不可分的关联，影子银行积累的风险一旦爆发就会向商业银行蔓延，危及银行业乃至整个金融体系的稳定性。另外，与发达国家的金融市场相比，我国影子银行发展时间较短，尚未走向成熟，加之国内监管体系尚不健全，因此蕴含了更多的风险，如2014年中诚信托事件、2015年的泛亚兑付风波、2016年"万科事件"以及频发的信托兑付危机事件，都说明我国影子银行已经积累了大量的金融风险。

我国影子银行产生于信贷大幅度紧缩的背景下，在2011年我国影子银行的规模仅为16.86万亿元，到2015年就扩张到57.96万亿元，短短几年的时间内便增长为原来的三倍。2016年4月，穆迪发布了《中国影子银行季度监测报告》，报告指出，在2015年中国广义影子银行规模便达到了53.4万亿元人民币，相当于GDP的79%，在银行贷款和资产中的比重分别达到了58%和28%。在如此庞大的影子银行体系中，其资金多投向了无法从商业银行直接贷款的融资主体，如房地产部门、地方融资平台等（裘翔和周强龙，2014）。2016年开始，我国房地产价格开始了新一轮上涨。根据中国统计局公布的数据，2016年9月，全国100个大中城市新建住宅平均价格达到12617元/平方米。其中有81个城市的新建住宅平均价格实现环比涨幅2.83%，同比涨幅达到16.64%；北京、上海、深圳等一线城市房价甚至出现失控局面，同比涨幅达到25%～45%，房价远超历史同期水平。此轮房价的飞涨迅速引起了国务院等相关部门的关注。

2016 年 10 月，国务院针对热点城市密集出台了一系列限购限贷政策，要求银行缩减对于房地产项目的贷款发放，旨在为居高不下的房价进行"降温"。众所周知，房地产业与金融业密切相关，房地产项目的资金大多来源于金融体系，然而房地产市场的调控政策使传统信贷融资渠道大幅收缩，因此大量资金借道影子银行流向房地产行业。房地产项目运作周期较长，投入资金量大且资金流动性低，一旦房价下跌，就会引起信用违约率的大幅提升，从而增加影子银行的风险，进而引起系统性金融风险的增加。有鉴于此，本研究采用了基于房地产商视角的 DSGE 模型探讨了影子银行对银行业系统性风险的作用，并提出新背景下规范影子银行发展和防范系统性风险的政策建议，以期能为我国宏观审慎监管的进一步有效实施提供理论支持。

二、文献综述

国外对于银行业系统风险的研究起步较早。Bartholomew 等（1995）、De Bandt 和 Hattmann（2000）认为，银行业系统性风险的产生是由于受到了利率冲击、汇率冲击等系统微观经济冲击。Kaufman 和 Scott（2003）认为，银行业系统性风险表现为各银行之间的传染性，一家银行的风险会通过各种渠道传染至其他银行机构甚至整个金融系统。Hakkio 和 Keeton（2004）也从风险传染的角度界定了银行业系统性风险。而关于影子银行对银行业风险影响的研究则是从次贷危机爆发后开始。Baily 等（2008）和 BIS（2008）指出，影子银行高杠杆业务的开展，增加了金融市场的脆弱性，放大了金融市场的系统性风险。Adrian 和 Shin（2011）认为，长期低利率的市场环境促使影子银行不断扩张，增大了风险产生的可能性。Bernanke（2010）和 FSB（2011）从影子银行与银行机构业务往来的视角展开，探讨影子银行对银行业风险的影响。他们认为，商业银行日益融入影子银行业务中并深度参与影子银行的业务运作，从而直接承担了影子银行相关风险，加大了自身系统性风险。国际货币基金组织（IMF，2012）认为，影子银行的本质是风险转移，其主要通过证券化和抵押品中介化与其他金融机构联系在一起，并且将风险转移给其他金融机构。而 Pozsar（2011）和 Gennaioli 等（2012）研究发现，影子银行风险也可以通过羊群效应传染给银行业系统，当影子银行体系面临挤兑时，会导致影子银行体系崩溃，这种流动性危机会蔓延到银行系统，使银行业系统性风险增加。

近年来，随着我国影子银行业务规模的迅速增长及影子银行与商业银行资金的密切往来，国内学者也开始关注影子银行与银行业风险之间的联系。赵蔚（2013）指出，我国商业银行对影子银行输送了大量资金，资金的相关性使得影子银行出现流动性危机时，其风险势必波及银行系统。张慧毅和蒋玉洁（2013）分析了影子银行的期限错配情况，探讨了我国影子银行系统向商业银行体系的风险传导路径。另外，也有部分学者采用实证分析的方法探讨了我国影子银行对银行业风险的影响。张宝林和潘焕学（2013）通过 SVAR 模型的实证研究发现，影子银行在长期内推动了房价的上涨，而房地产泡沫的膨胀加剧了系统性金融风险。方先明和谢雨菲（2016）分析了影子银行交叉传染风险的形成机制，强调指出，微观关联效应和宏观联动机制助推了交叉传染风险向正规银行体系的蔓延，进一步可能引发金融系统性风险。胡利琴等（2016）采用非对称的NARDL 模型和门限回归模型研究了影子银行的风险承担行为，研究发现我国长期的利率管制与紧缩货币政策的配合放大了影子银行风险，导致我国整体金融风险进一步积累。林琳等（2016）通过构建包含家庭、厂商、影子银行、商业银行和中央银行五部门的 DSGE 模型，研究发现影子银行与商业银行之间的资金往来加剧了金融体系的脆弱性，经济上升期金融机构忽视系统性风险的行为会加剧顺周期性，从而使风险加大。马亚明等（2018）在金融加速器、价格摩擦和投资成本的基础上，将影子银行和房地产市场纳入动态随机一般均衡模型，并利用贝叶斯方法估计模型的结构参数，同时分析了金融和实体两类冲击对我国影子银行、房地产市场与宏观经济变量的影响。脉冲响应结果表明，利率冲击和生产率冲击都会使得房价和影子银行规模呈现相反的变动趋势。

国内外学者对于影子银行对银行业风险的影响进行了多角度的研究，然而部分学者仅从宏观角度探讨了影子银行对银行业风险的作用，然而作为其重要资金投向的房地产部门却较少有人将其纳入整个体系中进行综合研究。另外，在研究方法上，前期文献多采用宏观计量模型，从微观主体最优化决策对宏观经济影响视角切入的研究较少，使得研究结论有效性降低。有鉴于此，本研究采用 DSGE 动态一般均衡模型，将各微观主体的最优化决策行为纳入其中，以房地产部门的融资行为作为出发点，探讨影子银行发展对于银行业系统性风险的影响，以期能够为政府及相关监管部门维护我国金融稳定提供有益的参考依据。

三、我国影子银行对银行业系统性风险影响分析

（一）我国影子银行的规模

依据国务院办公厅于 2014 年发布的 107 号文中对影子银行的定义，本研究从部门角度出发，结合中国影子银行发展的特殊情况，将我国的影子银行体系划分为三种渠道类别：银行渠道、其他金融机构渠道和非金融机构渠道。其中银行渠道包括银行发行的理财产品、同业资产、委托贷款以及未贴现银行承兑汇票；其他金融机构渠道包括信托产品、小贷企业和股权私募基金；非金融机构渠道主要包括民间融资行为和 P2P 网贷。表 5 - 10 给出了我国影子银行2011—2016 年的发展规模。

表 5 – 10 　　　　　　　　2011—2016 年我国影子银行规模　　　　　单位：万亿元

分层结构	融资通道	2011 年	2012 年	2013 年	2014 年	2015 年	2016 年
银行渠道	银行理财产品	4.57	7.10	10.24	15.02	23.50	29.10
	同业资产	5.25	10.49	10.17	9.44	18.99	17.99
小计		9.82	17.59	20.41	24.46	42.49	47.09
其他金融机构渠道	信托产品	1.92	2.53	3.15	4.28	5.42	6.09
	小额贷款公司	0.39	0.59	0.82	0.94	0.94	0.93
	股权私募基金	0.25	0.15	0.22	0.80	1.73	3.53
小计		2.56	3.27	4.19	6.02	8.09	10.55
非金融机构渠道	民间借贷	4.48	4.80	5.28	6.22	6.94	7.74
	P2P 网贷	0.00	0.01	0.03	0.10	0.44	0.82
小计		4.48	4.81	5.31	6.32	7.38	8.56
总计		16.86	25.67	29.91	36.8	57.96	66.20

注：2011—2015 年数据来自 Wind 资讯。2016 年数据来自 2017 中国金融产品年度报告［R］. 上海，华宝证券，2017：47 – 66。同业资产数据采用 16 家上市银行的同业资产合计数，数据根据各家上市银行年报整理。2015 年、2016 年民间借贷规模按照 2011—2014 年的年均增长率估算得出。2011 年 P2P 网贷规模为 12 亿元。

从表 5 – 10 可以看出，近几年我国影子银行规模增长迅速，从 2011 年的 16.86 万亿元增长到 2016 年的 66.20 万亿元，5 年间增长了 292.65%，其中银行渠道影子银行业务规模占有绝对大的比例，所占比重从 2011 年的 58.24% 上升到 2017 年的 71.13%，其他金融机构和非金融机构渠道虽有小幅度的增加但占比仍然较小。由此可见，中国式影子银行是以商业银行为主导的，更像是"银行的影子"。我国影子银行以银行理财产品和信托公司的信托产品为核心，是商业银行信贷业务的延伸，为商业银行表内资产腾挪表外提供了通道。

（二）我国影子银行的运作模式

我国的影子银行主要是围绕商业银行发展、在商业银行的主导下开展各项业务活动的。我国影子银行现有多种运作模式，如银行理财模式、信托产品、地方政府融资、银证合作、同业业务、私募基金等。本书主要从中国商业银行内部影子银行角度出发，探讨我国影子银行对银行业系统性风险的影响。因而接下来我们从中国商业银行内部的影子银行的表现形式——银行理财产品和同业业务两方面来具体论述我国影子银行的运作模式。

1. 银行理财产品

最初我国银行产品的运作模式比较简单，仅是为投资者提供投资渠道的"一对一"模式，商业银行通过发行人民币型理财产品募集资金，资金主要流向国债、银行间债券等固定收益类产品。随着理财产品业务的快速发展以及投资者资金规模的集聚，原本的投资渠道已无法满足投资者需求，"资金池"理财产品模式应运而生，即多个理财产品对应一个资产池，单个理财产品并没有明确的理财投向。该模式的运作过程实际上就是资金池与资产池的匹配过程，该模式可以将资金集中调度，减少资金使用成本，使其能够最大限度地灵活运用。"资金池到资产池"理财产品也是国际上银行主导型金融体系普遍采用的银行理财模式，是一种类基金化运作模式，具有"滚动发售、集合运作、期限错配、分离定价"四大特点。在我国，"资金池"理财产品模式具有风险量度低、扩散速度快等特点。具体流程如图5-6所示。

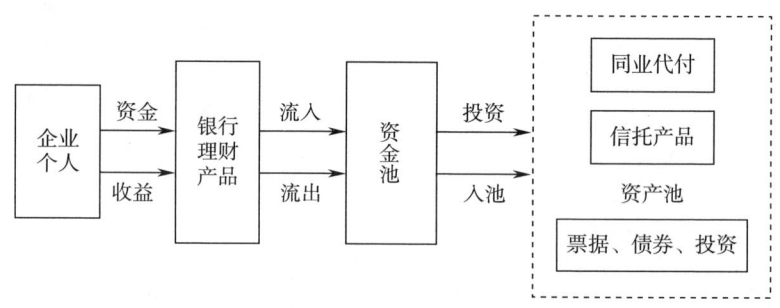

图 5 – 6 "资金池—资产池"类理财产品运作模式

2. 同业业务

银行同业业务是指以金融同业客户为服务与合作对象，以同业资金融通为核心的各项业务，银行同业业务包括代理同业资金清算、同业存放、债券投资、同业拆借等。自2012年以来，在全部表内业务中，同业业务已经成为我国影子银行增长的主要方向。我国影子银行由于参与同业放贷，借短贷长导致流动性错配严重，是引发系统性金融风险的原因之一。同业业务中，买入返售业务运作模式属于比较具有代表性的模式，下面将以买入返售业务运行模式为代表，具体介绍商业银行同业业务的运行流程，如图5-7所示。

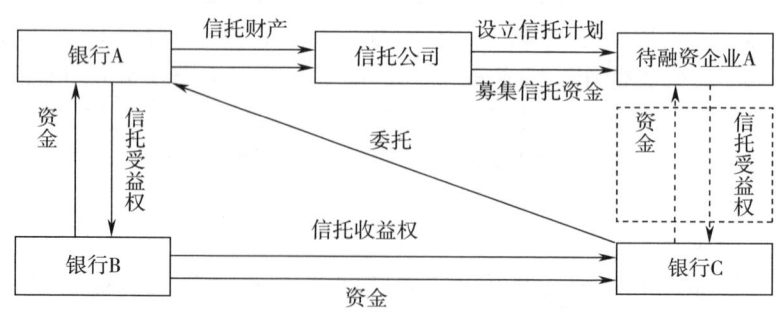

图 5 – 7 买入返售业务运行机制

买入返售业务的具体流程为：C 银行拟向待融资企业 A 提供资金；由于 C 银行受到信贷额度及资本充足率等的限制，不能直接向 A 企业发放贷款，于是 C 银行找到 A 银行，委托 A 银行寻找一家信托公司设立单一信托计划，为 A 企业发放信托贷款；然后 A、B、C 三家银行签订三方买入返售合作协议，约定在信托计划到期时，无论企业 A 是否归还贷款，C 银行都需要履行回购责任，连本带息回购 B 银行持有的信托计划收益权；协议签订后，B 银行向 A 银行支付资金购买 A 银行获得的信托计划受益权；信托计划期限结束，C 银行偿付 B 银行支付的资金，企业 A 偿付信托计划，银行 C 获取收益。由此可见，通过买入返售业务，待融资企业 A 获取了所需资金，C 银行则规避了监管部门关于信贷额度、存贷比等的监管，C 银行在会计处理上作为"应收账款类投资"入账，不计入风险加权资产，也规避了资本充足率的限制，完成了对于待融资企业 A 的融资，同时也完成了信贷资产表内到表外的转移。

（三）影子银行对银行业系统性风险的影响机理

影子银行可以通过对银行业的异质性冲击促使银行业系统性风险的集聚和扩散，影子银行向传统银行风险传染的具体渠道有三种：直接渠道—资金链渠道、融资渠道—信用渠道和间接渠道—信息渠道。我们将对这三种渠道进行具体分析。

1. 直接渠道—资金链渠道

影子银行和传统银行业之间存在紧密的业务关联与融合，这种资金往来为影子银行和传统银行业之间的风险传染提供了直接的路径，有可能引发银行业系统性风险。一方面，影子银行与传统银行业之间具有直接的债权债务往来，两者之间会通过各种支付清算体系和风险暴露头寸产生直接的风险传染。影子银行体系本身的自有资金有限，其快速扩张所需要的资金多数还是来源于传统银行机构，商业银行为影子银行的快速发展提供了充分的流动性支持。另一方面，传统银行的表外业务活动也逐步融入影子银行中，导致了风险的直接传染。随着国家金融体系改革的不断深入，商业银行面临的竞争也非常激烈，经营收益也在不断下滑。为了寻求新的利润增长点，商业银行开始拓展具备影子银行特征的表外业务，通过表外业务将自身与影子银行联结在同一个信用链条上，增加了风险传染的可能性。

2. 间接渠道—信息渠道

信息渠道风险传染产生的原因是市场中存在信息不对称现象，影子银行的风险会通过信息路径传染给商业银行，这使得某些与影子银行没有直接业务往来的银行也受到影响，增加整个金融系统的脆弱性。一方面，因为信息掌握不平等的现象存在，投资者易表现出非理性行为，当影子银行出现危机时，可能引发投资者对影子银行的"挤兑"行为，导致大量客户同时提取现金。在传染机制作用下，传统银行系统也可能发生类似的"挤兑"行为，从而引起整个银行体系的流动性不足，造成银行业系统性危机的出现。另一方面，由于市场信息不对称，借款人不充分了解市场状况，因此会出现逆向选择和道德风险。许多借款人为了顺利获得贷款，往往通过修改财务报表、资信情况等行为隐瞒自身的真实财务状况，在获取贷款后，将资金投向于高风险、高收益的项目。一旦借款人出现破坏合约的现象，传统银行也必将面临着贷款违约所出现的信用风险和声誉风险，在风险传染机制下，银行业系统性风险急剧增加。

3. 融资渠道—信用渠道

信用渠道风险传染指的是影子银行与传统银行处于同一个信用链条上，存在关联性和互动性，风险也沿着信用链条在各金融主体之间进行传播，进一步导致银行系统性风险增加。影子银行在资产证券化的过程中，一方面从传统银行手中购买贷款汇集的资产池，打包、证券化后抵押给商业银行进行再贷款，一旦影子银行出现危机，这些被抵押的证券化资产价格就会下降，当资产价值低于商业银行的贷款价值时，商业银行将遭受损失；另一方面，影子银行向传统银行出售信用风险缓释工具，形成了商业银行的负债，影子银行位于商业银行信用链上游，商业银行信用风险缓释部分依附于影子银行，一旦该影子银行出现风险，由于信息不对称的存在，商业银行风险出现的概率也相应增加。

四、模型构建

参考 Gertler 和 Karadi（2011）、林琳等人（2016）的模型，我们建立一个包含房地产部门和激励相容约束机制下的多部门新凯恩斯主义 DSGE 模型，假设模型经济体由家庭、消费品生产商（最终品生产商和中间品生产商）、房地产开发商、影子银行、商业银行和中央银行构成。

（一）家庭

家庭通过选择消费 C_t、改善住房条件 H_t 以及提供劳动 L_t^c 和 L_t^h 来最大化自身效用函数：

$$\max \mathrm{E}_0 \sum \beta \left| \ln C_t + j_t \ln H_t - \left| L_t^{c\overline{\eta}} + L_t^{h\overline{\eta}} \right| \right| \tag{5.12}$$

其中：$\beta \in (0,1)$，为家庭的贴现因子；η 为家庭部门劳动与闲暇的替代程度；j_t 为住房偏好冲击，直接影响家庭的房地产需求，对数形式服从 $AR(1)$ 过程：$\ln j_t = \rho_j \ln j_{t-1} + \varepsilon_t^j$，$\varepsilon_t^j \sim N(0, \sigma_j^2)$。

家庭最优化问题的约束条件为：

$$C_t + q_t(H_t - H_{t-1}) + D_t + S_t \leq W_t^c L_t^c + W_t^h L_t^h + \frac{R_{t-1}^e D_{t-1}}{\pi_t} + \frac{R_{t-1}^s S_{t-1}}{\pi_t} \tag{5.13}$$

约束条件不等式左边为家庭部门当期支出，包括消费支出、住房存量的更新、商业银行存款以及购买银行理财产品；不等式右边为当期收入，包括劳动收入、商业银行存款利息收入以及银行理财产品收益。其中：q_t 为房地产价格；D_t 为居民在商业银行的存款量；S_t 为居民购买的理财产品数额；W_t^c、W_t^h 分别为家庭部门从消费品生产商和房地产开发商获得的平均工资；R_t^s 为商业银行存款利率；R_t^e 为理财产品收益率；π_t 为 t 时期的通货膨胀水平。

家庭最优化行为的一阶条件为：

$$\frac{1}{C_t} = \mathrm{E}_t \left(\frac{\beta R_t^e}{\pi_{t+1} C_{t+1}} \right) \tag{5.14}$$

$$\frac{q_t}{C_t} = \frac{j_t}{H_t} + \beta \mathrm{E}_t \left(\frac{q_{t+1}}{C_{t+1}} \right) \tag{5.15}$$

$$\frac{W_t^c}{C_t} = (L_t^c)^{\frac{1}{\eta-1}} [L_t^{c\frac{1}{\eta}} + L_t^{h\frac{1}{\eta}}]^{\eta-1} \tag{5.16}$$

$$\frac{W_t^h}{C_t} = (L_t^h)^{\frac{1}{\eta-1}} [L_t^{c\frac{1}{\eta}} + L_t^{h\frac{1}{\eta}}]^{\eta-1} \tag{5.17}$$

式（5.14）表示的是家庭消费的欧拉方程；式（5.15）表示的是住房跨期欧拉方程；式（5.16）和式（5.17）表示劳动供给数量与实际工资之间的关系。

（二）消费品生产商

消费品生产商包括最终品生产商和中间品生产商。中间品生产厂商生产存在差异的中间品，并出售给最终产品生产厂商；最终品生产厂商将存在差异的中间品加工组成没有区别的最终品。

最终品生产商在完全竞争市场购入连续的中间产品 $Y_t^c(i)$，其中 $i \in [0,1]$，生产最终直接用于消费的产品 Y_t^c，生产函数为：

$$Y_t^c = \left[\int_0^1 Y_t^c(i)^{\frac{\sigma_c-1}{\sigma_c}} \mathrm{d}i \right]^{\frac{\sigma_c}{\sigma_c-1}} \tag{5.18}$$

其中：σ_c 为不同中间商品之间的替代弹性。其最优化条件可以得到的需求函数为：

$$Y_t^c(i) = \left[\frac{P_t^c(i)}{P_t^c} \right]^{-\sigma_c} Y_t^c \tag{5.19}$$

最终消费品和中间品价格之间的关系为：

$$P_t^c = \left[\int_0^1 P_t^c(i)^{1-\sigma_c} \mathrm{d}i \right]^{\frac{1}{1-\sigma_c}} \tag{5.20}$$

中间品生产商在垄断竞争市场雇佣家庭的劳动，并投入资本以生产有差别的中间品，生产函数具有规模报酬不变的特征，设置为：

$$Y_t^c(i) = A_t^c K_{t-1}^{c(1-\lambda_l)} L_t^{c\lambda_l} \tag{5.21}$$

其中：A_t^c 为生产力水平；K_{t-1}^c 为上一期积累的资本；L_t^c 为家庭提供的劳动；

λ_l 为家庭劳动投入的比例。中间厂商的定价问题遵循 Calvo 定价原理，假设在每一时期 t 内每个中间厂商能以概率 $1-v$ 制定新的价格，并且所有重新定价的中间厂商都会选择相同的新价格，即 P_t^{c*}，因此 t 期中间厂商总体价格水平可以表示为：

$$P_t^c(i) = \left[v(P_t^c)^{\sigma_c} + (1-v)(P_t^{c*})^{1-\sigma_c} \right]^{\frac{1}{1-\sigma_c}} \tag{5.22}$$

（三）房地产开发商

房地产开发商从商业银行获得贷款，从影子银行部门融资，采用资本、劳动和土地来进行房地产开发建设，生产函数符合规模报酬不变的特性：

$$Y_t^h = A_t^h K_{t-1}^{h\ell_k} L_t^{h\ell_l} H_{t-1}^{1-\ell_k-\ell_l} \tag{5.23}$$

其中：Y_t^h 为房地产开发商的最终产出；A_t^h 为技术水平；K_{t-1} 和 H_{t-1} 为上一期的资本和房地产存量；ℓ_k、ℓ_l 分别为资本和家庭劳动的投入比例。

对于房地产开发商来说，其目标即为最大化其消费，即：

$$\max \mathrm{E}_t \sum_{t=0}^{\infty} \alpha_t \ln C_t^h \tag{5.24}$$

其中：C_t^h 为房地产开发商的消费；α 为贴现因子，$0 < \alpha < 1$。房地产开发企业所受现金流的约束条件如下：

$$Y_t^h + B_t^h + SH_t = C_t^h + q_t(H_t - H_{t-1}) + W_t^h L_t^h + \frac{R_{t-1}^b B_{t-1}^h}{\pi_t} + \frac{R_{t-1}^{sh} SH_{t-1}}{\pi_t} + I_t^h \tag{5.25}$$

其中：B_t^h 为房地产开发商从商业银行获取的贷款；R_t^b 为商业银行贷款利率；SR_t 为房地产开发商向影子银行融资的数量；R_t^{sh} 为影子银行提供融资的利率；I_t^h 为房地产开发商的投资。房地产开发企业总体信贷规模为 $B_t = SH_t + B_t^h$。

房地产开发商的投资 I_t^h 与资本存量 K_t^h 之间存在如下关系：

$$K_{t+1}^h = I_t^h + (1-\delta)K_t^h \tag{5.26}$$

该式表示的是房地产开发商资本存量的积累情况，δ 为资本折旧率。

本书借鉴 Christensen 和 Dib（2008）以及 Iacaviello（2005）的研究，引入信贷约束机制，在这一机制下，房地产开发商将所拥有的房地产抵押给商业银行获得抵押贷款，但是房地产开发商能够获得的抵押贷款的数量由其还款期抵押品的预期价值所决定。假设 m^h 为房地产开发商信贷约束比例，需满足：

$$B_t^h \leqslant m^h \frac{\mathrm{E}_t(q_{t+1}H_t\pi_{t+1})}{R_t^b} \tag{5.27}$$

（四）影子银行

影子银行资金构成主要包括两部分：一部分来自于影子银行自身留存收益的积累，主要指影子银行净资产 N_t^{sh}；另一部分为商业银行提供的资金转移 TR_t，主要是指商业银行发行的理财产品。影子银行资产负债情况可以表示为：

$$SH_t = N_t^{sh} + TR_t \tag{5.28}$$

影子银行的净资产为经营收益扣除还款额，因此净资产的积累方程为：

$$N_{t+1}^{sh} = R_t^{sh} SH_t - R_t^{tr} TR_t = (R_t^{sh} - R_t^{tr})SH_t + R_t^{tr} N^{sh} \tag{5.29}$$

其中：R_t^{tr} 为商业银行向影子银行转移资金的收益率。

考虑到影子银行产品具有一定期限性，到期兑付后即可退出市场，假设市场中每期都有影子银行机构退出市场，影子银行的最终目的是退出市场时期望净资产 V_t^{sh} 的最大化，所以其目标函数为：

$$V_t^{sh} = \max E_t \sum_{t=0}^{\infty} (1-\mu)\mu^i \beta^{i+1} \Lambda_{t,t+1+i} \big[(R_{t+i}^{sh} - R_{t+i}^{tr})SH_{t+i} + R_{t+i}^{tr} N_{t+i}^{sh} \big] \tag{5.30}$$

其中：μ 为影子银行留在市场的概率；$\Lambda_{t,t+1} = \dfrac{\lambda_{t+1}}{\lambda_t}$ 为定义在最优消费路径上的贴现因子。我们把 V_t^{sh} 写成动态规划的形式：

$$V_t^{sh} = v_t SH_t + \theta_t N_t^{sh} \tag{5.31}$$

其中：v_t 为影子银行增加 1 单位资产得到的边际收益；θ_t 为影子银行增加 1 单位净资产得到的边际收益。二者定义为：

$$v_t = E_t \big[(1-\mu)\beta\Lambda_{t,t+1}(R_{t+1}^{sh} - R_{t+1}^{tr}) + \beta\Lambda_{t,t+1}\mu x_{t,t+1} v_{t+1} \big] \tag{5.32}$$

$$\theta_t = E_t \big[(1-\mu) + \beta\Lambda_{t,t+1}\mu z_{t,t+1}\theta_{t+1} \big] \tag{5.33}$$

借鉴 Gertler 和 Karadi（2011）的模型设置，我们在模型中引入激励相容约束。由于影子银行存在道德风险问题，即在每一期时，可以选择不遵守与商业银行的借款合同，将自己总资产中的部分带走并直接退出市场，因而为了避免影子银行违约带来的损失，需要保证影子银行期望净资产满足如下的激励相容约束：

$$V_t^{sh} \geqslant \omega_t^{sh} SH_t \tag{5.34}$$

其中：ω_t^{sh} 为影子银行违约，侵吞银行资产的概率。只有满足激励约束的条件，即影子银行净资产大于可转移资产的价值时，影子银行才能继续经营。如果影子银行打破市场激励约束，商业银行将不会将资金转移至该影子银行，影子银行破产，退出市场。

结合 V_t^{sh} 的表达式，我们可以计算出：

$$SH_t = \frac{\theta_t}{\omega_t^{sh} - v_t} N_t^{sh} \tag{5.35}$$

其中：定义 $\xi_t = \dfrac{\theta_t}{\omega_t^{sh} - v_t}$，为影子银行融资的杠杆率，反映其风险的大小，因此影子银行在自身拥有净资产 N_t^{sh} 的情况下所能持有的总资产最多不能超过 $\xi_t N_t^{sh}$，否则影子银行就会破产。

（五）商业银行

本部分借鉴 Gertler 和 Karadi（2011）的设定，引入影子银行融资利差冲击，反映商业银行向影子银行的资产转移动力，设定如下：

$$\psi_t' = v\big[\,\mathrm{E}(\log R_{t+1}^{sh} - \log R_{t+1}^{tr}) - (\log \overline{R}^{sh} - \log \overline{R}^{tr})\,\big] + \psi_t \tag{5.36}$$

其中：ψ_t' 为影子银行融资利差参数；v 为影子银行融资利差调整系数；ψ_t 为影子银行融资利差冲击，服从 $AR(1)$ 过程：$\ln\psi_t = \rho_\psi \ln\psi_{t-1} + \varepsilon_t^\psi$，$\varepsilon_t^\psi \sim N(0, \sigma_\psi^2)$。如果预期影子银行融资利差高于均衡利差越大，说明发展影子银行业务越有收益，商业银行越有动力发展影子银行业务，因而商业银行向影子银行的资金转移量也会增加，反之减少。

商业银行资产总额包括向房地产开发商的贷款和向影子银行转移的资金，商业银行负债包括自有资本和外部借款，外部借款由存款和理财产品构成，因此，商业银行资产负债情况为：

$$B_t^h + TR_t = N_t^b + O_t = N_t^b + (1 - R_t^d)D_t + S_t \tag{5.37}$$

其中：O_t 为外部借款；N_t^b 为商业银行净资产；R_t^d 为中央银行设定的存款准备金率，用以调整商业银行信贷规模。

理财产品与外部借款之间的关系为：$\partial_t = \dfrac{S_t}{O_t}$，则 $1 - \partial_t = \dfrac{(1 - R_t^d)D_t}{O_t}$，本书假设 ∂_t 由商业银行的资产组合所决定而非家庭，家庭只是被动的接受者。

相对应地，外部借款利率 R_t^o 也是由存款利率 R_t^e 和理财产品收益率 R_t^s 加权平均得出的：

$$R_t^o = \partial_t R_t^s + (1 - \partial_t)\frac{R_t^e - R_t^d}{1 - R_t^d} \tag{5.38}$$

商业银行净资产的积累方程为：

$$N_{t+1}^b = R_t^b B_t^h + R_t^{tr}TR_t - R_t^o O_t = (R_t^b - R_t^o)B_t^h + (R_t^{tr} - R_t^o)TR_t + R_t^o N_t^b \tag{5.39}$$

类似于影子银行，在该期中每家商业银行都会有 $1 - \kappa$ 的概率退出金融市场，成为普通消费者进行消费，因此商业银行最终目标是使退出市场时的期望净资产 V_t^b 达到最大：

$$V_t^b = \max \mathrm{E}_t \sum_{i=0}^{\infty} (1 - \kappa)\kappa^i \beta^{i+1} \Lambda_{t,t+1+i}\big[\,(R_{t+i}^b - R_{t+i}^o)B_{t+i}^h + (R_{t+i}^{tr} - R_{t+i}^o)TR_{t+i}$$
$$+ R_{t+i}^o N_{t+i}^b\,\big] \tag{5.40}$$

同理，我们把 V_t^b 写成动态规划的形式：

$$V_t^b = \lambda_t^b B_t^h + \lambda_t^{tr}TR_t + \gamma_t N_t^b \tag{5.41}$$

商业银行也受到激励相容约束，由于商业银行存在道德风险问题，即在每一期都可以选择拒绝履行与家庭的借款合约,将自己总体财富中的一部分带走然后离开市场,因而为了规避商业银行违约产生的亏损,需要确保商业银行期望净资产符合如下激励相容约束:

$$V_t^b \geq \omega_t^b (B_t^h + TR_t) \tag{5.42}$$

其中:ω^b 为银行违约,吞没家庭资产的概率。如果商业银行打破市场激励约束,家庭将不会把存款存至该银行,从而导致银行破产,退出市场。

计算得出,商业银行总资产、融资杠杆率与净资产之间的关系为:

$$B_t^h + TR_t = \frac{\gamma_t}{\omega_t^b - \ell(\lambda_t^b - \lambda_t^{tr}) - \lambda_t^{tr}} N_t^b \tag{5.43}$$

其中:定义 $\phi_t = \dfrac{\gamma_t}{\omega_t^b - \ell(\lambda_t^b - \lambda_t^{tr}) - \lambda_t^{tr}}$,为商业银行融资的杠杆率,反映商业银行风险的大小,因此商业银行在自身拥有净资产 N_t^b 的情形下,所能持有的总资产最多不能超过 $\phi_t N_t^b$。

(六)中央银行

本书假设中央银行采取数量型货币政策规则进行宏观调控,将货币供应量作为数量型货币政策的代理变量,货币政策变动规则为:

$$\omega_t = \rho_m \omega_{t-1} - \phi_\pi E_t \pi_{t+1} - \phi_y Y_t + \upsilon_{m,t} \tag{5.44}$$

其中:$\omega_t = \dfrac{M_t}{M_{t-1}} \pi_t$ 为名义货币增长率;ρ_m 为货币政策冲击的持续性参数;ϕ_π 为货币政策中通货膨胀预期的权重系数;ϕ_y 为货币政策中产出缺口的权重系数,$\upsilon_{m,t}$ 为货币政策冲击。

(七)市场出清

在均衡状态下,产品市场、房地产市场和信贷市场出清,对经济形成总体资源约束。

$$Y_t^c = C_t + C_t^h + I_t^h \tag{5.45}$$

$$Y_t^h = H_t - (1 - \delta) H_{t-1} \tag{5.46}$$

$$B_t = SH_t + B_t^h \tag{5.47}$$

(八)外生冲击

本书假设在经济中存在三种外生冲击,分别如下:

影子银行融资效率冲击:$\ln\psi_t = \rho_\psi \ln\psi_{t-1} + \varepsilon_t^\psi \tag{5.48}$

房地产偏好冲击:$\ln j_t = \rho_j \ln j_{t-1} + \varepsilon_t^j \tag{5.49}$

货币政策冲击:$\ln\upsilon_{m,t} = \rho_m \ln\upsilon_{m,t-1} + \varepsilon_t^m \tag{5.50}$

其中:ρ_ψ、ρ_j 和 ρ_m 为冲击的持续系数;ε^ψ、ε^j 和 ε^m 为随机扰动项,均服从正态分布,其均值全部等于 0,它们的标准差分布分别为 σ_ψ、σ_j 和 σ_m。

五、实证分析

(一) 数据来源与处理

因为方程是非线性的, 所以我们采用刘斌 (2010) 介绍的对数线性化的方法对数据进行处理。首先对公式进行对数线性化, 再用 Dynare 软件包在 Matlab 中模拟在受到外界产生冲击时, 各个经济变量是如何变化的。根据本节建立的模型, 样本区间选取 2011 年第一季度到 2016 年第四季度的季度数据, 数据来自中国人民银行网站和 Wind 数据库。其中: 总产出用实际 GDP 数据表示; 总消费用社会消费品零售总额和商品房销售额合计数; 通货膨胀用居民消费价格指数 CPI 的数据; 名义利率用银行间同业拆借利率表示。以上均为经过 HP 滤波处理得到各变量的波动数据。

(二) 参数校准

首先, 将家庭部门的主观贴现因子取值为 0.96; 劳动供给跨期替代弹性 η 参考刘斌 (2008) 研究, 设定为 1.16; 参考 Gertler 和 Karadi (2011) 的设定, 将中间要素产品之间的替代弹性 σ_c 校准为 0.33; 参考郝毅和李政 (2017) 的设定, 将消费品生产部门劳动投入比例 λ_l 设定为 0.5, 将房地产生产部门劳动的投入比例 $\mathcal{l}$ 和资本的投入比例 $\mathcal{l}_k$ 均设为 0.3; 企业贴现因子 α 参考 Gertler 等 (2010), 设定为 0.99; 根据康立等 (2013) 的估计, 为使资本年折旧率达到 10%, 我们将资本季度折旧率 δ 设定为 0.025; 参考 Gertler 等 (2010), 将影子银行留在市场的概率 μ 设定为 0.9685; 参照 Gertler 和 Karadi (2011) 的设定, 我们将影子银行吞没银行资产的概率和商业银行吞没家庭资产的概率 ω^{sh} 和 ω^b 均设定为 0.38; Gertler 和 Karadi (2011) 认为影子银行融资利差调整系数 v 的取值在 10~100, 因此我们设定为 11, 商业银行留在市场的概率 κ 设定为 0.9, 如表 5-11 所示。

表 5-11 模型中部分参数校准

参数符号	参数含义	参数校准值
β	家庭贴现因子	0.9600
η	劳动供给跨期替代弹性	1.1600
σ_c	中间要素产品替代弹性	0.3300
λ_l	消费品生产部门劳动投入比例	0.5000
$\mathcal{l}_k$	房地产生产部门资本投入比例	0.3000
$\mathcal{l}$	房地产生产部门劳动投入比例	0.3000
α	企业贴现因子	0.9900

参数符号	参数含义	参数校准值
δ	资本折旧率	0.0250
m^h	房地产企业抵押贷款比例	0.5000
μ	影子银行留在市场的概率	0.9685
ω^{sh}	影子银行吞没银行资产的概率	0.3800
v	影子银行融资利差调整系数	11.000
κ	商业银行留在市场的概率	0.9000
ω^b	商业银行吞没家庭资产的概率	0.3800

（三）部分参数贝叶斯估计

表 5 - 12 给出了相关变量的校准值，模型中待估计的参数为 ρ_ψ，ρ_j，ρ_m，ϕ_π，ϕ_y，ε^ψ，ε^j，ε^m，根据相关文献及我国实际经济数据进行取值。参考 Gertler 和 Karadi（2011）将影子银行融资利差冲击的持续性参数 ρ_ψ 的先验均值设定为 0.50；参考马亚明和刘翠（2014）的研究，将房地产偏好冲击的持续性参数 ρ_j 设为均值为 0.95 的先验分布；参考刘喜和等（2014）的研究将货币政策冲击持续性参数 ρ_m 的先验均值设定为 0.60，将货币政策中通货膨胀预期的权重系数 ϕ_π、货币政策中产出缺口的权重系数 ϕ_y 分别设定为 0.31 和 0.06。房地产偏好冲击 j、影子银行融资利差冲击 ψ 的和货币政策冲击 $v_{m,t}$ 标准差的先验均值均设定为 0.01，且服从 InvGamma 分布。

表 5 - 12　　　　　　　　　　贝叶斯参数估计结果

变量	变量含义	先验分布	均值	标准差	后验均值	95% 后验置信区间
ρ_ψ	影子银行融资利差冲击持续性参数	Beta	0.50	0.05	0.5035	[0.4256，0.5692]
ρ_j	房地产偏好冲击持续性参数	Beta	0.95	0.01	0.9435	[0.9346，0.9564]
ρ_m	货币政策冲击持续性参数	Beta	0.60	0.05	0.6257	[0.5456，0.6413]
ϕ_π	货币政策中通货膨胀预期的权重系数	Beta	0.31	0.05	0.3245	[0.3128，0.3356]
ϕ_y	货币政策中产出缺口的权重系数	Beta	0.06	0.05	0.0637	[0.0612，0.0732]
ε^ψ	影子银行融资利差冲击标准差	InvGamma	0.01	Inf	0.0212	[0.0167，0.0398]
ε^j	房地产偏好冲击标准差	InvGamma	0.01	Inf	0.0163	[0.0145，0.0187]
ε^m	货币政策冲击标准差	InvGamma	0.01	Inf	0.0086	[0.0072，0.0093]

（四）脉冲响应分析

通过 Matlab 中的 Dynare 工具箱，我们可以得到房地产开发商产出、影子银行提供融资的利率及规模、商业银行贷款利率及规模、影子银行融资杠杆率、商业银行融资杠杆率等关键变量对影子银行融资利差冲击 ψ、房地产偏好冲击 j

以及货币政策冲击 $v_{m,t}$ 的脉冲响应图，通过各关键变量的波动程度，让我们更加直观地了解系统中房地产开发商的融资行为、影子银行业务发展情况和银行业系统性风险情况。我们下面将会从影子银行融资利差冲击、房地产偏好冲击以及货币政策冲击三方面进行分析。

1. 影子银行融资利差冲击

图 5 - 8 表示 1 单位正向影子银行融资利差冲击对主要经济变量影响的脉冲响应。当施加标准差为 1% 的正向影子银行融资利差冲击时：其一，在房地产开发商产出方面，初期使得房地产开发商的产出呈现负向响应，在第 2 期下降到最低值 - 0.007，然后迅速回升，大约在第 9 期达到最高值 0.003，之后逐步回升至稳态水平。这表明影子银行融资利差的增加在最初阶段会使商业银行增加对影子银行的资金转移从而缩减对房地产部门的信贷额造成房地产产出下降，然而随着时间的推移，影子银行会将这部分资金大量投入房地产部门，从而推动房地产产出的回升。其二，在信贷规模方面，影子银行融资利差的增加会增加商业银行对影子银行的资金转移，从而使影子银行的可贷资金增加，影子银行提供的信贷融资规模也会相应上升，初期正向偏离稳态值 0.001，随着商业银行资金转移量的增加而持续上升，在第 5 期达到了最大值 0.0022，而后回归到稳态水平。同时，商业银行向影子银行的资金转移行为减少了商业银行的可贷资金，商业银行贷款量初期下降了 0.003。其三，在资金价格方面，正向的影子银行融资利差冲击使影子银行的资金价格出现了负向响应，影子银行提供融资的利率初期下降了 0.06，而后继续下降到最低值 - 0.13，之后回升，大约在第 30 期回归到稳态水平。同时，影子银行业务的发展部分提升了商业银行的资金价格，贷款利率初期增加了 0.05 个单位。其四，在系统性风险方面，影子银行融资杠杆率随着商业银行资产转移的增加也在相应提升，约在第 5 期达到最高值 0.0023，而后逐步回归稳态。与此同时，商业银行的融资杠杆率也在不断提升，初期增加了 0.0015，约在第 6 期达到最大值 0.0035。通过以上脉冲响应结果我们可以看出，正向的影子银行融资利差冲击初期对房地产开发商产出造成负面影响，且商业银行发展影子银行业务在部分推升商业银行贷款利率外，也在一定程度上降低了影子银行的资金价格，使得社会整体的融资价格下降。影子银行融资利差的扩大使得商业银行不断向影子银行转移资金，推升了影子银行的融资杠杆率，形成了影子银行的高杠杆风险。同时随着商业银行理财产品的不断发行，商业银行融资杠杆率也不断提升，商业银行系统性风险增加。影子银行与商业银行之间的资金往来为影子银行风险向商业银行传导提供了路径，影子银行风险可以通过资金链渠道和信息渠道传导至商业银行，加大了银行业系统性风险。

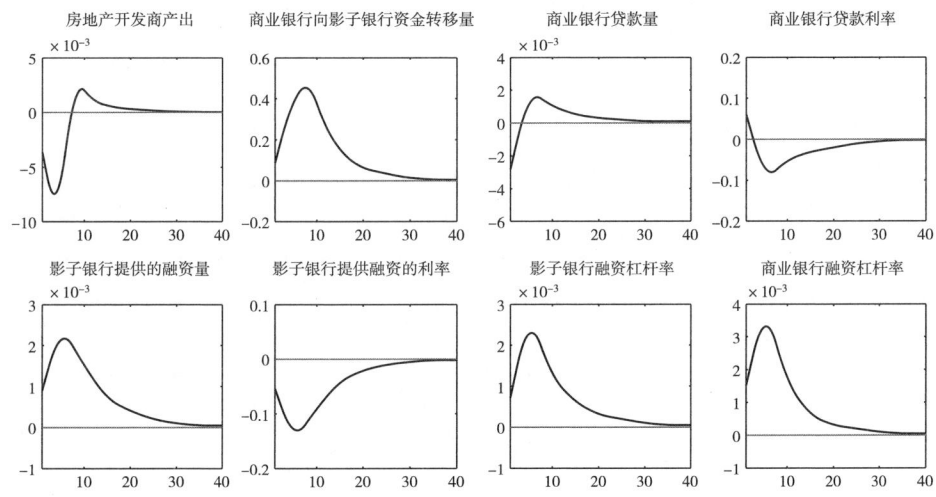

图 5 - 8 正向影子银行融资利差冲击的脉冲响应

2. 房地产偏好冲击

图 5 - 9 表示给定 1 单位正向房地产偏好冲击对主要经济变量影响的脉冲响应。当施加标准差为 1% 的正向房地产偏好冲击时：其一，在房地产开发商产出方面，房地产的边际效益上升，家庭会增加房地产的投资比重，房地产开发商在观察到家庭需求变化后，也会增加对于房地产的供应，因而房地产开发商产出迅速增加 0.0016，而后继续上升到最高值 0.0025，大约在第 3～5 期回归到稳态水平。其二，在信贷规模方面，商业银行信贷量也会相应提升，初期增加了 0.022 个单位，而后迅速下降，在第 6 期下降到最低值 - 0.004，而后逐步回归到稳态水平。同时，不断扩大的房地产产出也增加了对于影子银行的资金需求，也改变了影子银行的资金格局，增加了对房地产部门的资金投向，使得影子银行提供融资的数额相对于稳态值上升。其三，在资金价格方面，正向的房地产偏好冲击使得资金水平出现较大增幅，商业银行贷款利率初期上升了 0.009，影子银行提供融资的利率初期提升了 0.0016。其四，在系统性风险方面，正向房地产偏好冲击增加了商业银行向影子银行的资金转移量，影子银行融资杠杆率和商业银行融资杠杆率都有所提升，影子银行融资杠杆率在第 4 期达到最大值 0.3，商业银行融资杠杆率在第 5 期达到最大值 0.43。通过以上脉冲响应结果我们可以看出，居民增加的房地产偏好会增加房地产企业的产出，也会在一定程度上提升融资资金的价格，同时，面临不断增加的房地产需求，商业银行追逐利润的动机使它们一方面通过贷款的方式直接向房地产企业提供资金；另一方面通过不断发行理财产品的形式支持影子银行的发展，间接为房地产开发商提供资金，因而影子银行和商业银行的融资杠杆率都会有较大提升，杠杆率的提

升加大了影子银行和商业银行系统的风险，造成整个金融体系的不稳定。

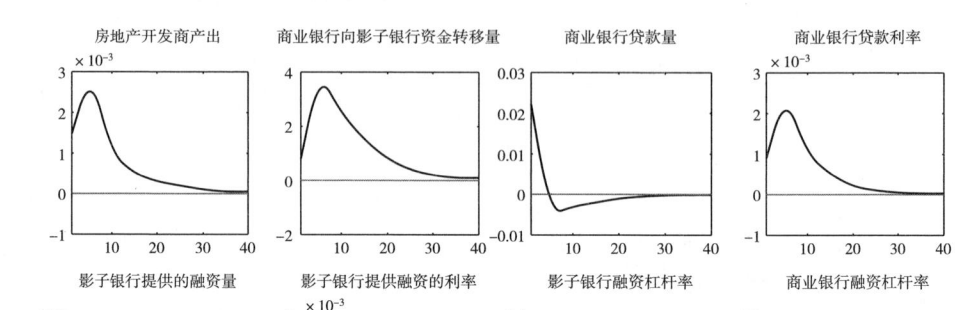

图 5 - 9   正向房地产偏好冲击脉冲响应

3. 货币政策冲击

图 5 - 10 表示给定紧缩性货币政策冲击（存款准备金率增加 1%）对主要经济变量影响的脉冲响应。当施加标准差为 1% 的货币政策冲击时：其一，在房地产开发商产出方面，由于受到信贷约束的影响，房地产开发商的产出也出现了下降，在第 2 期时向下偏离稳态值约 0.0022。其二，在信贷规模方面，紧缩性的货币政策使得商业银行可贷资金减少，商业银行贷款量下降，初期时负向偏离稳态值 0.02 个单位，为了获得更多的收益，商业银行更有动力发展影子银行业务，不断增加以银行理财产品的形式向影子银行转移资金的数额，影子银行融资规模上升，初期时正向偏离稳态值 0.013，在第 4 期达到最大值 0.022。其三，在资金价格方面，紧缩性货币政策冲击对于资金价格造成负向影响，商业银行贷款利率初期下降了 0.09 个单位，第 5 期下降到最小值 - 0.18，而后逐步回升，影子银行提供融资的利率初期下降了 0.15，在第 6 期负向偏离稳态值至最低点 - 0.26，而后大约在第 30 期回归到稳态水平。其四，在系统性风险方面，在紧缩性货币政策背景下，商业银行为了获得更多的收益将不断发行新的理财产品，推动了影子银行的发展，影子银行融资杠杆率不断提升，在第 6 期达到最大值 0.27，随着商业银行负债规模的增加，商业银行融资杠杆率也迅速攀升，初期正向偏离稳态 0.18 个单位，在第 5 期达到最大值 0.48，逐步回归到稳态水平。通过以上结果我们可以看出，紧缩性货币政策冲击造成了房地产产出的下降，商业银行贷款利率并没有因为信贷政策的紧缩而提升，反而随着影子银行提供融资利率的下降而下降，影子银行的存在削弱了货币政策的有效性，中央

银行通过货币政策调控经济的目标难以实现，这与裴翔和周强龙（2014）的研究结论相一致。此外，商业银行的逐利动机使得商业银行不断发行理财产品来推动影子银行的发展，商业银行融资杠杆率也随之而不断攀升，商业银行系统性风险集聚。因而，商业银行发展影子银行业务的行为加大了银行业系统性风险，造成了整个金融系统风险的积累。

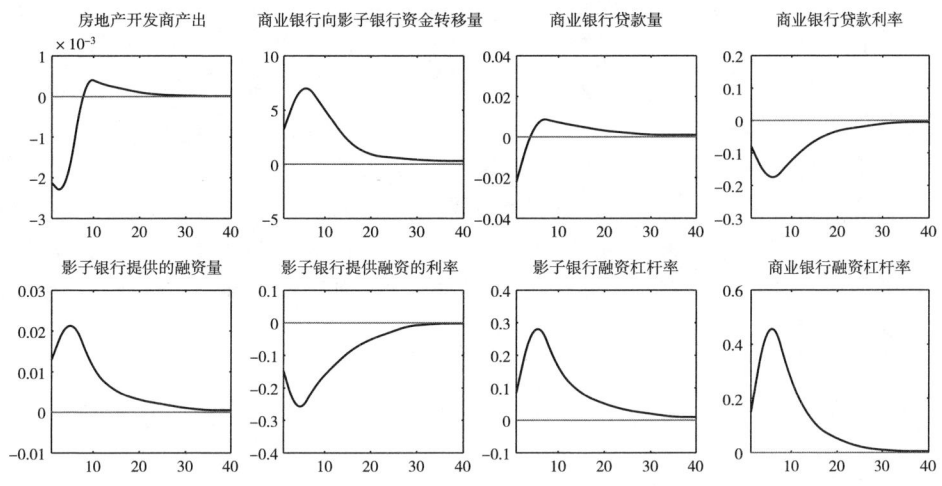

图 5 – 10　紧缩性货币政策冲击脉冲响应

六、结论及政策建议

在目前我国影子银行规模迅速扩张的背景下，我们建立了一个包含家庭、消费品生产商（最终品生产商和中间品生产商）、房地产开发商、影子银行、商业银行和中央银行多部门经济主体的动态随机一般均衡模型，通过正向的房地产偏好冲击、商业银行资产转移冲击以及货币政策冲击，从房地产开发商产出、信贷规模、资金价格和系统性风险四个方面，讨论了房地产企业融资行为引致商业银行发展影子银行业务的情况，分析了影子银行风险传递到商业银行的路径以及影子银行的发展对于银行业系统性风险的影响。研究结果表明：房地产开发商的融资行为增加了商业银行发展影子银行业务的动机，商业银行不断通过理财产品的形式向影子银行转移资金，不但加大了影子银行融资杠杆率，同时也使得商业银行融资杠杆率不断提升；商业银行向影子银行转移资产的行为为影子银行风险传导至银行体系提供了路径，影子银行体系集聚的大量风险可以通过直接渠道以及间接渠道等传染至商业银行，为银行业系统性风险的形成提供了导火索；另外，影子银行的存在也削弱了货币政策有效性，政策预期与实际结果相差很大，使得中央银行通过货币政策调控宏观经济的目标难以实现。

　　结合主要研究结论和我国影子银行发展状况，我们提出以下引导影子银行合理健康发展和防范我国系统性金融风险的政策建议：第一，完善我国的宏观审慎监管体系，将全部影子银行机构纳入宏观审慎监管，实行统一的宏观审慎监管体制，强调三大分业监管协会的配合，共同监督影子银行健康发展，同时建立宏观审慎监管指标体系，明确对于影子银行发展的要求，对银行体系的总体经营和风险进行监督。对银行机构是否按照会计规则并表的监管，可有效揭露影子银行风险。第二，建立影子银行与商业银行之间的防火墙。一方面从商业银行内部出发，建立传统业务与影子银行业务的防火墙，防止理财产品借助通道投向国家严格限制的领域；另一方面要在商业银行与影子银行之间设立防火墙，加强对于合作影子银行资质以及资金投向的审查，建立与合作机构的风险代偿机制。第三，加强影子银行信息披露，健全影子银行法律法规，包括建立统一的影子银行信息收集和统计平台，实现监管部门间信息共享，还要加快对于新兴影子银行机构的立法进程，从更高的法律层面对影子银行机构进行监管，保障投资者的合法权益。

第六章　我国房地产价格波动对系统性金融风险的影响及动态特征[①]

第一节　我国房地产价格波动对系统性金融风险影响的动态机制研究

一、研究背景

近年来，我国的房地产市场发展十分迅速，住房市场改革不断推进，房地产价格也随之步步攀升。2016 年，房地产市场迎来了此轮周期的高点。国家统计局数据显示，2016 年 8 月，全国 70 个大中城市中有 64 个城市新建商品住宅销售价格同比上涨，其中，北京、上海、广州三大一线城市新建商品住宅销售价格同比涨幅均在 20%～40%，深圳新建商品住宅销售价格同比涨幅甚至高达43.01%，房价涨幅屡创新高。2016 年全年的成交量创下了历史新高，最具有代表性的 50 个城市全年月均成交约 3710 万平方米，同比增长逾两成，成交量绝对额突破历史同期最高纪录。为了抑制房价的过快上涨，自 2017 年 3 月 16 日北京颁布最严限购令开始，全国多地楼市调控政策密集出台，市场环境收紧，价格出现一定程度的回落。为了防止房价泡沫破灭所造成的系统性金融风险，2016年 12 月中央经济工作会议中强调："要把防控金融风险放到更加重要的位置，并进一步明确住房的居住定位，在支持居民自住购房的同时更加注重抑制投资投机性需求，以防止热点城市的泡沫风险及市场出现大起大落。"

房地产行业的繁荣发展离不开金融方面的大力支持，我国的金融体系以银行为中心就决定了房地产业的融资需求更多地依靠商业银行等金融机构来满足，因此，房地产价格水平的波动在很大程度上会对我国金融业乃至整个金融体系的稳定产生影响。历史上，房地产价格波动引发金融危机的现象时有发生，如

---

①　本章部分内容引自：[1] 郭娜. 房价波动、宏观审慎监管与最优货币政策选择. 《南开经济研究》，2018（4）；[2] 郭娜，章倩，周扬. 房价"黏性"、系统性金融风险与宏观经济波动——基于内生化系统性风险的 DSGE 模型. 《当代经济科学》，2017（6）.

日本、美国、东南亚都曾因为房地产泡沫导致金融危机爆发，严重破坏本国甚至全球的金融系统稳定性，造成全球经济的衰退和金融秩序的混乱。持续上涨的房地产价格不仅侵蚀了居民的消费能力，同时也对我国的金融稳定乃至民生问题都产生了巨大影响。我国政府开始担忧房价泡沫破灭对金融系统稳定造成的冲击，并开启了新一轮严苛的房地产调控政策。2011年"国十条"出台，发布"限购限贷令"以调整房地产市场的供求状况；2015年年底中央工作会议重点谈及房地产问题，"化解房地产市场库存"成为经济社会发展的任务之一；2016年10月，针对房价上涨热点城市的限购限贷政策再次重启。人民银行也采用了包括降准降息和控制货币信贷规模等多种货币政策工具来对房地产市场进行调控。目前，我国房价高涨是否会对系统性金融风险造成直接的影响？其动态影响程度如何？何种调控手段更为有效？关于这些问题的正确回答，对于保障我国金融体系稳定和改善房地产市场有着十分重要的理论和实践意义。因此，本书将采用基于有向无环图（DAG）的结构向量自回归（SVAR）模型和预测误差方差分解的方法，系统分析房价波动对我国系统性金融风险造成的动态影响，在此基础上讨论房地产市场调控手段的有效性问题，以期能够为维护我国金融稳定和政府进一步实施有效的房地产市场调控政策提供依据。

二、文献综述

前期关于房地产价格水平波动与金融体系稳定的研究主要以 Bernanke 和 Gertlrter（1995）以及 Allen 和 Gale（2000）等为代表，这些研究成果大多注重探讨房地产价格水平波动对银行体系是否产生影响以及这种影响的传导机制。Collyns 和 Senhadji（2002）运用了向量自回归的方法对中国香港、新加坡、泰国、韩国四个国家和地区的房地产价格水平与银行贷款之间的关系进行研究，并得出结论：房地产价格的波动与银行贷款变动之间具有显著的相关性和一致性。Goodhart 和 Hofmann（2007）实证得出，短期而言，实际利率对房地产价格存在显著负相关性，长期来说，房地产价格波动对银行信贷变动产生的影响更大。美国金融危机的爆发又开始让学者们聚焦到房价与金融稳定的议题上，Crowe 和 Ariccia 等（2011）提出，如果房地产价格水平的迅速或持续上涨同时伴随着杠杆的加大和信贷的持续增长，那么一旦房地产泡沫破灭，此时的去杠杆化和信贷紧缩政策就可能波及整个金融体系甚至宏观经济的稳定。Pouvelle（2012）基于法国数据，认为房地产周期或价格波动与银行体系的稳健及金融稳定密切相联。Shen 和 Lee（2015）采用面板误差修正模型对我国27个省及4个直辖市的银行信贷和房地产价格水平之间的关系进行研究，实证结果表明，我国房地产价格水平对银行信贷的影响大于银行信贷对房地产价格水平的影响。

国内有关房地产价格影响金融稳定研究方面，张晓晶和孙涛（2006）重点研究了房地产周期对金融体系稳定的影响，他们提出房地产周期对金融体系稳定产生影响的重要渠道是期限错配风险、政府担保风险和房地产信贷风险暴露，并且据此提出了努力解决银行业问题和规范政府行为等政策建议。段忠东等（2007）在理论上解释了房地产价格与银行信贷之间的作用机制，并通过实证分析表明，从短期来看，房地产价格水平对银行信贷所产生的影响是有限的，但从长期来看，房地产价格水平和银行信贷增长之间存在着互为因果的关系。强林飞等（2010）通过协整分析、格兰杰因果关系检验发现我国房地产价格、银行信贷和宏观经济三者之间存在两两互动关系。郭娜和梁琪（2011）通过对房地产市场周期与金融稳定以及房地产市场周期的影响因素进行了相关度分析，认为经济状况和政策因素会很大程度上导致经济周期的产生，而且金融稳定面临着来自房地产行业的冲击。赵园（2015）选取了股票市值、房地产价格波动、金融稳定指数作为变量，构建了一个三变量的 VAR 模型，得到以房地产价格为代表的资产价格波动与金融稳定指数的变化两者互为因果关系的结论。宋凌峰和叶永刚（2017）采用或有权益资产负债表的方法并结合上市公司股票价格数据对中国房地产行业的宏观金融风险进行研究，得出中国房地产行业的风险受到房地产价格和银行信贷等因素的影响，过高或者过低的房地产价格水平都会增加房地产行业金融风险累积，房地产价格只有保持在适度水平才能有效地防范和控制风险，维护金融系统稳定。

国内外学者已经分别从各个层面各个角度比较全面深入地研究了房地产价格水平与银行体系乃至一国宏观金融稳定之间的关系问题，但前期研究成果并未讨论房地产价格上涨对系统性金融风险产生的重要影响。系统性金融风险是此次金融危机暴露出来的全球性金融体系新问题，许多国家因此开始构建满足自身需求的逆周期宏观审慎监管框架，从而降低由房地产市场失衡引发系统性风险并对实体经济造成的不利影响。因此，讨论系统性金融风险与房价波动的关系问题，在现阶段更具有现实意义。另外，前期文献在对金融稳定的指标选取中只采用银行贷款额或贷款/GDP 等指标来替代度量，使得结果的准确性和可靠性下降，也就无法为政策的进一步有效实施提供理论依据。有鉴于此，本节我们将采用基于 DAG 的结构向量自回归方法来分析房价波动对系统性金融风险的动态影响，从而为政策实施提供有益的参考依据。

从研究方法来看，前期成果大多选择采用预测误差方差分解方法、格兰杰因果关系检验和 VAR（或 VECM）模型来进行研究，但这些研究方法都有较大的局限性。首先，格兰杰因果关系描述的仅仅是时间概念上的"先于"关系，而不是具有真正意义的因果关系，此外它还忽略了变量之间的同期因果关系；其次，VAR 模型滞后阶数的选择对格兰杰因果关系的影响较大，不同的滞后阶数有可能得到截然相反的结论；更重要的是，格兰杰因果关系所检验的变量之间的显著性并不具有真正的经济意义，而是仅从统计角度来考虑的显著性，然而，研究者更应该关注的是前者。因此，仅仅通过格兰杰因果关系来研究我国货币政策与房地产价格调控之间的关系是不够的。与格兰杰因果关系相比而言，方差分解方法加入了对具有经济意义关系的变量之间显著性的考虑，这种方法更具合理性，其关键之处在于对扰动项之间的同期关系进行正确设定。但是，变量之间的同期关系很多时候难以确定，在国内外现有的对房地产价格调控手段和货币政策的研究成果中，多数文献采用乔利斯基（Cholesky）分解法，该方法对变量先后顺序十分敏感，或者在相关经济理论的基础上再结合作者的先验判断来限制随机误差项的同期因果关系，同样具有一定的主观性。

然而，Spirtes 等（2000）提出了有向无环图（Directed Acyclic Graphs，DAG）研究方法，该方法成功突破了上述方法的局限性。DAG 不需要任何先验判断和理论假设，只需要分析残差的方差协方差矩阵（或者相关系数矩阵），就能对扰动项之间存在的同期因果关系进行正确的识别，同时为 SVAR 的结构方差分解和结构关系设定提供依据。目前，这种数据驱动的研究方法已经被应用到经济相关研究领域中，并受到了国内外学者的广泛重视。鉴于此，为了突破传统 VAR 模型研究的局限性，本节运用基于有向无环图（DAG）的结构向量自回归模型对系统性金融风险的影响因素进行了深入细致的分析，克服了传统 VAR 模型研究的缺陷，以期得出更加准确且富有政策启示意义的结论，提高研究成果的准确性和稳健性。

三、研究方法与样本数据

（一）SVAR 模型和结构方差分解

一般 p 阶 VAR 模型可以表示为：

$$X_t = \mu + \sum_{i=1}^{p} \Phi_i X_{t-i} + e_t, t = 1, 2, \cdots, T \tag{6.1}$$

由式（6.1）可以看出，X_t 为列向量所构成的内生变量；p 为 VAR 模型中的滞后阶数；μ 为常数项列向量；T 为样本容量；Φ_1，$\cdots$，Φ_p 为系数矩阵；e_t 为随机误差项列向量；$\sum$ 为 e_t 的协方差矩阵。

传统的研究方法经常使用格兰杰因果关系检验来分析变量之间的关系，但是格兰杰因果关系检验存在无法克服的缺陷。预测方差分解方法对于解释变量之间的关系更有意义，但是，应用此方法的前提是必须对公式（6.2）中的矩阵 A 和 B 进行限制，即设定扰动项 e_t 之间的同期因果关系，对 VAR 模型结构进行识别，在此基础之上建立结构向量自回归模型（SVAR）。

$$Ae_t = v_t = Bu_t, u_t \sim N(0, I_k) \tag{6.2}$$

其中：A 和 B 为 K 阶方阵；u_t 为结构扰动项。乔利斯基正交化分解实际上是对变量设定了一个恰好识别的递归结构，即设定矩阵 A 是下三角矩阵，主对角线元素为 1，矩阵 B 为对角矩阵，这种递归的同期因果关系无疑是一种非常强的假设，而且不同的变量顺序往往会带来不同的分析结果。研究者大多依据以往的研究成果和自己的主观判断建立结构向量自回归模型（SVAR），变量之间的同期因果关系一般很难依靠经济理论指导，因此主观色彩较为强烈，导致模型分方差分解结果也存在一定的主观性，不能更好地解释其经济意义。

以前的文献研究大都是基于以上所描述的方法，因此，设定扰动项结构成为关键性难题。有向无环图技术有效克服了传统研究方法的这一缺陷，DAG 完全基于数据，不需要先验经验或者理论假设，使得实证结果更稳健，更具有现实意义。

（二）有向无环图分析方法

有向无环图能够识别变量之间的同期因果关系，它首先分析了变量之间的无条件相关系数，然后再对变量之间的偏相关系数进行了分析，通过这两步来完成识别，是一种新型的数据驱动方法。变量之间的同期因果关系是否存在以及存在什么方向的同期因果关系会以图形的方式表示出来。有向无环图由变量和"边"构成，如果两个变量之间存在"边"，则表明二者之间存在同期因果关系，两个相互独立的变量之间则没有"边"。带有箭头的边表示变量之间同期因果关系的方向性。具体来讲，假设存在两个变量，分别为 X 和 Y，它们之间存在五种相关性：（1）"$X \rightarrow Y$"，表示在其他变量不变时，X 的变化直接导致 Y 的变化，而 Y 对 X 无影响。（2）"$Y \rightarrow X$"，表示在其他变量不变时，Y 的变化直接导致 X 的变化，而 X 对 Y 无影响。（3）"$X \leftrightarrow Y$"，在其他变量不变时，X 的变化直接导致 Y 的变化，Y 的变化也会直接导致 X 的变化，X 和 Y 互为因果关系。（4）"$X - Y$"则表示 X 和 Y 存在因果关系，但是方向不明确；（5）"XY"表示 X 和 Y 之间不存在任何同期因果关系，二者相互独立。

在有向无环图的实际操作中，主要有两个步骤。首先要对无向完全图进行"去边"，之后进行"定向"。凭借这两步完成对变量之间同期因果关系的识别，主要借助 PC 算法。在去边的过程中，我们首先从一个初始的关联图出发，图中各变量之间均有一个无向边相连。通过 PC 算法分析无条件相关系数，对于无条件相关系数显著为 0 的无向边采用去除的方式。然后，对于不能去掉边的变量再进行偏相关系数分析，首先分析其 1 阶偏相关系数，然后是 2 阶、3 阶……依次类推，假如模型中存在 N 个变量，则对偏相关系数的分析要持续到 $N - 2$ 阶。另外，PC 算法采用了 Fisher's z 统计量[①]，检验偏相关系数是否显著为 0，进行

---

① 关于 Fisher's z 统计量的相关细节见 Spirtes 等（2000）。

"去边"，然后在"定向"步骤中，PC 判别两个变量之间的同期因果关系。

（三）样本数据

本节的原始数据来源于中经网中国经济统计数据库，鉴于系统性金融风险指数的可获性，我们的样本区间设定为 2001 年第一季度到 2016 年第四季度，系统性金融风险指数采用了本书第七章所构建的系统性金融风险指数；随着我国利率市场化进程的不断推进，银行间的同业拆借利率的市场化程度也不断提高，因而本书将以银行间市场的 7 天同业拆借利率作为代理变量来替代市场利率；由于房地产价格没有公开的原始数据，本书采用了中经网统计数据库公布的全国商品房销售额除以全国商品房销售面积计算得到。由于存在通货膨胀等因素，为了使研究结论更加符合现实经济状况，本书根据中经网统计数据库公布的消费物价指数指标，对名义变量（国内生产总值、房地产平均销售价格）进行了消胀处理，并对其进行了季节调整，调整方法为美国商务部国势普查局最新推出的 X – 13ARIMA – SEATS 方法。然后采用 HP 滤波方法对其进行了去势处理，最后对两者取了对数值。系统性金融风险指数、房地产价格、国内生产总值和实际利率分别用 FS、HP、GDP 和 SHIBOR 来表示。

四、实证分析

（一）数据平稳性检验

为了对模型中每个变量的稳定性进行判断，我们对模型中采用的各个变量进行了 ADF 检验，检验结果如表 6 – 1 所示。

表 6 – 1　　　　　　　　　各变量的平稳性检验结果

原变量	滞后期	截距	ADF 值	临界值		
				1%	5%	10%
FS	1	无	– 1.49	– 2.61	– 1.95	– 1.61
HP	0	有	– 0.33	– 3.55	– 2.91	– 2.59
GDP	3	有	– 1.61	– 3.55	– 2.91	– 2.60
SHIBOR	1	无	– 0.99	– 2.61	– 1.95	– 1.61

一阶差分变量	滞后期	截距	ADF 值	临界值		
				1%	5%	10%
FS	4	无	– 5.55	– 2.61	– 1.95	– 1.61
HP	3	有	– 4.90	– 3.56	– 2.92	– 2.60
GDP	0	有	– 3.50	– 4.12	– 3.49	– 3.17
SHIBOR	0	无	– 12.27	– 2.61	– 1.95	– 1.61

由表6-1我们可知，模型中变量均在5%的显著水平下拒绝了变量平稳的备择假设，然后用一阶差分后的时间序列再次进行 ADF 检验，发现各个变量的一阶差分后的新序列均在5%的显著水平下拒绝了非平稳的原假设，则可以据此判断各个变量均为一阶单整的Ⅰ（1）过程。对于一阶单整Ⅰ（1）过程，要建立 VAR 模型，必须保证原序列之间存在协整关系，否则无法建立模型。因此，接下来要对各原时间序列进行 Johansen 协整关系检验，协整检验的关系如表6-2所示，模型四个变量之间存在两个协整关系，符合建立 VAR 模型的条件。

表6-2   Johansen 协整关系检验结果

协整关系数	特征值	最大特征值统计量	5% 临界值	P 值
无	0.796032	121.7437 ***	40.17493	0.0000
至多一个	0.195124	13.21635 **	12.32090	0.0353
至多两个	0.014690	0.843554	4.129906	0.4137

注：***、**、* 分别表示在1%、5%、10%的显著水平上拒绝原假设。

（二）DAG 分析以及 SVAR 模型的构建

根据 AIC 和 FPE 最小化原则，我们建立了一个二阶四变量的向量自回归（VAR）模型，公式（6.3）给出了各变量的残差相关系数矩阵：

$$corr = \begin{pmatrix} HP & GDP & SHIBOR & FS \\ 1 & & & \\ -0.0697 & 1 & & \\ -0.2184 & -0.1175 & 1 & \\ 0.3450 & 0.1600 & -0.1769 & 1 \end{pmatrix} \qquad (6.3)$$

接下来，我们运用 DAG 分析方法对系统性金融风险指数（FS）、房地产价格（HP）、国内生产总值（GDP）和实际利率（SHIBOR）之间的同期因果关系进行了分析。首先，我们从无向完全图开始进行分析。如图6-1所示，在起始阶段并不能判断各变量之间是否有同期因果关系存在，因此变量之间都用一条无方向的边连接。接下来，进行"去边"工作。首先分析各变量之间的无条件相关系数，去掉无条件相关系数为0的边，之后对没有去掉边的变量观察其偏相关系数，去掉偏相关系数为0的边，以此类推。然后再通过"隔离集"的概念确定变量之间同期因果关系的方向性。

首先，我们通过无条件相关系数可知，HP 与 SHIBOR 的相关系数为 -0.2184（$P = 0.3384$），这说明房地产价格和实际利率之间在20%的显著水平下表现为同期独立变量，二者之间不存在同期因果关系，因此可移去图中二者之间的连线。同理，国内生产总值与实际利率的相关系数为 -0.1175（$P = 0.3621$），这说明国内生产总值和实际利率之间在20%显著水平下也表现为同期

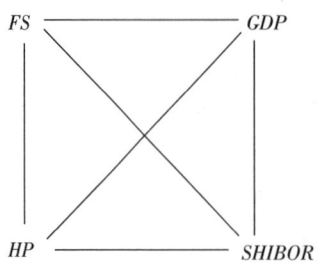

图 6 - 1　无向完全图

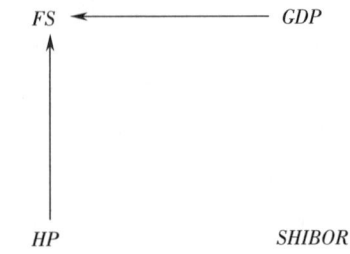

图 6 - 2　有向无环图

独立变量，同理可以将二两者之间的无向边去掉；系统性金融风险与实际利率的相关系数为 -0. 1769 （$P = 0. 4626$），这说明系统性金融风险与实际利率之间在 20% 显著水平下也是同期独立变量，可移去二者之间的无向边。在无条件相关系数分析完之后，我们在考虑变量之间的偏相关系数，进而通过偏相关系数大小进行下一步的去边步骤。当系统性金融风险为条件变量时，国内生产总值与房地产价格之间的偏相关系数为 0. 2239 （$P = 0. 2956$），由此可知国内生产总值与房地产价格之间也表现为同期独立，两者之间的连线也可以去除。由此，在无向完全图去掉四条连线后，只有 HP 与 FS 以及 GDP 与 FS 之间存在表示同期因果关系的连线，可以表示为 HP—FS—GDP，这样 HP 与 FS 相邻，GDP 与 FS 相邻。在确定了各变量之间关系的存在性后，我们要对存在同期因果关系的各变量之间方向性进行确定，通过上文偏相关系数结果可以判断，系统性金融风险不属于房地产价格和国内生产总值的"隔离集"，因此根据 PC 算法的准则，我们可以推知 HP—FS—GDP 三者之间的同期因果关系应为 $HP \rightarrow FS \leftarrow GDP$。综合以上过程，我们可以知道各个变量之间的同期因果关系和因果关系方向（见图 6 - 2），存在着房地产价格与系统性金融风险指数的同期因果关系，以及国内生产总值与系统性金融风险指数的同期因果关系。下一步，我们将根据上文的分析结论，建立基于有向无环图的结构向量自回归模型，然后进行脉冲响应函数与预测方差分解分析。为了检验有向无环图的分析结果是否合理，以及扰动项机构设置是否具有可靠性，我们采用了似然比检验对其进行验证。检验结果表示，LR 检验统计量在 5% 的显著水平下接受了"过度约束为真"的原假设，因此，上文中有向无环图的分析结构以及扰动项结构的设置均具有合理性和可靠性。

（三）基于 DAG 的脉冲响应函数分析

接下来，我们基于以上 DAG 分析结果，建立了结构向量自回归（SVAR）模型，并进行了脉冲响应函数分析，以此探究各个变量对系统性金融风险的影响作用，刻画房价波动对系统性金融风险影响的动态特征。图 6 - 3 是各个变量对系统性金融风险冲击的脉冲响应函数图。

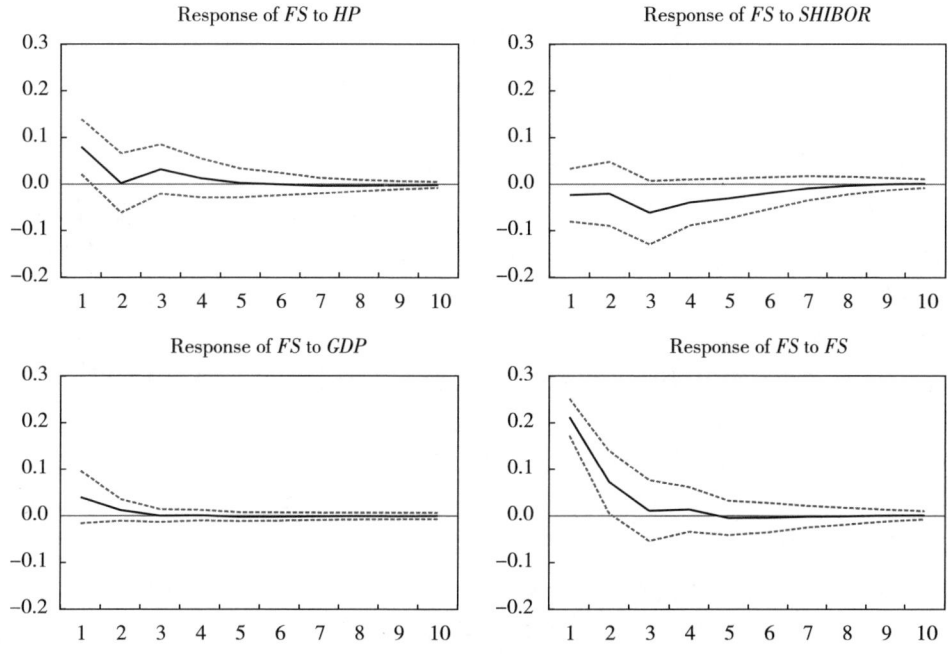

图 6 - 3　系统性金融风险指数的脉冲响应函数

图 6 - 3 中第一幅图代表系统性金融风险指数对房地产价格冲击的脉冲响应函数。由图中可以看出，对于一个单位标准新息的房地产价格冲击，系统性金融风险指数始终表现为正向响应，最开始第一期达到最大值 0.0798，然后在第二期下降到 0.0017，并在第三期达到了另一个高点 0.0317，随后便一直向 0 收敛。由此可知，房价冲击会对系统性金融风险产生正向影响，大幅上涨的房地产价格确实会推动我国系统性金融风险上升，房地产价格上升会通过财富效应机制、银行信贷机制、托宾 Q 机制和影子银行机制四种传导机制影响到金融稳定，从而导致系统性金融风险累积，然而这种影响会随着时间推移逐渐缩小。第二幅图代表系统性金融风险指数对实际利率冲击的脉冲相应函数图。由图中可以看出，对于一个单位标准新息的实际利率冲击，系统性金融风险指数始终表现为负向响应，响应时间较短而且响应深度较大，在第四期便达到了最大影响 - 0.0618，随后渐进收敛到 0 值附近。这表明中央银行提高利率在短期内确实能够使系统性金融风险指数下降，是调控房价并维护金融系统稳定的重要手段，然而长期看其调控效果会逐渐减弱，这似乎也与我国历次房地产市场调控事实

相符。① 第三幅图代表系统金融风险指数对国内生产总值冲击的脉冲响应函数图。由图中可以看出，系统性金融风险指数对国内生产总值的动态响应最开始表现为正向，在第一期便达到了最大值 0.0398，随后快速下降，第三期便下降到 0 值附近，随后稳定收敛到 0。这表明，国内生产总值的变化对系统性金融风险的影响相对较小，在长期这种影响逐渐减弱并消失。由此可见，经济基本面状况似乎并未对虚拟经济风险产生较大影响，这源于多年来我国大量资金流向房地产市场、股票市场、大宗商品交易市场等进行投机活动，资金存在离实向虚的现象，因此我国系统性金融风险在一定程度上脱离实体经济状况而存在。第四幅图代表系统性金融风险指数对自身冲击的脉冲响应函数。由图中可以看出，对于一个单位标准新息的系统金融风险指数冲击，其自身最初保持正向响应，在一开始达到最大值 0.2121，第二期开始逐渐下降，在第五期变为负值 −0.0048，随后逐渐趋向于 0。这表明我国的金融系统稳定性最开始容易受到自身惯性的影响，但是自身惯性的影响程度随着时间不断减小，外部冲击对其影响变得越来显著。

（四）基于 DAG 的预测方差分解分析

我们对上文建立的 SVAR 模型进行了预测方差分解，来进一步深入分析房地产价格、国内生产总值、实际利率三种因素对我国系统性金融风险的动态影响机制，表 6 − 3 为基于有向无环图的预测方差分解实证结果。

表 6 − 3　　　　　　　　基于 DAG 的预测方差分解结果（%）

预测期	系统性金融风险预测方差分解				房地产价格预测方差分解			
	HP	*GDP*	*SHIBOR*	*FS*	*HP*	*GDP*	*SHIBOR*	*FS*
1	12.290	3.648	0.000	84.062	100.00	0.000	0.000	0.000
2	10.729	2.225	2.434	84.612	92.383	0.274	6.726	0.618
4	11.173	2.811	9.725	76.291	71.537	0.226	19.494	8.743
6	11.039	2.667	11.548	74.746	68.749	0.276	20.818	10.158
8	11.054	2.665	11.673	74.608	68.691	0.434	20.724	10.151

预测期	国内生产总值预测方差分解				实际利率预测方差分解			
	HP	*GDP*	*SHIBOR*	*FS*	*HP*	*GDP*	*SHIBOR*	*FS*
1	0.000	100.00	0.000	0.000	0.000	0.000	100.000	0.000
2	1.307	98.212	0.271	0.210	1.549	1.908	96.336	0.207
4	5.464	90.917	1.621	1.998	3.432	1.931	94.095	0.542
6	9.261	84.244	1.954	4.541	5.975	1.986	91.321	0.718
8	11.742	79.257	1.847	7.154	6.046	2.027	90.990	0.937

① 如 2006 年 2 次加息，3 次上调存款准备金率，2011 年出台"新国八条"等房地产调控政策，结果均是房价短期下跌，随后房价长期上涨。

通过表 6-3 我们可以看出：首先，系统性金融风险指数波动值大部分由系统性风险自身来解释，第一期中达到 84.06% 的解释比例，到第八期仍然有 74.61% 的解释比例，说明我国系统性金融风险受其自身惯性的影响较大。金融系统性风险具有传染性，金融体系在自身出现不平衡的情况时，风险会迅速传导，并在预期的作用下不断扩大，同时信息不对称以及金融脆弱性的存在都会导致金融系统性风险在金融体系内快速传导，因此系统性金融风险存在惯性。在其他三种影响因素中，房地产价格波动相对于其他变量来说拥有对系统性金融风险指数波动更大的解释力，自始至终保持在 10.00% ~ 13.00%。说明房地产价格波动能够对系统性金融风险起到基础性作用，房地产价格冲击会通过前文所述的四种传导机制影响金融稳定。其次，实际利率由最开始的 0 迅速上升到第六期的 11.67%，随后逐渐稳定在 11.60% 附近，这说明我国实际利率对系统性金融风险的解释力是逐渐上升的。这是因为利率水平的变化会直接影响到经济体系中的可用资金规模，提高利率会使得金融市场的资金供求成本上升，抑制房地产投资和投机需求，从而降低系统性金融风险的生成。最后，国内生产总值变量由第二期的 3.65% 逐渐下降并稳定在第八期的 2.67%，这说明我国经济基本面对系统性风险的解释力较弱。目前我国资金偏重于从事投机活动，并未真正流入实体经济，这是 GDP 波动对系统性金融风险的解释力较弱的关键原因。

预测方差分解结果还显示，在其他三种影响因素中，房地产价格波动的解释力都较强。首先，房地产价格波动对自身的影响最大，第一期中完全由自身解释，第二期下降到 92.38%，直到第八期的 68.75%，这说明我国的房地产价格波动主要受自身惯性的推动，一方面我国城镇化水平的提高和我国人口数量增长所形成的住房刚性需求一直推动我国房地产价格不断上涨（郭娜和吴敬，2015）；另一方面房地产价格的升值预期和投机行为也是引起房价不断上涨的重要原因（赵胜民等，2011）。其次，房地产价格波动对国内生产总值的影响从第一期的 0 快速上升到第八期的 11.74%，仅次于国内生产总值自身的影响力（79.26%），这说明我国 GDP 上升最主要还是源于国内经济的成长性，房地产行业对我国经济的带动作用十分显著，牵动着各行各业的发展，例如，钢铁、水泥甚至石油化工等行业，对经济发展以及就业影响巨大。数据显示，2016 年我国房地产增加值占整个 GDP 的比重达到了 6.5%，其价格波动必然会对 GDP 起到至关重要的推动作用。最后，房地产价格波动对实际利率的影响从第一期的 0 一直上升到第八期的 6.05%，这说明房地产价格波动对实际利率的解释力很弱，我国货币政策制定并没有在很大程度上盯住房地产价格波动，这也与我国稳定物价和促进经济增长的货币政策目标一致。现阶段，人民银行对资产价格最准确的说法是关注，房地产价格并不是制定和执行货币政策的直接依据。

（五）稳健性分析——递归的预测方差分解

为了进一步得出我国房地产价格波动对系统性金融风险的动态影响，同时检验前面研究结论的稳健性，我们采用了递归方差分解方法来进行分析。我们将 2008 年第一季度作为基准期，每增加一期，做一次方差分解结果，同时将第八期的方差分解结果作为一个样本，直至样本期的最末端 2016 年第四季度。递归的方差分解结果见图 6-4 至图 6-7。

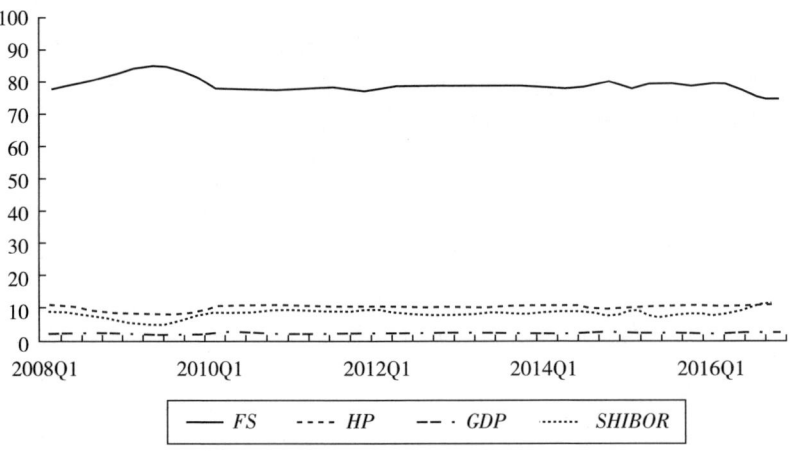

图 6-4　系统性金融风险的递归预测方差分解

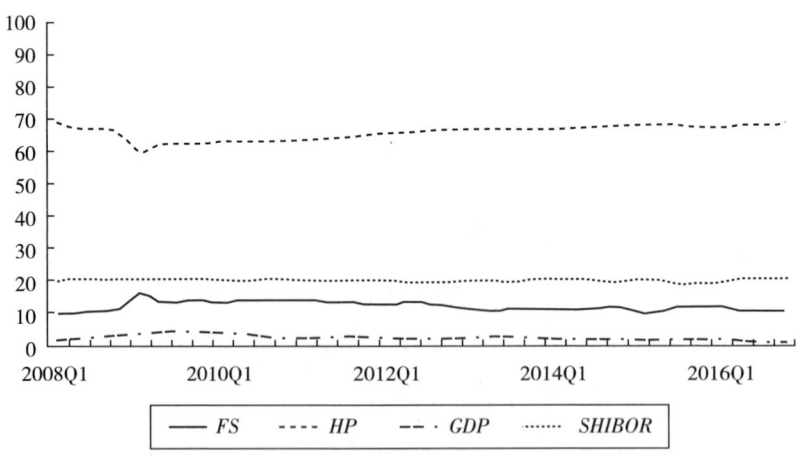

图 6-5　房地产价格的递归预测方差分解

由以上递归预测方差分解结果可知，在整个递归期内，大部分系统性金融风险指数变化依然是由其自身冲击来解释，占到总解释比例的 70%～85%，这表明系统性金融风险的惯性因素一直是推动我国风险积累的重要原因。房地产

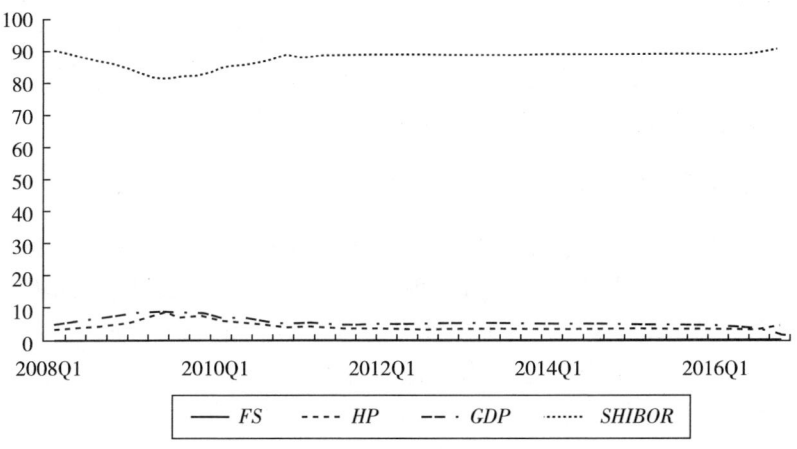

图 6-6　国内生产总值的递归预测方差分解

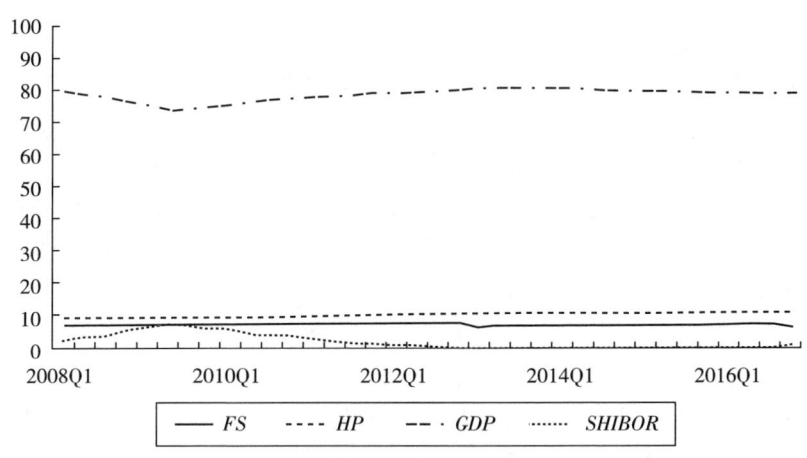

图 6-7　实际利率的递归预测方差分解

价格对系统性金融风险的解释力在整个递归期内基本保持与上文预测方差分解一致的结果,保持在10%左右;实际利率对系统性金融风险的影响一直保持在9%左右;国内生产总值的平均解释力也徘徊在2%附近,与上文预测方差分解结果保持一致。然而,我们观察到在2009年第2季度,系统性金融风险有一个陡然的上升随后慢慢下降,房地产价格却恰恰相反,表现出陡然的下降然后开始慢慢回升。这充分表明了金融危机对我国房地产市场以及金融市场产生的强烈外部冲击,使房地产市场改变了自身发展的路径,同时使系统性风险出现了显著的上升。另外,在金融危机以后,房地产价格冲击对实际利率的解释力有着十分明显的上升,这也从侧面反映出,我国中央银行在制定货币政策时开始愈发地关注房地产价格波动，货币政策调整和规则制定开始在更大程度上参考房地产市场因素，央行意图通过货币政策工具调控房地产价格的目标也愈加明显。由以上递归预测方差分解我们可知在不同样本期间内，本文的分析结果并没有发生改变，因此本文的实证研究结论是十分稳健的。

五、结论及对策建议

本节基于目前我国房价上涨的现实情况，选取系统性金融风险指数、房地产价格、国内生产总值和同业拆借利率，建立基于有向无环图（DAG）的结构向量自回归（SVAR）模型，研究房地产价格波动对系统性金融风险的影响机制和动态效应，得出了如下结论：第一，有向无环图的检验表明我国存在房地产价格对系统性金融风险指数的同期影响，国内生产总值对系统性金融风险指数的同期影响，其他变量之间不存在同期因果关系。第二，通过脉冲响应函数得知，我国房地产价格的快速上涨确实会推动我国系统性金融风险上升，为了应对该种情况，我国中央银行一般采取提高利率这种货币政策手段来调控房价并维护金融系统稳定，然而长期看政策效果微弱；另外，多年来我国资金存在离实向虚的现象，导致我国系统性金融风险一定程度上脱离实体经济状况而存在。第三，预测方差分解结果显示，自身惯性的推动作用是我国房地产价格水平不断上升的主要原因。房地产价格波动相较于其他变量来说拥有对系统性金融风险更大的解释力，房价对金融稳定起到至关重要的基础作用，且金融系统性风险的传染性、信息不对称性以及金融脆弱性都会导致金融系统性风险在金融体系内快速传导，使得系统性金融风险也存在惯性。

为了维护我国金融稳定，并为政府进一步实施有效的房地产市场调控政策提供依据，结合本书实证分析结论，我们提出如下政策建议：第一，房地产价格波动与金融系统性风险之间有着紧密的内在联系，政府要加强土地市场调控，合理控制土地的供应，合理控制房地产开发投资，防止其加剧房地产价格的波动，建立多元化房地产融资机制，防止风险集聚。总的来说，政府实施房地产价格调控需遵循"宏观审慎"的原则，把避免房价剧烈波动作为首要条件，对金融系统的风险概况进行严密监管。第二，人民银行应该密切关注房地产价格的变化，尤其在房地产价格波动对金融系统性风险产生重要影响的时候，可以适时合理地运用货币政策工具，譬如调整货币供应量、推动利率市场化改革、灵活使用利率政策等，来对房地产市场进行调控，降低房地产价格波动可能导致的金融系统性风险。第三，要着手建立金融宏观审慎框架，同时在时间水平上和空间水平上熨平经济受到外部冲击产生的波动，控制系统性风险。在时间轴上利用资本水平和杠杆率等工具做逆周期调整，缓解金融体系顺周期性；从空间轴上看主要是正确地识别并监管重要性金融机构的流动性、资本水平、总规模等预防风险在不同金融机构之间的传染。第四,政府应通过降低税收、提高金融市场效率等举措降低企业经营成本,应加大基础设施投资和基础科学研究和技术创新的投入来提高企业劳动生产率,还应继续推进国际市场开拓和全球化战略,提升中国产品竞争力和需求,同时应切实提升实体企业回报率,从而引导社会资金"脱虚入实"。我国应当不断推进经济结构优化进程,加快经济结构调整步伐,打造资金、技术、资源、劳动密集型行业均衡发展的可持续经济增长模式,从根源上防止系统性金融风险的出现和蔓延。

第二节 房价"黏性"、系统性金融风险与宏观经济波动

一、研究背景

2008 年由房地产价格泡沫破灭引发的金融危机引发了世界经济长时期的衰退,促使各国金融监管部门再次认识到房地产价格与金融稳定之间的密切联系。近年来,我国房地产市场日趋繁荣,房地产投资在我国国民经济中的占比也在不断提高,房地产投资占 GDP 的比重从 2003 年的 7.39% 上升到 2015 年的14.18%,2016 年 9 月,中国房地产总市值占 GDP 的比例为 411%,比国际平均水平超出 260%。伴随着房地产市场蓬勃发展,我国商品房价格也在快速攀升,逐步了形成了非理性的上涨局面。2016 年年初,政府针对居民实施了降低首付、以房抵贷、首付贷等加杠杆政策,我国各地的房地产价格开始了新一轮上涨。根据中国统计局公布的数据,2016 年 9 月,全国 100 个大中城市新建住宅平均价格达到 12617 元/平方米,其中 81 个城市的新建住宅平均价格环比上涨,环比涨幅 2.83%,同比涨幅达到 16.64%,北京、上海、深圳等一线城市房价甚至出现失控局面,同比涨幅达到 25% ~ 45%,房价远超历史同期水平。此轮房价的飞涨迅速引起了国务院等相关部委的关注。2016 年 10 月,国务院针对热点城市密集出台了一系列限购限贷政策,旨在为居高不下的房价进行"降温"。辅之以货币政策,中央经济工作会议明确提出 2017 年"货币政策要更加稳健,回归中性","中性"一词表明货币当局对抑制房地产价格泡沫和防范风险的重视。2017 年 3 月,新一轮严苛的限购限贷政策再次重启,全国多地楼市调控政策密集出台,市场环境收紧,价格出现小幅度的回落,但热点城市仍保持较高的房价。房地产市场逐步形成了下行困难的高价格黏性局面。居高不下的房价不仅限制了我国居民的消费水平,也对我国经济平稳运行以及居民的生活造成巨大的影响。如何在整体房价维稳基础上进一步加强对房地产市场的有效调控,防范系统性金融风险,将成为下一阶段国家重点关注的问题。

国内众多理论认为房地产市场的价格泡沫是引发金融不稳定、导致宏观经济波动的主要原因（梁云芳，2006；郭娜和梁琪，2011；沈悦，2016）。近年来，随着我国杠杆率的快速增长，杠杆率伴随着金融部门信贷的增长和社会总需求的膨胀，逐渐进入人们的视线，部分学者开始注意到高杠杆率逐渐成为推动我国房价上涨、造成系统性风险积累的重要因素（马勇等，2016）。2016年12月，中央经济工作会议强调，要着重注意防控金融风险，使住房的居住定位更加明确，大力支持人民群众购买自住房屋同时控制投资投机需求的上升；2017年4月，中央再次强调金融安全是关系经济社会发展的具有战略性、根本性的大事，并明确提出加强构建防范系统性金融风险的格局。那么，在目前我国房地产市场高位徘徊的背景下，房地产价格波动对系统性金融风险乃至宏观经济波动有怎样的影响？在不同的房价黏性下，这种影响是否不同？① 货币政策对房地产市场的调控是否有效？调控效果在不同的房价黏性下是否不同？在经济"新常态"背景下，我国经济增长的动力发生了本质的变化，我国经济增速从高速转为中高速增长，经济结构不断调整优化，发展动能转向创新驱动。房地产行业在我国国民经济发展中占据举足轻重的地位，具有投资和金融双重属性，因此房地产行业的运行状态和成长逻辑也将受到新的挑战，关于这些问题的正确回答对于完善我国房地产市场调控、维护金融稳定无疑具有重要的现实意义。鉴于此，本节构建了包含房地产部门的系统性金融风险内生化 DSGE 模型，探讨在不同的房价黏性下系统性金融风险与宏观经济风险的变动情况，同时对我国货币政策维护金融稳定和调控房地产市场的作用成果进行了评价，以期能够为我国宏观经济政策的有效实施提供理论支撑。

二、文献综述

关于资产价格与金融稳定之间的关系，大多数早期研究集中于探讨银行信贷在资产价格波动引发系统性金融风险中的核心作用（Allen 和 Gale，1998；Hofmann，2001，2003；Gerlach 和 Peng，2005）。2008 年国际金融危机的爆发给全球金融市场带来了巨大动荡与冲击，这使更多的学者注意到房地产价格波动与系统性金融风险的紧密联系，相关研究的视角趋于多样化。Goetzmann 等（2009）通过实证分析发现，房地产市场里的潜在家庭存在理性预期，他们会根据历史的房价经济指数来预测未来房地产价格和抵押风险从而加快房价波动对系统性金融风险的传导速度。Geankoplos 和 Fostel（2009）研究表明，评级机构的虚增评级使房地产价格的波动形成泡沫，大量金融衍生产品的出现则在一定

---

① 2016 年 3 月 7 日，北大经济学院曹和平教授等几十位学者在《两会专家谈》中发文探讨新常态下中国经济的转型之路，曹和平表示："中国房地产存在结构性泡沫，且房价具有黏性价格特征。"

程度上加剧了房价泡沫对金融市场的冲击。Castelnuovo 和 Nisticò（2010）运用 DSGE 模型，探讨了房价波动对系统性金融风险的传导效应，发现包括房价在内的资产价格波动与金融稳定呈负相关关系。Pan 和 Wang（2013）利用面板门限向量自回归的方法，构建了不同的门限约束，详细地阐述房价波动对系统性金融风险影响的传导过程。Gennaioli 等（2013）则构建了一个包含影子银行的理论模型，得出结论：当家庭和中介机构忽视尾部风险时，影子银行会引发风险贷款的扩张和中介机构风险的集中，增强金融市场的脆弱性，促使房地产价格产生波动而引发金融危机。

国内关于资产价格与金融稳定关系的研究起始于 1997 年东南亚金融危机（蔡浩仪和汪小亚，1998；周京奎，2005；崔光灿，2006）。随着 2008 年金融危机的爆发，更多的学者开始注意到房价与金融稳定之间的密切联系。葛奇（2008）从次贷危机的动因出发，进行详细的理论分析及数据对比，发现房地产市场的泡沫以及次级房屋贷款的发放是引发金融危机的根源。梁琪和郭娜（2011）采用随机游走滤波方法与相关度分析方法，对房地产市场周期与金融稳定之间的关系进行了深入研究，认为不断积累的房地产市场风险将威胁到我国的金融稳定。张宝林和潘焕学（2013）采用 SVAR 模型，观察并分析了我国 2003—2015 年的房地产销售价格指数并引入影子银行和金融压力指数，发现影子银行等金融衍生产品是加剧房地产泡沫、诱发系统性风险的根源。沈悦等（2015）通过构建系统性金融风险信息集，探讨房价冲击下因子如何生成系统性金融风险，发现房价上涨对应风险积累期，房价下跌对应风险爆发期，并发现新房价格的下降对于金融稳定的威胁更加强烈。王爱俭和王璟怡（2014）使用 DSGE 模型分析了货币政策和宏观审慎政策之间的关系，他们认为，宏观审慎政策能够增进福利、稳定金融波动，并且在市场受到金融冲击时较好地对货币政策起到辅助作用。谷慎和岑磊（2015）使用 DSGE 模型研究了宏观审慎监管政策与货币政策的配合策略，结果表明，在受到金融冲击时，两者相互配合对于稳定金融的效果更加明显。方意（2016）对多种宏观审慎工具的有效性进行研究，结果表明宏观审慎政策有效的前提在于盯住目标和最终监管对象保持一致。罗娜和程方楠（2017）则通过构建新凯恩斯主义的 DSGE 模型，探讨房价波动的宏观审慎政策与货币政策协调效应分析，旨在提高房地产市场调控的有效性，防范系统性金融风险。国内外学者研究角度多样，从各个层面探究了房价波动与金融稳定，乃至宏观经济波动之间的关系，然而大多数前期研究仅仅探讨了房价变动与金融稳定之间的动态关系，却未深入讨论在不同的房价变动机制下金融与宏观经济风险的变动情况，这也就无法为房地产市场进一步调控及宏观审慎政策的实施提供理论依据。有鉴于此，立足于我国房价具有黏性价格这一特征，基于系统性金融风险内生化的 DSGE 模型，探讨在不同的房地产价格黏性下，系统性金融风险与宏观经济风险在面临不同冲击的变动情况，同时对货币政策在调控房地产市场的有效性问题进行了客观评价，从而为政策实施提供有益的参考。

在研究方法上，前期文献大多采用 VaR、CoVaR、TVAR 和 FAVAR 等方法研究房价波动与金融稳定乃至宏观经济波动的关系。谢福座（2010）提出将 Copula 函数融入到 CoVAR 中进行系统性金融风险的测度研究。沈悦和郭培利（2015）分别建立了门限向量自回归模型（TVAR）与 FAVAR 模型对房价和金融稳定的结构以及机制效果进行解析。骆永民和徐明星（2015）使用面板向量自回归方法（PVAR）研究，发现经济波动、收入分配和房价之间存在明显的互动关联。这些研究都对房价与金融稳定之间的关系提供了重要的理论视角与研究方法，但仍存在一定的局限性。首先，单一的分析房价或房地产市场与金融稳定或金融风险之间的关系均无法完全反映出房价变动与金融稳定之间产生的经济效应全貌，忽略了对整个经济主体的考量可能会得出完全相反的结论（骆永民和伍文中，2012）；其次，当经济个体面临金融风险以及房价变动时，会根据新的经济环境改变其经济行为，以符合理性预期，这就会导致以回归分析为基础的研究对政策分析失效。相对而言，建立一个以理性预期为核心的具有微观基础的动态随机一般均衡模型（DSGE）不仅能够避免上述问题，还能够对经济进行数值模拟，已经成为宏观经济研究的基本方法。国内运用 DSGE 模型研究相关问题的文献较为丰富（谭政勋和王聪，2011；王云清等，2013），然而这些研究都从一般均衡的角度出发，将房价置于经济体系的框架下，都将金融风险简单地认定为经济波动，并未将系统性金融风险作为一个独立的变量纳入模型当中。另外，这些研究中经济波动也仅作为模型的结果存在，然而事实上，金融风险程度一直伴随着经济主体而存在。因此，对系统性金融风险加以内生化可以衡量在任何时期经济体的风险承担情况，从而能够更好地观测经济体的风险状况（He 和 Arvind，2014；Hans 和 Raf，2014；Stefan 等，2015）。因此，本书构建了系统性金融风险内生化的 DSGE 模型，并设置不同的房价黏性系数来考察在不同房价黏性下，当经济体受到不同的外生冲击时金融变量与宏观经济变量的变动情况，以期得出更加准确和富有政策启示的结论。

三、理论模型

参考 Smets 和 Wouters（2007）及 Stefan 等（2015），我们构建一个资本限制金融中介的动态新凯恩斯一般均衡模型。将资本限制的金融中介的非线性传导效应近似成一个三阶扰动函数，就可以将其置于一个名义与实际摩擦的 DSGE 模型之中。我们假设时间是离散的，用 t 来表示。同时假设经济体分为三个部门：家庭部门、金融中介部门和产品生产部门。家庭部门不能直接购买住房而是通过购买金融中介部门的债券与股票来间接持有住房。原因在于，我们假设存在有限的市场参与，即市场中存在信息交易成本导致家庭无法直接进行住房投资（Allen 和 Gale，1994；Zhiguo 和 Arvind，2008）；股本归经理人经营的金融中介所有，金融中介机构面临股权资本约束，我们定义金融中介既包括商业银行，也包括非银行的金融机构（如投资银行、对冲基金和私募股权基金）。模型基本结构如图 6 - 8 所示。

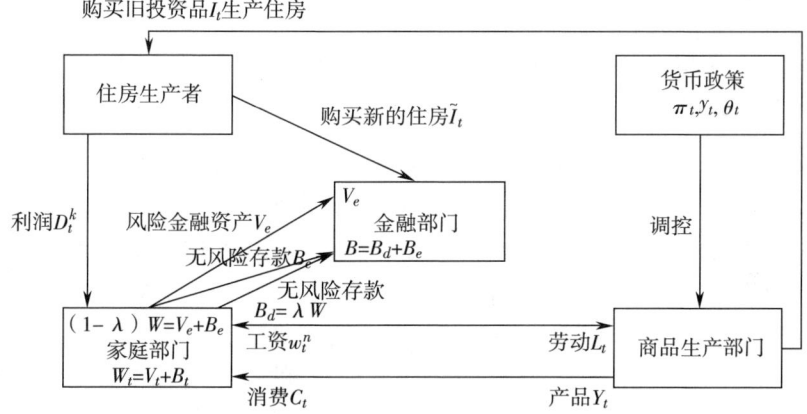

图 6 - 8　模型的基本结构

（一）家庭部门

一个代表性家庭最大化其期望效用：

$$U_t = E_0 \sum_{t=0}^{\infty} \beta^t u(C_t, L_t) \tag{6.4}$$

其中：β 为折现因子；C_t 和 L_t 分别为消费和劳动力。瞬时效用函数（Greenwood 等，1998）消除了财富效应对劳动力供给的影响，定义如下：

$$u(C_t, L_t) = \frac{[C_t - hC_{t-1} - \varphi L_t^{1+\phi_L}/(1+\phi_L)]^{1-\sigma} - 1}{1-\sigma} \tag{6.5}$$

其中：σ 为跨期替代弹性的倒数；$1/\phi_L$ 为劳动力供给的弗里希弹性；参数 $\phi > 0$，用于解释 L_t 的稳态；h 用来衡量消费中的外部消费习惯。

家庭的最大化目标函数受如下跨期预算约束[①]的限制：

$$W_t = w_t^n L_t - P_t C_t + \tilde{R} V_{t-1} + R_{t-1}^f B_{t-1} + D_t^k - 0.5\phi_{cw}\pi_{w,t}^2 \overline{Y} \tag{6.6}$$

其中：W_t 为金融财富；$w_t = w_t^n/P_t$ 是以最终消费代表的实际工资；P_t 为最终消费束的价格，最后一项表示名义工资调整成本。虽然家庭部门会得到资本生

---

① 该预算约束同时也可以写成 $W_t = P_t(w_t L_t - C_t) + R_t^w W_{t-1} + D_t^k$，其中 $R_t^w = [R_t^f(1-\alpha_{t-1}) + \overline{R}_t \alpha_{t-1}]$ 是无风险的加权平均值，而风险回报的权重为 $\alpha_{t-1} = V_t/W_t$。

产商的回扣从而获得利润 D_t^k，但我们假定家庭无法直接拥有股本。相反，家庭将其财富投资于由金融部门直接发行的无风险和有风险资产。详细来讲，家庭财富的最小一部分 λ 投资于无风险存款 B_t，用于交易和流动性服务并赚取总实际收益 $R_{t-1}^f = (1 + i_{t-1})$，其中，$i_{t-1}$ 是名义无风险利率。实际无风险利率①通过标准欧拉方程来控制家庭部门的消费—储蓄选择：

$$\beta E_t \frac{u_{c,t+1}}{u_{c,t}} \frac{1 + i_t}{1 + \pi_{t+1}} = 1 \tag{6.7}$$

其中：π_t 为消费价格 P_t 的通货膨胀率。同时我们给出了消费的边际效用函数 $u_{c,t} = [C_t - hC_{t-1} - \varphi L_t^{1+\phi_L}/(1 + \phi_L)]^{-\sigma}$。

另一部分 $1 - \lambda$ 被投资于获得随机回报为 $\tilde{R}_t$ 的风险金融资产 V_t 中，或者用于存款。这两种回报都是给定的。家庭选择是否投资于一个金融中介的风险金融投资组合取决于金融中介的"声誉" e_t。在 $\overline{W}$ 是稳态财富的情况下，对于每一个金融中介，我们假设以下关系成立：

$$V_t = \min\{e_{t-1}, (1 - \lambda)\overline{W}^\gamma W_t^{1-\gamma}\} \tag{6.8}$$

当 $\gamma = 1$，在经济繁荣期，投资于风险资产的家庭财富份额是不变的，为 $\alpha_t \equiv V_t/W_t = 1 - \lambda$。然而，在经济萧条期，金融部门脆弱性加强，股权 α_t 随着 e_t 的下降而下降。我们发现，选择 $\gamma = 1$ 与金融部门杠杆的顺周期性这一经验观察相一致。

非线性模型应当倾向于从全局的角度来求最优解，但是由于存在"维数诅咒"问题，因此这种方法只适用于包含有限数量的状态变量的小型模型。根据 Dewachter 和 Wouters（2014）的研究，我们用一个可微的函数来代替偶然的紧约束。具体表示如下：

$$V_t = \frac{(1 - \lambda)\overline{W}^\gamma W_t^{1-\gamma}}{1 + \gamma_1 \dfrac{\overline{W}}{S_{t-1} - S}} \tag{6.9}$$

它能够显示股权约束的本质特征，即在经济衰退期会提高股权筹资的成本。

最后，我们描述工资设定和劳动力供给，消费和闲暇之间的边际替代率由边际效用的比率给出：

$$mrs_t = \varphi L_t^{\phi_L} \tag{6.10}$$

遵循新凯恩斯主义的设定，我们假设家庭具有设定其名义工资的市场力量，使得以最终消费品价格表示的名义工资为家庭部门的劳动边际替代率的一个加成水平：

---

① 无风险利率可以简单地定义为 $R_t^r = 1/\left[\beta E_t \dfrac{u_{c,t+1}}{u_{c,t}}\right]$。

$$W_t^n = \mu_{w,t} mrs_t \tag{6.11}$$

而工资的加成水平 $\mu_{w,t} = \pi_t \omega_t / w_{t-1}$ 由设定工资的名义刚性决定，这也使得下面的工资菲利普斯曲线控制工资通货膨胀 $\pi_{w,t} = \pi_t w_t / w_{t-1}$。

$$\pi_{w,t} = (1 - \gamma_w) E_t \pi_{w,t-1} - \kappa_w (\mu_{w,t} - \mu_{ss}) \tag{6.12}$$

工资通货膨胀的成本产生于家庭部门，相当于家庭的损失，即 $0.5\phi_{cw}\pi_{w,t}^2 \overline{Y}$。参数 ϕ_{cw} 是 k_w 的一个函数，以至于按照 la Rotemberg 和 Calvo 的一阶近似调整成本将给出相同的动态效应（Lombardo 和 Vestin，2008）。

（二）产品生产部门

遵循新凯恩斯主义框架，存在一个连续的垄断厂商根据技术生产差异化的商品：

$$Y_t = A_t L_t^\alpha k_{t-1}^{1-\alpha} - \phi \overline{Y} \tag{6.13}$$

给定私人企业的产出需求为 $y_t^* = (p_t^* / P_t)^{-\varepsilon} Y_t$。实物资本给定为：

$$K_t = (1 - \delta) K_{t-1} + I_t \tag{6.14}$$

但是，由于企业归金融中介所有，则投资决策 I_t 实质上由金融中介决定。

劳动力市场需求表示如下：

$$w_t = mc_t \alpha A_t L_t^{\alpha-1} K_t^{1-\alpha} \tag{6.15}$$

企业面临着一个 Rotemberg 形式的调整成本，该调整成本由参数 ϕ_{cp} 决定，代表着如下价格通胀的非线性菲利普斯曲线：

$$\phi_{cp}\pi_t(1 + \pi_t)\overline{Y} + (\varepsilon - 1)Y_t = \varepsilon mc_t Y_t + \beta E_t \phi_{cp}\pi_{t+1}(1 + \pi_{t+1})\overline{Y} \tag{6.16}$$

参数 ϕ_{cp} 是传统的新凯恩斯主义菲利普斯曲线的参数 k_p 的一个函数，以至于按照 Rotemberg 和 Calvo 形式的一阶近似调整成本将给出相同的动态效应。边际成本 mc 是要素价格（工资和租金率）和全要素生产率的函数：

$$mc_t = \frac{w_t^\alpha r_{\kappa,t}^{1-\alpha}}{A_t \alpha^\alpha (1 - \alpha)^{1-\alpha}} \tag{6.17}$$

全要素生产率是一个分别由临时的冲击 ε_t^A 和持续的冲击 ε_t^g 所控制的固定外生过程：

$$A_t = g_t + \rho_A A + (1 - \rho_A) A_{t-1} + \sigma_A \varepsilon_t^A \tag{6.18}$$

$$g_t = \rho_g g_{t-1} + \sigma_g \varepsilon_t^g \tag{6.19}$$

（三）房地产部门

房地产部门通过购买旧的投资品 I_t 来生产新的房地产并以价格 Q_t 出售给金融中介。由于新旧房地产之间没有差别，房地产存量的实际价值可以简单地定义为 $q_t K_t$，其中，$q_t = Q_t / P_t$。因此，中介的房地产估值 q_t 也会带动投资。在 q_t 给定的情况下，通过选择投资来最大化下式：

$$\max_{I_t} q_t \widetilde{I}_t - I_t - \Phi(I_t / K_t, K_t) \tag{6.20}$$

$\Phi(I_t/K_t, K_t) = 0.5\kappa(I_t/K_t - \delta)^2 K_t$ 这种二阶调整成本取决于加总成本，其中 κ 代表房地产价格的黏性系数，在这种技术水平下，一单位新的房地产投资也就等于用作生产新房地产投资的旧投资量 $\tilde{I}_t = I_t$。最优条件为：

$$I_t/K_t = \delta + \frac{q_t - 1}{\kappa} \qquad (6.21)$$

房地产部门将利润返还给家庭部门，该利润在确定稳态下为 0：

$$D_t^k = q_t I_t - I_t - \Phi(I_t/K_t, K_t) = (q_t - 1)\left(\delta + \frac{q_t - 1}{2\kappa}\right)K_t \qquad (6.22)$$

（四）金融中介部门

金融中介所有权和控制权分离，经理人（管理人员）享有对金融中介所有投资的决策权。一般情况下，经理人通过两种方式从家庭部门筹集资金用于购买资本，即股权和债权 $W_t = V_t + B_t$。经理人的目标在于声誉最大化，该种声誉基于该中介机构发行股权所获得的实际收益的历史状况：

$$e_t = e_{t-1} m \tilde{R}_t \qquad (6.23)$$

其中，$m > 0$ 代表用于描述经理人风险厌恶程度的常数，$\tilde{R}$ 代表金融中介风险投资组合的实际回报率，资金成本如下：

$$\tilde{R}_t = \theta_{t-1} R_t - (\theta_{t-1} - 1)(1 + \tau_t) R_{t-1}^f = R_t + (\theta_{t-1} - 1)\left[R_t - (1 + \tau_t) R_{t-1}^f\right]$$
$$(6.24)$$

参考 Hans 和 Raf（2014），我们用 θ_t 来替代度量系统性金融风险。$\theta_t > 1$ 代表金融中介杠杆率，它放大了投资回报率 R_t。换句话说，θ_t 是资产和金融中介权益的比率，$\theta_t - 1$ 为债务权益比。在均衡条件下，我们有 $\theta_t = W_t/V_t$ 和 $\theta_t - 1 = B_t/V_t$。当股本溢价为正时，$E_t R_{t+1} - R_t^f > 0$，更高的杠杆率有望提高金融中介机构的股本回报率。在这种情况下，政府的宏观审慎工具 τ_t 有效，在下文将会详细阐述。

最优杠杆率由经理人最大化预期终身对数"声誉"来决定，这与传统的均一方差组合策略相一致：

$$\theta_t = \frac{\tilde{E}_t R_{t+1} - R_t^f}{m \, \mathrm{var}_t(R_{t+1})} \qquad (6.25)$$

其中，$\tilde{E}_t R_{t+1} = E_t R_{t+1} + v_t$ 和 v_t 可以遵循一个一阶自回归过程。实现的投资回报率为：

$$R_t = \frac{q_t K_t + D_t}{q_{t-1} K_{t-1}} \qquad (6.26)$$

其中：D_t 来自公司的股息，即 $D_t = Y_t - \delta K_t - w_t L_t$。夏普比率定义为投资的风险溢价除以其自身的风险：

$$S_t^\alpha = m\theta_t\sigma_{t+1}^R \tag{6.27}$$

其中：$\sigma_{t+1}^R = \sqrt{\mathrm{var}_t(R_{t+1})}$。夏普比率等于中介机构投资组合的风险 $\theta_t\sigma_{t+1}^R$，乘以金融中介的风险规避系数 m。中介机构在其投资组合中承担的风险越高，夏普比率也就越高。

考虑资本约束的放大效应十分有益。如果 $e_t < (1-\lambda)\overline{W}^\gamma W_t^{1-\gamma}$，则金融中介只需要筹集 $V_t = e_t$ 的股权。在这种状态下负冲击的影响减少了 $W_t = q_t K_t$，但会通过两个渠道减少更多的 $e_t = V_t$。首先，由于中介部门被杠杆化，股本回报是中介部门资产的内在收益的倍数；其次，由于金融中介的风险厌恶程度 m 大于 $1(e_t = e_{t-1}m\widetilde{R}_t)$，因此，声誉 e_t 与资本回报之间将不再是一一对应关系。因此，当资本为紧约束时，负面冲击会被放大进而导致杠杆率实际上升。更高的杠杆率意味着资本投资的夏普比率 S_t^α 更高，这反过来意味着资本的价格 q_t 必须更低，旨在提供更高的预期回报。较低的资本价格也将反过来压低投资，该投资取决于资本品价值 q_t 的大小。

（五）货币政策

我们假设货币当局根据简单的泰勒规则设定短期名义利率，其中无风险名义利率对其滞后值、价格和工资通货膨胀、经济活动 X 的度量以及杠杆率度量 ϑ_t 作出反应。

$$i_t = \phi_i i_{t-1} + (1-\phi_i)(\phi_\pi\pi_t^e + \phi_x x_t + \phi_\theta\vartheta_t) + \varepsilon_t^m \tag{6.28}$$

$$\pi_t^e = (1-\phi_w)\pi_t + \phi_w\pi_t^w \tag{6.29}$$

其中：π_t^e 为工资和价格通货膨胀的复合指标[①]。我们还附加了货币政策冲击 ε_t^m，在研究货币政策传导机制时可能存在自相关。

（六）均衡条件和加总

商品市场出清代表产出全部被消费或用于投资，可以表示如下：

$$Y_t = C_t + I_t + \frac{1}{2}\kappa(i_t-\delta)^2 K_t + 0.5(\phi_{cp}\pi_t^2 + \phi_{cw}\pi_{w,t}^2)\overline{Y} \tag{6.30}$$

金融行业投资组合的价值必须等于整个家庭在金融中介机构的金融投资，即：

$$Q_t K_t = W_t = V_t + B_t \tag{6.31}$$

整个金融中介部门的加总"声誉"为 S_t。由于给定的经理人可能在任意时期以一个固定的泊松分布 $\eta > 0$ 的泊松强度参数下死亡，所以金融部门 S_t 的加总声誉的变动规律表示为：

---

① 在具有固定价格和工资的模型中，在某些条件下，我们可以证明复合通货膨胀作出的反应是最佳的。在我们的基础设定中，参数 $\phi_w \approx 0.5$ 给出了良好的福利表现。

$$S_t = S_{t-1}(m\overline{R}_t - \eta) \tag{6.32}$$

进一步，在均衡条件下，整体金融部门的权益可以表示如下：

$$V_t = \min\{S_t, (1-\lambda)\overline{W}^{1-\gamma}W_t^{\gamma}\} \tag{6.33}$$

四、实证分析

（一）参数校准

为了对我国的实际经济情况进行模拟分析，本节采用数据校准的方法，从国内学者对我国的经济进行实证分析的数据中选取相应的参数值。对于标准 DSGE 模型中的常见的参数值，我们对多篇文献的取值进行了比较，确定了响应的参数值；对于本节中特有且国内前期研究较少的参数，我们选取国外文献重点的参数值并说明其适用性。参数的含义及校准值的选取见表 6 - 4。

表 6 - 4　　　　　　　　模型中校准值的参考依据

参数	参数的含义	参数校准值	校准值参考
β	贴现系数	0.990	国内主要文献将其设置为 0.90 ~ 0.99，参见黄赜琳（2005）、刘斌（2008）、郑挺国（2016）的测算，根据模型的稳态条件，加之消费习惯参数在欧拉方程中被消掉，故选择 0.99
h	消费习惯	0.300	消费习惯大多通过估计结果得出，参见刘斌（2008）、郭新强等（2013）、杭斌（2013）、郑挺国（2016）的估计，本节选择 0.300。
ψ	稳态劳动	2.940	稳态劳动，对于该参数，不同的学者存在较大的分歧，参见黄赜琳（2005）、邓子基（2012）、康立（2014）、王玉凤（2015），考虑到贝叶斯估计的后验结果受先验分布的影响较大，故我们采用邓子基（2012）的设定，取值 2.940。
ϕ_L	逆弗里希劳动弹性	1.000	国内主要文献将其确定为 0.2 ~ 6，参见陈学斌（2005）、侯成琪和龚六堂（2014）、陈诗一（2016）谢超峰（2016），本节选取设定为 1。
σ	跨期替代弹性	1.000	国内主要文献将其确定为 1，参见黄赜（2005）、薛鹤翔（2010）、梅冬州等（2013）、谢超峰（2015），本书同样设定为 1。
γ_w	工资指数	0.500	国内缺乏对该参数值设定方面的研究，因此根据 Dewachter 和 Wouter（2014）以及 Laseen 等（2015）的设定，选择 0.5 为校准值。
δ	住房折旧率	0.008	参照陈彦斌和邱哲圣（2011）。

参数	参数的含义	参数校准值	校准值参考
α	劳动产出弹性	0.650	国内主要文献中其估计值都在 0.5 ~ 0.7，参见张军（2002）、崔光灿（2006）、谢绵陛（2013）、王玉凤（2015），本节设定为 0.650。
Φ	生产固定成本	0.200	参照 Dewachter 和 Wouter（2014）以及 Laseen 等（2015）的设定。
η	金融中介退出率	0.010	该参数为本节特有的参数值，对金融中介退出率的研究相对较少，但对企业退出率的研究则较为丰富，参照袁申国（2011）、康立（2014）的企业退出率，以及 He 和 Krishnamurthy（2014）美国的中介机构退出率，与本国实际经验相匹配，设定为 0.010。
λ	流动性服务份额	0.926	参照 Dewachter 和 Wouter（2014）以及 Laseen 等（2015），与我国银监会数据相结合，设定为 0.926。
m	管理人风险厌恶	3.000	参照 Dewachter 和 Wouter（2014）、Dewachter 和 Wouter（2014）、Laseen 等（2015），设定为 3。
γ	杠杆率周期性	1.000	参照 Dewachter 和 Wouter（2014）以及 Laseen 等（2015），当设定为 1 时，与金融部门的杠杆率是顺周期的经验观测是一致的。
κ_p	价格黏性	0.750	参照崔光灿（2006）、康立（2014）、陈诗一（2016）刘斌（2008）等的设定，选取 0.750。
κ_w	工资黏性	0.025	参照徐建炜（2012）。

（二）脉冲响应分析

本节将分别使用 1% 的正向技术冲击、1% 的正向货币政策冲击来考察在不同房地产价格黏性水平下，金融变量（中介机构经理人声誉、总资产、杠杆率、权益、风险溢价、房价）与宏观经济变量（投资、消费、产出、工资总额、收益、工资、总通货膨胀、实际短期利率）分别对两种冲击的响应情况。

1. 不同房地产价格价黏性下金融变量对技术冲击的响应

图 6－9 显示了施加标准差为 1% 的正向技术冲击时，金融变量在不同房地产价格黏性下的脉冲响应情况。由图中可以看出，正向技术冲击使声誉、资产、权益和房价在冲击当期相对于稳态呈正向反应。其中，声誉、资产和房价在 1 期迅速上升至顶点，随后开始缓慢下降并趋于稳态；权益自冲击当期开始迅速增长，在第 3 期达到峰值后逐步下降，回归稳态水平。这表明，正向的技术冲击会使商业银行等中介机构的投资收益率上升，经理人的声誉提高（Stefan Laseen 等，2015），家庭受资本约束的限制会倾向于以购买股权的方式将资金投入

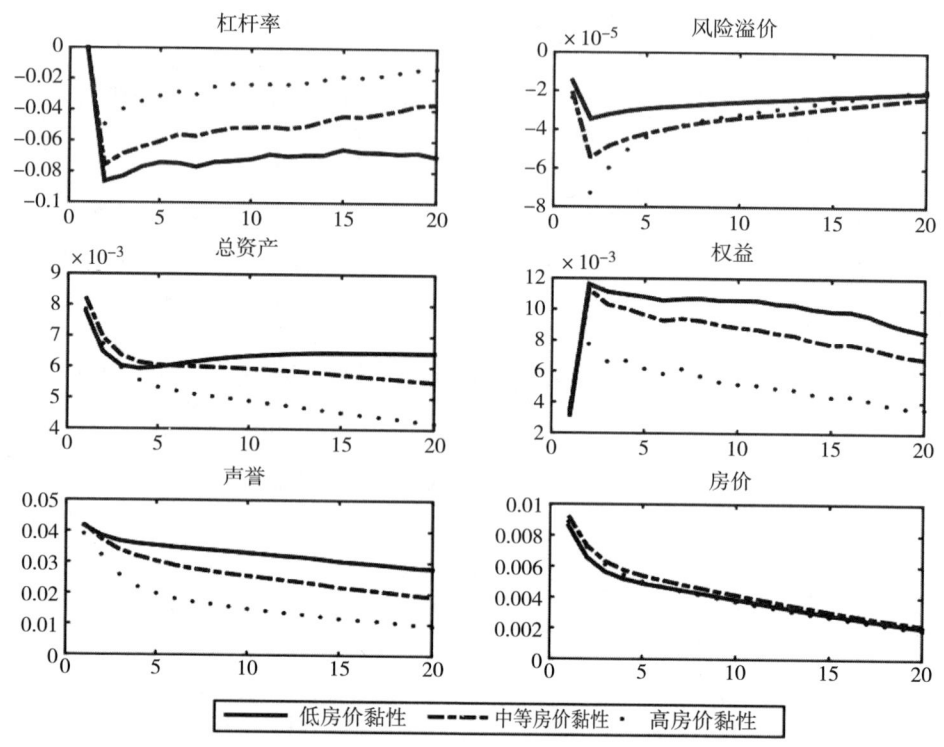

图 6 - 9 不同房价黏性下金融变量对技术冲击的响应

中介机构，中介机构权益资本增加，中介机构能够获得充足的资金购买房地产，提高房地产的持有量，刺激房地产价格的上涨；另外，正向的技术冲击导致风险溢价和杠杆率在冲击当期相对于稳态水平呈负向反应，随后快速下降，在第 3 期达到最小值后缓慢上升，之后回归稳态。这表明，正向的技术冲击在刺激房价上涨后会引发家庭对房地产市场的良好预期，提高家庭的风险偏好，家庭所要求的风险资产投资回报率降低，预期的风险溢价水平随之降低，进而带来风险定价的下降（Laseen 等，2015），降低了系统性金融风险产生的可能性。从图中还可以发现，相对于低房价黏性和中等房价黏性，在高房价黏性下各个金融变量对技术冲击的波动幅度较小。因为在高房价黏性下，房地产市场存在刚性需求，家庭风险偏好较为稳定，家庭以购买股权的方式向中介机构投入资金来购买房地产的需求程度变化不大，因此各个金融变量在技术冲击下偏离稳态的范围较之低房价黏性和中等房价黏性较小，这似乎与我国的房地产市场实际情况较为吻合。此外，房价这一变量在不同的房价黏性下波动幅度基本一致，主要因为技术冲击对房地产市场的影响程度不大，这与郝毅和李政（2017）研究结论较为一致。

2. 不同房价黏性下宏观经济变量对技术冲击的响应

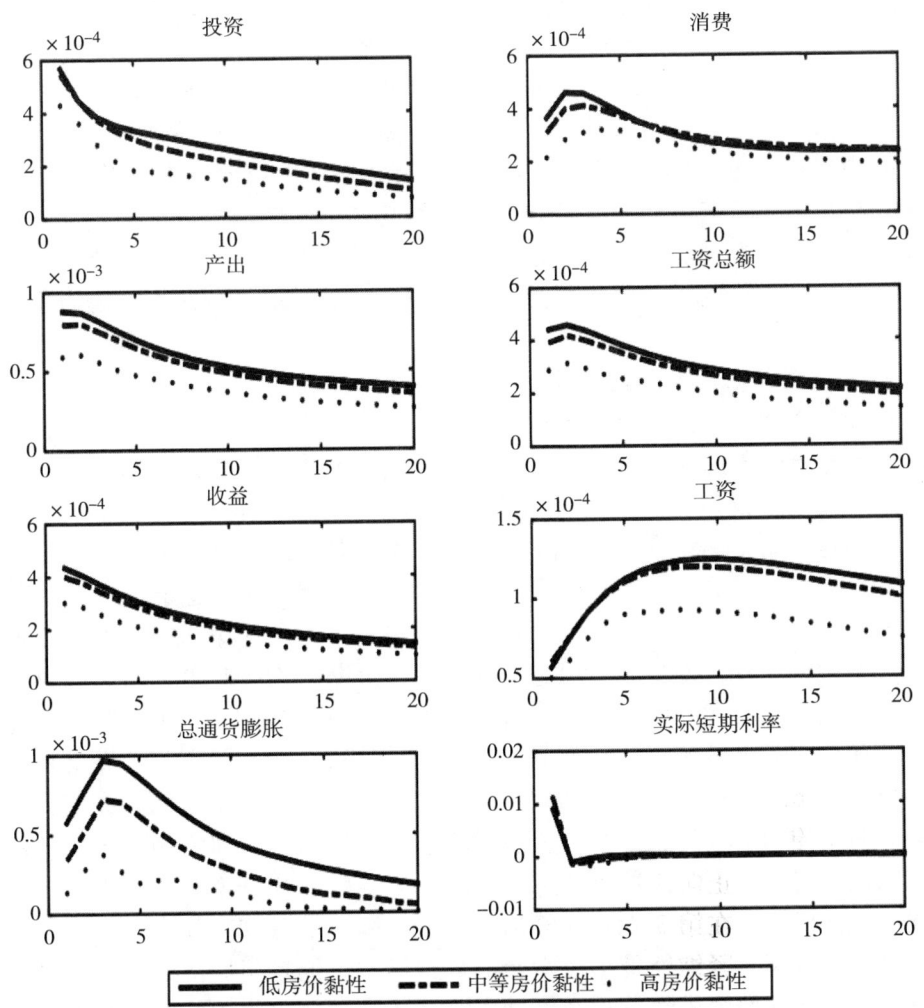

图 6 - 10　不同房价黏性下宏观经济变量对技术冲击的响应

图 6 - 10 显示了施加标准差为 1% 的正向技术冲击时，宏观经济变量在不同房地产价格黏性下的脉冲响应情况。由图中可以看出，正向的技术冲击导致各个宏观经济变量在当期相对于稳态水平均呈正向响应。首先，产出、投资和收益在冲击当期迅速上升至峰值后缓慢下降，趋于稳态。这表明，技术的进步会通过提高生产效率的方式刺激企业扩大生产和投资规模，增加企业收益的同时带动社会总产出水平的提高。其次，消费和通货膨胀自第 1 期快速上升，在第 3 期达到峰值后逐步下降，趋向稳态水平。这表明，技术进步带来产出增加进而刺激消费需求，使社会总需求量上升，从而带来温和的通货膨胀，而由于存在

价格黏性，价格变动存在滞后性，因而通货膨胀和消费对技术冲击的响应呈驼峰型。最后，工资总额和工资在技术冲击的作用下快速上涨，分别在第 3 期和第 10 期达到峰值后逐步回归稳态。这表明，产出增加引发劳动力市场供不应求，企业提高单位工资价格，进而吸引大量的劳动力进入市场，带来工资总额的增长。另外，利率在技术冲击当期快速上涨后迅速下降直至恢复稳态。这表明，货币当局会通过提高利率、紧缩银根的货币政策来抑制社会总需求的膨胀，缓解经济过热。从图中还可以发现，相对于低房价黏性和中等房价黏性，在高房价黏性下各个宏观经济变量对技术冲击的波动幅度较小。因为房价的高黏性特征导致房价下行困难，房地产市场的投资、消费需求等对技术冲击的响应程度不大。

3. 不同房价黏性下金融变量对货币政策冲击的响应

图 6 - 11 显示了施加标准差为 1% 的正向货币政策冲击时，金融变量在不同房地产价格黏性下的脉冲响应情况。由图中可以看出，正向的货币政策冲击促使声誉、资产、权益和房价在冲击当期相对于稳态呈负向反应。其中，声誉、资产和房价在第 1 期均迅速下降至最低点，声誉随后缓慢上涨并向稳态水平趋近，资产和房价则快速上涨并在第 5 期基本达到峰值，随后趋于稳态，在第 20 期基本回归稳态水平；权益自冲击当期开始快速下降，在第 3 期基本降至最低点，随后缓慢上升，逐步趋于稳态。这表明，紧缩的货币政策冲击会通过提高资金使用成本的方式降低商业银行等中介机构经理人的声誉，促使家庭将可用资金用于购买更多的债权，从而减少向中介机构进行股权投资，中介机构权益资本随之降低，同时由于资金的限制中介机构也会减少房地产的持有额，房价受需求量降低的影响开始下降，这也说明紧缩性货币政策对房地产市场的调控是有效的。另外，正向的货币政策冲击使风险溢价和杠杆率在冲击当期相对于稳态呈正向反应，在第 3 期达到峰值后缓慢下降，随后回归稳态。这表明，虽然在通常情况下，紧缩性货币政策会降低杠杆率，但是当经济处于房地产泡沫积累期，突然性的紧缩性货币政策冲击会造成房地产价格泡沫的破裂，从而使房价伴随着产出和通胀的下降而迅速下跌，这会促使房地产市场的需求进一步降低，同时带来家庭风险溢价水平的上升，中介机构的投资收益率也会随之下降，风险定价提高从而引发系统性金融风险上升。图中还可以发现，相对于低房价黏性和中等房价黏性，在高房价黏性下各个金融变量对货币政策冲击的波动幅度较小。主要因为当房地产市场存在高黏性时，紧缩性货币政策对房价的调控效果会受到限制（马亚明和刘翠，2015），家庭将继续维持房价不易下降的预期，风险偏好程度不会大幅降低，风险溢价水平较为稳定，继而家庭不会大幅缩减向中介机构投入的股权资金，中介机构持有的包括房地产在内的资本总量减少幅度较小。

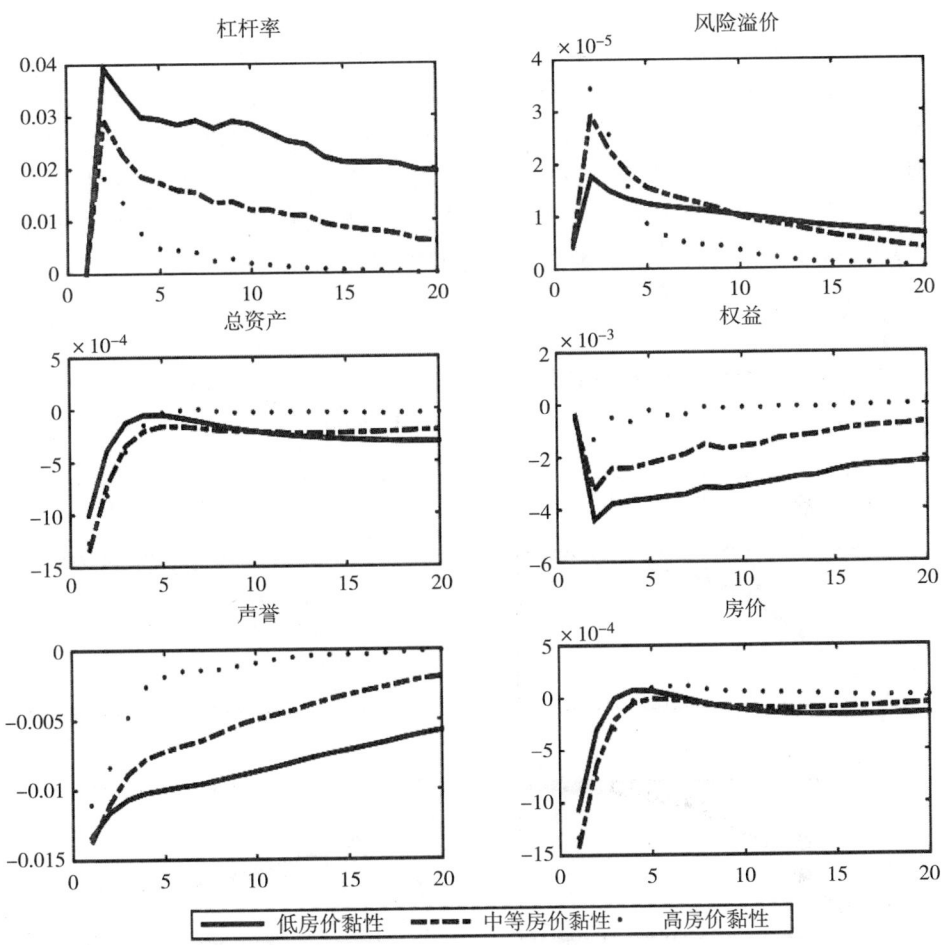

图6-11　不同房价黏性下金融变量对货币政策冲击的响应

4. 不同房价黏性下宏观经济变量对货币政策冲击的响应

图6-12显示了施加标准差为1%的正向货币政策冲击时，宏观经济变量在不同房地产价格黏性下的脉冲响应情况。从图中可以看出：一是正向的货币政策冲击促使实际短期利率自冲击当期快速上涨，在第3期基本达到峰值，随后缓慢下降趋于稳态。这表明，紧缩性货币政策会通过提高利率的方式收紧银根、增加资金成本。二是投资、消费、产出和收益在冲击当期迅速下降，而后逐步上升，在第20期基本回归稳态。这表明，利率水平的提升会通过提高资金价格的方式降低投资和消费需求，同时利用增加融资成本降低企业的产出量和收益，从而降低社会总产出水平。三是工资总额自冲击当期快速下降，在第3期降至谷底，而后逐步上升趋于稳态。这表明，产出的减少带来经济衰退，进而失业

人数增加，劳动力降低的幅度大于工资上涨的幅度。四是通货膨胀在1%的紧缩性货币政策作用下迅速下降，表明货币政策对通货膨胀调控的有效性，这与王曦等（2016）得到的结论一致。图中还可以发现，相对于低房价黏性和中等房价黏性，在高房价黏性下各个宏观经济变量对货币政策冲击的波动幅度较小。原因在于，在高房价黏性下，以房地产价格为媒介的货币政策传导机制失效，紧缩性货币政策调控房地产市场的效果较之低房价和中等房价黏性的情况下较差，从而导致各个宏观经济变量偏离稳态的程度较小。

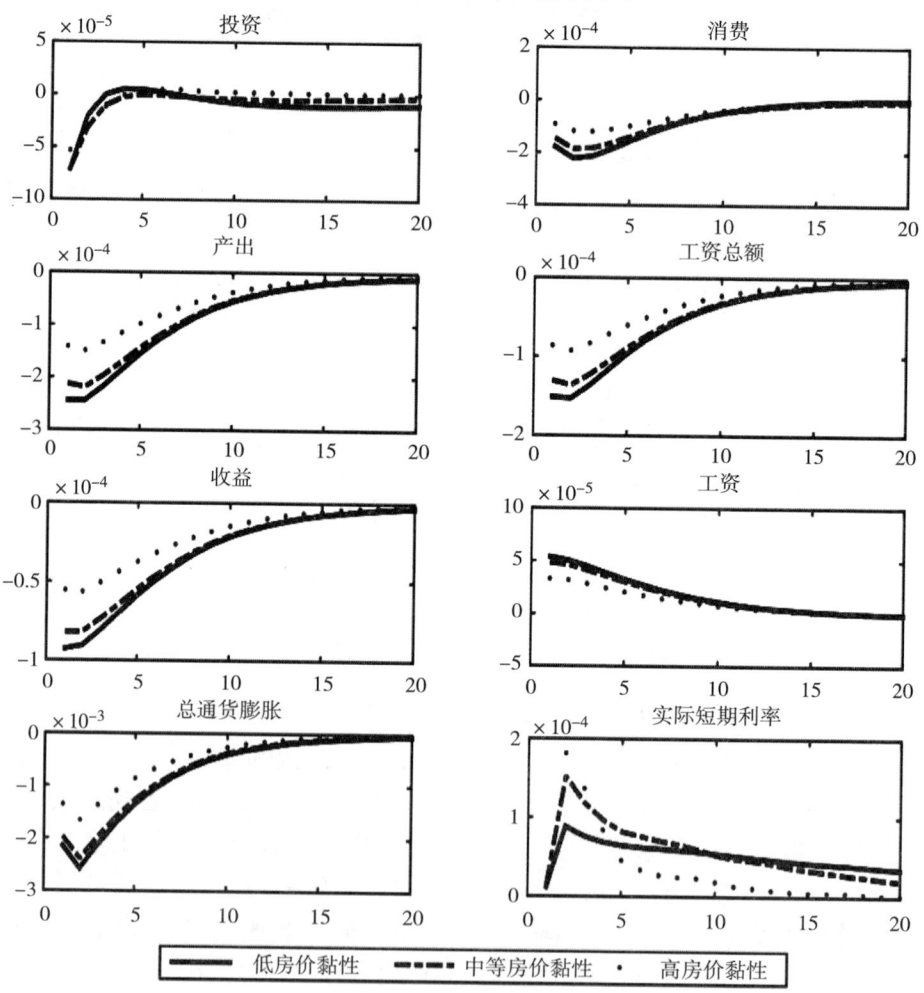

图6-12　不同房价黏性下宏观经济变量对货币政策的响应

五、结论及政策建议

本书立足于我国房价"黏性"这一特征，构建了包含家庭部门、产品生产部门、房地产部门、金融中介部门、货币政策执行部门以及宏观政策执行部门等六个部门的新凯恩斯动态随机一般均衡模型。在此基础上，引入经理人管理中介部门和中介部门面临资本约束两种摩擦机制，将系统性金融风险内生化，探讨了在不同的房价黏性下，技术冲击和货币政策冲击对金融变量和宏观经济变量的脉冲响应情况。实证结果表明：首先，对于金融变量，技术进步以提高投资收益率的方式增加房地产市场需求、推动房价上涨，使声誉、资产、权益和房价呈正向响应，使风险溢价和杠杆率呈负向响应；另外，紧缩性的货币政策以提高资金使用成本的方式降低房地产市场需求来控制房价，使声誉、资产、权益和房价呈负向响应，使风险溢价和杠杆率呈正向响应。其次，对于宏观经济变量，由于技术进步会刺激投资、消费等需求，从而引发产出增加、带来经济繁荣，因此技术冲击促使各个宏观经济变量呈正向响应；货币政策冲击以提高利率、紧缩银根的形式抑制社会总需求，因此货币政策冲击下实际短期利率在冲击当期相对于稳态水平呈正向响应，其他宏观经济变量在冲击当期相对于稳态水平均呈负向响应。最后，在不同的房价黏性下，金融变量和宏观经济变量对技术冲击和货币政策冲击的响应程度存在差异，由于高房价黏性下房价下行困难，货币政策房地产价格传导机制失效，因此外生冲击使金融变量和宏观经济变量偏离稳态的幅度较小。另外，从货币政策调控效果来看，正向的货币政策冲击能够显著降低房价，缓解宏观经济波动，但高房价黏性的存在会降低调控效果。

我国宏观经济正逐步进入新常态，实体经济下行，房地产市场却在此背景下形成了不易下跌的高价格黏性特征，这也就增加了房地产市场调控的难度。因此，如何提高货币政策对房价调控的有效性，稳定房地产价格，进而维护金融市场和宏观经济稳定是政府当前亟待解决的问题。结合本书实证分析结论，我们提出以下政策建议：第一，明确我国房地产市场当前存在的高价格黏性特征，从严调控房地产市场价格。我国房地产市场高价格黏性的具体表现为价格不易下跌，因此应当在权衡物价和总产出、防范宏观经济大幅波动的前提下，立足于我国房地产市场的特征，实行紧缩性货币政策来缓解房地产市场的过热局面，从而防范房地产价格泡沫破裂引发的系统性金融风险。第二，发挥货币政策与其他政策的联动配合效应，建立货币政策效果的多层次监控体系。房价黏性与消费者刚性需求联系紧密，因此，在实施紧缩性货币政策的同时，应与土地政策、税收政策和信贷政策等其他政策联动配合，基于房地产市场供需管理来调节资金的流向、配置以及消费者的刚性购房需求，促使房价回归理性。同时，加强货币政策效果的监控，根据现实的经济形势和房地产市场反应状况相机调整，增强货币政策对房价调控的灵活性和针对性。第三，完善宏观审慎政策框架，建立有差别的宏观审慎调节机制，明确不同房地产市场的发展特点，把握好房价调控的"方向"和"力度"，从根本上维护金融稳定与宏观经济安全。高价格黏性的根本原因在于我国房地产市场存在结构性泡沫（曹和平，2016），完善的宏观审慎政策体系能够弥补货币政策在对房地产市场结构性调控能力和总量调控能力方面的不足，进一步提高房地产市场调控的有效性。此外，还应健全货币政策和宏观审慎政策的双支柱调控框架，积极推动货币政策调控框架转变，创新货币政策工具，不断增强利率调控能力，完善宏观审慎政策和货币政策之间相互协调、紧密配合的体制机制，稳定宏观经济。

第三节　房价波动、宏观审慎监管与最优货币政策选择

一、研究背景

2016 年年初开始，我国房地产市场交易在国家宏观经济发展中步入新常态，实体经济疲弱的特殊背景下出现了异常繁荣的局面。中房指数系统显示，2016 年上半年，我国 50 个代表城市的商品住宅月平均成交约 3500 万平方米，同比增长 36.6%，远超历史同期最高水平。与此同时，我国房地产价格也呈现出快速上涨的态势，国家统计局数据显示，2016 年 8 月，全国 70 个大中城市中有 64 个城市新建商品住宅销售价格同比上涨，其中，北京、上海、广州三大一线城市新建商品住宅销售价格同比涨幅均在 20%～40%，深圳新建商品住宅销售价格同比涨幅甚至高达 43.01%，房价涨幅屡创新高。为了抑制房价的过快上涨，2016 年 10 月，新一轮严苛的房地产调控政策再次重启，密集出台一系列限购限贷政策，旨在为大幅攀升的房价进行"降温"。持续上涨的房地产价格不仅影响了人民群众的购物需求，也对我国的经济平稳运行以及人民生活都产生了严重的影响。2008 年源于美国房地产市场的次贷危机引发了全球性的金融危机，从而使世界经济陷入长时间的衰退。此次金融危机使人们认识到房地产价格波动在系统性金融风险传导机制中的重要地位。

为了抑制不断攀升的房地产价格，维护金融安全和稳定，近年来我国政府出台了多种调控房地产价格的政策措施。2011 年"国十条"出台，发布"限购限贷令"以调整房地产市场的供求状况；2015 年年底中央工作会议重点谈及房地产问题，"化解房地产市场库存"成为经济社会发展的任务之一；2016 年 10 月，针对房价上涨，热点城市的限购限贷政策再次重启，人民银行也采用了包括降准降息和控制货币信贷规模等多种货币政策工具来对房地产市场进行调控。针对此次金融危机所暴露出来的金融顺周期性和系统性风险的特点，传统的稳定价格的货币政策并不能保证金融稳定以及宏观经济稳定，这促使人们对现有

的货币政策和监管框架重新审视，许多国家因此开始构建满足自身要求的逆周期宏观审慎监管框架，以期抑制金融失衡，从而降低房地产市场失衡引发的系统性风险及对实体经济造成的不利影响。目前，我国金融监管部门也致力于加强宏观审慎监管，维护金融稳定，另外，逆周期的宏观审慎政策可以从时间维度降低系统性风险的积累，从而对房地产市场的管理具有明显的效果。与此同时，学术界也达成共识，由于房地产兼具实物与金融双重属性，因此宏观审慎政策能够在执行成本较低的情况下更加直接和有效地控制房地产泡沫、抑制信贷规模，从而实现金融稳定（赵胜民等，2015；陈利锋，2016）。

然而，中央银行的货币政策工具是否应该对房价作出反应？应作出怎样的反应？宏观审慎政策能在多大的程度上识别并控制房价波动从而避免系统性风险的发生？之前学者们认为，宏观审慎政策与货币政策之间相互影响，如果缺乏协调配合会导致政策冲突（Alpanda 等，2014；Angelini 等，2014），那么，货币政策与宏观审慎政策之间又应当如何配合才能发挥政策的协同效应从而实现两者的政策目标？这些问题的正确回答对于我国中央银行货币政策的有效执行、宏观审慎政策框架构建以及完善我国房地产市场调控无疑具有重要的理论和现实意义。有鉴于此，采用带有异质性家庭部门与房地产生产商的新凯恩斯动态随机一般均衡模型分析了技术冲击、住房需求冲击、货币政策冲击分别对房价、产出、利率与通货膨胀的影响，并以此为前提探讨我国最优货币政策规则的选择问题，以及不同货币政策规则如何与宏观审慎政策配合来实现抑制房价上涨、控制系统性风险目的。最后，运用福利损失函数法分析了货币政策与宏观审慎政策的最优组合，希望能够科学客观地评价货币政策与宏观审慎政策对房地产市场的调控效果，为我国经济新常态下维护金融稳定和金融安全提供理论依据。

二、文献综述

在此次国际金融危机爆发之前，对于货币政策规则的制定，学术界普遍认为以维持物价稳定为目标的货币政策能够减少利率不匹配的风险，从而保持金融体系和金融机构的稳健性（Schwartz，1988），实现总体价格稳定的货币政策将推动金融系统趋向稳健，一般物价的平稳才是金融稳定的前提和基础（Bordo等，2000；Schioppa，2002；Issing，2003）。然而，随着金融市场的不断发展，人们逐渐体会到资产价格泡沫破灭给实体经济造成的巨大影响，各国中央银行开始讨论是否应该对资产价格波动进行反应的问题。部分学者认为，货币当局不应对资产价格泡沫采取措施，但只要"事后救助"及时，依然可以控制泡沫破灭所导致的损失（Mishkin，2007）。也有一些学者认为，虽然资产价格泡沫会导致金融不稳定，但积极的通货膨胀目标制可以在资产价格泡沫破灭时保证产出和通胀的稳定，只要资产价格波动能够不干扰通货膨胀预期，货币政策就不需要对资产价格波动作出直接反应（Bernanke，1999，2001；Batini 和 Nelson，2000；Gilchrist 和 Leahy，2002）。然而，部分学者持相反的观点。他们认为，当资产价格与基本面存在差异时，为了保证宏观经济平稳运行，货币政策应当直接对资产价格的波动采取应对措施（Goodhart，1995，1999，2002）。制定货币政策目标时应该注意房价波动引起的金融失衡，将房地产价格引入货币政策规则中，能很好地避免资产价格泡沫的产生，减少资产价格大幅度下降所导致的清理残局的成本（Borio 和 Lowe，2002；Iacoviello，2005；Ahearne，2005）。

国际金融危机爆发之后，货币政策是否可以用于维持金融稳定的问题在学术界又引发了争论。虽然 Curdia 和 Wodford（2009）、Borio 和 Drehmann（2009）认为货币政策仍然可以消除金融不平衡，但大部分学者承认物价稳定无法兼顾金融稳定，他们提出使用宏观审慎政策用于维护金融稳定（Kannan 等，2009；N'Dia ye 2009；Gelain，2011；Catte 等，2011）。Kannan 等（2009）发现引入针对信贷市场周期的宏观审慎工具将有助于维护宏观经济的稳定。Gelain（2011）的研究结果也表明，宏观审慎贷款价值比（LTV）政策可以缓和房地产市场冲击对于实体经济的负面影响，随着宏观审慎政策被各国监管当局越来越多地使用，宏观审慎政策工具的有效性问题也引起了各国学者的广泛关注。Unsal（2011）采用 BGG 模型研究得出，引入宏观审慎的管理可以有效地改善福利，其相关政策能够作为货币政策的有效补充。IMF（2012）从信贷增长、房价上涨和资金流入三个角度研究宏观审慎政策减少金融脆弱性的有效性，认为动态资本要求和准备金能够显著地抑制信贷上涨。Glocker 和 Towbin（2012）的研究表明，宏观审慎的资本分配机制在缓和金融周期过度波动、降低系统风险中异常关键。Tavman（2015）利用带有金融摩擦的新凯恩斯 DSGE 模型分析了准备金率要求、资本充足率要求和监管溢价政策工具的有效性，得到的结论是资本充足率要求在抑制经济下滑方面最为有效。

虽然宏观审慎政策在维持金融稳定方面起到了一定作用，但仅有宏观审慎政策无法保证金融平稳运行（Blanchard 等，2010），因此，宏观审慎监管如何与货币政策形成有效配合来实现金融稳定这一问题开始被人们关注（Vinals 和 Leichter，2010；Alpanda 等，2014）。Angeloni 和 Faia（2009）认为，货币政策与宏观审慎监管如何配合应当考虑实际的经济条件，政策组合应包括温和的反周期资本比率要求，以及对资产价格、通货膨胀或杠杆率作出反应的货币政策规则。Suh（2012）考虑金融加速器机制下动态随机一般均衡模型，实证结果显示，最优货币政策的目的是保证通货膨胀稳定，最优宏观审慎政策则是以信贷平稳为目标，此时福利达到最大化水平。Beau 等（2012）构建了一个基于金融摩擦、异质性代理人、房地产市场的 DSGE 模型，研究发现，当遭遇金融冲击时，最有效的政策组合应该是货币政策密切跟进价格稳定，并且针对信贷严重上涨，单独制定相关宏观审慎政策进行监管，保证经济系统的整体价格稳定。

　　从国内现有文献来看，资产价格与货币政策关系研究起源于1997年东南亚金融危机（钱小安，1998；郭田勇，2006；王擎和韩鑫涛，2009；周晖和王擎，2009）。谭政勋和陈怡君（2015）认为，在目前中国利率和房地产业市场化程度不足的基础上，我国货币政策并不适合对房地产价格波动采取径直的措施，更不适合直接干预房价。瞿强（2007），郭娜和翟光宇（2011）认为，我国的货币政策应当关注而不是盯住房地产价格。但部分学者却持相反的观点，他们认为，资产价格中包含了关于未来产出与通胀的信息，忽视资产价格波动会导致较大的福利损失，因此货币政策应该盯住资产价格（唐齐鸣和熊洁敏，2009；赵进文和高辉，2009；梁斌和李庆云，2011；陈继勇等，2013）。随着国际上宏观审慎政策研究的逐渐深入，国内也开始有学者展开该方面的研究（周小川，2011；张健华和贾彦东，2012；马勇和陈雨露，2013；梁璐璐等，2014）。王爱俭和王璟怡（2014）使用DSGE模型分析了货币政策和宏观审慎政策之间的关系，他们认为，宏观审慎政策能够增进福利、稳定金融波动，并且在市场受到金融冲击时能够对货币政策起到辅助作用。谷慎和岑磊（2015）使用DSGE模型研究了宏观审慎监管政策与货币政策的配合策略，结果表明，在受到金融冲击时，两者相互配合对于稳定金融的效果更加明显。方意（2016）对多种宏观审慎工具的有效性进行研究，结果表明，宏观审慎政策有效的前提在于盯住目标和最终监管对象保持一致。

　　国内外学者在相关领域的研究视角很多，但是前期文献对于在不同宏观经济冲击下货币政策与宏观审慎政策如何配合的研究相对较少，这也就无法进一步探究我国货币政策规则的最优选择问题。有鉴于此，本书从房价波动的视角切入，深入讨论不同经济冲击背景下货币政策与宏观审慎政策的协调配合问题，并据此给出不同情形下我国货币政策的最优操作规则。除此之外，在研究方法上，前期文献大多对模型进行了校准，遗憾的是，仅使用校准的方法具有较大的局限性，由于前期文献数量有限，很多参数无法找到适合我国国情的数值。有鉴于此，为了克服参数校准的局限性，本节采用贝叶斯估计的方法对部分参数进行了估计，以期得到更符合我国实际经济的结论。此外，本节还采用了损失函数法对货币政策与宏观审慎的配合效果进行福利分析，从而得到最优的宏观审慎政策和货币政策组合。

三、理论模型

　　参考 Iacoviello（2005，2013），Rubio 和 Carrasco - Gallego（2015）等文献，我们假设经济体中包含七个部门：储蓄家庭部门、借贷家庭部门、房地产商、最终产品生产商、商业银行、货币政策执行部门以及宏观政策执行部门。家庭部门提供劳动服务并赚取收入，获得的收入用于消费和购买房地产。储蓄家庭部门的剩余的收入存入商业银行，商业银行可以贷款给房地产商和借贷家庭部门。房地产商使用家庭部门提供的劳动，其本身持有的房地产以及资本进行生产，生产成本为付给家庭部门的工资收入。房地产商可将剩余利润用于消费或下一期的投入。在本节的模型中，房地产具有实物资产与金融资产的"双重属性"，其本身既可以持有作为固定资产，也可以抵押作为金融资产，因此其价格波动性往往较大（黄静，2010；冯涛，2014；赵胜民，2015）。

（一）储蓄家庭部门

储蓄家庭部门通过选择消费 $C_{s,t}$、住房 $H_{s,t}$ 以及劳动 $N_{s,t}$ 来最大化其终身效用函数。

$$\max_{C_{s,t},H_{s,t},N_{s,t}} E_0 \sum_{t=0}^{\infty} \beta_s^t \left(\log C_{s,t} + j_t \log H_{s,t} - \frac{N_{s,t}^{\eta}}{\eta} \right) \tag{6.34}$$

其中：$\beta_s \in (0,1)$，为储蓄家庭部门的折现系数；E_0 为期望运算符；$1/(1-\eta)$ 为劳动供给弹性，且 $\eta > 0$；j_t 为效用函数中持有住房数量的权重，我们假定其遵循一个 AR（1）过程，写作：$\log j_t = \rho_j \log j_{t-1} + \varepsilon_{j,t}$，对 j_t 的冲击可以理解为对住房需求的冲击。该最优化问题受到下面的预算约束：

$$C_{s,t} + D_t + q_t(H_{s,t} - H_{s,t-1}) = \frac{R_{s,t-1}D_{t-1}}{\pi_t} + w_{s,t}N_{s,t} + F_t \tag{6.35}$$

其中：D 为银行存款；R_s 为存款收益率；q 为住房价格；w_s 为储蓄家庭提供劳动的实际工资；F_t 为企业的一次性转移支付。该最优化问题的一阶条件表示为：

$$\frac{1}{C_{s,t}} = \beta_s E_t \left(\frac{R_{s,t}}{\pi_{t+1} C_{s,t+1}} \right) \tag{6.36}$$

$$w_{s,t} = N_{s,t}^{\eta-1} C_{s,t} \tag{6.37}$$

$$\frac{j_t}{H_{s,t}} = \frac{1}{C_{s,t}} q_t - \beta_s E_t \frac{1}{C_{s,t}} q_{t+1} \tag{6.38}$$

公式（6.36）为消费的欧拉方程，公式（6.37）为劳动供给方程，公式（6.38）为住房跨期条件方程。

（二）借贷家庭部门

借贷者的最优化问题表示如下：

$$\max_{C_{b,t},H_{b,t},N_{b,t}} E_0 \sum_{t=0}^{\infty} \beta_b^t \left(\log C_{b,t} + j_t \log H_{b,t} - \frac{N_{b,t}^{\eta}}{\eta} \right) \tag{6.39}$$

其中：$\beta_b \in (0,1)$，为借贷家庭部门的折现系数。该最优化问题不仅受到预算约束，还受到抵押品约束：

$$C_{b,t} + q_t(H_{b,t} - H_{b,t-1}) + \frac{R_{b,t-1}L_{b,t-1}}{\pi_t} = L_{b,t} + w_{b,t}N_{b,t} \tag{6.40}$$

$$R_{b,t}L_{b,t} = k_t E_t q_{t+1} H_{b,t} \pi_{t+1} \tag{6.41}$$

其中：L_b 为借贷家庭的银行贷款；R_b 为家庭贷款利率；k 为贷款价值比率 LTV。贷款的抵押约束限制借贷家庭部门贷款购买住房。一阶条件表示如下：

$$\frac{1}{C_{b,t}} = \beta_b E_t \left(\frac{R_{b,t}}{\pi_{t+1}C_{b,t+1}} \right) + \lambda_{b,t} R_{b,t} \tag{6.42}$$

$$w_{b,t} = N_{b,t}^{\eta-1} C_{b,t} \tag{6.43}$$

$$\frac{j_t}{H_{b,t}} = \frac{1}{C_{b,t}} q_t - \beta_b E_t \frac{1}{C_{b,t+1}} q_{t+1} + \lambda_{b,t} k_t E_t q_{t+1} \pi_{t+1} \tag{6.44}$$

其中：$\lambda_{b,t}$ 为抵押品约束的拉格朗日乘数。

（三）房地产商

将房地产商看作具有家庭部门的性质，因此，其终身效用函数设定为：$E_0 = \sum_{t=0}^{\infty} \beta_e^t \log C_{e,t}$。除此之外，房地产商使用住房 H，储蓄家庭提供的劳动 N_s，借贷家庭提供的劳动 N_b 生产中间产品。生产函数为柯布道格拉斯函数的形式：

$$Y_t = A_t H_{t-1}^v N_{s,t}^{\alpha(1-v)} N_{b,t}^{(1-\alpha)(1-v)} \tag{6.45}$$

其中：α 为储蓄家庭所占的比重；$1-\alpha$ 为借贷家庭所占的比重；v 为住房在生产中所占的比重；$1-v$ 为劳动在生产中所占的比重；A_t 为技术冲击，其服从 AR（1）过程：$\log A_t = \rho_A \log A_{t-1} + \varepsilon_{A,t}$。房地产市场在如下的预算约束下最大化其终身效用：

$$mc_t Y_t + L_{e,t} = C_{e,t} + q_t(H_t - H_{t-1}) + \frac{R_{e,t-1}L_{e,t-1}}{\pi} + w_{s,t}N_{s,t} + w_{b,t}N_{b,t} \tag{6.46}$$

$$R_{e,t}L_{e,t} = k_t E_t q_{t+1} H_t \pi_{t+1} \tag{6.47}$$

公式（6.46）为房地产商的预算约束。其中：L_e 为房地产商的银行贷款；R_e 为房地产商的贷款利率；C_e 为房地产商的消费；H 为房地产的存量。公式（6.47）为房地产商的抵押品约束。

房地产商除了具有家庭部门的性质之外，还是一个中间品生产商。我们假定房地产市场是一个垄断竞争市场。房地产商本身为价格制定者，我们假设其定价方法为 Calvo（1983）的交错定价原则，在每一期有 $1-\phi$ 比例的厂商可以制定自己的价格 $P_t(j)$，因此，在当期调整价格之后一直持续 s 期不能调整价格的概率为 ϕ^s。企业使用随机贴现因子 $M_{t+s} = \beta^s u'(C_{t+s})/u'(C_t)$ 来贴现未来收益并最大化其终生收益：

$$\max_{P_t(j)} E_t \sum_{s=0}^{\infty} (\phi\beta)^s \frac{u'(C_{t+s})}{u'(C_t)} \left\{ \frac{P_t(j)}{P_{t+s}} \left[\frac{P_t(j)}{P_{t+s}} \right]^{-\varepsilon_p} Y_{t+s} - mc_{t+s} \left[\frac{P_t(j)}{P_{t+s}} \right]^{-\varepsilon_p} Y_{t+s} \right\}$$

$$\tag{6.48}$$

设定的最优价格为：

$$P_t^* = P_t(j) = \frac{\varepsilon_p}{\varepsilon_p - 1} \frac{\mathrm{E}_t \sum_{s=0}^{\infty} (\phi\beta)^s u'(C_{t+s}) mc_{t+s} P_{t+s}^{\varepsilon_p} Y_{t+s}}{\mathrm{E}_t \sum_{s=0}^{\infty} (\phi\beta)^s u'(C_{t+s}) P_{t+s}^{\varepsilon_p - 1} Y_{t+s}} \tag{6.49}$$

为了去异质性，将价格方程改写为递归形式：

$$x_{1t} = C_t^{-1} mc_t Y_t + \phi\beta \mathrm{E}_t x_{1, t+1} \pi_{t+1}^{\varepsilon_p} \tag{6.50}$$

$$x_{2t} = C_t^{-1} Y_t + \phi\beta \mathrm{E}_t x_{2, t+1} \pi_{t+1}^{\varepsilon_p - 1} \tag{6.51}$$

$$\pi_t^* = \frac{\varepsilon_p}{\varepsilon_p - 1} \frac{x_{1t}}{x_{2t}} \pi_t \tag{6.52}$$

价格分散方程为：

$$v_p = (1 - \phi)(\pi_t^*/\pi_t)^{-\varepsilon_p} + \phi\pi_t^{\varepsilon_p} v_{t-1}^p \tag{6.53}$$

（四）最终产品生产商

我们假设最终产品生产市场为完全竞争市场。生产商将房地产商生产的产品 $Y_t(j)$ 组合起来得到产品 Y_t，使用 Dixit – Stiglizt 生产函数为：

$$Y_t = \left[\int_0^1 Y_t(j)^{\frac{\varepsilon_p - 1}{\varepsilon_p}} \mathrm{d}j \right]^{\frac{\varepsilon_p}{\varepsilon_p - 1}} \tag{6.54}$$

求解最终产品的利润最大化问题，可以得到最终产品的需求函数：

$$Y_t(j) = \left[\frac{P_t(j)}{P_t} \right]^{-\varepsilon_p} Y_t \tag{6.55}$$

根据最终商品生产者的零利润条件 $P_t Y_t = \int_0^1 P_t(j) Y_t(j) \mathrm{d}j$，得到加总的价格指数方程为：

$$P_t = \left[\int_0^1 P_t(j)^{1 - \varepsilon_p} \mathrm{d}j \right]^{\frac{1}{1 - \varepsilon_p}} \tag{6.56}$$

（五）商业银行部门

商业银行从储蓄家庭部门吸收存款 D，并分别向借贷家庭部门和房地产商发放贷款 L_b 和 L_e。商业银行的目标函数为；

$$\max \sum_{t=0}^{\infty} \beta_B^t \log C_{B,t} \tag{6.57}$$

受到的约束条件为：

$$C_{B,t} + R_{s, t-1} D_{t-1} + L_{e,t} + L_{b,t} = D_t + R_{e,t} L_{e, t-1} + R_{b,t} L_{b, t-1} \tag{6.58}$$

$$L_t = L_{e,t} + L_{b,t} \tag{6.59}$$

$$L_t - D_t \geqslant \rho_D (L_{t-1} - D_{t-1}) + (1 - \gamma)(1 - \rho_D) L_t \tag{6.60}$$

其中：C_B 为银行家的私人消费。公式（6.58）为商业银行的预算约束，公式（6.59）为银行资产，公式（6.60）为商业银行的资本充足率条件。$L - D$ 为商业银行资本；ρ_D 为上一期商业银行资本的调整比率；γ 为资本资产比率。式

（6.60）表明，商业银行的所有者权益必须大于一部分银行资产。这保证了商业银行的交易行为会充分考虑其资本充足率。

（六）货币政策

我们选取了四种类型的货币规则，并假定中央银行采用一个扩展的泰勒规则作为其货币政策工具。

规则 1：货币政策对通货膨胀、产出以及房价的波动作出反应，即：

$$R_t = (1 - \rho)R_{ss} + \rho R_{t-1} + (1 - \rho)[\phi_\pi^R(\pi_t - \pi_{ss}) + \phi_y^R(Y_t - Y_{ss}) + \phi_q^R(q_t - q_{ss})] + \varepsilon_{R,t} \tag{6.61}$$

其中：ρ 为利率变动的持续效应；X_{ss} 为该变量的稳态值；ϕ_π^R，ϕ_y^R，ϕ_q^R 分别衡量利率对通货膨胀、产出、房价的反应程度，且 $\phi_\pi^R \geq 0$，$\phi_y^R \geq 0$，$\phi_q^R \geq 0$。ε_t^R 为一个均值为 0、方差为 σ_R^2 的白噪声冲击。选取这样的一种泰勒规则，我们可以使得中央银行对房价的波动作出反应，并且无论何时，房价上升都伴随着利率上升，这也意味着限制了经济中的信贷膨胀。除此之外，本节还考察了三种类型的货币政策：

规则 2：货币政策对通货膨胀和产出的波动作出反应，即：

$$R_t = (1 - \rho)R_{ss} + \rho R_{t-1} + (1 - \rho)[\phi_\pi^R(\pi_t - \pi_{ss}) + \phi_y^R(Y_t - Y_{ss})] + \varepsilon_{R,t} \tag{6.62}$$

规则 3：货币政策仅对通货膨胀的波动作出反应，即：

$$R_t = (1 - \rho)R_{ss} + \rho R_{t-1} + (1 - \rho)\phi_\pi^R(\pi_t - \pi_{ss}) + \varepsilon_{R,t} \tag{6.63}$$

规则 4：货币政策仅对产出波动作出反应，即

$$R_t = (1 - \rho)R_{ss} + \rho R_{t-1} + (1 - \rho)\phi_y^R(Y_t - Y_{ss}) + \varepsilon_{R,t} \tag{6.64}$$

（七）宏观审慎政策

我们假定宏观审慎的政策目标是避免过度信贷增长。当经济繁荣或者房价上涨时，借款主体将会大量借款。因此，我们可以将产出与房价作为信贷增长的主要指标并因此考虑一个泰勒型的规则用于资产价值比率，这样资产价值比率可以对产出和房价作出反应：

$$k_t = k_{ss} - \phi_y^k(Y_t - Y_{ss}) - \phi_q^k(q_t - q_{ss}) \tag{6.65}$$

其中：k_{ss} 为贷款价值比率的稳态值；ϕ_y^k，ϕ_q^k 分别衡量贷款价值比率对产出和房价的反应程度，且 $\phi_y^k \geq 0$，$\phi_q^k \geq 0$。这种类型的规则可以在经济扩张时产生较低的贷款价值比率。当产出和房价都很高时，就可以限制贷款的发放并且避免经济繁荣所导致的信贷扩张。

（八）市场出清

市场出清条件表示如下：

$$Y_t = C_{s,t} + C_{b,t} + C_{e,t} + C_{B,t} \tag{6.66}$$

假定总体住房供给量是固定的，并将其单位化为 1：

$$H_t + H_{s,t} + H_{b,t} = 1 \qquad (6.67)$$

商业银行总贷款额为 $L_t = L_{e,t} + L_{b,t}$。

四、实证分析

（一）数据处理与参数估计

1. 数据处理

本节采用产出、住房价格、通货膨胀作为模型估计的观测变量。由于 2008 年金融危机过后，许多国家开始构建控制系统性风险的宏观审慎监管框架，因此本节将样本区间设定为 2008 年第一季度至 2016 年第一季度，数据主要来源于 RESET 数据库与同花顺 iFinD 数据库。其中，产出选取的是国内生产总值（GDP）的数据，首先对 GDP 进行消胀处理，然后取自然对数，并使用 X12 进行季节调整，最后使用 HP 滤波进行去势处理。住房价格由全国商品房销售额除以商品房销售面积得到，根据 Iacoviello（2005）的处理方法，我们对住房价格进行消胀处理并使用 HP 滤波去势。

2. 参数校准

对于家庭部门的折现率 β_s 与 β_b，王爱俭和王璟怡（2014）将其分别设置为 0.988 与 0.983，岑磊和谷慎（2016）将其分别设为 0.989 与 0.983，本书将其设置为 0.990 与 0.980。企业的折现率 β_e，冯涛等（2014）将其设置为 0.976，本书将其设置为 0.970。银行部门的折现率，根据 Iacoviello（2013），我们将其设置为 0.945。参考赵胜民等（2015）的研究，我们将资本产出比率 α 设置为 0.100，住房在生产中所占的比重 v 设置为 0.012，资本在生产中所占的比重 θ 设置为 0.499。根据 Rubio 和 Carrasco - Gallego（2015）的研究，我们将 η 设置为 2，因此，劳动供给的替代弹性 $1/(\eta - 1)$ 为 1。根据梁璐璐等（2014）的研究，我们将季度的资本折旧率设置为 0.025，价格黏性设置为 0.750。根据 Iacoviello（2013）的研究，我们将商业银行的资本调整比率 ρ_D 设置为 0.240，将资本资产比率 γ 设置为 0.900。根据刘斌（2008）以及肖争艳（2011）的研究，我们将中间产品的替代弹性设置为 1.200。参数校准的结果如表 6 - 5 所示。

表 6 - 5　　　　　　　　部分参数的校准值

参数	参数的含义	参数校准值
β_s	储蓄家庭的折现率	0.990
β_b	借款家庭的折现率	0.980
β_e	企业的折现率	0.970
β_B	银行的折现率	0.945

参数	参数的含义	参数校准值
α	资本产出比率	0.100
v	住房在生产中所占的比重	0.012
θ	资本在生产中所占的比重	0.499
η	与劳动替代弹性相关的系数	2
δ	资本折旧率	0.025
ϕ	价格黏性概率	0.750
ρ_D	商业银行资本调整比率	0.240
γ	资本资产比率	0.900
ε^p	中间产品的替代弹性	1.200

3. 贝叶斯估计

对于模型中未校准的参数，本节使用贝叶斯方法对其进行估计，由于不同的先验分布设定会对估计的结果产生不同的影响，本节根据前期文献的校准结果设定其先验分布。对于与劳动替代弹性相关的系数 η，本节将其设置为均值为 2、方差为 0.5 的 Gamma 分布。价格黏性的概率 ϕ 根据 Hollander 和 Liu（2015）的研究，本节将其先验分布设置为 Beta 分布，均值为 0.75，方差为 0.05。对于技术冲击与住房需求冲击的自相关系数 ρ_A 与 ρ_j，根据冯涛等（2014）的研究，本节将其设置为 Beta 分布，均值分别为 0.85、0.9，方差均为 0.1。对于利率变动的持续效应 ρ，本书根据唐琳等（2016）的研究，令其服从 Beta 分布，均值为 0.73，方差为 0.05。根据 Gerali 等（2010）的研究，本节将利率对通胀的反应程度 ϕ_π^R 设置为服从 Gamma 分布，均值为 0.5，方差为 0.05，利率对产出的反应程度 ϕ_y^R 设置为服从正态分布，均值为 0.2，方差为 0.05。对于利率对房价的反应程度 ϕ_q^R，本节假设其服从 Beta 分布，均值为 0.1，方差为 0.05。对于贷款价值比率对产出与房价的反应程度 ϕ_y^k 与 ϕ_q^k，我们假定服从逆 Gamma 分布，均值与方差均为 0.05。对于技术冲击、房价冲击以及货币政策冲击的标准差 $\sigma_{A,t}$、$\sigma_{j,t}$ 与 $\sigma_{R,t}$，本节根据 Iacoviello（2013），将其均设置为逆 Gamma 分布，均值分别为 7.40、0.39、3.00，方差为 Inf。设定好先验分布及均值与方差之后，基于估计准确性的考虑，我们使用 3 个平行的马尔可夫链，并使用 Metropolis - Hastings 算法重复 5000 马尔可夫链蒙特卡洛模拟，在使用后验模拟之前，剔除了前端与尾端共 2500 个结果，最终贝叶斯极大似然估计的结果如表 6 - 6 所示。

表 6 - 6　　　　　　　　　　部分参数的贝叶斯估计值

参数	先验分布	后验均值	置信区间
η	Gamma [2, 0.5]	2.1753	[1.4562, 2.9259]
ϕ	Beta [0.75, 0.05]	0.7535	[0.6727, 0.8364]
ρ_A	Beta [0.85, 0.1]	0.8871	[0.7725, 0.9931]
ρ_j	Beta [0.9, 0.1]	0.9658	[0.9252, 0.9996]
ρ	Beta [0.73, 0.05]	0.7664	[0.6974, 0.8326]
ϕ_π^R	Gamma [0.5, 0.05]	0.4953	[0.4049, 0.5855]
ϕ_y^R	Normal [0.2, 0.05]	0.1736	[0.0949, 0.2486]
ϕ_q^R	Beta [0.1, 0.05]	0.0903	[0.0222, 0.1570]
ϕ_y^k	InVGamma [0.05, 0.05]	0.0443	[0.0149, 0.0703]
ϕ_q^k	InVGamma [0.05, 0.05]	0.0472	[0.0167, 0.0803]
$\sigma_{j,t}$	InvGamma2 [0.39, Inf]	0.5047	[0.1791, 0.8810]
$\sigma_{A,t}$	InvGamma2 [7.40, Inf]	6.3821	[2.0391, 11.3410]
$\sigma_{R,t}$	InvGamma2 [3.00, Inf]	3.5111	[1.6760, 5.4314]

注：Beta[μ,σ] 表示均值为 μ、方差为 σ 的 Beta 分布。

本节通过比较主要变量的模型模拟值与真实数据计算值来检验建立的模型对实际经济的拟合情况，结果如表 6 - 7 所示，本节分别计算了在包含宏观审慎政策以及不包含宏观审慎政策下，三种货币政策规则对经济主要变量的波动率的影响。由表可知，在包含宏观审慎政策以及不包含宏观审慎政策下，货币规则 1 对通货膨胀以及房价的模拟情况与真实值更加接近。

表 6 - 7　　　　　　　　　主要变量波动率的模拟值与真实值

变量	包含宏观审慎政策 LTV				不包含宏观审慎政策 LTV				真实值
	规则 1	规则 2	规则 3	规则 4	规则 1	规则 2	规则 3	规则 4	
产出	0.0024	0.0276	0.0320	0.0307	0.0026	0.0243	0.0305	0.0026	0.2139
利率	0.0156	0.0269	0.0245	0.0177	0.0171	0.0274	0.0255	0.0158	0.2910
通胀	0.0199	0.0289	0.0251	0.0184	0.0214	0.0301	0.0270	0.0195	0.0670
房价	0.2455	2.7527	3.1891	3.0599	0.2512	2.3966	2.9961	0.2601	0.1840

（二）脉冲响应分析

本节将分别使用技术冲击、住房需求冲击、货币政策冲击来分析在不同货币政策规则以及宏观审慎政策规则下，房价、产出、通货膨胀以及利率的变动情况。技术冲击是指由于生产设备的进步、管理水平的提升或是制度创新等影响生产率的变化。技术冲击是通过影响供给，从而产生经济波动，并且这种冲击是持久性的；住房需求冲击即是个人或家庭购买住房的需求变动对金融稳定的影响；货币政策冲击是指货币当局制定的宏观经济政策对国民经济稳定发展的冲击作用。由此我们可以看出：技术冲击主要是通过影响供给对金融稳定产生冲击；住房需求是从需求方面对住房价格、利率等产生冲击，进而影响金融稳定；货币政策冲击则是通过利用货币政策工具作用于货币市场，通过利率、汇率及信贷等渠道传导，调节社会总需求，稳定国民经济。技术冲击、住房需求冲击和货币政策冲击三者相辅相成，都影响着房地产市场供需平衡，对房地产市场的价格波动具有显著影响。宏观审慎政策更多的是通过影响资产价格，通过资产价格渠道进行传导。另外，自金融危机以来，宏观审慎监管政策开始被各国监管部门实施来抑制房价上升、维护金融稳定。宏观审慎政策之所以引起重视，是因为它能够较好地弥补原有监管机制的缺陷。从宏观角度来看，传统货币政策主要目标是保持物价稳定，但金融市场、资产价格的波动却难以稳定；从微观角度看，传统金融监管的核心是保持个体金融机构的稳健，但是个体稳健不等同于整体金融市场的稳健，金融规则的顺周期性、金融机构的高度相关性以及风险的传染性都极有可能加剧系统性风险的产生。因此在本书中我们把宏观审慎监管作为对比条件，研究在不同货币政策规则下技术冲击、住房需求冲击以及货币政策冲击对金融稳定的影响，制定合理的宏观审慎政策和货币政策组合。在脉冲响应图中，实线表示的是模型中含有宏观审慎政策，虚线表示的是模型中不包含宏观审慎政策，即宏观审慎的响应参数 ϕ_y^k，ϕ_q^k 设为 0。分析结果如下：

1. 技术冲击

图 6 - 13 显示了当经济体面对技术冲击时在不同的货币政策规则下引入宏观审慎政策对于宏观经济的调控效果。在货币政策规则 1 下，宏观审慎政策工具的运用，能够对产出波动起到一定的平缓作用，但基本没有改善通货膨胀和利率的波动幅度，相反却加剧了房价的波动幅度。这就意味着使用宏观审慎工具在某种程度上会加大政策的非预期效果，使房地产市场风险增加。这是因为货币政策规则 1 中包含了对房价的反应，而贷款价值比率的变动也包含了对房价的反应，由于两种规则的政策方向与影响大小不同，在技术冲击的作用下存在潜在冲突的情况，从而减弱了政策效果（岑磊和谷慎，2016；Rubio 与 Carrasco - Gallego，2015）。在货币政策规则 2 下，主要经济变量的变化趋势与规则 1 相似，只是房价波动幅度略有上升。然而，在仅对通货膨胀进行反应的货币政策规则 3 下，加入宏观审慎政策后，房价波动变得较为平缓，同时能够较大幅度地减弱通货膨胀和利率波动。这表明宏观审慎政策对于单一目标的货币政策来说是一种很好的补充，加入宏观审慎政策可以很好地改善政策的预期效果。同样，对于单一目标产出进行反应的货币政策规则 4 下，主要经济变量的波动

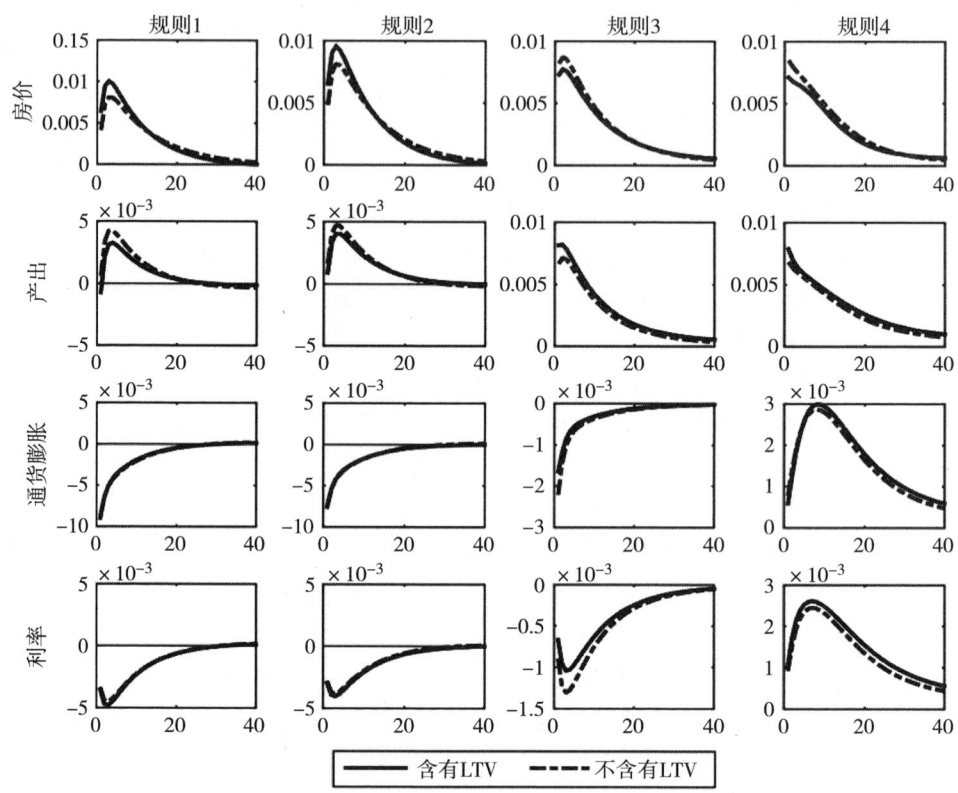

图 6 - 13 主要经济变量对单位正向技术冲击的脉冲响应

效果与规则 3 类似，只是房价和产出对技术冲击的响应结果不再呈驼峰型，而是呈现出随着时间下降的趋势。由此可以看出，房价和产出对货币政策与宏观审慎政策相互配合的调控效果作出了充分的反应，两者的变动不存在黏性，在利率上升和控制信贷规模同时作用的前提下房价和产出都对其进行了迅速的下降反应。

2. 住房需求冲击

图 6 - 14 显示了当经济体面对住房需求冲击时在不同的货币政策规则下引入宏观审慎政策对于宏观经济的调控效果。在货币政策规则 1 下，宏观审慎工具的使用能够较好地减弱房价的波动，对产出、通货膨胀和利率都起到了一定的平缓作用。这说明，宏观审慎政策较好地控制了用于购房的信贷资金数量，使得购房热潮得以缓解，从而缓解了房价的波动，改善了货币政策的作用效果。因此，盯住房价的货币政策与宏观审慎政策相互配合，可以在经济体受到住房需求冲击时较好地熨平经济的波动，实现经济的稳定。在货币政策规则 2 下，房价的脉冲响应结果与规则 1 类似，只是产出波动略有上涨，通货膨胀和利率

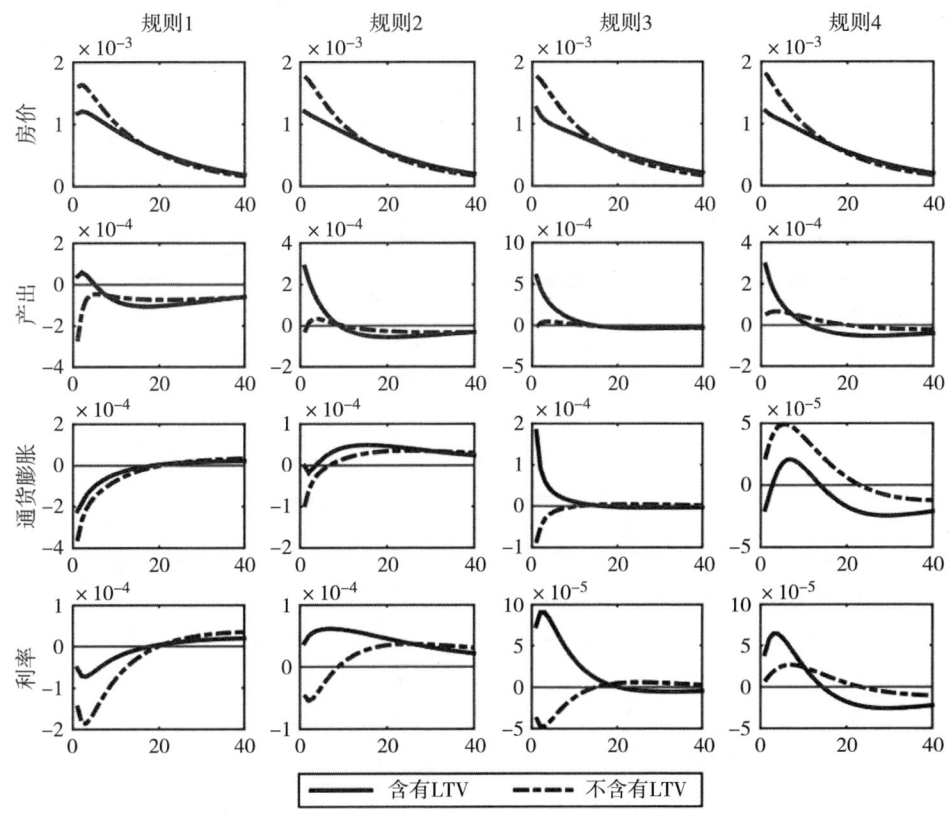

图 6 – 14 主要经济变量对单位正向住房需求冲击的脉冲响应

的波动相对较小，这是由于当住房需求上升时，借贷家庭部门与企业部门会贷款购房，但由于宏观审慎政策的限制使得信贷的上升受到了限制，从而使房价的上升趋势得到了抑制（梁璐璐，2014）。不同于冯涛（2014）的结论，本节认为，当房价上升时，抵押品价值上升，因此借贷家庭部门与企业部门可以借到更多的贷款。故由于财富效应，借贷家庭部门和企业倾向于购买更多的消费品，从而使传导至实体经济的产出上升。在货币政策规则 3 下，宏观审慎工具的使用依然会平缓房价的波动幅度，而通胀与利率的结果却表现出较大不同，宏观审慎工具的使用会改变通货膨胀与利率的变动方向，当经济体受到住房需求冲击时，宏观审慎政策会提高利率与通货膨胀水平。在货币政策规则 4 下，房价和产出的脉冲响应图与前三个规则较为相似，而通货膨胀率与利率均增加且波动幅度较大，其主要原因在于，当经济体受到住房需求冲击时，房价上涨，产出增加，由于货币政策只盯住了产出而没有盯住通货膨胀，通货膨胀得不到控制，最终导致通货膨胀增加。

3. 货币政策冲击

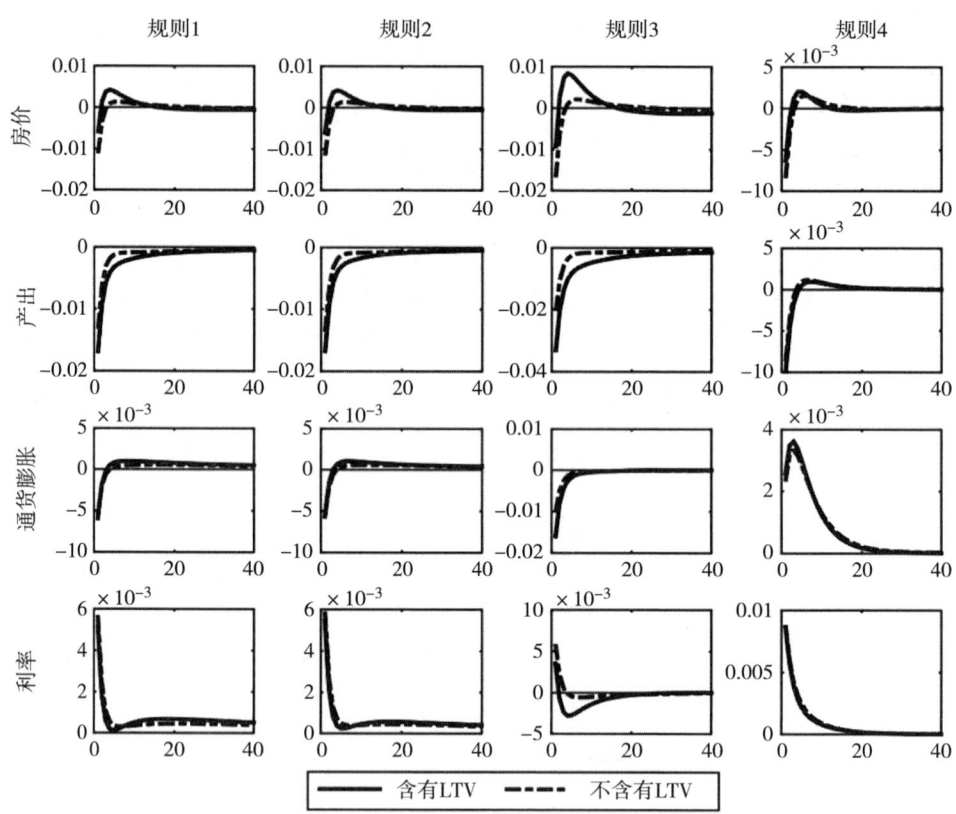

图 6 – 15　主要经济变量对单位正向货币政策冲击的脉冲响应

图 6 – 15 显示了当经济体面对货币政策冲击时在不同的货币政策规则下引入宏观审慎政策对于宏观经济的调控效果。在货币政策规则 1 下，宏观审慎工具的使用相对加大了产出与房价的波动幅度，对通货膨胀和利率的影响不明显。这说明，在货币政策冲击下，宏观审慎政策的实施与货币政策的执行存在潜在的冲突，宏观审慎政策不能起到减缓房价与产出波动的目的。货币政策规则 2 的脉冲响应结果与规则 1 类似，这就表明，当中央银行执行非公开的货币政策时，多目标的货币政策对经济变量的影响没有区别，且宏观审慎政策的实施会与货币政策产生冲突。在货币政策规则 3 下，结合宏观审慎工具的使用，各个变量对货币政策冲击的反应方向不变，但冲击效果和持续性比前两种规则都高。与前三种货币政策规则相比，在货币政策规则 4 中，除了通货膨胀的持续性较大以外，货币政策对其他变量的冲击效果基本一致。

（三）福利分析

根据 Woodford（2003）、Gali（2008）以及 Gali 和 Monacelli（2005）的研究，本书使用福利损失函数的方法来对货币政策与宏观审慎的效果进行福利分析。根据 Gali（2008）的推导，福利损失函数 W 可以定义成稳态消费的一个比率：

$$W = \sum_{t=0}^{\infty} \beta^t \frac{U_t - U}{U_C C} = -\frac{1 - \alpha}{2} \sum_{t=0}^{\infty} \beta^t \left[\frac{\varepsilon}{\lambda} \pi_t^2 + (1 + \phi) y_t^2 \right] \tag{6.68}$$

上述方程可以写成递归的形式，但是从统计的角度讲，我们对通货膨胀与产出的二阶矩更感兴趣。因此，本书将上式写成预期的关于通货膨胀与产出方差的每期福利损失函数 V 的形式：

$$V = -\frac{1 - \alpha}{2} \left[\frac{\varepsilon}{\lambda} \mathrm{var}(\pi_t) + (1 + \phi) \mathrm{var}(y_t) \right] \tag{6.69}$$

其中：$\lambda = (1 - \beta\theta)(1 - \theta)/\theta$。根据上式，我们计算四种货币政策在包含与不包含宏观审慎政策的情况下的福利损失 V 情况，如表 6-8 所示。

表 6-8   各种货币规则在包含与不包含宏观审慎政策情况下的福利损失

	包含宏观审慎政策 LTV				不包含宏观审慎政策 LTV			
	规则 1	规则 2	规则 3	规则 4	规则 1	规则 2	规则 3	规则 4
产出方差	-0.0024	-0.0276	-0.0320	-0.0307	-0.0026	-0.0243	-0.0305	-0.0326
通胀方差	-0.0199	-0.0289	-0.0251	-0.0184	-0.0214	-0.0301	-0.0270	-0.0195
福利损失	-0.0223	-0.0565	-0.0571	-0.0491	-0.0240	-0.0544	-0.0575	-0.0521

根据福利损失的结果可知，当中央银行采用货币政策规则 1（对通货膨胀、产出和房价波动作出反应）、规则 3（仅对通货膨胀作出反应）、规则 4（仅对产出波动作出反应）时，在包含宏观审慎政策的情况下家庭部门的福利损失较小，这说明货币政策与宏观审慎政策相结合可以极大地减少福利损失。除此之外，货币政策规则 1、规则 2（对通货膨胀和产出波动作出反应）、规则 3 在包含与不包含宏观审慎政策下福利损失程度依次增加，且货币政策规则 1 在包含宏观审慎政策时福利损失最小，这说明政策目标多元化的货币政策效果更好，且对房价作出反应的货币政策与对房价与产出作出反应的宏观审慎政策相互配合能够提高家庭部门的福利，为最优的货币政策与宏观审慎政策组合，这也与前文中在住房需求冲击下的最优政策组合的选择相一致。

五、结论与政策建议

本节构建了包含储蓄家庭部门、借贷家庭部门、房地产商、最终产品生产商、商业银行、货币政策执行部门以及宏观政策执行部门共七个部门的新凯恩斯动态随机一般均衡模型，研究了货币政策是否应当对股票价格作出反应、宏观审慎政策的有效性以及货币政策与宏观审慎政策的协调搭配问题。由于货币政策与宏观审慎政策是否发挥作用与冲击的类型有关（Lim 等，2011），因此，研究结果表明：首先，在技术冲击下，采用单一目标的货币政策规则即仅对通货膨胀作出反应的规则 3 和仅对产出波动作出反应的政策规则 4，可以较好地缓解房价的波动，且在引入宏观审慎政策后，房价波动变得更为平缓，同时也能在较大程度上减弱通货膨胀与利率的波动，有效降低金融系统性风险，实现宏观经济稳定。其次，在住房需求冲击下，在四种货币政策中纳入宏观审慎政策均能明显地缓解房价的波动。除此之外，在对通货膨胀、产出和房价波动作出反应的货币政策规则 1 中纳入宏观审慎政策可以较好地缓解产出、通货膨胀和利率的波动。因此，货币政策规则 1 结合宏观审慎政策是在经济体受到住房需求冲击时的最优政策组合，也就是说盯住房价的货币政策与宏观审慎政策相互配合，能够有效抑制房价上涨，较好地熨平经济波动，这与 Suh（2012）、Beau（2012）的研究结果类似。最后，在货币政策冲击下，当中央银行执行非公开的货币政策时，多目标的货币政策对经济变量的影响没有区别，且宏观审慎政策的实施会与货币政策产生冲突。而单一目标仅对通货膨胀作出反应的货币政策规则 3 与宏观审慎政策有效配合时政策实施的持续性较高，可以很好地缓解房价波动、控制信贷规模，有效维护经济与金融稳定，为最优的政策组合。

根据本节主要结论，我们提出以下政策建议：第一，货币当局在价格稳定与保持经济增长的同时，必须将房地产价格作为货币政策目标的约束条件。一般的消费品价格指标无法确切地判断宏观经济是否持续健康发展，而房地产价格可以通过房地产价格的财富效应以及金融加速器的作用来刺激国民经济，在货币政策和宏观经济中的作用越来越显著，所以应该充分利用房地产价格所包含的信息，关注房地产市场预期，协调房地产价格波动与货币政策制定之间的关系，保持货币政策一致性和连续性适应经济发展。第二，必须明确货币政策与宏观审慎政策的实行条件。货币政策和宏观审慎政策当局能够准确判断出经济所受到的外部冲击的状况是货币政策与宏观审慎政策发挥作用的前提，同时建立科学有效的风险预警机制，及时识别和处理风险，避免系统性风险的积累与爆发。第三，密切协调货币政策与宏观审慎政策的配合问题，在积极推动货币政策调控框架转变的同时要着手建立金融宏观审慎框架，同时在时间水平上和空间水平上熨平经济受到外部冲击产生的波动，控制系统性风险。在时间轴上利用资本水平和杠杆率等工具作逆周期调整，缓解金融体系顺周期性；在空间轴上主要是正确地识别并监管重要性金融机构的流动性、资本水平、总规模等预防风险在不同金融机构之间的传染。第四，必须要明确货币政策与宏观审慎政策的实施和监管主体。监管当局责任明确清晰，可以提高政策执行和实施的效果，防止出现"政策抵消"与"政策超调"（廖岷等，2014）。与此同时完善货币政策执行当局与宏观审慎政策执行当局的信息沟通协调机制，两个部门只有信息沟通顺畅才能了解对方对当前系统性风险的判断从而有助于实现自身的政策变化，最终实现最优政策的协调配合，发挥政策协同效应，达到维护金融与稳定宏观经济的政策目标。

第七章 基于房价波动因子的系统性金融风险早期预警体系①

第一节 我国系统性金融风险的度量与评估

一、研究背景

2008 年国际金融危机以来，系统性金融风险监管已经成为国内外学术界和全球金融监管改革的一个最热门话题。系统性金融风险不是一个新概念，国际清算银行在 20 世纪 70 年代就开始关注系统性金融风险，并指出"仅加强单个金融机构的监管不足以维护金融稳定，应该关注整个金融体系的风险"。系统性金融风险不仅对宏观经济的稳定产生重要威胁，更可能会降低和减少国家福利和社会财富。Reinhart 和 Rogoff（2008）总结了第二次世界大战之后系统性金融风险对经济造成的不利影响：资产价格全面下跌，股票指数持续低迷，三年半的时间下降了 56%；房地产价格连续 6 年下跌了 35%，造成资产价格市场剧烈动荡；在这之后，政府赤字严重，债务增长了 86%，失业率连续 4 年上升，实体经济萎靡不振。2008 年的全球金融危机至今仍然对世界经济存在影响，在外部风险的输入以及我国目前正处在经济结构的转型期两大问题的背景下，系统性金融风险对我国实体经济和金融市场的影响正逐步显现出来。2016 年以来，我国各大商业银行和股份制银行的不良资产率逐步上升：工商银行 2016 年不良贷款率为 1.62%，较上年年底上升 0.12 个百分点；招商银行不良贷款率为 1.87%，比上年年底上升了 0.19 个百分点；中信银行 2016 年不良贷款率 1.69%，比上年年底上升 0.26 个百分点。我国出台了一系列改革措施加强金融监管，防范和化解系统性金融风险，维护金融安全和稳定。如何度量系统性金

---

① 本章部分内容引自：[1] 郭娜，祁帆，张宁. 我国系统性金融风险指数的度量与监测.《财经科学》，2018（2）.[2] 郭娜，吴玉媛，刘潇潇. 国际资本流动逆转对中国货币政策有效性的影响.《金融经济学研究》，2018（2）.[3] 郭娜，葛传凯，祁帆. 我国区域金融安全指数构建及状态识别研究.《中央财经大学学报》，2018（8）.

融风险目前还没有一致的结论，因此，如何建立一个宏观系统性金融风险的度量方法成为当前的重要问题。

2016 年 9 月国际清算银行（BIS）发布报告称，中国私人非金融部门信贷/GDP 缺口指标指数在第一季度升至 30.1%，是自追踪中国相关数据以来的最高值，意味着我国非金融企业的资产风险极大，而 2016 年我国企业债券违约规模为 496.94 亿元，大约是 2015 年的 4 倍，增加了系统性风险的发生概率。我国银行业在金融体系中占据主体地位，金融风险在银行部门聚集。根据银监会的统计数据，从 2014 年到 2016 年银行业的不良贷款比率从 1.04% 增加到 1.74%。截至 2017 年第三季度，我国商业银行不良贷款规模约 1.67 万亿元，较上季末增加 346 亿元，不良贷款率为 1.74%。我国商业银行不良贷款余额、不良贷款率仍有"双升"压力，银行系统的风险在不断上升，并且银行业风险极容易传递到其他领域，从而引发系统性金融风险。我国出台了一系列改革措施加强金融监管，防范和化解系统性金融风险，十九大和 2016 年 12 月中央经济工作会议也都强调，要守住不发生系统性金融风险的底线，维护金融安全和稳定。宏观审慎经济形势的发展和系统性金融风险的度量对于了解我国金融体系整体的风险程度及变化趋势有极大帮助，并且有助于金融机构找准金融风险发生点，提升风险管理能力，加强对系统性金融风险溢出的管理，促进金融机构持续健康发展。

系统性金融风险具有三个基本特征：第一，宏观性。系统性金融风险的危害具有全局性，整个经济体内所有主体无一幸免，最终危害整个经济体。第二，负外部性。微观层面的个体金融机构产生的系统性金融风险由整个经济体来分担，而产生的外部效应正是系统性金融风险的根源所在。第三，传染性。风险最先起源于微观层面的个体金融机构，然后传播到整个金融体系，再扩散到实体经济直到全球经济系统。整个金融市场是由无数单个金融机构组成的，一旦金融危机爆发，所有金融机构都会被波及，所以各个金融机构都要时时关注整体金融市场风险水平的变化与趋势，以便合理应对风险。这体现了系统性金融风险的宏观性与全局性，即宏观层面的系统性金融风险。

宏观层面的系统性金融风险度量能够从整体范围上衡量出金融机构的风险，把握金融系统的风险程度及变化的趋势。宏观系统性金融风险指数和预警指标有助于金融机构管理系统性金融风险溢出这一外部金融风险，提升金融机构的风险管理能力，促进金融机构持续、健康、稳定地发展。本节从宏观层面构建宏观系统性金融风险指数和早期预警指标，量化我国系统性金融风险水平并寻求应对风险的方法和策略。对于宏观层面的系统性金融风险度量，目前国内学者对该问题的研究还处于起步阶段，相关成果较少。本节借鉴国内外相关成果，构建我国的系统性金融风险指数和预警指标体系，同时考虑到我国经济金融系统的异质性来度量我国金融系统的总体风险水平，构建符合我国经济金融现实的度量方法或者指标。

二、文献综述

20世纪70年代，国际清算银行（BIS）首次提出要关注系统性金融风险："针对单个金融机构的监管不足以实现金融稳定，应该加强对整个金融系统风险的关注。"但是对于发生的金融危机，大家反思的问题主要集中于利率期限的错配和信息不对称对宏观经济危机产生的影响，以及外部冲击和高杠杆信贷资源错配带来的影响。

对于系统性金融风险根源的分析目前有两种观点：一种观点认为，系统性金融风险产生于金融体系内部缺陷，金融体系的内在缺陷引致的风险和冲击是金融不稳定的重大根源；另一种观点从内部演化机理的角度进行分析。不仅体系内的缺陷会导致风险，金融市场外部的宏观经济冲击也会对经济金融系统造成巨大的宏观损害。从空间角度上来说，我们主要分析系统性金融风险在整个经济系统中是如何分布以及传染的，并且风险的积累扩散又是如何在整个金融市场中演化发展的。空间维度也被称为跨行业维度，此次金融危机的影响之所以如此巨大，一个重要的原因就是系统重要性金融机构的过度关联。金融机构的关联性不仅包括资产负债交易的直接关联、通过第三方金融机构的间接关联，而且包括经营同质化导致的共同风险敞口。

系统性金融风险的积累、爆发与扩散是一个动态演化机制，系统性金融风险的冲击通过银行的资产负债表和信贷传递以及非理性羊群效应等渠道相互传染给其他金融机构，最终导致整个金融体系金融危机爆发，由于"潜伏期"的存在，危机的爆发往往是突然的，然后迅速传播到其他机构（如图7-1所示）。

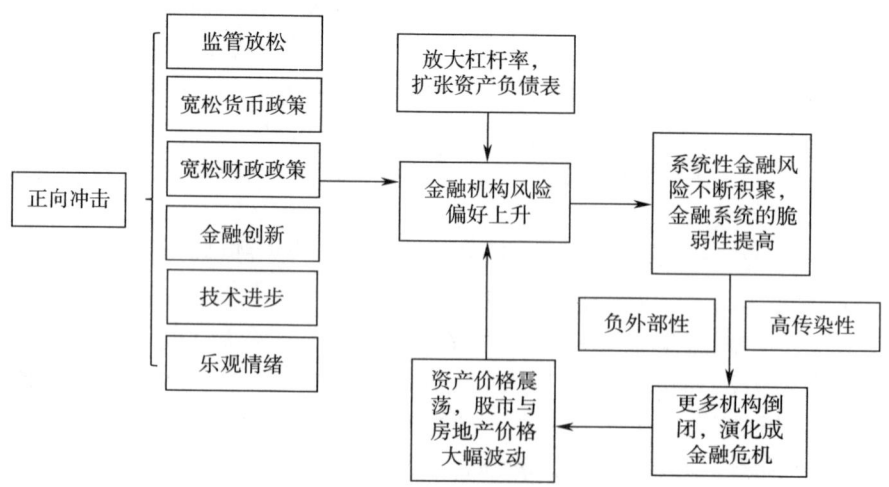

图7-1 系统性金融风险的动态演化机制

Borio（2003）指出："系统性金融风险的累积过程比风险爆发的导火索和危机本身更重要。如果不能理解系统性金融风险的积聚过程，就不能理解金融危机的爆发。"这体现了系统性金融风险积累的重要性。由于系统性金融风险的累积时间很长，只有在危机真正爆发出来以后人们才会关注金融危机，而没有关注风险积累的过程。

当系统性金融风险聚集到某一阈值时，任何一个冲击都会成为金融危机的"导火索"，这一时点常被称为"明斯基时刻"。这个冲击可能是量化宽松政策的突然退出，也可能是宏观经济政策的突然转向，又或者是金融监管更加严格，同时金融系统的内在脆弱性以及内部缺陷无法掩盖系统性金融风险的存在。此时，某一系统重要性金融机构突然破产倒闭，一系列的连锁反应最终导致危机爆发。而2008年的次贷危机又给了我们认识风险积累新的启示。由于美国的金融机构全都持有房地产次级抵押贷款打包的债券或者相关衍生金融产品，金融机构过分同质化，在资产的运用上投资于相同或相似的行业或企业，在负债方过度依赖某些融资工具，使得整个金融系统面临破产的压力较大。

在系统性金融风险定义方面，Kaufman和Scott（2003）从传染性角度将系统性风险定义为，一家银行的风险会通过各种渠道传染至其他银行机构甚至整个金融系统的可能性。而Bernanke（2009）从危害程度进行定义，认为系统性金融风险会对整个金融系统乃至一国宏观经济造成重大损失，而不仅仅是威胁到个别金融机构的稳定性。

系统性金融风险的扩散主要有三个途径：一是通过金融机构的资产负债表传导。当单个金融机构受到一个负向的冲击时，其表现为资产负债表恶化，信贷供给失衡，甚至资金链断裂，有两种扩散的方向，分别为金融机构到金融机构和金融机构到实体经济系统，最后扩散到全国乃至国际经济市场。二是通过共同的风险敞口。正如上文所说，美国的次贷危机是由于各个金融机构全都持有房地产次级抵押贷款打包的债券或者相关衍生金融产品，金融机构过分同质化，在资产的运用上投资于相同或相似的行业或企业。三是非理性的"羊群效应"。一旦一家金融机构破产，整个金融市场的信心崩溃，市场上出现集体抛售资产的现象，导致国内资产价格剧烈震荡，宏观经济水平波动最终演变成金融危机。

Allen等（2012）从宏观和微观这两个角度来度量系统性金融风险：在微观层面他们把某一个金融机构的风险贡献值作为度量的基准，如CoVaR、Shapley值分解；宏观的系统性金融风险度量则是给出整个金融市场的总风险水平，如CCA等。Gray和Jobst（2009）开发了系统未定权益分析框架SCCA，用来测度金融体系的系统性风险水平和分析单个金融机构对系统性风险的贡献；Acharya（2010）等提出系统性风险指数，以单个机构相对于整个系统的资本短缺程度来衡量其系统性风险贡献。Candelon等（2012）在预警机制的研究中开始关注模型与变量不确定性建模方法的同时，引入一些检验方法用来检测模型的预测能力。Louzis 和 Vouldis（2013）利用希腊市场和资产负债表的相关数据，建立了该国的金融系统性压力指数（FSSI），有较好的危机预警效果。而 Vukovic（2015）则运用亚历山大多项式与琼斯多项式从理论上进行分析，研究金融风险和风险传染机制，并通过多项式进行风险预测。本节拟从宏观系统性金融风险度量的角度构建我国宏观系统性金融风险指数和早期预警指标，以降低我国系统性金融风险水平。本节根据当前研究主流对系统性金融风险度量的研究，分别对国内外相关文献研究方法的内容和优缺点进行梳理。

系统性金融风险度量的主要方法主要有投资组合法、关联研究法、网络分析和矩阵法、金融压力指数法等。投资组合法从微观层面的单个金融机构的风险开始度量，其思想是将整个金融市场看成所有单个金融机构的集合，主流的方法有在险价值（value at risk，VaR）和期望损失（expected shortfall，ES）。但这两种方法也有其致命的缺陷，比如无法真实地描绘出极端情形下的尾部风险相互依存性。为了解决这一难题，各位经济学家纷纷提出了相应的改善方法和新的解决途径。关联研究法主要侧重于度量金融机构间的关联度和网络关联结构，采用方差分解、Granger 因果网络、相关系数、主成分分析复杂网络分析等多种方法展开分析。Patro 等（2013）将股票日收益率的相关系数作为系统性金融风险的度量指标，他们的研究表明系统性金融风险确实存在。1996 年以来，美国金融系统存在由低系统性金融风险区制向高系统性金融风险区制的转变；系统性金融风险非正常的变动，尤其是向上变动应该更加密切关注，PCA 给出了金融机构的关联度。Granger 因果关系度（Degree of Granger causality，DGC）给出了 N 个机构具有统计显著 Granger 因果关系的边数占 $N \times (N-1)$ 个潜在关系的比重，DGC 超过一定的门限值时，系统性事件的风险就高。一个节点发出的边、收到的边及其之和能够用以评价单个机构的系统重要性，一个部门发出的边、收到的边及其之和则能够评估该部门的系统重要性。机构 i 到机构 j 的最短路径可以评估机构 i 和 j 的接近程度（Closeness），机构 i 到其他 $N-1$ 个机构最短路径的平均值可以衡量该机构的接近中心度（Closeness Centrality）。此外网络分析中的特征向量中心度（Eigenvector Centrality）也用以评价单个机构的系统重要性。

Tabak 等（2014）认为节点（即单个机构）的聚类系数等于其临近的节点中有边相连的节点数除以其临近节点总数，整个系统的聚类系数是其每个节点聚类系数的平均数。采用巴西银行间的网络数据，他们发现方向性的聚类系数与巴西本国的利率负相关。此外，Bisias 等（2012）总结了经济学和金融学文献中 31 种系统性金融风险的定量测度方法。他们同时给出了在何种条件下不同的测度会给出相似的 SIFIs 排序。采用美国的金融机构数据，实证研究发现，不同的系统性金融风险度量会识别出不同的 SIFIs，基于系统性金融风险度量的机构排序实质上反映了基于市场风险或者负债的排序。一个因子的线性模型解释了系统性金融风险估计的大部分变化，这表明这三种系统性金融风险度量并没有捕捉到系统性金融风险的多面性。Mistrulli（2011）采用意大利银行间市场的独特的数据集来分析风险如何在意大利银行间市场传染蔓延。该数据集提供意大利所有银行实际的双边敞口信息，研究表明：意大利银行间市场有利于金融传染。然而，即使在高损失率（Loss Rate）下，违约银行在银行间市场募集资金也很难触发一场系统性危机，只有在某些极端情况下金融传染才具有很高的严重程度。

刘春航和朱元倩（2011）基于指标法，构建了银行传染指数（BCI）、宏观风险指数（MRI）、经营风险指数（ORI）三个分指数。唐旭和张伟（2002）从预警模型方面，分别从方法、制度安排、管理信息系统等方面对金融危机预警系统进行了研究。张元萍（2003）运用 KLR 信号分析法和 STV 模型从实证方面对我国的金融风险进行了分析，提出我国应该重点防范国际资本冲击和银行系统风险方面的冲击。范小云等（2013）采用 CCA 方法的系统性违约距离和平均违约距离来考察系统性金融风险的动态变化，基于 DAG 和方差分解的资产加权风险外溢指标来识别单个银行的系统重要性。

李志辉和樊莉（2011）利用条件风险价值 CoVaR 方法和分位数回归技术，对我国 2 家国有商业银行和 5 家股份制商业银行的系统性风险溢出进行了研究，实证结果表明：我国国有商业银行的系统性风险溢出大于股份制银行。吴恒煜等（2013）以 10 家商业银行为代表，采用拓展的 CCA 方法，利用平均违约距离、加权违约距离和组合违约距离度量了我国大型商业银行、股份制商业银行的系统性风险水平，研究表明，国内外经济环境对我国的银行系统的系统性风险水平具有明显的影响且大型银行的系统性风险高于股份制银行。梁琪等（2013）对系统性风险指数 SRISK 进行了改进，并计算了我国 34 个上市金融机构的资本短缺程度，提出了系统重要性金融机构的判断标准，确定了我国 D – SIFIs 名单。

赖娟和吕江林（2010）构建了金融压力指数，并证明该指数能较好地拟合2002 年以来我国金融系统的总体风险状况。陈守东和王妍（2014）发现银行部门对系统性金融风险的贡献高于证券、保险和信托机构，系统性金融风险贡献最大的前十个金融机构基本为银行类机构。周强和杨柳勇（2014）认为大型商业银行的系统性金融风险贡献远大于小银行。并且，中国上市银行的系统重要性与可替代性的相关系数最大，与复杂性、关联性的相关系数较小（郭卫东，2013）。但赵进文等（2013）研究发现，大型国有商业银行（如中国银行、建设银行）的系统性金融风险贡献很小，而较小的股份制商业银行的系统性金融风险贡献较大（如兴业银行、浦发银行）。陈忠阳和刘志洋（2013）也发现，股份制商业银行的系统性金融风险贡献度高于国有大型商业银行。

本节中我们从四个维度来衡量系统性金融风险。第一个为宏观经济维度，选取的指标主要有 GDP 增长率、CPI 同比增长率、工业增加值同比增长率、固定资产投资增速、财政赤字同比增速；第二个是资产泡沫维度，选取的指标主要有房地产销售价格增长率、房地产投资增速、上证指数、深证指数、上交所市盈率、深交所市盈率；第三个是货币市场维度，选取的指标主要有一年期贷款利率、银行间同业拆借利率、一年期存款利率、$M2$ 同比增长率、准货币同比增长率、银行信贷增速；第四个是外汇市场维度，选取的指标主要有实际有效汇率指数、外汇储备增长率、国际收支、出口额增速、进口额增速、外商直接投资额增速。考虑到选取的指标数量较多，并且每个维度中的指标间相关性较高，所以本节采用主成分分析方法来测度系统性金融风险。主成分分析中"降维"的思想可以在信息损失较小的前提下，把本节中的多个指标转化为几个互补关系的综合指标，方便我们对信息处理，从而对系统性金融风险进行测度。

三、基于金融风险指数的系统性金融风险测度

（一）指标选取

要想科学测度系统性金融风险，系统性金融风险指数的变量选取工作至关重要。选择合适的变量能减少建模工作量，排除其他无关变量的干扰，从而准确评估当前金融风险状况。根据金融风险指数的概念，变量选取必须尽量涵盖金融领域的各个方面，不仅包括外部均衡指标，也要反映内部风险指标，全面综合地考虑各种影响因素，指标之间能够互相补充，才能更为真实地体现金融风险状况。同时，选取的测度指标要能及时灵敏地反映各个市场、部门的金融风险状态，能够快速捕捉并反映金融系统的状态变化。我们主要从宏观经济维度、资本市场维度、货币市场维度、外汇市场维度选取不同数量的指标，其指标所隐含的风险信息能够反映金融市场的风险状况。具体指标见表 7-1。

表 7-1　　　　　　　　　　系统性金融风险指标

指标类别	指标	指标名称	经济意义	与风险关系
宏观经济风险	$G1.1$	GDP 增长率	反映一国经济综合实力	反向变化
	$G1.2$	CPI 同比增长率	反映通货膨胀水平，一般来讲 CPI 过高是危机的表现之一	反向变化
	$G1.3$	工业增加值同比增率	反映工业增加值增加速度	反向变化
	$G1.4$	固定资产投资增速	反映固定资产投资增加速度	反向变化
	$G1.5$	财政赤字同比增速	财政赤字增速越快，抵御风险能力越差	同向变化

续表

指标类别	指标	指标名称	经济意义	与风险关系
资产泡沫风险	G2.1	房地产售价增长率	反映房地产市场价格水平	同向变化
	G2.2	房地产投资增速	反映房地产市场投资活跃程度	反向变化
	G2.3	上证指数	反映股票市场繁荣程度	同向变化
	G2.4	深证指数	反映股票市场繁荣程度	同向变化
	G2.5	上交所市盈率	反映股票市场估值水平	同向变化
	G2.6	深交所市盈率	反映股票市场估值水平	同向变化
货币市场风险	G3.1	一年期贷款利率	反映长期资金在借款企业和银行之间的分配比例	同向变化
	G3.2	银行间同业拆借利率	反映短期资金供求关系	同向变化
	G3.3	一年期存款利率	反映长期资金供求关系	同向变化
	G3.4	M2同比增长率	反映现实和潜在购买力的增速	反向变化
	G3.5	准货币同比增长率	准货币是潜在购买力的增速	反向变化
	G3.6	银行信贷增速	银行信贷的增速越快，产生坏账的概率越高，风险越大	同向变化
外汇市场风险	G4.1	实际有效汇率指数	大多数危机的表现之一就是本币贬值	同向变化
	G4.2	外汇储备增长率	外汇储备越高，抵御风险能力越强	反向变化
	G4.3	国际收支	进出口贸易差额	反向变化
	G4.4	出口额增速	出口额越高，对外贸易越活跃	反向变化
	G4.5	进口额增速	进口额越高，对外贸易越活跃	反向变化
	G4.6	外商直接投资额增速	对外直接投资越高，表示经济越好	反向变化

第一类是宏观经济风险指标，反映宏观经济波动，投资增速、政府财政水平、工业市场的发展等。选取的指标主要有 GDP 增长率、CPI 同比增长率、工业增加值同比增长率、固定资产投资增速、财政赤字同比增速。

第二类是资产泡沫风险指标，反映房地产市场的波动以及股票市场的不稳定所造成的系统性金融风险，如股票市场大幅下挫导致失去融资功能、房地产泡沫的不断加大等。选取的指标主要有房地产销售价格增长率、房地产投资增速、上证指数、深证指数、上交所市盈率、深交所市盈率。

第三类是货币市场风险指标，反映货币的流动性所带来的不确定性，如银行资本金严重不足，坏账的增加，银行间市场流动性突然紧缩、利率提升等。选取的指标主要有一年期贷款利率、银行间同业拆借利率、一年期存款利率、M2 同比增长率、准货币同比增长率、银行信贷增速。

第四类是外汇市场风险指标，反映在国际市场上所面临的一系列风险，如本币的贬值对贸易的影响，外汇储备的降低对我国抵御外部风险能力的影响。选取的指标主要有实际有效汇率指数、外汇储备增长率、国际收支、出口额增速、进口额增速、外商直接投资额增速。

（二）数据来源和预处理

1. 数据来源

考虑到数据的可获得性和可比性，本节从宏观经济、资本市场、货币市场、外汇市场四个维度选取指标，本节中的数据均采用季度数据，并且指标的增长率均为同比增长率，以此来消除季节性的影响。样本的区间为2001年第一季度到2016年第四季度。文中的GDP增长率、CPI同比增长率、工业增加值同比增长率、固定资产投资增速、财政赤字同比增速、一年期贷款利率、银行间同业拆借利率、一年期存款利率、M2同比增长率、准货币同比增长率、外汇储备增长率、国际收支、出口额增速、进口额增速、外商直接投资额增速均来源于中宏数据库，上证指数、深证指数、上交所市盈率、深交所市盈率来源于RESSET金融研究数据库，银行信贷增速来源于中国人民银行网站，房地产销售价格增长率、房地产投资增速来源于国家统计局网站，外汇储备同比增长率来源于国家外汇管理局网站。

2. 数据预处理

首先将指标正向化，依据变量的性质，将测度指标分为同向指标和反向指标，同向指标的数值越大，系统性金融风险越大；反向指标的数值越大，系统性金融风险越小，所以为了统一测度，将反向指标取相反数变为同向指标。其次，由于选取的数据来自于不同的行业，无法统一度量，需要对数据进行归一化处理，使数据能够有一致的量纲，处理的方法主要是将每一指标数值减去该指标序列中的最小值，然后再求其与该指标序列中最大值和最小值之差的比值，从而将各指标数据转化为闭区间［0，1］上的无量纲数据，即

$$Y_{ij} = (X_{ij} - \min X_{ij})/(\max X_{ij} - \min X_{ij}) \tag{7.1}$$

其中，X_{ij}为第i个指标第j个季度的数据；Y_{ij}为第i个指标第j个季度归一化转化后的数据。

3. 系统性金融风险指数的构建

主成分分析方法主要是利用降维的思想，将原来关联性比较强的众多指标提取主成分，重新组合了少数几个没有相关性的综合指标，用综合指标来替代原来较多的指标，从而便于统计度量，这种分析方法最早是由霍特林提出来的。在数学上就是运用线性组合的分析方法，将多个指标进行线性组合，将组合后的指标作为综合指标。具体来说就是用M1来表示选取的第一个线性组合，M1就作为一个综合指标，M1的方差越大表示M1能够包含的数据越多、指标的重要程度越高，此时的M1就被作为第一个主成分。但是如果M1并不能很好地表

示原来的众多指标，就应该提取第二个主成分 $M2$，并且 $M1$ 与 $M2$ 之间是不相关的，以此类推，直到能够很好地来表示原来的指标为止。然后，以每个主成分所对应特征值占所提取主成分的特征值之和的比例作为权重计算主成分综合指数，从而确定出最终系统性金融风险指数 F 的数值。

（三）系统性金融风险的测度

1. 宏观经济风险

（1）主成分分析

本节采用 SPSS 软件进行主成分分析，首先将 GDP 增长率、CPI 同比增长率、工业增加值同比增长率、固定资产投资增速、财政赤字同比增速的原始数据进行归一化处理，利用软件中的降维选项做因子分析，得到相关系数矩阵，见表 7－2。

表 7－2　　　　　　　　　　　宏观经济维度相关系数矩阵

基础指标	$G1$	$G2$	$G3$	$G4$	$G5$
$G1$	1.000	0.360	0.906	0.630	－0.304
$G2$	0.360	1.000	0.431	0.092	－0.145
$G3$	0.906	0.431	1.000	0.696	－0.252
$G4$	0.630	0.092	0.696	1.000	－0.225
$G5$	－0.304	－0.145	－0.252	－0.225	1.000

利用主成分法提取出宏观经济风险指标中的主成分，在宏观经济风险维度中最终提取出一个主成分，主成分矩阵的载荷值见表 7－3。

表 7－3　　　　　　　　　　　宏观经济维度主成分矩阵

基础指标	成分
	1
$G1$	0.927
$G2$	0.490
$G3$	0.950
$G4$	0.776
$G5$	－0.429

将成分矩阵除以初始特征值的平方根，主成分的特征值为 2.788，得到主成分的成分系数，将此系数作为宏观经济风险指数中各指标的权重，主成分系数矩阵见表 7－4。

表 7－4　　　　　　　　　　　宏观经济维度主成分系数

$G1$	$G2$	$G3$	$G4$	$G5$
0.560	0.290	0.570	0.460	－0.260

（2）宏观经济风险实证分析

根据以上 SPSS 软件的分析，定义宏观经济风险指数为 $F1$，宏观经济风险维度中原始数据 $G1.1$，$G1.2$，$G1.3$，$G1.4$，$G1.5$ 经过归一化处理后分别为 $M1.1$，$M1.2$，$M1.3$，$M1.4$，$M1.5$。

$$F1 = 0.560 \times M1.1 + 0.290 \times M1.2 + 0.570 \times M1.3 + 0.460 \times M1.4 - 0.260 \times M1.5 \tag{7.2}$$

根据公式（7.2）得出 2001 年第一季度到 2016 年第四季度的宏观经济风险指数，见图 7 - 2。

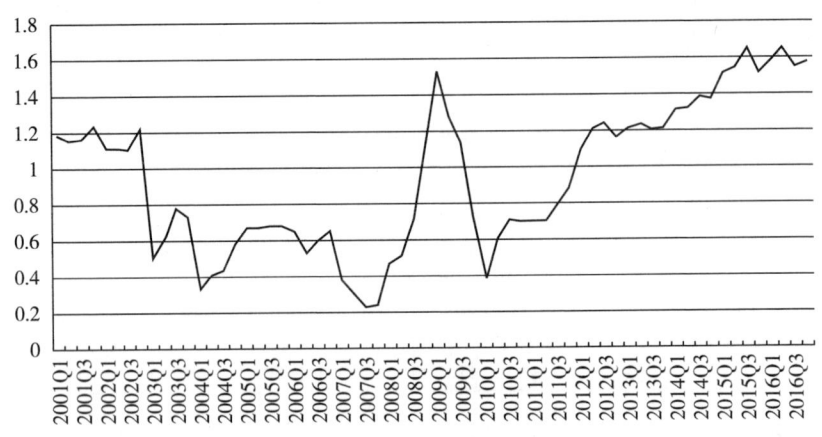

图 7 - 2 宏观经济风险

第一阶段：2001 年第一季度到 2002 年第四季度。我国宏观经济风险处于较高水平。2001 年开始，我国经济进入了新一轮增长过程，进入了上升的周期，但是在这一周期中也出现了一系列的问题，经济的局部发展过热和发展的不稳定问题也不断显现出来，宏观经济风险在这一阶段处于较高位置。2001 年 7 月，中国申办奥运会获得成功，奥运会的筹备可能给经济发展带来好处，并且政府提出 1000 亿美元的建设计划，这也使得 2002 年第二季度后的宏观经济风险得到了有效的遏制。2002 年我国的经济增长速度维持在 7% 左右。中央政府把扩大内需放在了经济工作的主要位置，把防范和化解系统性金融风险提上日程，并且开始重视一些其他领域的风险。中央政府十分重视调整产业结构，重视农村的发展，重视进出口贸易的发展，重视高新技术领域的突破，不断根据经济形势的变化来制定更加有针对性的处理措施，这使得 2002 年第三季度以后的宏观经济风险有大幅度的下降趋势。

第二阶段：2003 年第一季度到 2007 年第三季度。宏观经济风险总体下降，但略有波动。2003 年，中国经济增长加速，经济增长速度达到了 9.1%，并且没有放缓的趋势，直到2004年经济增长速度达到了9.5%左右。在这一阶段，中央也意识到了经济增长速度过快这一问题，提出了新的调控政策来控制经济增长速度，避免发生结构性的风险。经济增长速度的不断提高也伴随了宏观经济风险的上升，从本节所选取指标的分析来看，也印证了这一问题，这一阶段的风险有上升的趋势。

第三阶段：2007年第四季度到2014年第四季度。宏观经济风险受国际金融危机的影响呈现出先上升后下降的然后又上升的N形状态。国际金融危机不可避免地对我国的宏观经济造成了不良影响，我国的经济由于金融危机进入了下行期，危机开始时宏观经济风险剧烈上升，危机发生后的一段时间后，宏观经济风险开始下降。本节的宏观经济指标也很好地印证了这一阶段宏观经济风险发生的变化。而2010年第一季度后宏观经济风险又开始上升，这主要是因为2011年我国的经济在两个方面超出了预期的发展，一方面是我国的通货膨胀超出了预期，另一方面是来自国际方面的冲击也超出了预期，通货膨胀的加大导致政府方面的投资不能按期进行，而来自国际方面的冲击导致了我国的出口下行。2014年我国的工业领域处于萧条的阶段并且流动性出现紧缩，第三产业的发展也受到了影响，这很有可能会导致系统性风险的发生。

第四阶段：2015年第一季度到2016年第四季度。宏观经济风险在高位呈上升趋势。2015年我国的固定资产投资相对于2014年来说出现了较大幅度的下滑，这对于经济的发展产生了不利的影响，固定资产投资的放缓导致了需求的降低，并且在财政收支方面，2015年面临较大的压力，财政预算提出了7.3%的增长目标，但从实际情况来看，相比于2014年增长了5.7%，并没有达到目标。2015年的经济发展开始放缓，工业品的价格也开始下降，这都导致2015年的宏观经济风险仍然处于一个较高的水平。2016年经济增长平稳，前三个季度的经济增长速度一直保持在6.7%左右，从2016年经济发展的主要指标可以看出，中国的经济发展进入了一个平稳的阶段，2016年基础设施投资持续保持较高增速。2016年1—11月基础设施投资同比增长17.21%，保持较快增长，其占全部投资的比重，已由2012年的17%左右提高到25%左右，作为投资增长稳定器的作用趋向增强。

2. 资产泡沫风险

（1）主成分分析

本节采用SPSS软件进行主成分分析，首先将房地产销售价格增长率、房地产投资增速、上证指数、深证指数、上交所市盈率、深交所市盈率的原始数据进行归一化处理，利用软件中的降维选项做因子分析，得到相关系数矩阵，见表7－5。

表 7 - 5 资产泡沫维度相关系数矩阵

基础指标	G1	G2	G3	G4	G5	G6
G1	1.000	0.255	0.689	0.230	-0.247	0.117
G2	0.255	1.000	0.469	0.873	-0.085	0.170
G3	0.689	0.469	1.000	0.578	-0.026	0.166
G4	0.230	0.873	0.578	1.000	-0.091	0.207
G5	-0.247	-0.085	-0.026	-0.091	1.000	-0.227
G6	0.117	0.170	0.166	0.207	-0.227	1.000

利用主成分法提取出宏观经济风险指标中的主成分，在资产泡沫风险维度中最终提取出三个主成分。主成分矩阵的载荷值见表 7 - 6。

表 7 - 6 资产泡沫维度主成分矩阵

基础指标	成分		
	1	2	3
G1	0.641	0.368	0.610
G2	0.821	0.345	-0.301
G3	0.826	0.020	0.414
G4	0.855	0.335	-0.292
G5	-0.243	0.767	0.221
G6	0.348	-0.474	-0.523

将成分矩阵除以初始特征值的平方根，三个主成分的特征值分别为 2.678，1.180，1.042，得到主成分的成分系数，将此系数作为资产泡沫风险指数中各指标的权重，主成分系数矩阵见表 7 - 7。

表 7 - 7 资产泡沫维度主成分矩阵

G1.1	G1.2	G1.3	G1.4	G1.5	G1.6
0.450	0.580	0.580	0.600	-0.170	0.240
G2.1	G2.2	G2.3	G2.4	G2.5	G2.6
-0.290	0.270	0.020	0.260	0.600	-0.370
G3.1	G3.2	G3.3	G3.4	G3.5	G3.6
0.550	-0.270	0.370	-0.260	0.200	-0.470

（2）资产泡沫风险实证分析

根据以上 SPSS 软件的分析，定义宏观经济风险指数为 $F2$，资产泡沫风险维度中原始数据 $G2.1$，$G2.2$，$G2.3$，$G2.4$，$G2.5$，$G2.6$ 经过归一化处理后分别

为 $M2.1$，$M2.2$，$M2.3$，$M2.4$，$M2.5$，$M2.6$，将三个主成分的指数分别定义为 $F2.1$、$F2.2$、$F2.3$。

$$F2.1 = 0.450 \times G2.1 + 0.580 \times M2.2 + 0.580 \times M2.3 + 0.600$$
$$\times M2.4 - 0.170 \times M2.5 + 0.240 \times M2.6 \qquad (7.3)$$

$$F2.2 = -0.290 \times M2.1 + 0.270 \times M2.2 + 0.020 \times M2.3 + 0.260$$
$$\times M2.4 + 0.600 \times M2.5 - 0.370 \times M2.6 \qquad (7.4)$$

$$F2.3 = 0.450 \times M2.1 + 0.580 \times M2.2 + 0.580 \times M2.3 + 0.600$$
$$\times M2.4 - 0.170 \times M2.5 + 0.240 \times M2.6 \qquad (7.5)$$

三个主成分的特征值分别为 2.678，1.180，1.042，所以

$$F = \frac{F2.1 \times 2.678 + F2.2 \times 1.180 + F2.3 \times 1.042}{2.678 + 1.180 + 1.042} \qquad (7.6)$$

根据公式（7.6）得到 2001 年第一季度到 2016 年第四季度的宏观经济风险指数，见图 7-3。

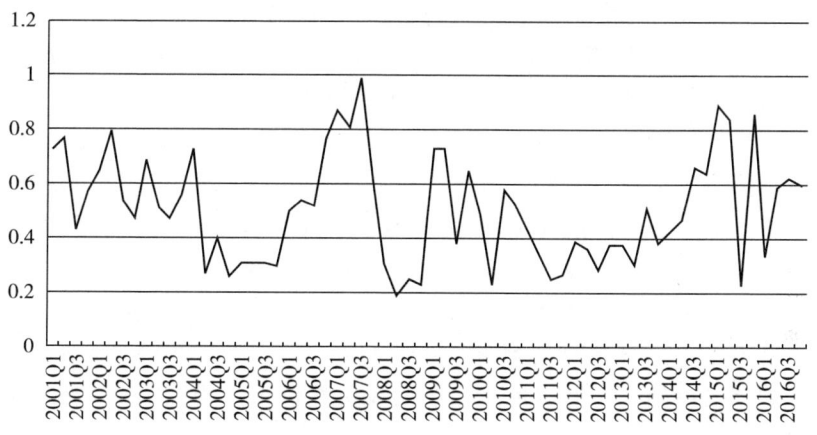

图 7-3 资产泡沫风险

资产泡沫风险在 2001—2006 年呈小范围波动和向上发展的趋势，2007—2009 年，危机期间资产泡沫风险经历了先大幅下滑，然后大幅回升的 V 形变动，2010 年至 2016 年底，2010 年资产泡沫风险呈下行趋势，2014 年开始呈上升趋势波动。

第一阶段：2001 年第一季度到 2006 年第四季度。资产泡沫风险呈窄幅波动和上行趋势。2004 年，为了应对我国的固定资产投资增长剧烈的状况，国家出台了一系列的调控政策来限制，从土地、信贷、城市拆迁、利率等方面作出了限制性的调控，对房地产市场产生了一定的影响。这一系列措施有力地控制了资产泡沫风险，所以 2004 年的资产泡沫风险相对于以前年度有了明显的下降。2006 年开始，由于美国长时间处于经济繁荣阶段，房地产市场、证券市场积累

了大量泡沫，尤其多各种高杠杆的金融衍生产品对于经济泡沫推波助澜，这种危险终于在 2007 年爆发。中国也深受美国的影响，从 2006 年第一季度开始资产泡沫风险剧烈上升。

第二阶段：2007 年第一季度到 2009 年第二季度。在金融危机期间，我国的资产泡沫风险先经历了大幅上升的阶段，在政府的政策影响下风险又大幅下降。2007 年的中国房地产市场，房价快速上升，带动房地产投资快速增长，大量资金流入，导致了房地产业的"圈钱"和"圈地"热，从而使房地产泡沫不断吹大。2008 年美国著名投资银行雷曼兄弟公司宣告破产，拉开了席卷全球的金融危机的序幕，中国经济也未能幸免于难。此前 A 股已经完成了高位跳水挤泡沫的过程，受国际金融危机波及，资本市场也进入了低潮。2008 年下半年，中央及地方政府出台了一系列的调控政策来鼓励房地产市场的发展，从而扩大内需，促进经济的发展。房价的上升也伴随着资产泡沫风险的加大。2009 年房价慢慢回归合理，房地产调控政策的落实也使得房地产市场的发展趋于健康，人们对自主性住房的需求也不断增加，中国的房地产市场进入了调整期间。

第三阶段：2009 年第三季度到 2016 年第四季度。2010 年，房地产市场的调控措施不断加强，股票市场也处于持续低迷的状态，这一阶段资产泡沫风险呈现出下降的趋势。2014 年，房地产市场的调控依然具有不确定性，虽然调控在政策的预期范围，但时点与路径并不明确。2015 年，股灾导致资产泡沫风险指数发生先急剧下降后上升的 V 形变动。2015 年下半年以来，我国股市出现了剧烈的波动，股票市场的波动不仅对第三产业的发展造成影响，而且还会通过金融市场的传导来影响整体经济的走势。2015 年股市的剧烈波动还致使股票市场停止了 IPO 上市，这又会对企业的融资产生重大的影响。2016 年 20 多个城市出台了严厉的调控措施，限制房地产市场的投机性行为，调控效果十分明显。

3. 货币市场风险

（1）主成分分析

本节采用 SPSS 软件进行主成分分析，首先将一年期贷款利率、银行间同业拆借利率、一年期存款利率、M2 同比增长率、准货币同比增长率、银行信贷增速的原始数据进行归一化处理，利用软件中的降维选项做因子分析，得到相关系数矩阵，见表 7-8。

表 7-8　　　　　　　　货币市场维度相关系数矩阵

基础指标	$G1$	$G2$	$G3$	$G4$	$G5$	$G6$
$G1$	1.000	0.934	-0.214	0.042	0.049	0.009
$G2$	0.934	1.000	-0.233	0.061	0.090	-0.101
$G3$	-0.214	-0.233	1.000	0.724	0.144	0.052

基础指标	G1	G2	G3	G4	G5	G6
G4	0.042	0.061	0.724	1.000	0.145	0.103
G5	0.049	0.090	0.144	0.145	1.000	−0.309
G6	0.009	−0.101	00.052	0.103	−0.309	1.000

利用主成分法提取出宏观经济风险指标中的主成分，在货币市场风险维度中最终提取出三个主成分，主成分矩阵的载荷值见表7－9。

表7－9　　　　　　　　　　货币市场维度主成分矩阵

基础指标	成分		
	1	2	3
G1	0.981	−0.038	−0.013
G2	0.979	−0.048	0.085
G3	−0.214	0.906	0.047
G4	0.108	0.932	−0.008
G5	0.070	0.219	0.786
G6	0.007	0.172	−0.829

将成分矩阵除以初始特征值的平方根，三个特征值分别为2.074，1.713，1.282，得到主成分的成分系数，将此系数作为资产泡沫风险指数中各指标的权重。主成分系数矩阵见表7－10。

表7－10　　　　　　　　　　货币市场维度主成分系数

G1.1	G1.2	G1.3	G1.4	G1.5	G1.6
0.620	0.620	−0.410	−0.220	−0.020	−0.100
G2.1	G2.2	G2.3	G2.4	G2.5	G2.6
0.280	0.300	0.550	0.660	0.320	−0.040
G3.1	G3.2	G3.3	G3.4	G3.5	G3.6
0.170	0.090	0.070	0.180	−0.620	0.730

（2）货币市场风险实证分析

根据以上SPSS软件的分析，定义宏观经济风险指数为F_3，货币市场风险维度中原始数据$G3.1$，$G3.2$，$G3.3$，$G3.4$，$G3.5$，$G3.6$经过归一化处理后分别为$M3.1$，$M3.2$，$M3.3$，$M3.4$，$M3.5$，$M3.6$，将三个主成分的指数分别定义为$F3.1$，$F3.2$，$F3.3$。

$$F3.1 = 0.620 \times M3.1 + 0.620 \times M3.2 - 0.410 \times M3.3 - 0.220$$
$$\times M3.4 - 0.020 \times M3.5 - 0.100 \times M3.6 \tag{7.7}$$

$$F3.2 = -0.280 \times M3.1 + 0.300 \times M3.2 + 0.550 \times M3.3 + 0.660$$
$$\times M3.4 + 0.320 \times M3.5 - 0.040 \times M3.6 \tag{7.8}$$

$$F3.3 = 0.170 \times M3.1 + 0.090 \times M3.2 + 0.070 \times M3.3 + 0.180$$
$$\times M3.4 - 0.620 \times M3.5 + 0.730 \times M3.6 \tag{7.9}$$

三个主成分的特征值分别为2.074，1.713，1.282，所以

$$F = \frac{F3.1 \times 2.074 + F3.2 \times 1.713 + F3.3 \times 1.282}{2.074 + 1.713 + 1.282} \tag{7.10}$$

根据公式（7.10）得到2001年第一季度到2016年第四季度的宏观经济风险指数，见图7-4。

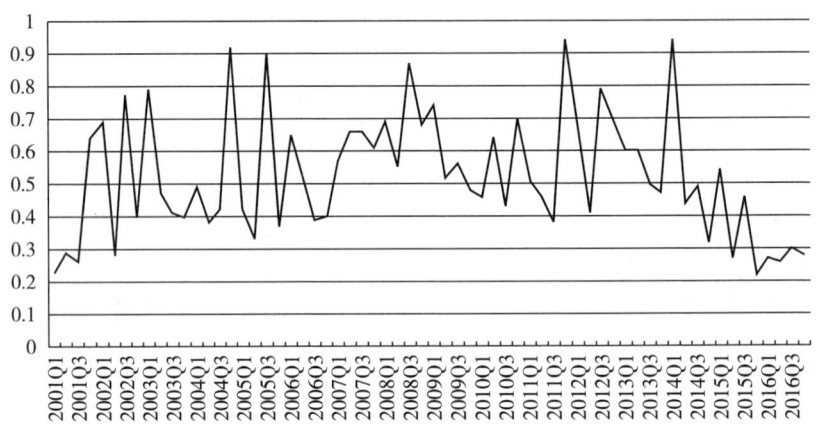

图7-4 货币市场风险

在2001—2006年，货币流动性风险指标经历了几次增长，2006—2011年，货币市场风险呈现出先上升后下降的趋势，2012年至2016年年底，货币市场风险总体呈现出下降的趋势。

第一阶段：2001年第一季度到2006年第四季度。货币流动性风险经历了几次不同程度的增长。根据国家统计局公布的数据，我国银行系统的不良资产率处于高增长阶段，尤其是国有银行的不良资产贷款率偏高。按照国家的分类统计，2003年我国主要金融机构的不良贷款余额为2.44万亿元，比率为17.8%，这一比率相对于一些跨国银行来说依然偏高。2003年以来，随着我国的经济增长速度加快，金融机构的贷款投放速度也逐步提高，而这期间大量的外资也开始通过一些渠道流入中国，在资本账户和经常账户方面我国开始出现双顺差，中央银行不得不开始投放大量的基础货币来进行对冲，因此M2的增速也高于预期控制水平。2003年年初，中央银行强调金融机构的贷款增加额应该控制在1.8

万亿元以内，而 2003 年仅仅过了一半就超过了这一控制水平。2003 年 7 月份中央银行又表示要把信贷总额控制在 2.8 万亿元以内，但是 10 月又超出了这一水平。而且贷款主要流向了一些大型工程建设和基础设施建设方面，贷款的结构转向了中长期贷款，这一转变使得金融风险集中到了银行系统。在经济结构不尽合理、社会信用环境不够完善、公司治理结构不规范、商业银行自身的内控机制欠缺和风险管理能力不足的情况下，这种过快的信贷投放可能潜伏着较大的金融风险，2004—2006 年货币市场风险由于市场的不稳定性又经历了两次大幅度的波动。

第二阶段：2007 年第一季度到 2011 年第四季度。货币市场风险呈现出先上升后下降的趋势。2009 年的双顺差和人民币升值预期导致外汇账户快速增长，这已经成为货币流动性的主要渠道；2009—2011 年的信贷扩张，新兴市场的宽松的货币政策、热钱流入推动货币投放速度上升。经过两年多的调控，2011 年年底 $M2$ 和信贷基本恢复到正常水平，$M1$ 增速已接近 10 年来最低，流动性引起的通货膨胀压力基本得到控制。

第三阶段：2012 年第一季度至 2016 年第四季度。货币市场整体风险呈现下降趋势。2014 年，中央银行采取 SLF 和存款偏离度控制，以减轻财务指标如利率和存款的大幅波动。但在此后的几个季度，中国的资本链和金融环境仍然面临日益恶化和地方政府债务积累的压力。"中钢"事件和各种相互联系的全国事件的活动表明，此时的债务问题已经开始从民间借贷蔓延到国有大中型企业。2015 年金融管理部门取消了金融机构存贷比的限制，但大型金融机构的存款准备金率仍处于 17% 的高位，限制了银行等机构的放贷能力。2016 年货币政策坚持稳健的中性基调，通过控制货币投放的水平、节奏和方向来控制金融风险，稳定人民币汇率，促进实体经济发展。

4. 外汇市场风险

（1）主成分分析

本节采用 SPSS 软件进行主成分分析。先将实际有效汇率指数、外汇储备增长率、国际收支、出口额增速、进口额增速、外商直接投资额增速的原始数据进行归一化处理，利用软件中的降维选项做因子分析，得到相关系数矩阵，见表 7 - 11。

表 7 - 11　　　　　　　　　　外汇市场维度相关系数矩阵

基础指标	$G1$	$G2$	$G3$	$G4$	$G5$	$G6$
$G1$	1.000	- 0.620	- 0.479	- 0.613	- 0.450	- 0.228
$G2$	- 0.620	1.000	0.717	0.925	0.613	0.349
$G3$	- 0.479	0.717	1.000	0.707	0.876	0.440

基础指标	G1	G2	G3	G4	G5	G6
G4	−0.613	0.925	0.707	1.000	0.625	0.245
G5	−0.450	0.613	0.876	0.625	1.000	0.562
G6	−0.228	0.349	0.440	0.245	0.562	1.000

利用主成分法提取出宏观经济风险指标中的主成分，在外汇市场风险维度中最终提取出一个主成分，主成分矩阵的载荷值见表7-12。

表7-12　　　　　　　　外汇市场维度主成分矩阵

基础指标	成分
	1
G1	−0.701
G2	0.897
G3	0.893
G4	0.882
G5	0.862
G6	0.539

将成分矩阵除以初始特征值的平方根，主成分的特征值为3.905，得到主成分的成分系数，将此系数作为宏观经济风险指数中各指标的权重，主成分系数矩阵见表7-13。

表7-13　　　　　　　　外汇市场维度主成分系数

G1	G2	G3	G4	G5	G6
−0.350	0.450	0.450	0.450	0.440	0.270

（2）外汇市场风险实证分析

根据以上SPSS软件的分析，定义宏观经济风险指数为$F4$，外汇市场风险维度中原始数据$G4.1$，$G4.2$，$G4.3$，$G4.4$，$G4.5$经过归一化处理后分别为$M4.1$，$M4.2$，$M4.3$，$M4.4$，$M4.5$。

$$F4 = -0.350 \times G4.1 + 0.450 \times G4.2 + 0.450 \times M4.3 + 0.450$$
$$\times M4.4 + 0.440 \times M4.5 + 0.270 \times M5.5 \qquad (7.11)$$

根据公式（7.11）得出2001年第一季度到2016年第四季度的宏观经济风险指数，见图7-5。

外汇市场风险在2001—2003年显著下降。2004—2008年，外汇市场风险总体处于低位，略有上升。2008—2010年，外汇市场风险指数显著上升。2011年

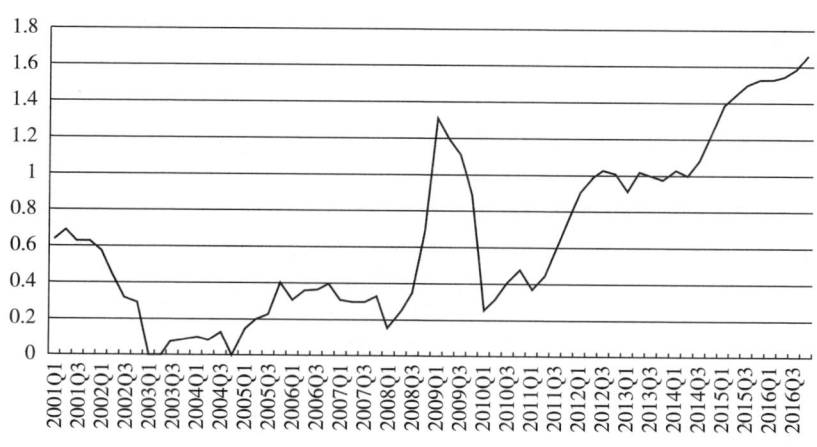

图7-5　外汇市场风险

至2016年年底，外汇市场风险一直处于较高的水平。

第一阶段：2001年第一季度到2003年第一季度。外汇市场风险显著下降。2001年2月，经过15年的艰苦谈判，中国终于加入了世界贸易组织，这是中国对外开放的一个具有标志性的转折点，中国加入世界贸易组织也是世界经济和贸易格局发生的一个变化。加入世界贸易组织是中国政府期待已久的事件，社会各界和公众因此欢欣鼓舞。在这一阶段，我国的外汇市场风险开始下降，这意味着中国在世界贸易的严格规则下处理相关事务，这是改革和发展的经济和社会领域的一个巨大的推动作用，中国的法律体系、政府职能、产业结构、人才体系都发生了一定的变化，中国也因此在外汇市场中面临更大的风险。公众也逐渐意识到加入世界贸易组织以后，每个人的日常工作和生活都与此相关。在国际经济变幻莫测的今天，汇率制度改革的效果具有较大的不确定性。自2003以来，外汇占款一直是基础货币快速投放的主要原因之一。人民币有强烈的升值预期，数百亿美元涌入香港，以期有机会可以进入内地，所以中国的金融体系面临更严重的冲击。

第二阶段：2003年第二季度到2010年第四季度。2008年以前，货币市场风险普遍较低。自2004年8月以来，机构客户和个人的外汇资产流入人民币的增长幅度很大，居民也具有了人民币升值的预期。人民银行在2004年10月28日上调了利率，导致社会对人民币升值的预期更加强烈，因此人民币面临强烈的升值风险，而将外汇存款准备金率从2%提高到3%并没有降低当时的风险。欧元之父蒙代尔认为，一旦人民币升值，外国投资将急剧下降，经济增长将放缓，失业人口增加，城乡地区变得越来越穷，中国将面临严重的金融和社会风险。2008年爆发的全球性的金融危机对我国的外汇市场造成了强烈的影响，外汇市场风险指数显著上升，2010 年我国进行了汇率改革，由原来的单盯美元改为以市场供求为基础，参考一篮子货币进行调节，这一改革有利于缓解外汇市场的风险。

第三阶段：2011 年第一季度至 2016 年第四季度。美国在 2011 年上半年实施战略贸易许可例外条例，44 个国家和地区可以享受中国贸易便利。10 月，美国通过了一项 2011 年货币汇率监督改革法案的程序计划，该法案规定美国可以在一国操纵货币并且不采取纠正措施的情况下来实施制裁，一旦该法案成为法律，中国对美国的出口将受到大范围的影响。在 2013 年第四季度至 2015 年第四季度，外汇市场的风险迅速上升，外汇市场很大程度上受到美国利率周期内外汇持续流出的影响。中国作为一个具有高度对外贸易依存度的国家，2015 年经济发展低于预期的世界经济发展程度，可见，该法案对中国经济增长的影响更为明显，出口的下降、国际大宗商品价格的下跌对中国形成了更大的压力，外汇市场风险也因此处于较高的水平。2015 年，人民币汇率贬值压力有所增大，我国的经济受到国际经济环境的不利影响。一方面，中国的外贸出口呈现小幅下降，另一方面体现在一定规模的资本流出，2015 年中国外汇储备的减少额超过 5100 亿美元，这就在一定程度上说明了它的影响。英国 2016 年的脱欧使其未来的贸易和金融关系与欧盟成员国和欧洲之间的关系变得不明确，离心政治力量的扩张阻止了结构改革进程，使欧洲经济前景疲软，不确定性增加，日本经济还没有摆脱日元升值、通缩等因素的影响。中国这样的发展中国家的发展普遍优于发达经济体，新兴国家的经济复苏状况良好，但基础仍不稳定，仍存在一定的不确定性。还应当指出，全球经济正遭受一个"全球性"的逆风，各种贸易保护主义和贸易壁垒趋于增加，这都使得 2016 年的外汇市场风险处于高位。

5. 系统性金融风险

（1）主成分分析

本节采用 SPSS 软件进行主成分分析，首先将 GDP 增长率、CPI 同比增长率、工业增加值同比增长率、固定资产投资增速、财政赤字同比增速、房地产销售价格增长率、房地产投资增速、上证指数、深证指数、上交所市盈率、深交所市盈率、一年期贷款利率、银行间同业拆借利率、一年期存款利率、M2 同比增长率、准货币同比增长率、银行信贷增速、实际有效汇率指数、外汇储备增长率、国际收支、出口额增速、进口额增速、外商直接投资额增速的原始数据进行归一化处理，利用软件中的降维选项做因子分析，利用主成分法提取出宏观经济风险指标中的主成分，在系统性金融风险中最终提取出六个主成分。主成分矩阵的载荷值请参见表 7－14。

表 7 - 14 　　　　　　　　　　系统性金融风险主成分矩阵

基础指标	成分					
	1	2	3	4	5	6
G1	0.831	-0.187	-0.139	0.349	0.069	-0.021
G2	0.257	0.506	-0.158	0.619	0.018	-0.088
G3	0.923	0.066	-0.080	0.287	0.108	0.098
G4	0.779	-0.168	-0.341	-0.144	0.202	0.069
G5	-0.297	0.201	0.116	-0.215	0.008	0.351
G6	-0.324	0.636	-0.520	-0.048	0.281	0.192
G7	0.229	0.738	-0.228	-0.290	0.323	0.179
G8	0.064	0.698	0.338	-0.229	0.307	-0.366
G9	0.120	0.717	0.380	-0.240	0.337	-0.249
G10	0.592	-0.122	-0.125	0.099	0.246	-0.239
G11	-0.072	0.439	0.331	-0.073	-0.349	0.467
G12	-0.480	-0.397	0.460	0.342	0.444	0.155
G13	-0.397	-0.395	0.360	0.360	0.552	0.241
G14	0.645	-0.236	0.508	-0.409	-0.190	0.012
G15	0.516	-0.199	0.584	-0.241	0.097	0.132
G16	0.146	-0.476	-0.048	-0.274	0.359	-0.304
G17	-0.036	0.447	0.434	0.258	-0.297	0.065
G18	-0.722	0.022	-0.011	0.403	0.090	-0.132
G19	0.912	-0.054	-0.020	-0.058	0.056	0.057
G20	0.823	0.170	0.086	0.314	0.034	0.241
G21	0.925	-0.163	0.028	-0.073	0.153	0.015
G22	0.799	0.265	0.105	0.293	0.076	0.081
G23	0.081	0.287	0.397	0.362	-0.173	-0.416

　　将成分矩阵除以初始特征值的平方根，六个特征值分别为 7.454，3.568，2.195，1.967，1.466，1.142，得到主成分的成分系数，将此系数作为资产泡沫风险指数中各指标的权重。

（2）系统性金融风险实证分析

　　根据以上 SPSS 软件的分析，定义系统性金融风险指数为 F，六个主成分指数分别为 $F1$，$F2$，$F3$，$F4$，$F5$，$F6$。

$$F = \frac{F1 \times 7.454 + F2 \times 3.568 + F3 \times 2.195 + F4 \times 1.967 + F5 \times 1.466 + F6 \times 1.142}{7.454 + 3.568 + 2.195 + 1.967 + 1.466 + 1.142}$$

（7.12）

根据公式（7.12）得出 2001 年第一季度到 2016 年第四季度的宏观经济风险指数，见图 7－6。

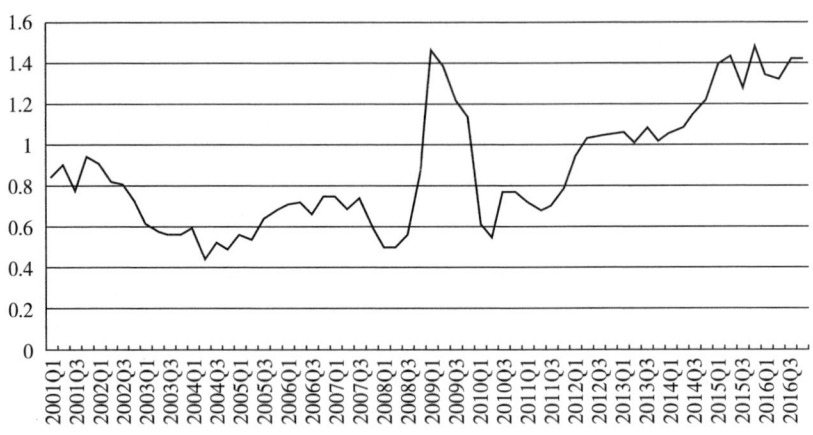

图 7－6　系统性金融风险

系统性金融风险在 2001—2007 年呈现出小范围的波动的趋势，2007 年至 2009 年底，系统性金融风险显著上升，而后又明显下降，2012 年第二季度至今，系统性金融风险逐级上升。

第一阶段：2001 年第一季度到 2007 年第二季度。这一阶段，中国系统性金融风险呈现出小范围波动下降的趋势。由于市场机制的不完善，中国银行体系的产权制度在 21 世纪初不明确，公司治理机制不完善，政府干预严重，资本充足率和风险管理水平低，经营业绩不佳，银行业的不良贷款率在 2003 年甚至超过 30%。于是中国启动了国有商业银行的股份制改革战略，通过政府注资、补充资本金、剥离不良资产、引进战略投资者、公开上市等措施，解决历史包袱，完成股份制改革，拓宽了融资渠道，完善公司治理机制，提高管理能力和风险防范水平。同时，中国在 2004 年打开了资本市场改革的序幕，在 2005 年进行了汇率改革。2005—2007 年，由于 1997 年亚洲金融危机的远离及我国政府的宏观调控，我国经济平稳发展，金融风险状况表现为整体偏好，系统性金融风险得到了缓解。总之，2008 年之前我国的系统性金融风险都处于低水平，金融体系总体运行稳健。

第二阶段：2007 年第三季度到 2011 年第四季度。2008 年美国次贷危机引致的全球金融危机，导致我国金融风险识别指数迅速攀升，金融体系存在较大的系统性金融风险，金融危机造成我国出口明显下滑，影响到我国的经济增长、物价稳定、就业形势甚至威胁我国的金融稳定，加剧了国内金融风险。在中央政府采取宽松的货币政策和积极的财政政策的共同协调之下，2008 年政府出台了4万亿元的刺激政策。这使得中国的系统性金融风险走出了危险的区域，经济形势开始好转，宏观经济于2009年逐渐得以恢复，金融风险显著下降。该阶段我国金融风险经历了高涨缓落的起伏。国际金融危机爆发后的衰退阶段，股票市场大幅下跌使风险快速释放，但宏观经济受到冲击，进出口额下降幅度显著，债券市场、房地产市场、政府部门的风险指标都在攀升。2010—2011年的低金融风险指数是中国经济政策与国内外不良经济形势博弈的结果，积极的财政政策和适度宽松的货币政策在努力维护中国的金融稳定，我国的系统性金融风险自2010年第一季度直到2011年第四季度一直处于较低水平。

第三阶段：2012年第一季度到2016年第四季度，系统性金融风险压力指数迅速攀升。2012—2013年，欧洲债务危机使得我国的外部金融市场风险加大。我国在这一阶段发生了一系列的风险，这包括地方债务危机、影子银行体系的风险等，但在各国共同努力下，危机得到了良好控制，总风险指数保持稳定。由于通货膨胀和房地产市场带来的价格冲击，金融创新衍生工具快速发展，促使中国开始了对风险应对措施的探讨与实施。各种相机型监管政策部分化解了新兴市场的金融风险，但在复杂的经济金融环境中，系统性金融风险仍然在高位徘徊。这表明系统性金融风险依然严重，中国应加强对金融体系的风险监测，预防国内外风险的意外冲击。此阶段股市波动、外汇储备外流、产能过剩等问题继续暴露，导致总风险上升，此后逐步回落，但仍处于较高水平。鉴于中国进入"新常态"经济，GDP增速可能放缓，但是各种复杂因素的影响导致综合系统性风险指数长期在高位波动。中国的经济已经进入了三期叠加的下行周期，传统行业产能过剩，企业风险增加，房地产行业风险、担保行业风险也集中暴露，导致银行业不良贷款余额和不良贷款率都在上升，多重因素的影响，是系统性金融风险上升的重要原因。2014年1月市场利率迅速上升，3月外贸数据下滑，6月和7月信贷数据波动，这些参数的连续变化可能标志着一个新的阶段，即中国经济的"新常态"阶段。这一阶段很可能是风险的集中释放期、增长率换挡期和结构调整最困难时期。在这个阶段，许多宏观参数很可能会出现意想不到的戏剧性变化，这些变化可能是预期重大逆转和恐慌凸显的触发因素。本书构建的金融风险指数与我国的经济发展趋势基本吻合，较好地测度了我国近年来的系统性金融风险状况。

（四）系统性金融风险状态的识别

本节选择采用基于马尔可夫区制转换的向量自回归模型（MS－VAR）来分析不同区制下金融安全状态指数的变化，此模型是对向量自回归（VAR）模型的发展，其主要特征是允许模型的估计参数可以依赖一个不可观测的区制变量而时变，且区制变量的变化会遵循马尔可夫转制（Markov－Switching）过程。MSVAR模型的公式可以表示为：

$$y_t - \mu(s_t) = \beta_1(s_t)[y_{t-1} - \mu(s_{t-1})] + \cdots + \beta_p(s_t)[y_{t-p} - \mu(s_{t-p})] + e_t$$

$$(7.13)$$

其中：s_t 是取值区间为 $\{1, 2, \cdots, M\}$ 的区制变量；$e_t NID(0, \sum(s_t))$，$\mu(s_t)$、$\beta_{x=1,\cdots,p}$、$\sum(s_t)$ 都是区制依赖的。区制的转移概率可表示为：

$$p_{i,j} = \Pr(s_{t+1} = j | s_t = i, \sum_{i=1}^{p_{i,j}} p_{i,j} = 1) \qquad \forall i, j \in \{1, 2, \cdots, M\} \quad (7.14)$$

s_t 遍历不可约的 M 个区制状态的转移概率可以用马尔可夫转移矩阵表示，其中 P 满足正则性约束：

$$P = \begin{bmatrix} p_{11} & \cdots & p_{1M} \\ \vdots & \cdots & \vdots \\ p_{M1} & \cdots & p_{MM} \end{bmatrix} \qquad (7.15)$$

对于给定的区制和滞后内生变量 $Y_{t-1} = (y'_{t-1}, y'_{t-2}, \cdots, y'_1, y'_0, \cdots, y'_{1-p})'$，在 e_t 服从正态分布的假定条件下，y_t 的条件概率为：

$$p(y_t | s_t = m, Y_{t-1}) = \ln(2\pi)^{-1/2} \ln \left| \sum \right|^{-1/2} \exp\left\{ (y_t - \bar{y}_{mt})' \sum_m^{-1} (y_t - \bar{y}_{mt}) \right\}$$

$$(7.16)$$

其中：$\bar{y}_{mt} = E[y_t | s_t = m, Y_{t-1}]$，表示 y_t 的区制为 m 的条件期望，进一步设定 $\xi_t = \begin{bmatrix} I(s_t = 1) \\ \cdots \\ I(s_t = M) \end{bmatrix} (I(s_t = M) = \begin{cases} 1 & \text{if } s_t = m \\ 0 & \text{otherwise} \end{cases})$ 和 $\eta_t = \begin{bmatrix} p(y_t | \xi_t = 1, Y_{t-1}) \\ p(y_t | \xi_t = M, Y_{t-1}) \end{bmatrix}$，可

得条件概率：

$$p(y_t | \xi_t, Y_{t-1}) = \eta'_t P' \xi_{t-1} \qquad (7.17)$$

将给定前样本 Y_0 和特定观测值 $Y \equiv Y_T$ 的条件概率写为：

$$p(Y | \xi) = \prod_{t=1}^{T} p(y_t | \xi_t, Y_{t-1}) \qquad (7.18)$$

与联合分布概率 $p(Y, \xi) = p(Y|\xi)p(\xi) = \prod_{t=1}^{T} p(y_t | \xi_t, Y_{t-1}) \prod_{t=2}^{T} \Pr(\xi_t | \xi_{t-1}) \Pr(\xi_1)$

和 Y 无条件分布概率 $p(Y) = \int p(Y, \xi) d\xi$ 相结合，可得既定观测信息条件下的区制概率：

$$\Pr(\xi | Y) = \frac{p(Y, \xi)}{p(Y)} \qquad (7.19)$$

在实际的模型选择上，根据模型截距、均值、方差是否随状态变化而变化可以形成不同的 MS – VAR 类型，根据 AIC 和 SC 信息准则，本文选择向量自回

归的滞后项为 1；区制数量根据 MS - VAR 分析过程中的 *AIC*、*HQ* 和 *SC* 信息标准选择为 2 区制，即 2 区制 1 阶自回归模型。

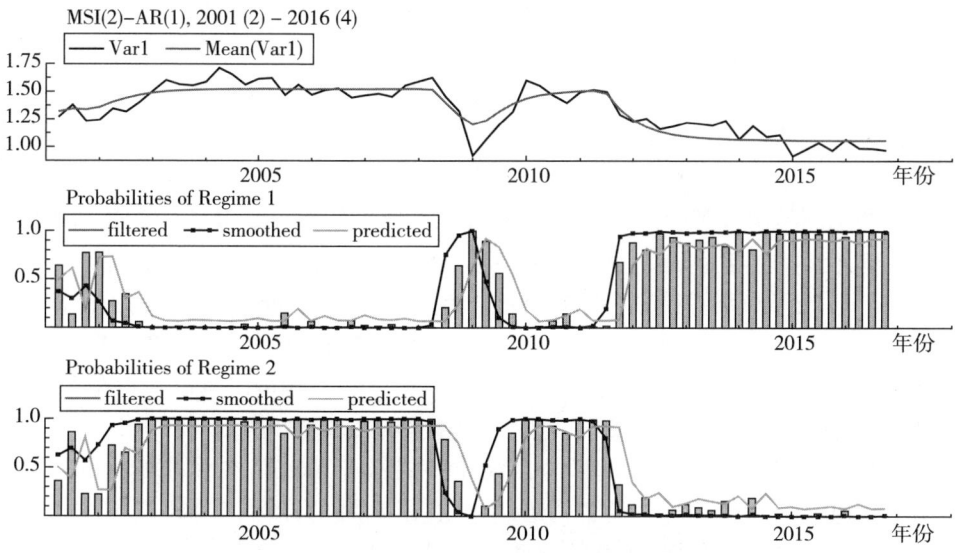

图 7 - 7　系统性金融风险指数及其滤波平滑概率

根据区制转换概率来看，区制 1 维持稳定的概率为 0.9236，区制 2 维持稳定的概率的概率为 0.9327，说明我国的系统性金融风险在两个区制中都维持在一个稳定的状态。由图 7 - 7 可以看出：2007 年第四季度之前，我国系统性金融风险基本上处于区制 2 状态，表明在这一时期，我国的系统性金融风险程度较低，金融状况较为良好；2007 年第四季度开始，系统性金融风险指数进入区制1 状态，表明在这一阶段，我国系统性金融风险程度开始升高，这种较高风险的状态持续到 2010 年第一季度；从 2010 年开始，系统性金融风险指数又转换到区制 2，这种状态持续到 2011 年年底，这一阶段系统性金融风险较低，国内金融业发展较为平稳；从 2012 年开始，系统性金融风险指数又跳跃到区制 1，表明我国的金融风险又进入了较高的水平，这一状态一直持续到现在。

第二节　基于房价波动因子的系统性金融 风险早期预警体系

一、研究背景

作为我国国民经济支柱性产业的房地产行业对经济发展和社会稳定都有着十分重要的影响。1998 年，我国开始实行住房商品化改革，房地产业开始快速发展，房地产价格也持续上涨。随着房地产市场的蓬勃发展，房地产业已经成为拉动我国国民经济的重要力量，是国民经济的重要支柱性产业之一。2008年，随着国家适度从紧宏观调控措施的实施，我国房地产市场开始调整，房地产市场呈现不断的下行趋势。但是房地产市场并没有持续下跌，2009年开始，我国房地产价格又在不断攀升，出现了房地产业长期过热的现象。房地产投资增幅过高、房价上涨过快等已经成为社会民众关注的热点问题。2016年，我国房地产市场异常繁荣，商品房销售面积和销售额均大幅提升。国家统计局数据显示，2016年全国商品房销售面积157349万平方米，比上年增长22.5%，商品房销售额117627亿元，比上年增长34.8%。2016年全国商品房平均销售价格同比增长率10.6%。其中：北京的商品房平均销售价格增长率是41.18%；上海的商品房平均销售价格增长率是35.04%；深圳的商品房平均销售价格增长率是32.59%。2016年10月，我国实施了严苛的住房限购政策，2017年3月再次重申住房限购政策，其目的就是避免房地产市场过热，防止系统性金融风险的发生。

2007年，受国际金融危机影响，世界经济经历了自第二次世界大战以来最严重的衰退。美联储的连续降息使房地产获得上升的动力，房地产市场持续了多年的繁荣。但是从2008年开始美联储为抑制通货膨胀不断加息，利率的大幅攀升使购房者的还贷负担加重，出现大量房贷违约的现象，次债风险日益暴露，继而导致房价连续下跌，房地产泡沫破灭，欧美金融体系遭受了严重的损失。美国、日本这两个国家都曾因为房地产泡沫破裂，引发了严重的经济和金融危机。从美国和日本的金融危机中，我们不难看出房地产业在其中所起的作用。房地产行业是资金密集型行业，房地产市场的生产和消费都需要金融行业的资金支持，如果房地产开发商的资金链发生了断裂，必将对银行等相关金融机构产生不良影响。银行业在金融市场中起到的重要作用决定了其对整个金融市场的影响也是巨大的，如果银行业发生了危机就会导致金融危机的发生。因此，房地产行业风险不仅会影响到房地产行业的可持续发展，而且会向金融部门和公共部门传递，致使宏观金融风险再次扩大，对国家的经济安全与金融稳定造成威胁。这些都让我们充分认识到预防金融危机的重要性，同时也认识到建立系统性金融风险预警体系的理论意义和实际意义。

纵观世界经济历史，历史上最早的经济危机雏形是荷兰的"黑色郁金香"。1936年到1937年间，荷兰对郁金香产生了狂热，投机者为了赚取利益去收购郁金香，导致郁金香的价格持续高涨。好景不长，热情终究会退去，当有人卖空郁金香时就有人跟从，卖过的狂热和买进的狂热不相上下，于是郁金香价格出现暴跌，危机爆发了。在1929年的世界经济大危机中，"黑色星期五"发生了，美国纽约股市持续火热，星期五出现了大暴跌，经济大危机发生了。伴随着房地产市场的蓬勃发展，房地产危机出现了。在1990年的日本经济危机爆发前，日本股市和房地产业都处于不断上涨的状态，危机爆发后股市和房地产业都出现了大暴跌。在 1997 年的亚洲经济危机爆发之前，首先是泰国，继而是印度尼西亚、马来西亚和韩国等东亚国家，其金融市场的外在表现是持续上涨后的汇率暴跌和股市暴跌。在 2007 年美国次贷危机爆发之前，美国金融市场利率是不断走低的，房地产业则持续过热，危机爆发之后房地产出现大暴跌的低迷状态。从这些影响程度较大的经济危机中，我们可以看出，一个国家或地区的经济危机发生之前都是有一些外在表现的，也可以说是危机发生的先兆现象。正因为有了这些先兆现象，学者们从研究这些现象出发开始构建金融危机的早期预警体系（Frankel 和 Rose，1996，Kaminsky 等，1997，冯芸和吴冲锋，2002，陈守东等，2006）。早期预警体系的作用是通过观测一系列经济金融变量对金融危机进行早期预警，以防范和控制金融危机的发生，确保金融市场的稳定。金融安全是一个国家经济安全的核心，而确保金融安全的核心是系统性金融风险的防范与控制，所以建立一个成熟的系统性金融风险早期预警体系是十分重要的。历史上的不同国家不同程度的金融危机都在警醒我们，在经济全球化的今天，金融安全受到了各种各样风险因素的威胁，其中房地产市场是这些风险因素中尤为重要的因素。但是就目前国内研究而言，未建立专门针对基于房价波动因子的系统性金融风险早期预警体系，这就无法为我国宏观审慎政策的实施提供参考依据。因此，构建适合我国的基于房价波动因子的系统性金融风险早期预警体系有助于加强对我国金融体系风险的预防与控制，对于增强我国金融体系的抗风险能力、抵御国际金融危机的冲击、促进我国经济发展和维护社会稳定具有重要的理论和现实意义。

二、文献综述

国外对于金融危机的相关研究起源于 20 世纪 70 年代的拉美债务危机，逐步形成了货币危机理论的雏形，并且历经几次经济危机后不断地改进和完善，形成了四代货币危机理论，这些都为后来学者构建金融风险预警系统奠定了理论基础。伴随着四代金融危机理论的发展，对于金融风险预警体系的研究也越来越成熟，出现了很多理论和实证方法上的优秀研究成果。金融危机预警主要可以分为模型预警和非模型预警两类。模型预警理论的基本思想是构造危机分辨指标，定义识别危机的极限边界值，比较危机前后的某些经济指标的变化特点，选取代表性诊断指标并界定相应的预警标准。非模型预警的思想是通过对一系列经济指标的综合评价，判定发生金融危机的概率。IMF 的研究表明，从 1990 年以后发生的金融危机来看，模型预警方法比非模型方法更加准确（Berg 等，2005）。在已有的金融危机预警研究成果当中，影响比较广的预警模型有三种。

Frankel 和 Rose（1996）运用单位概率模型构建了金融危机预警的 FR 概率

回归模型。FR 模型假定金融事件是离散并且有限的，投机性冲击行为导致的货币危机是由许多不同因素引起的。在该模型中，Y 代表金融危机变量，Y 取值为 1 时表示危机发生，Y 取值为 0 时表示危机未发生。X 代表引发金融危机的不同因素，该预警模型可表示为：

$$P\{Y = 1\} = F(X, \beta)$$
$$P\{Y = 0\} = 1 - (X, \beta) \tag{7.20}$$

从模型中我们可以看出，该模型估计的是在将来的一段时期内金融危机所发生的概率。该研究的结论是，金融危机发生的概率与经济增长、外商直接投资、外债的比例和外汇储备成反比关系，与国内信贷增长、实际汇率和国际市场利率成正比关系。FR 模型结构简单，数据较容易获取，所以在金融危机预警研究中应用较为广泛。

KLR 模型由 Kaminsky 等（1997）首先提出，1999 年 Kaminsky 又进行完善。该模型选取一系列指标，通过其历史数据确定临界值，当一个指标在某个时间点超过这个临界值时，该指标发出了一个危机信号。危机信号发出的数量越多，就表明一个国家在未来 24 个月内发生危机的概率就越大。开始建立这个模型时，Kaminsky 等选择了 15 个指标来预警货币危机。在研究 1997 年亚洲金融危机时，Kaminsky 选择了 21 个指标来同时预警银行与货币两类危机。

对各个预警指标发出的信号进行简单加总。假设共有 1，2，…，n 个预警指标，第 i 个指标在第 t 期发出信号与否用 S_{it} 表示，则简单加总合成指标可表示为：$I_t^1 = \sum_{i=1}^{n} S_{it}$。其中，第 i 个指标在第 t 期超过临界值，S_{it} 取 1，否则取 0。因此 I_t^1 的取值范围为 $[0, n]$。为了反映指标分布不均衡的特征，可设定两个临界值：弱势临界值 $\overline{P_m}(X_{it})$ 和强势临界值 $\overline{P_e}(X_{it})$。相应地，信号指标有两个：弱势信号 S_{it}^m 和强势信号 S_{it}^e，它们满足下列关系：

$$S_{it}^m = \begin{cases} 1 & \overline{P_m}(X_{it}) < P(X_{it}) < \overline{P_e}(X_{it}) \\ 0 & \text{其他} \end{cases}$$

$$S_{it}^e = \begin{cases} 1 & P(X_{it}) > P_e(X_{it}) \\ 0 & \text{其他} \end{cases} \tag{7.21}$$

故第二个合成指标定义为：

$$I_t^2 = \sum_{i=1}^{n} (S_{it}^m + 2S_{it}^e) \tag{7.22}$$

公式表明，强势信号被赋予了弱势信号 S_{it}^m 两倍的权重，I_t^2 的取值范围为 $[0, 2n]$。一般来说，经济发展过程中出现危机是一个渐进的过程，为了反映经济金融运行中这个特点，可设计第三个合成指标：$I_t^3 = \sum_{i=1}^{n} S_{t-s}^i$。其中，$s = 8$，第

i 个预警指标在第 $t-s$ 期至第 t 期任何一期，只要发出一次危机信号，S_{t-s}^i 就被赋值一次，否则它等于 0。如果用干扰信号比率的倒数作为权重，那么预警能力越高的指标，其预警贡献率越大，用公式表示为：$I_t^4 = \sum_{j=1}^n \dfrac{S_t^i}{\omega^i}$。从预警的准确性来看，我们可以看出合成指标比单一指标更加准确。从预测对象来看，所有指标预测货币危机是更为准确的，银行危机次之。在合成指标中，第四个指标无论预警银行危机还是货币危机其效果都是很好的。

很多学者以 KLR 模型为基础进行了很多研究。Berg 和 Pattillo（1999）对 KLR 模型的部分特性进行了改进，他们构建的合成指数在考虑了各个变量之间的相关性和边际贡献的基础上汇总了解释变量，这样就能够检验各个变量的重要性和回归系数的稳定性，以此来消除 KLR 法无法检验变量及合成指数对于危机预测的边际和真实贡献度这个缺陷。Borio 和 Lowe（2002）通过信号法研究了银行危机与资产价格、信贷、投资三者之间的关系，讨论了资产价格、信贷等指标对银行危机的警示作用。Christain（2008）详细分析了信号分析法在工业国家和新兴市场国家银行危机预警的应用。

信号分析法模型比较完善，操作性较强，预警准确性较高，然而此模型还是存在一定的缺陷。信号分析法无法给出一个国家发生金融危机的确切时间。它虽然能够预测一个国家在将来 24 个月内发生金融危机的概率，但是在这 24 个月内金融危机发生的概率确实在变化的，其预警准确性仍然值得研究。

我国对金融风险预警的研究出现在改革开放以后，国内学者从不同的角度对危机预警的方法作了补充和扩展。国内的研究可大致分为三个方面：

第一，国内外理论方面的阐述和国内外预警机制的综述。从理论研究方面看，国内现有的研究主要是从金融全球化的角度，关注金融安全的一般理论问题，梳理金融安全的理论和提出金融安全预警体系的理论框架。林谦、王宇（2007）详细介绍了金融危机早期预警系统模型（early warning system，EWS）的主要内容、预测机理、基本模型和方法、发展方向。徐慧玲和许传华（2010）在详细介绍了三种经典的金融危机预警模型之后，综述了近年来各种创新风险预警模型。朱元倩和苗雨峰（2012）从模型依托的数据角度出发，梳理基于不同市场数据模型的发展脉络，总结系统性风险度量方法及预警体系的最新进展。宋莹（2015）对国外金融风险早期预警体系的既有研究成果进行了梳理，以期为我国构建风险早期预警体系提供一些经验借鉴。

第二，运用国外已有的预警理论和方法对中国的金融安全状况进行实证分析，主要以指标法为主。曹文炼和徐晓波（1998）借鉴国际经验，结合我国的实际情况，从宏观、中观和微观三个层面上建立我国的金融风险预警指标体系，但是并没有进行实证分析研究。张元萍和孙刚（2003）分析了金融风险预警系统的理论基础，采用 STV 模型（横截面回归模型）和 KLR 信号法对我国金融危机发生的概率进行实证分析。吴海霞等（2004）使用 KLR 模型构建风险预警系统，并对我国实际数据进行了实证研究，由此检验该风险预警系统的准确性。

第三，主要对早期预警方法论的研究和创新。吴国培和沈理明（2014）将金融系统分成 4 个系统，运用主成分分析法得到 4 个系统的 20 个因子，得到 4 个系统的金融预警值，从而根据权重得到总金融预警值。任碧云和武毅（2015）采用层次分析法去选择金融风险预警体系中的各项指标，实证分析使用数据包络分析方法去衡量各项指标的效率。谢正发和饶勋乾（2016）采用因子分析法去构建金融脆弱性指数，并用其指数构建预警体系，使用向量自回归模型等进行实证分析。孟庆斌和侯德帅（2016）运用齐次马氏域变模型将危机风险识别为低、中、高等级，再使用非齐次马氏域变模型建立预警模型。陶玲和朱迎（2016）提出了包含 7 个维度的系统性金融风险综合指数，在采用马尔科大状态转换方法对综合指数进行实证分析的基础上，度量和预警综合指数状态转移的信息，由此有效衔接宏观审慎和微观审慎，构建一个既可以综合分析整体风险，又可以分解进行局部研究的系统性金融风险监测和度量方法。

三、基于房价波动的系统性金融风险早期预警体系

（一）本书的金融危机界定

IMF 在《世界经济展望》（1998）中将金融危机划分为货币危机、银行危机和债务危机这三种表现形式。然而，2008 年以美国次贷危机为起源的全球金融危机不属于以上任何一种我们所熟悉的危机类型，所以说现在的金融危机已经不能简单地把它认定为单纯的货币危机、银行危机和债务危机的其中一种。迄今为止，学术界还未就现在的金融危机给出一个统一的定义。我们沿用 Berg（1999）的定义，把危机定义为潜在危机指标的极值。根据第一节算出的系统性金融风险指数，我们可以将金融危机进行等级划分，见表 7 - 15。

表 7 - 15　　　　　　　　金融危机等级划分依据

金融危机等级	划分依据
未发生金融危机	$SK - \overline{SK} < \sigma_{SK}$
轻度金融危机	$\sigma_{SK} \leqslant SK - \overline{SK} < 2\sigma_{SK}$
重度金融危机	$SK - \overline{SK} \geqslant 2\sigma_{SK}$

注：SK 表示系统性风险指数，$\overline{SK}$ 表示样本期间系统性风险指数的均值，σ_{SK} 表示系统性风险指数的标准差。

根据本章第一节算出的 2001 年第一季度到 2016 年第四季度的系统性风险指数和前文所述的金融危机等级的划分，我们可以得到我国从 2001 年第一季度到

2016 年第四季度期间的金融危机等级情况，如图 7 – 8 所示。

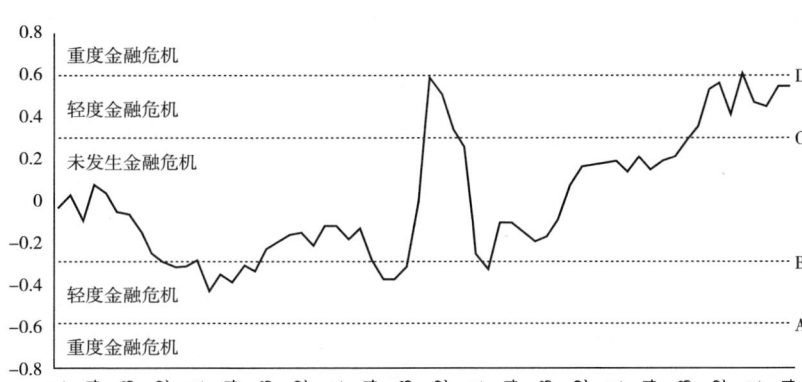

图 7 – 8 我国 2001 年第一季度到 2016 年第四季度金融危机等级划分

在图 7 – 8 中，横坐标代表的是时间，纵坐标代表的是其系统性风险指数超过其均值的数值。根据前文数据，我们可以得到系统性风险指数的一倍标准差的绝对值为 0.2947，即图中的 A 线和 D 线，二倍标准差的绝对值为 0.5894，即图中的 B 线和 C 线。根据前文所述并结合图表，我们可以看出：从 2001 年第一季度到 2008 年第四季度，我国均未发生金融危机；2009 年第一季度到 2009 年第三季度，我国处于轻度金融危机状态；2009 年第四季度到 2014 年第三季度，我国均未发生金融危机；2014 年第四季度到 2015 年第三季度，我国发生了轻度金融危机；2015 年第四季度，系统性风险指数刚刚超过临界值，达到了重度金融危机的等级；2016 年第一季度到 2016 年第四季度，我国处于轻度金融危机阶段。

（二）模型选择

本节采用的是多元有序 probit 模型，选取 probit 模型是因为此模型建立在回归估计的基础上，比非参数的信号方法更好地发掘数据中包含的信息。基于对一系列自变量的非线性回归估计，多元有序 probit 模型描述了一个离散因变量的概率关系（取值为 0，1，…，n 的概率）。probit 方程考虑到了所有预测性变量间的关系，并且指出了哪一个解释变量更具有预测力，而且通过计算危机变量的系数，显示出未来一场危机发生的可能性。采用 probit 模型建立非连续变量的危机预测模型的代表是 Frankel 和 Rose（1996）等，国内代表有陈华（2004）和傅强（2015）等。

最简单的 probit 模型就是指被解释变量 Y 是一个取值为 0，1 的变量，事件发生的概率是依赖于解释变量 X，X 可以是标量或向量。通常我们可以认为 Y 的

概率是关于 X 的一个函数，即：$P(Y = 1) = f(X)$，其中 $f(.)$ 服从标准正态分布。有时候我们遇到的被解释变量可能不是一般的数值，而是表示不同等级的名义变量，这时我们通常建立多项 probit 模型。更特殊的情形，当这些表示不同等级的名义变量之间存在逻辑顺序时，就可以用到有序 probit 模型。有序模型常见于被解释变量为分类顺序变量的回归模型中。假设回归模型的形式为：

$$Y_i = X_i\beta + \mu_i, i = 1,\cdots,n \qquad (7.23)$$

其中：Y_i 为被解释变量；X_i 为解释变量，为 $1 \times d$ 维行向量；β 为回归系数，为 $d \times 1$ 维列向量；μ_i 为残差项，并需要假定它是独立同分布的。当 Y_i 就是可观测到的数值量时，上述模型就是最普通的线性回归模型，不需要对 μ_i 作任何分布假定就可以利用最小二乘估计方法拟合得到回归系数 β。然而，有时候 Y_i 的真实值往往无法直接得到，我们只能得到一系列表示分类值的名义顺序变量 $y_i, i = 1,\cdots,n$，满足 $1 \leq y_i \leq C$，y_i 为整数，C 为分类个数。并且 Y_i 与 y_i 的关系如下：

$$y_i = j \quad \text{if} \quad r_{j-1} < Y_i \leq r_j$$

其中：$r = (r_0, r_1, \cdots, r_C)$，为分界变量，且 $r_0 \leq \cdots \leq r_C$，r_j 表示分类 j 与 $j+1$ 的分界点，$1 \leq j \leq C$，分类从 1 开始计数。记 c_i 表示 y_i 属于的某个类别，则如果属于类别 c_i 的任何一个 y_i 均小于属于类别 c_j 的任何一个 y_j，当且仅当 $c_i \leq c_j$，那么此模型就被称为 probit 有序模型。更直观地说，有序 probit 模型就是其被解释变量是存在逻辑顺序的分类变量。

（三）指标选择

综合考虑国内已有研究和我国实际经济现状，我们从四个层面建立我国金融风险的指标体系。第一层面是资产泡沫风险指标，反映宏观经济环境稳定性，包括商品房平均销售价格同比增长率和上交所市盈率；第二层面是宏观经济风险指标，考虑资产价格变化导致的风险，包括 GDP 同比增速和 CPI 同比增速；第三层面是货币市场风险指标，反映货币市场的稳定性，包括银行间同业拆借利率和 M2 增速；第四层面是外汇市场风险指标，反映外汇市场的稳定性，包括出口额同比增长率和实际有效汇率。详细指标解释及数据来源见表 7-16。

表 7-16　　　　　　　　　　金融危机预警模型的指标

指标类别	指标符号	指标名称	指标影响	数据来源
资产泡沫风险	HP	商品房平均销售价格同比增长率	房价反映了资产价格变动情况，其涨幅过大、资产价格增长过快是很多国家爆发金融危机的前兆	国家统计局
	SPE	上交所市盈率	市盈率的高低衡量股票风险、计量股市股票实际价值的泡沫含量	RESSET 金融研究数据库

指标类别	指标符号	指标名称	指标影响	数据来源
宏观经济风险	GDP	GDP 同比增速	一个国家的 GDP 增长率不断上升，标志着该国的经济实力雄厚，抵御风险的能力增强	中宏数据库
	CPI	CPI 同比增速	反映通货膨胀水平，一般来讲 CPI 过高是危机的表现之一	中宏数据库
货币市场风险	SHIBOR	银行间同业拆借利率	反映短期资金供求关系，资金供求紧张或者宽松对金融危机的发生有一定影响	中宏数据库
	M2	M2 增速	反映现实和潜在购买力的增速，也反映货币供应量的增加	中宏数据库
外汇市场风险	EGR	出口额同比增长率	出口额越高，对外贸易越活跃，增强了经济实力，抵抗风险能力越强	中宏数据库
	REER	实际有效汇率	实际汇率上升，本币升值，外汇市场的不稳定会对金融危机的发生有一定影响	中宏数据库

（四）模型构建

本节的 probit 模型描述如下：首先要确认危机发生的先行期，Kaminsky 等（1998）选择的先行期为 24 个月。设 Y 代表 12 个月内发生金融危机的等级，取值为 0，1，2。当系统性风险指数超过其均值的数值小于一倍标准差时，未发生金融危机，Y 取值为 0；当系统性风险指数超过其均值的数值大于一倍标准差且小于二倍标准差时，发生轻度金融危机，Y 取值为 1；当系统性风险指数大于二倍标准差时，发生重度金融危机，Y 取值为 2。解释变量为影响被解释变量的一系列指标，由于 Y 是离散值，作为被解释变量将带来严重的异方差和不一致问题，因此要将其转化为连续变量 Y^*，它与指标解释变量之间具有如下线性关系：

$$Y_t^* = \beta_0 + \beta_1 HP_t + \beta_2 SPE_t + \beta_3 GDP_t + \beta_4 CPI_t + \beta_5 SHIBOR_t + \beta_6 M2_t$$
$$+ \beta_7 EGR_t + \beta_8 REER_t + \varepsilon_t \tag{7.24}$$

其中：ε 为随机干扰项，服从正态分布。由于 Y_t^* 的不可观测，所以它必须由可观测的 Y 来测量，则 Y 与 Y_t^* 的关系如下：

$$Y = \begin{cases} 0 & \text{if} \quad Y_t^* < \alpha_1 \\ 1 & \text{if} \quad \alpha_1 < Y_t^* < \alpha_2 \\ 2 & \text{if} \quad Y_t^* > \alpha_2 \end{cases} \tag{7.25}$$

其中：α_1 和 α_2 都为未知的阈值参数，用 β 进行估计，在 probit 模型框架下，服从标准正态分布。从上式可知：

$$\text{Prob}(Y = 0 \mid X, \beta, \alpha) = \Phi(\alpha_1 - X\beta)$$

$$\text{Prob}(Y = 1 \mid X, \beta, \alpha) = \Phi(\alpha_2 - X\beta) - \Phi(\alpha_1 - X\beta) \qquad (7.26)$$

$$\text{Prob}(Y = 2 \mid X, \beta, \alpha) = 1 - \Phi(\alpha_2 - X)$$

其中：X 和 β 分别为解释变量向量和回归系数向量；α 是由两个阈值 α_1、α_2 构成的向量。

四、实证分析

（一）描述性统计分析

本节选择的指标变量为季度数据，时间维度从 2001 年第一季度到 2016 年第四季度，各变量具体的描述性统计分析如下，见表 7 - 17。

表 7 - 17　　　　　　　　　变量的描述统计分析

解释变量	均值	标准差	最小值	最大值
系统性风险指数	0.8775	0.2947	0.4400	1.4800
商品房平均销售价格同比增长率	0.0859	0.0682	- 0.0684	0.2564
上交所市盈率	30.3242	11.8305	14.7929	64.5815
GDP 同比增速	- 0.0912	0.0178	- 0.1340	- 0.0610
CPI 同比增速	- 0.0232	0.0204	- 0.0803	0.0150
银行间同业拆借利率	0.0241	0.0089	0.0084	0.0658
M2 增速	- 0.1635	0.0390	- 0.2931	- 0.1133
出口额同比增长率	- 0.1543	0.1599	- 0.4076	0.2355
实际有效汇率	101.4477	14.1646	81.8900	130.6800

表 7 - 17 的全样本描述性统计分析显示，我国 2001 年第一季度到 2016 年第四季度全国系统性风险指数的平均值是 0.8775，商品房平均销售价格同比增长率的平均值是 8.59%，上交所市盈率的平均值是 30.3242。从宏观经济方面的变量来看，GDP 同比增速的平均值是 - 9.12%，CPI 同比增速的平均值是 - 2.32%。从货币市场的变量分析，银行间同业拆借利率的平均值是 2.41%，M2 增速的平均值是 - 16.35%。外汇市场中，出口额同比增长率的平均值是 - 15.43%，实际有效汇率的平均值是 101.4477。为了检验出金融危机等级与各个影响因素之间的相互关系，我们按照前文所述，根据 2001 年第一季度到 2016 年第四季度的数据得到了表 7 - 18。Y 取 0，1，2 时，各个变量的平均值如表 7 - 18 所示。

表 7 - 18 不同金融危机等级的各个变量平均值

Y	HP	SPE	GDP	CPI	SHIBOR	M2	EGR	REER
0	0.0799	30.6906	-0.0680	-0.0061	0.0249	-0.1213	0.0811	97.0590
1	0.0813	28.6820	-0.0710	-0.0197	0.0208	-0.1305	0.0519	119.5736
2	0.1155	27.3331	-0.0959	-0.0213	0.0197	-0.1710	-0.2086	130.2700

由表 7 - 18 可以看出，在 Y 取 2 的时期，即我国发生重度金融危机的时期，商品房平均销售价格同比增长率平均值较高，上交所市盈率平均值较低，GDP 同比增速平均值较低，CPI 同比增速平均值较低，银行间同业拆借利率平均值较低，M2 增速平均值较低，出口额同比增长率平均值较低，实际有效汇率平均值较高。由表中数据我们可以初步估计一下解释变量与被解释变量之间的相关关系。我国商品房平均销售价格同比增长率和实际有效汇率与金融危机等级正相关。我国上交所市盈率、GDP 同比增速、CPI 同比增速、银行间同业拆借利率、M2 增速和出口额同比增长率与金融危机等级负相关。为了准确地得出金融危机等级与各个解释变量之间的相互关系，我们将在下文采用更为严谨的实证分析方法进行分析。

（二）实证分析结果

根据前面所阐述的方法，我们采用 SPSS 软件对金融危机等级的影响因素进行有序 probit 模型估计，根据模型估计结果中的实际显著性可以看出模型估计结果显著，说明模型能够较好地解释金融危机等级与各个变量之间的相关关系，见表 7 - 19。

表 7 - 19 模型估计结果

解释变量	系数	标准误差	Wald 检验值	T - 统计量
商品房平均销售价格同比增长率	1.954 ***	0.942	9.217	-4.750
上交所市盈率	0.047	0.045	1.100	1.376
GDP 同比增速	-2.502 **	1.158	4.669	2.069
CPI 同比增速	-0.524 *	0.341	2.523	-1.821
银行间同业拆借利率	0.913	0.394	2.630	-0.732
M2 增速	-1.149 **	0.055	7.226	2.170
出口额同比增长率	-1.934 *	0.248	3.377	1.902
实际有效汇率	0.984 ***	0.317	9.608	3.104
对数似然函数值				88.462
Cox 和 Snell 的 R^2 统计量				0.336
Nagelkerke 的 R^2 统计量				0.371
实际显著性				0.00

注：*** 、** 、* 分别代表在 1%、5%、10% 水平下显著。

以上统计检验结果表明，Cox 和 Snell 的 R^2 统计量的显著性为 0. 336，大于 5%；Nagelkerke 的 R^2 统计量的显著性为 0. 371，大于 5%。说明不能拒绝模型能很好拟合数据的零假设，说明本回归模型拟合度良好且具有较强的解释力。下面用不同的解释变量对模型结果进行分析：从模型估计结果来看，商品房平均销售价格同比增长率在 1% 的水平上显著，且变量符号是正向的，与预期符号和描述性统计分析中得到的结论一致。从回归系数来看，其回归系数为 1. 954，即商品房平均销售价格同比增长率越大，那么金融危机发生的概率越大。这个结论与前期文献中对我国的研究结果大体类似（见表 7 - 20）。如果商品房价格增长过快，信贷不断增加，资产泡沫会不断增大，如果价格严重背离价值，资产价格上涨到难以承受的程度时，金融资产泡沫必然会破裂，导致金融机构资产大幅缩水，那么与房地产业相关的不良债权和资产会增加，并通过信贷渠道传导至银行部门等相关行业，一旦银行部门发生了巨大的危机，必将引发系统性金融风险。前面所述的美国和日本金融危机就属于房地产泡沫过大而导致金融危机的这一类。

表 7 - 20　　　部分前期研究所列的商品房平均销售价格同比增长率结果总结与比较

作者	样本数据来源	样本区间	商品房价格与金融危机的关系
吴成颂（2010）	中国人民银行、国家外汇管理局、银监会、证监会、国家统计局以及中国社科院金融所数据库	2004—2009 年	正向
杜晓蓉（2010）	国家统计局	2005—2008 年	正向
孙立行（2012）	中国统计年鉴、国际收支报告、中国金融市场发展报告以及 EPS 数据库	1994—2011 年	正向
杨俊龙和孙韦（2014）	国家统计局、中经网、中国货币政策季报	2001—2013 年	正向
沈悦和张澄（2015）	Wind 数据库、CEIC 数据库、中经网	1995—2014 年	正向

上交所市盈率的回归系数是 0. 047，但是不显著，这说明上交所市盈率的变化对金融危机发生概率的影响并不明显。市盈率的高低衡量股票风险、计量股市的股票实际价值的泡沫含量。但是中国股市供求关系不均衡，所以股票价格反映不了实际的供求关系，市盈率对金融危机的影响并不明显。从模型估计结果来看，GDP 同比增速对金融危机的影响在 5% 水平下显著，且变量符号与预期符号和描述性统计分析中得到的结论一致。从回归系数来看，其回归系数为 -2. 502，即 GDP 同比增速越小，那么金融危机发生的概率越大。这个结论与张

元萍和孙刚（2003）构建金融危机预警系统的实证分析结果是一致的。GDP 同比增速实际上反映的是一国经济的增长速度，增长速度越大代表一国经济越繁荣，发展较好，经济市场越稳定，系统性金融风险较小，不易发生金融危机。相反地，其增长速度越慢，抵抗风险的能力就越弱，所以金融危机爆发的概率就越大。从模型估计结果来看，CPI 同比增速在 10% 水平上显著，且变量符号与预期符号和描述性统计分析中得到的结论一致。从回归系数来看，其回归系数为 −0.524，说明 CPI 同比增速越小，那么金融危机发生的概率就越大。这个结论与陶玲和朱迎（2016）进行系统性风险度量的实证分析的结论是一致的。这是因为如果 CPI 过低，就会发生通货紧缩的现象，经济增长率就会下降，发生金融危机的概率也会增加。

　　另外，银行间同业拆借利率的系数是不显著的，这说明银行间同业拆借利率的增减对金融危机发生的概率基本没有影响。银行间同业拆借利率水平较低，一般受人民银行基准利率影响，无法显示出金融市场内真实的资金供求关系，所以对金融危机的影响并不明显。从模型估计结果来看，M2 增速对金融危机的影响在 5% 水平下显著。但是从回归系数来看，其回归系数为 −1.149，即 M2 增速越小，那么金融危机发生的概率就越大。这个结论与陶玲和朱迎（2016）在进行系统性风险度量的实证分析的结论是一致的。这是因为 M2 增速越大，那么整个经济社会的资金量宽松，经济发展也更加繁荣，发生金融危机的概率也是非常低的。从模型估计结果来看，出口额同比增长率在 10% 水平上显著，且变量符号为负向，与预期符号和描述性统计分析中得到的结论一致。从回归系数来看，其回归系数为 −1.934，说明出口额同比增长率越小，金融危机发生的概率就越大。出口额同比增长率逐渐减少，说明我国商品的国际竞争力下降，经常项目出现赤字，这样容易发生金融危机。从模型估计结果来看，实际有效汇率都在 1% 的水平上显著，且变量符号与预期符号和描述性统计分析中得到的结论一致。从回归系数来看，其回归系数为 0.984，实际有效汇率越大，金融危机发生的概率就越大。实际有效汇率反映的是我国外汇市场的情况，实际有效汇率增大，人民币升值，我国商品在国际市场的竞争力就会下降，就会导致经常项目赤字，长此以往必将导致我国金融市场发生危机。

五、结论及政策建议

　　本节从四个方面分别选取资产泡沫风险指标、宏观经济风险指标、货币市场风险指标、外汇市场风险指标建立基于房价波动风险因子的系统性金融风险早期预警指标体系。研究发现：商品房平均销售价格同比增长率与金融危机发生的概率正相关；GDP 同比增速与金融危机发生的概率负相关；CPI 同比增速与金融危机发生的概率负相关；M2 增速与金融危机发生的概率负相关；出口额同比增长率与金融危机发生的概率负相关；实际有效汇率与金融危机发生的概率正相关。预测结果与已有众多文献结果相符，能较好地预测中国系统性金融风险的发生。我们的研究结论对我国房地产市场调控，建立基于房价波动因子的金融危机早期预警体系具有一定的政策启示意义。近些年，我国为了应对危机采取了宽松的货币政策支持经济的发展，信贷不断扩张，尤其新增贷款大部分投放于房地产市场。因此在当前形势下，建立一个基于房价波动因子的系统性金融风险早期预警体系具有很强的现实意义。我们根据我国国情，并在实证研究的基础上，提出以下建议：

第一，金融危机早期预警体系实证分析体现了房地产市场的稳定对于一国经济金融体系稳定的重要性。前文实证分析结果也显示了，商品房平均销售价格同比增长率是金融危机的重要影响因素之一。我国的房地产行业是否存在泡沫，房地产行业的发展是否过快，社会各界并没有统一的意见。目前我国房地产的价格依然上升，房地产市场也存在较大的信贷风险，我国政府部门应该控制房地产市场信贷资金的大规模增长，抑制房价的过快增长，防止房地产价格快速上升导致泡沫崩溃威胁金融稳定。

第二，通过深化金融体系的改革来增强金融体系的抗风险能力，从而可以缓解我国的系统性金融风险。我国政府部门应该转变经济发展方式，调整我国的经济发展结构，引导地方政府不要过多地依赖于房地产市场的发展。在投资渠道方面要不断拓宽思路，在储蓄存款和资本市场投资之间要合理配置，避免投资过多地集中于房地产市场，要逐步释放资产价格的上涨压力。要将宏观审慎监管与货币政策的运用协调起来，促使信贷结构性优化，以保持其平稳适度地增长。

第三，加强基于房价波动因子的系统性金融风险早期预警体系的建设。构建良好的预警指标体系是系统性金融风险预警体系最重要的一个环节，反应灵敏且具有较强操作性的完善的指标体系可以全方位地监控金融系统各个部门的风险。各金融机构和金融监管部门要加强统计数据的收集整理，尤其是房地产市场的数据整理，要动态地收集房地产市场数据指标变化的信息，不断地对我国系统性金融风险的防范预警及处理机制进行完善。

第四，在宏观审慎监管方面要明确中央银行的主导地位。2017 年 7 月召开的全国金融工作会议提出，将设立国务院金融稳定发展委员会，强化人民银行宏观审慎管理和系统性风险防范职责，落实金融监管部门监管职责，并强化监管问责。过去为了刺激实体经济发展，进行了金融制度创新，但是相应的监管与改革并未跟上，而随着我国金融业各类经营逐渐呈现一体化的趋势，更加要求中国人民银行与宏观管理部门之间相互配合。

第八章 房地产市场健康发展与宏观审慎视角的政策体系研究

第一节 房地产市场健康发展的政策建议

一、深化房地产供给侧结构改革，改善房地产供求结构

目前，我国住房供给从总量上看可基本满足居民家庭的住房需求，住房供需保持基本平衡，但从结构上看，我国住房供给和需求在不同城市间、不同收入群体间还存在较为严重的结构性差异。一线、二线城市近年来人口增长快速，新增住房需求大幅增加。且随着收入水平的不断提升，居民对改善住房条件也产生了巨大需求。但这些城市受土地供应规模、城市基础设施建设等多重因素影响，住宅供给量难以跟上需求增速，存在较明显的供不应求现象，引发房价快速上涨。同时，由于房价长时间内持续上涨，刺激了投资投机性需求，进一步加剧了这些城市的住宅供需矛盾。而一些三线、四线城市和中小城镇，前期房地产投资增速较快，房价跟长，当房价涨跌出现分化后，这些地区由于人口净流出，缺乏新增需求，致使当前房价涨幅不大甚至有所下跌，投资投机需求也不高，导致房地产市场面临较严重的去库存压力。上述问题从需求侧方面已经很难有效解决，因此应从供给侧角度出发进行房地产供给侧结构改革，提高房地产供给质量，进行供给侧结构调整，增加房地产供给，使供给结构能够灵活快速地满足居民各方面的需要，迎合市场需求，促进房地产市场的持续健康发展。房地产供给侧结构改革能够有效降低生产要素成本和融资成本，能够提高有效供给以更好地满足市场需求，这对于房地产的健康发展具有很大的推动作用。本节从供给侧结构改革的角度出发，提出以下建议。

（一）深化房地产用地供应制度改革

在我国房地产用地供应中由于未能处理好政府与市场的关系，出现了诸多问题。主要表现为：一是中央政府部门供地行为与全国用地市场需求动态不协调，出现总量性问题；二是中央政府部门供地行为与不同地方用地市场需求动态不协调，出现结构性问题；三是地方政府部门供地行为与当地用地市场需求

动态不协调，出现区域性问题。这些问题严重阻碍了我国房地产市场的健康发展，必须尽快加以解决。而解决这些问题的根本出路在于深化供地制度改革，建立和完善供地机制。总的来看，应当制定与住房建设规划相适应的供地规划，建立与加强住房保障和稳定市场需求相适应的供地机制，合理确定和落实年度供地计划，把握好供地总量、结构、布局和时序。

从政府角度出发，要把好土地审批关，抵制一切缺乏数据依据及市场分析的不合理申请，严格控制土地供应量和供应结构。库存压力较小的一线、二线城市，可以适度增加中小户型房地产的土地供应数量，形成有效供给；库存较高的三线、四线城市，需严格控制土地供应量甚至可以暂停土地供应，加快去库存速度；对于已售闲置土地，可适当允许房地产企业根据政策导向和市场需求调整用途；对于待售土地，可以调整土地用途和规划，将尚未开发的住房用地向文体产业等国家提倡的方向引导。同时要在不断深化供给侧改革的同时推进去杠杆工作的进行，防止杠杆率过高引发系统性风险。去杠杆的措施主要有以下几点：一是积极推进企业合并重组，实现资源整合并优化资源配置，减小企业的系统性风险；二是完善现代企业制度化自我约束，从企业内部形成去杠杆机制的长效机制；三是优化债务结构，积极发展融资方式，降低企业财务负担。在此基础之上，政府应着手建立更加丰富的、有弹性的、市场化的土地供应审核机制，充分发挥市场在土地资源配置中的基础性作用。

（二）加强房地产税收管理

房地产市场投机成本较低导致投机过热，是引发房价上涨过快的重要原因。完善房地产税收制度是打击房地产投机的重要举措，通过税收可以对房地产的开发、交易、购买持有等环节进行全方位、多层次的调控，以此抑制投机行为的出现，使房地产回归消费产品的属性。首先，政府可以针对非法倒卖和囤积建设用地的行为征收土地闲置税和土地交易税，提高土地投机成本。其次，要推行房地产税。房地产税不仅能给地方政府直接带来财政收入，而且还可以间接抑制房价上涨，是房产改革的完善之举。具体来说，要逐步完善税制结构与房地产评估，建立健全以计算机为依托的、全面涵盖房地产信息数据的房地产信息登记系统，以此保证房地产税征收工作的顺利推进。最后，政府应该区分自用型购房需求和投资型购房需求，对于不同需求的房屋实行不同的税收办法。对于自用性房屋予以税收优惠，而对于投资性购房应该加大税收力度，并实行累进税。同时，政府要加快推行不动产登记制度，防止虚假交易、违规交易，减少投机交易。

（三）发挥金融体系对房地产供给侧改革的作用

首先，必须加快建立健全金融支持住房开发建设的激励约束机制。从实现一线、二线城市供需均衡的角度看，需要进一步加大金融对住房开发建设的支持力度，以增加一线、二线城市的住房供给，但要避免出现"捂盘惜售"等进一步抬高房价的行为。对于积极主动配合房地产市场调控的企业，金融体系应积极予以支持，对于存在"捂盘惜售"等行为的企业则应适度降低支持力度，从而在增加一线、二线城市住房供给总量的同时，促进调节住房供给结构。其次，要发挥金融体系支持三线、四线城市去库存作用。国家应积极引导商业银行、证券公司、信托公司、产业合作基金等金融机构，通过发放贷款、承销债券、提供信托贷款等方式，为三线、四线城市和特大城市间基础设施互联互通，向三线、四线城市的教育、医疗等公共服务设施建设提供更多融资支持，从而加快增强三线、四线城市对周边人口及农业转移人口的吸引力。最后，要严格把控银行对房地产企业的开发贷款。对于部分无法适应市场的房地产企业，应适当提高贷款要求；对于信贷风险极大的房地产企业，要立即暂停对其开展信贷业务，迫使房地产企业以自有资本承担金融风险。

（四）优化房地产企业的供给结构与供给质量

从目前房地产市场总体情况来看，社会对于中低档普通住房的需求十分旺盛，房地产企业应当调整供应结构，适当增加经济适用房、廉租房等中低档住房产品的供应量，并在此基础之上出台政策，鼓励购租住房，以完善租赁市场，使其更加规范化、合理化。从供给质量来看，由于以前过于重视需求侧，房屋质量参差不齐，而想适销对路，就要从根本上提高房地产的质量，提升房地产产业的整体水平。首先土地的供应制度要合理，房屋本身的质量过关，然后还要注意配套设施的完善，例如学校、医院、健身、养老、休闲、文化等。加强公共基础配套设施的建设，在开发商品住房的同时，根据国土资源部的政策积极建设配套公共服务设施，全面跟进的配套建设更能刺激购买欲望，供给方面的高质量更具有吸引力。除此之外，对于房地产开发商的企业信誉和成果也要放入综合考量的范畴里，这样才能保证更多优质的房源。只有不断优化房地产供给结构并提高房屋的质量水平、改善居住环境和完善配套基础设施，才能提高住房的综合质量，进而扩大有效需求，提高去库存效率。

二、拓宽房地产企业融资渠道，降低融资风险

房地产行业作为资本密集型行业，其投资资金量的绝对值非常大，仅靠房地产企业自有资金，房地产项目开发是基本不可能完成的。因此，要从商业性和政策性相结合的角度出发来构建多元化、多层次的融资体系，进一步完善我国房地产融资体系。从国家统计局网站公布的相关数据计算结果来看，全国房地产贷款中依赖银行贷款的在50%左右，而部分大型城市更是高达80%。[①] 银

---

① 数据来源：http：//www.stats.gov.cn/.

行因此间接甚至直接承受着房地产市场各环节的风险，一旦某一环节出现问题，风险最终传递给银行，逾期贷款和呆滞资金使银行蒙受损失。面对资金来源过于集中的严峻形势，有必要对房地产企业的融资渠道进行完善和创新，以形成更加多元化的融资渠道，进而缓解房地产企业对银行融资的依赖，在拓宽资金来源的同时减弱银行面临的资金风险。目前我国的房地产企业融资渠道创新可从以下几个方面进行入手：

（一）发展房地产行业的信托投资基金

房地产投资信托基金（REITs）是一种主要依靠发行收益凭证，并由专门投资机构实行专业化投资管理，按比例将投资收益分配给投资者的证券化产业投资基金。近年来，我国对于 REITs 的研究和探索一直是房地产金融创新的热点。2004 年我国开始开展 REITs 前期基础研究工作，2007 年中国证监会成立 REITs 专题研究小组，2008 年国务院常务会议明确 REITs 成为扩宽企业融资渠道的一种创新方式，2014 年人民银行和银监会提出"积极稳妥开展房地产投资信托基金 CREITs 试点"，2015 年住建部提出"积极推进房地产投资信托基金（REITs）试点"。

推进 REITs 实施有利于促进住房租赁市场发展，有利于解决企业的融资渠道以及中小投资者的投资渠道。通过发行 REITs 可充分利用社会资金，在一定程度上减少房地产开发企业对银行贷款的依赖，防范金融风险的发生。但目前我国发行的 REITs 还不够完善。为进一步发挥 REITs 对我国房地产市场健康发展的作用，需要从以下几个方面进行完善。首先，尽快完善国内 REITs 的法律法规制度建设。相关部门应多角度地研究 REITs，对 REITs 的准入条件、治理结构、分红流程等关键环节予以明确的法律说明，以法律形式来规范相关流程，以此更好地保障基金公司和投资者的利益。其次，创造出高质量的基础资产。鉴于目前我国商业地产低回报率的普遍现象，要想实现充分流通的 REITs 难度极大。高质量的基础资产是吸引投资者的根本所在，因此必须提高房地产的开发和管理水平，进而提升其本身的价值。最后，培养专业合格人才。针对国内目前 REITs 专业人才缺乏的困境，必须有针对性地培养专业人才，包括监管人员、机构投资者、研究人员及各环节的实践者，从而有效规避 REITs 产品的各种风险，提升资产证券化水平。

（二）发展房地产众筹融资新模式

房地产众筹是一种通过筹集大众资金并用于房地产投资的融资模式，这种融资模式可以在解决房地产开发资金不足问题的同时提前锁定客户，对促进房地产的健康发展大有裨益。随着"互联网＋"浪潮的兴起，我国房地产众筹融资模式从 2014 年开始迅速发展。2015 年平安、金地、碧桂园等 11 家企业联合发起成立了中国房地产众筹联盟，标志着"房地产＋互联网"这一新型房地产开发融资模式从理论层面转到实际操作阶段。

作为一种新型融资模式，房地产众筹的融资门槛要求较低，并且具有多样化的模式可以选择，这使得融资变得更为灵活。房地产众筹可以充分运用社会上各个层次的投资者的资金，这使得实力较弱的中小投资者也可以参与其中，从而可以在短期内聚集大量的资金运用于房地产开发。房地产众筹融资模式打破之前的开发销售流程，创新性地将销售环节前移至最前端，使房地产企业提前获得现金流入，大大降低了融资成本和资金压力。同时，房地产众筹依托互联网这一高效的平台迎合了互联网用户的理财需求，进一步引导闲散资金流入房地产行业，进而推动房地产行业的迅速健康发展。

房地产众筹作为一种融资方式具有诸多优势。为了使房地产众筹能够健康发展，更好地服务于融资渠道建设，应从以下几方面进行进一步完善。

一是完善保险机制。由于不同程度的非系统风险的存在，有必要在众筹投资中引入保险机制。一方面，应建立投资者的投资评价机制，引导投资者制定更优的投资决策。另一方面，应建立平台保险机制，由保险公司为平台使用的安全性与项目偿付的成功率提供担保，或者建立投融资保险机制，即投资者、融资者分别与保险公司合作，由保险公司保障投资者权益和筹资的安全性。

二是完善众筹平台的信息披露机制。首先，众筹平台应对选定的房地产众筹项目进行充分的信息披露。这些包括筹资方相关信息、项目的地段区位、用途性质、运营方式和众筹的投资期限、预期回报等。其次，众筹平台应制定清晰且详细的投资规则，以防产生误解引致纠纷。最后，应加强众筹项目的监督和监控，提高信息透明度。

三是健全房地产众筹的进入、退出机制。相关部门要加强监管和相应的法律制定，严格审核投资者进入房地产众筹的资格准入条件，建立合格投资人管理制度，避免房地产众筹投资者承受超出其承受能力的风险和损失。同时，通过实行股份的收益权转让、建立和完善场外股份报价转让系统等措施对房地产众筹退出机制交易完善，从而减弱机制不健全带来的风险。

（三）加大运用夹层融资方式

夹层融资（Mezzanine Financing）是一种新的融资方式。它介于优先债务、股本债务之间，属于一种无担保的长期债务，该债务一般会附带投资者认购融资权益的权利。商业房地产抵押贷款等金融工具在不断发展和演化的过程中产生了夹层融资这样一种融资方式。目前我国在夹层投资基金设立方面滞后于发达国家，我国的房地产企业中很少利用夹层融资作为自己的融资方式，但不可否认的是，这种融资方式具有较大的发展潜力。

夹层融资作为一种介于债权和股权之间的融资模式，其自身具有巨大的优势。夹层融资能够高效地进行资金获取，避免了由于宏观调控而出现的资金链断裂情况。对房地产企业来说，夹层融资恰好能满足房地产在项目周期方面所需要的长期性资金。夹层融资凭借以下优势促进了房地产融资创新：首先，房地产企业开发周期长，短期贷款无法满足房地产企业的需要，而夹层融资则能够迎合这种需求；其次，夹层融资能够灵活地选择进入时间，且可以合理运用在房地产企业中介入银行贷款等融资形式；最后，夹层融资可以为投资者形成多元化的方案，同时结合还款期、借款企业的现金流量状况以及投资者需求，使方案能够灵活满足不同的需求。

夹层融资的巨大优势使得房地产企业在国家不断推行房地产调控政策，对信托机构、银行的监管力度加大所导致的房地产企业资金紧张、融资不畅的背景下获得了高效、全新的融资方案。为了进一步发挥其作用，可以从以下几个方面进行进一步完善。

一是完善相应法律法规。相关部门要加大建立健全夹层融资方面的法律法规制度建设，只有这样才能有效保障夹层融资模式发挥其在房地产融资方面的作用，才能更好地促进渠道的健康多元化发展。

二是强化相关服务机构的建设。目前我国专门从事夹层融资方面服务的机构还不够完善，尤其是信用体系建设缺乏进一步发展，这对于夹层融资的进一步健康发展形成了一定的阻碍。因此，政府部门需要采取一定的政策措施来鼓励和引导能为夹层融资提供鉴定、评估、评级等服务的中介机构的设立，以此保证安全运行夹层融资模式。

三是健全风险控制体系。夹层融资的发展离不开完善的风险控制体系，为了夹层融资在我国更好地发展，需要做一些工作来减弱风险带来的不良影响。具体包括：准确掌握夹层融资项目的担保抵押、质押以及资金使用情况，以此保证项目的真实可靠；谨慎地分析投资比例，最大限度地降低房地产企业的总投资风险；引进第三方中介机构，以此降低夹层融资风险率。

除此之外，随着我国金融市场改革的进一步推进，人民币国际化进程的不断加快，企业也可以以更低的成本进行海外债券融资。因此，建议具有大额融资需求且有意向进行海外战略布局的大型房地产企业尝试采用海外债券融资模式。

（四）规范地方政府投融资平台

地方政府投融资平台运作效率的大小与该平台规范程度有关。由于投融资平台在房地产行业发展中同样发挥了的重要作用，我们要制定完善的规范制度对该平台作出相应的约束。对投融资平台的运作流程的每个环节都作出相应的制度规定，并完善相关的法律法规体系，规范化运作地方政府投融资平台，避免金融风险的产生。

1. 健全信息披露制度，提高投融资透明度

信息披露制度是投融资平台监管的主导性安排，根据制度规定将与公司经营有关的投资、经营项目等信息予以公开。当今又处于信息化时代，完善的信息资源能为投资者提供良好的投资信号，促进理性投资行为，提高市场运作效率。因此，要保证信息披露制度的完整性、真实性以及及时性，增强其投融资透明度，增加地方政府投融资平台的经营压力，使投融资平台的业务经营置身于社会公众视线下，不断地完善内部控制机制，避免任何有损声誉的违法违规行为。一旦经营失误，就会对该投融资平台造成严重的影响，因此，要妥善利用好信息披露制度，把信息披露制度放在内部控制与外部控制结合点的位置，有效地提高投融资平台的风险防范水平。

2. 建立健全绩效评估，提高投融资效率

绩效评估是检验投融资平台工作成果的重要手段。首先要明确地方政府投融资平台的作用是促进地方经济发展和公共事业建设，这与政府在某个时期的战略目标是一致的，因此我们要建立详细的绩效评估与奖惩机制，明确需完成的目标，正确认识应该做什么，提高投融资效率；其次就是改变重数字增长轻质量增长的心态。GDP增长率、投资规模、经济增长速度等是评价一个地方政府发展成果的重要指标，对这些指标进行评价可在一定程度上提高投融资平台建设的积极性。在完善对地方政府业绩评价机制的同时，更应在有限的资源和资金水平下，注重经济的质量增长，实现地方政府经济可持续健康发展。

3. 制定投融资法律，做到有法可依

为了地区经济的发展，各地投融资平台的规模不断壮大，数量不断攀升。各地方政府都在积极探索，不断创新投融资平台模式，根据本地区经济活动制定了相应的法律法规，进一步来约束投融资平台的行为。但目前为止我国还没有出台完整的关于投融资平台的法律法规。因此，为了使投融资平台业务更好地开展，做到有法可依，并可以利用法律武器来维护自身的合法权益，在法律法规制定内容上，要对投融资主体、投融资投资范围、投融资运作机制、债务管理及偿还以及监管机制等作出详细的规定，进一步规范投融资平台。

三、完善房地产信息系统和相关信用制度

市场参与者信息掌握的不均衡会导致市场对房地产供求关系无法正常反馈，这也造成了房地产市场的投机行为。在信息的了解程度上，开发商比银行更有优势，银行并不了解开发商的情况，也不了解房地产市场的风险程度，而开发商直接掌握自身全部信息的同时深知房地产开发的风险。信息的滞后和不准确，使得公众对房地产走势和发展状态难以形成较为一致的看法，加之我国个人和企业信用制度还不完善，极易出现套利现象。为此，应采取一些措施来减少房

地产的信息不对称及信用体系不健全带来的影响。

（一）完善信息系统建设，提高信息披露效率

在信息系统建设方面，一方面，要完善房地产信息披露制度。有关部门应在保证信息真实、有效、完整的基础上按照规定的格式，在规定的时间内，在规定的正式的媒体上，对消费者及社会大众公开相应的市场信息与产品信息，保证披露的信息与现实信息的一致性与真实性，实现信息的动态披露。特别是要注意完善土地供应信息、商品房预售信息、政策动态信息等及时披露，以弱化信息滞后带来的负面效应。另一方面，政府应该实行较为完备的房地产价格评估制度，保证房地产市场的信息透明度，同时跟进市场制定合理的城市基准低价并保证更新，及时公布物业等价格指数，包括房地产价格指数、地价指数和物业价格指数商品房空置率、拟开发的房地产项目、二手房换手率、房价收入比等。通过这些相关指标的设定来完善信息系统，减弱房地产风险。此外，政府还要加强对房地产市场的调控，杜绝保障性住房的非法交易，不断完善住房保障体系。

（二）规范房地产信贷行为

银行在向房地产行业放款之前要严格把控风险，不能只为当前利润而加大信贷投放量而忽视了贷款的质量。第一，银行要严格控制个人和企业信贷审核流程，从征信体系上作出改进，防止信贷资金流向信用等级较低的房地产企业和个人，禁止逐利性和恶性竞争导致的次级贷款问题发生；第二，银行要严密监控信贷资金的去向，防止信息不对称导致的资金滥用和违约问题；第三，银行要降低对房地产开发贷款和房地产按揭贷款的依赖性，应该平衡房地产行业贷款和其他行业贷款的比例，分散风险；第四，房地产开发贷款和按揭贷款大部分是长期贷款，银行应该注意期限错配的风险，根据实际情况开发结构性金融产品，通过资产证券化等方式盘活资金的存量，降低风险；第五，银行要建立合理的房地产抵押贷款机制，合理评估抵押品的价值，严格控制贷款的数量，防止抵押品变动对资产负债表造成巨大冲击。

（三）强化商业银行对房地产行业的风险管理

商业银行是经营货币的特殊企业，其短借长贷的经营模式决定了流动性是商业银行生存的基石，加强流动性管理、改进度量方法是银行不断发展的必要手段。在业务不断复杂化、多元化，技术不断更新换代的情况下，原有的风险度量方法对于银行风险管理有诸多掣肘，原有度量理论和方法滞后于市场状况，对于风险的度量会产生偏差，不再适用于当前情况，因此，流动性风险的管理必须及时使用行之有效的新方法。商业银行多以盈利性为目的，通常不愿过多地持有盈利性较差而流动性较高的资产，而信贷资产的利润虽高，但是周转周期长、流动性差，承担的流动性风险较高，我国商业银行持有的房地产行业贷

款已经达到了较高的水平。我国现在的银行资产状况显示，银行的不良贷款率普遍偏高，而不良资产已经严重威胁到了我国银行体系的健康发展，因此银行应当减少中长期贷款在所有贷款中的比重，进行资产的优化配置，加大对已有不良资产的清收转化和核销力度，密切监督发放的房地产行业的贷款，强化风险管理。

（四）加强信用评级机构建设

房地产市场发展需要巨大的资金供给，这其中包含大量的信用贷款。为了进一步促进房地产市场的健康发展，降低系统性金融风险发生的可能性，有必要对我国的信用体系进行进一步的完善。作为信用体系的重要环节，加强信用评级机构的建设必不可少，目前我国信用评级机构较国外来说发展较为缓慢，在体制、人才培养等方面存在许多的不足。信用评级行业规范的滞后、相关法律空白等问题在发展过程中逐渐显露出来。若要使信用评级机构健康持续发展，则创造良好的外部环境以及建立完善的行业内部制度是必不可少的。

完善我国的信用评级机构建设，首先，要在完善信用法律方面的建设，形成系统完善的相关法律体系和制度。具体来说，相关法律法规应当跟随时代的发展，信用评级行业的专项立法应当尽快着手进行，从而进一步确保信用评级机构的可信度和可靠性。其次，要加大信用评级机构资质的审核，提高准入要求，以此改善公众对信用评级机构认可程度，从而改善信用评级机构整体规模小、话语权较弱的现状。最后，要加强对我国信用评级机构所需人才的培养，提高信用评级机构从业人员的整体质量，以此提高评级机构的竞争力和专业度。

四、完善我国的保障性住房体系

目前，我国保障性住房开发量尚不能满足中低收入住房困难家庭需求，覆盖面较窄。从"十二五"规划实现情况看，保障性住房完工率约为72.19%，但扣除空置率后实际供给总量仍极为有限。我国地方经济发展不平衡，发达城市与不发达城市发展水平不一致，各区域保障性住房所需土地资源不均，价格差异大，经济发达地区保障性住房建设总量不足，强大的需求与有限供给之间形成了比较突出的矛盾。我国应根据各地经济发展情况和区域特色，应对各个收入层次的居民需求，建立具有中国特色的多层次居民住房保障制度。基于新型城镇化的要求，我国应按照创新、协调、绿色、开放、共享的发展理念，坚持绿色低碳发展和可持续发展，建立全面覆盖的住房保障，提升人民生活水平，建立公正、透明、包容、共享的新型机制体系，使全国人民能够共享新成果。我国应进一步完善保障性住房体系。在保障性住房建设上应遵循新型城镇化的内在要求，做到建设过程中速度与质量并重、城乡协调发展、增加城镇竞争力，实现经济、生态和社会的可持续发展目标。为了达到这一目标，应从以下几个方面入手。

（一）创新保障性住房建设模式，多渠道筹集房源

为了加快解决城镇中低收入家庭、新就业无房职工和有稳定职业并在城市居住一定年限的外来务工人员住房困难问题，应当创新建设模式，多渠道筹措保障性住房房源。例如，采取 BOT 模式等符合国家规定的市场化运作方式，吸引房地产企业建设、持有、运营保障性住房。采用与商品房配建、政府直接收购模式，快速直接地增加优质保障性住房。鼓励社会单位利用自有土地建设保障性住房，或将闲置住宅房屋和因产业结构、城市用地功能结构调整等腾出的工业用房、商业用房等非住宅房屋按国家规定的程序经相关部门批准改建为符合标准的保障性住房，优先解决本单位符合保障性住房条件职工的住房困难问题。

（二）采取多样化手段降低住房建设成本

保障性住房不同于商品房，应以"经济、适用"为标准，有效保证较低的建设成本。降低建设成本的主要包括以下方式：其一，降低房屋公摊面积。当前城市保障性住房主要为高层结构，因此必然带来公摊面积问题，应认真研究房屋空间的有效利用和单元组合，尽量降低房屋公摊面积。其二，有效引进新技术。例如，钢结构比原钢筋混凝土结构使用面积可增加 3% ~ 8% ，且节能、抗震效果好。其三，控制土地成本。土地成本作为建筑成本的重要组成部分，主要依靠政府增加土地供应量、限制土地价格过高来控制。土地供给方面可以通过新征用地和调整用地性质两条路径来增加供应量；而土地价格方面可借鉴新加坡的《土地征用法令》，在征收土地时严格控制地价，征收过程受大众和媒体的广泛监督。

（三）实时转变政府角色，实现建设资金多样化

政府角色的转变在保障性住房建设中能够发挥政府协调作用，加强融资与资金引进，而建设资金多样化能够确保保障性住房建设的顺利进行。为了保证保障住房资金可持续性投入，各级政府应充分发挥自己的职能，实时转变角色，利用政府的资源优势，采用金融、税收等手段，最大限度地激发社会和市场在资金筹集方面的潜力。各级政府应当逐渐退出直接投资和经营管理转而去引导和监督保障性住房建设资金运作，在政府可控风险内，利用资本化运作，引入多元主体，有效增大政府、社会和市场合力。建立和完善保障性住房融资平台，借鉴香港领汇基金、美国 REITs 等国际经验，试点开展房地产投资信托基金、资本证券化等，丰富融资手段，多渠道筹集资金。

（四）建立健全相关法律法规

法律能够约束人们的行为规范，是维护社会秩序的必要手段。建立健全保障性住房相关法规能够使人们有法可依，提高人们的法律意识，具有事前指导与事后处罚的功能。在美国、日本、新加坡等国家，保障性住房法都是国家大法。以美国为例，其先后制定颁布了《国家住房法》《公共住宅法案》《住房和社区发展法》和《国家经济方法》等法律来确保和推进公共住房的建设和发展。截至目前，我国住房领域存在大量法律空白亟须弥补。首先，应加快《住房保障法》等基本公共住房法律的制定，通过法律进一步明确"人人享有适当的住宅"的核心目标，加强对居民居住权利的保障和维护，确保居民基本住房权利。其次，在基本法律制定的同时，配套修改或新订与保障性住房相关的各方面法律。

第二节 完善我国货币政策对房地产市场调控

一、完善我国货币政策房地产价格传导渠道

货币政策房地产价格传导即货币当局通过制定、调整具体货币政策来实现房地产市场调控目标。随着近年来我国房地产市场的不断发展，我国货币政策传导渠道不断增加，实现了从单一渠道到信贷、利率和价格等多渠道传导的转化。多渠道传导提高了货币政策调控房地产价格的有效性，但同时也增加了货币政策传导的复杂性。因此，如何完善我国货币政策房地产价格传导渠道，已经成为当今政府和货币当局不容忽视的问题。

（一）完善我国货币市场体系，不断推进利率市场化进程

房地产的开发和消费都需要大量资金，货币价格的变动必然会对房地产市场产生影响，即房地产市场对利率变动敏感，因此利率政策是调控房地产市场的有效手段。为了完善我国货币政策房地产价格传导渠道，需要中央银行在制定货币政策时更多地使用利率工具。此外利率市场化进程在很大程度上会对利率工具对房地产市场调控的传导效果产生影响，因此还需要进一步推动我国利率市场化进程，形成以资金供求为基础，以中国人民银行基准利率为引导的利率体系，同时可以不断培育和完善上海银行间同业拆放利率（SHIBOR）。SHI-BOR 具有较强的市场代表性、稳定性、基准性，并且风险较低，期限结构较为完整，具备成长为真正基准利率的潜质。未来中央银行仍需进一步完善利率调控体系，使市场利率围绕中央银行目标利率窄幅波动，并形成合理的货币市场利率期限结构，增强 SHIBOR 的灵敏度和稳定性，提高中央银行利率调控的传导效率。大力发展以 SHIBOR 为定价基准的金融产品，扩大 SHIBOR 的交易基础，增加其影响力。减少非市场因素对 SHIBOR 的影响，加强报价管理，建立监测和违规举报机制，降低 SHIBOR 的可操控性，从而不断推进利率市场化进程，充分发挥利率影响银行信贷的作用从而实现房地产市场调控目标。

（二）完善房地产金融体系

房地产作为资本密集型行业，其发展需要金融市场的支持。我国货币政策房地产价格传导渠道无法发挥作用，相当程度上是由于我国房地产金融体系并不健全。因而，为发挥我国货币政策对房地产价格的重要调节作用，政府和金融监管当局可以采用以下方法完善房地产金融体系：第一，完善房地产组织机构体系，支持市场性房地产金融组织机构发展，鼓励商业银行、信托公司等金融机构开展房地产金融业务，完善政策性住房金融体系，改革完善住房公积金制度，成立住房政策性银行；第二，发展完善我国房地产金融二级市场，防止房地产市场出现剧烈波动，积极推动房地产信托、房地产保险、房地产担保和房地产证券化的发展，建立多元化房地产金融体系，提升房地产金融市场效率；第三，中央银行应尽快建立和完善房地产金融市场风险管理机制，建立房地产金融风险防火墙体系，建立房地产市场监测机制，对房地产金融体系进行常态化压力测试，提高房地产市场信息透明度，加大监管力度。

（三）合理引导市场预期，约束房地产市场各参与主体行为

货币当局制定或调整货币政策时，都会对社会公众对房地产价格的心理预期产生很大的影响。社会公众通过调整自己的心理预期来规避货币政策变化导致的房地产价格变化对自己造成的不利影响，这种心理预期的调整在很大程度上会影响货币政策在房地产价格中的传导。为合理引导公众预期，货币当局可采取以下措施。首先，应保持货币政策的一致性和透明性。货币政策的一致性即货币当局所采取的货币政策应当具备一定的持续性和稳定性，保障居民对房地产市场价格预期的稳定性；货币政策的透明性即中国人民银行应及时采集、处理和公布房地产市场相关信息，定期公布房地产价格变化报告，真实、充分地披露货币政策，为社会公众作出合理预期提供信息支持，避免房地产价格的异常变动，增强货币政策房地产价格传导渠道的有效性。其次，货币当局应明确对房地产市场的发展预期，坚定调控房地产市场、打击投机行为的立场，释放出明确的调控信号，引导房地产开发商、消费者、投资者等市场参与者形成合理预期。最后，中国人民银行应建立起完善的信息披露制度，促进货币市场相关信息的公开化、透明化，营造诚信、公开的房地产市场发展环境，规范房地产市场参与者的行为。

（四）完善金融市场发展，有效调动各方配合政策实施

随着金融市场开放程度的不断加深以及经济全球化的快速发展，金融市场产品种类不断深化，金融体系不断完善。然而我国的资本市场发展尚有许多的问题，也因此存在许多风险隐患。不可否认股票市场对加快资金流通、优化资源配置等实体经济方面的积极推动作用，另外，其高杠杆性使其不断受到来自国内外风险的挑战，股票市场的波动会影响到实体经济的运行，而我国政府对

房地产进行调控必然会在股票市场上反映出来，而股票市场的大幅波动不仅会干扰货币政策的实施，更会破坏宏观经济稳定，严重时会引发金融危机。规范股票市场的发展才能保证我国对房地产的调控政策达到最好的效果。

1. 优化股市结构，完善股票市场投融资功能

股票市场处于我国资本市场的核心地位，是宏观经济的晴雨表。股票市场的主要经济功能就是把大量闲散的资金聚集起来，通过投资时间的转变，增加就业，促进经济增长。股票市场的发展程度不仅与金融市场体系的发展水平有关，更重要的是体现在上市公司的数量与质量上。这就要求相关部门严格审定上市公司准入资格，完善批准流程，实行优胜劣汰，择优上市。并要求上市的企业严格公布其明确的业务、规模以及财务状况等信息，逐渐完善上市公司的治理，解决"僵尸企业"的问题，引导股票市场良性竞争的局面，促进上市公司产业结构合理化。另外，要这积极发展机构投资者，这不仅有利于改善投资者结构，而且能充分发挥机构投资者稳定股票市场的作用，营造股票市场理性、成熟的投资风气。股权的过度集中不利于上市公司的管理，股权过度分散又容易导致公司决策效率低下，因此要进一步优化股权改革，实现股票资本的全流通，增加公司治理的有效性，提高投资者的积极性和热情，促进股票市场稳定健康发展。

2. 完善信息系统建设，提高信息披露效率

上市公司的优劣直接关系到投资者的切身利益以及我国股票市场健康发展。因此，在当今股票市场发展如此迅速的背景下，我们更应该重视企业的选择到发行上市的整个过程，增加透明度。首先，在财务报告发布周期上，目前上市公司只在年中和年终发布财务报告，且发布时间持续拖延，应该缩短上市公司公布一次财务报告的周期，这样既可以减少违规炒股及内幕交易等不法行为，又可以促使投资者理性投资，激励企业改善经营管理，提升市场影响力。其次，上市公司发生重大事项时，如兼并、重大投资等应及时详细公布在相关平台上，从而保护中小投资者的利益，增强股东对上市公司管理者的信心。当今社会发展速度逐渐加快，经济信息对于股民来说就显得尤为重要。股民获取经济信息和政策信息大多通过网络或是传媒平台，因此，政府能否及时地传递政策信息和经济信息，对股民的投资流向和投资热情有很大的影响。这要求政府在金融市场中要发挥重要作用。政府要密切关注宏观经济环境变动，协调各种调控政策，并及时地通过电视、报纸、广播等媒体手段将出台的相关政策发布给民众，如国民经济总体形势、各行业发展规划、产业政策、外贸状况、金融状况等。进一步提高投资者对国民经济的预测分析和对上市公司发展潜力、生产经营情况及其投资价值的分析预测能力，依据技术分析工具，指导投资者理性投资和正确投资。

（五）缩小货币政策房地产价格传导区域差异

我国各区域房地产市场发展不均衡，导致我国货币政策的调控效果存在巨大的区域差异，这就使得当局统一实施的货币政策有可能不仅达不到理想效果还有可能会加大我国各区域间的房地产价格差距。为降低我国区域差异对货币政策房地产价格传导渠道的影响，最大化地发挥货币政策对房地产市场的调控效果，可以采取以下措施：一是实施有差异的政策，即金融政策区域化。鼓励金融机构在欠发达地区开设分支机构，为这些地区提供更多金融资源，调动起各区域的积极性和创造性，缩小各区域房地产市场发展水平差异，充分发挥各区域货币市场和资本市场的房地产价格传导作用，从而缩小货币政策房地产价格传导的区域差异。二是可以对不同经济发展水平的区域实行差别化的货币政策，灵活运用各项货币政策工具。例如，实施差别化的信贷政策，对于向发展落后地区投资的企业可以为其提供政策支持，同时政府还可为其提供信贷担保，鼓励金融机构对落后地区提供资金支持，促进地区平衡发展；采用差别化的再贴现政策，适当放松对中西部地区的再贴现要求，增加中西部的可利用资金总量，促进当地房地产市场的发展；实行差别化的存款准备金政策，支持中西部地区房地产市场发展，提高城镇化率。三是通过创建经济区，加强经济区内部各省域的协同合作，统一规划发展，增强区域经济发展力和竞争力。

二、提高中央银行对房地产价格的预测调控能力

我国中央银行目前采取的调控房地产市场的货币政策大多属于"后顾"或"相机抉择"的宏观调控措施，还没有建立起具有预测性的规则作为货币政策的制定依据，导致货币政策可能达不到预期的调控目标。这在一定程度上表明我国中央银行对房地产市场的预测能力和监控能力有待提高。为充分发挥中央银行对房地产价格的预测调控能力，可以采取以下措施。

（一）构建房地产市场预警体系

为提高中央银行对房地产市场价格水平的预测监控能力，应建立起一整套不仅能够对房地产市场发展状态作出准确评价，同时还具有良好的前瞻性的房地产市场预警预报体系。首先，加强基于房价波动因子的系统性金融风险早期预警体系的建设。在整个风险预警体系当中，最重要的是预警指标体系的构建工作，良好的指标体系应当能够覆盖金融系统各个方面，能够准确、灵活地对金融体系进行监管。我国房地产市场化时间较短，样本数据较少，很多指标数据不够全面，为此应完善数据统计制度，扩展数据采集渠道，为今后中央银行制定有效的货币政策提供充分、真实的样本数据。其次，在收集房地产市场相关数据时，应当尽量增大数据密度，以季度、月、日为报告周期，甚至对房地产价格实行实时监控，提高预警系统的时效性和准确性。最后，由于我国房地

产市场发展具有较大的区域差异，需要针对房地产行业各细分市场建立符合其发展特征的预警体系。即在建立房地产市场整体预警体系的基础上，分别对不同区域、不同物业类型的市场进行分析。

（二）增强对房地产市场的判断力

中央银行应当具有相当程度的自主性和独立性，能够通过正确预测房地产市场发展趋势，来制定具体的货币政策，从而实现房地产市场监控目标，因此应增强中央银行对房地产市场形势的判断能力。首先，应加强中央银行预测宏观经济发展趋势的能力。房地产行业是我国国民经济的重要组成部分，与我国宏观经济发展存在密切的联系，房地产市场规模、融资、税收等都受到宏观经济的直接影响，正确地判断宏观经济趋势是把握房地产市场发展趋势的基础。其次，应加强预测房地产市场发展趋势的能力。准确预测房地产发展趋势，正确判断房地产市场发展环境，是房地产市场调控问题的基础，它直接影响中央银行对房地产市场的监控能力。最后，强化对房地产市场化改革方向、住房制度改革方向、房地产市场未来走向等房地产市场基本问题的判断力。此外，我国房地产市场发展区域差异大，对房地产市场的各项判断应该因地制宜，充分考虑各区域特征。

（三）选择合适的货币政策调控方式、时机和力度

中央银行通过货币政策调控房地产市场的具体方式为运用信贷、利率和货币供应量等手段影响房地产市场发展周期。调控思路为，采用逆周期货币政策，引导或者平抑房价变动，最终达到抚平周期、促进房地产市场健康发展的政策目标。为提高中央银行对房地产价格的预测监控能力，就要把握好货币政策调控的方式、时机和力度。在调控方式选择上，应更多地采用利率等间接的调控方式，减少对房地产市场的直接干预，提高货币政策的灵活性和合理性；在调控时机选择上，应充分考虑政策的时滞问题，通过建立预警预测体系，尽量缩短政策时滞，提高政策的时效性和有效性；在调控力度的控制上，由于房地产市场发展关乎国计民生且货币政策的执行具有一定的弹性，因而中央银行在制定货币政策时应谨慎把握货币政策力度，否则极易损害房地产市场参与者利益，降低房地产市场参与者积极性，对房地产市场发展造成负面影响甚至使这种影响蔓延到其他产业。

（四）充分发挥中央银行的沟通协调作用，推进监管合作

近年来我国房地产市场迅速发展的同时也面临着许多发展问题，对其进行预测监控的重要性日益凸显。中央银行所采取的货币政策虽然在一定程度上能够引导社会公众对房地产市场形成合理预期，抑制房地产市场金融投机行为，但仅仅依靠中央银行货币政策很难实现对房地产市场的调控目标。有鉴于此，中国人民银行应充分发挥与中国银行业监督管理委员会、住房与城乡建设部和

有关价格主管部门等部门机构的沟通协调能力，综合整合各方力量，推进监管合作，采取一系列综合互补政策来调控房地产市场。具体来说，中央银行和中国银行业监督管理委员会要共同对房地产市场资金流向进行监管；住房与城乡建设部应加大执法力度，严禁房地产市场交易中的违法违规行为；有关价格主管部门要加强对房地产价格水平的监管，同时各部门要建立信息共享机制，分别从资金管理、市场交易行为、价格水平等方面对房地产市场进行联合监管。此外，各部门还可以共同制定出台房地产行业发展规范。这其中，中国人民银行是制定和执行货币政策的部门，能够站在宏观层面去看待房地产市场价格波动对社会经济的影响，其监管地位十分特殊。因此，中央银行要充分发挥沟通协调作用，加强与中国银行业监督管理委员会和有关价格主管部门等部门的监管合作，共同维护房地产市场发展秩序，保障房地产市场健康发展。

三、强化房地产价格因素在货币政策制定中的地位

中央银行在经济过热的时候，采取紧缩的货币政策，在经济萧条的时候，采取相对扩张的货币政策，以保持币值稳定和经济的逐步增长，从而达到宏观调控的作用。近年来，我国经济发展进入新常态，经济增长速度放缓，GDP 由前几年的大幅度上升转变为中高速增长，与此同时，实体经济也开始面临发展的"瓶颈"期，投资实体经济收益甚微。在这样的大环境下，许多机构与个人开始纷纷将资金转移到虚拟经济，投机盛行。其中，房地产市场也成为重要的投资领域，使得房地产从具有普通的商品属性到拥有金融属性，从一般固定资产，成为越来越热的投资对象，导致房价不停上涨，以致引发房地产泡沫。

中国人民银行在这种经济过热的大背景下，实施了紧缩性货币政策，采取提高法定准备金率、提高贴现率或在公开市场上抛售债券等方式给经济降温，来维持物价稳定、促进经济增长。可见，货币政策所调控的对象是宏观经济指标，是整个资本市场，而房地产市场投资也包含在中央银行的调控范围内，却往往不是中央银行的直接政策目标，中央银行对整个资本市场进行调控，同时调控房地产市场。然而，由于政策传导是一个自上而下的过程，由货币供给影响利率，再由利率影响资产价格，通过利率中介的传导机制往往具有时滞性和不完全有效性，使得房地产价格不能明显地回落，对房地产泡沫效应影响不显著。

房地产价格因素一直以来都是中央银行制定货币政策所关注的重点，并且货币政策可以通过一定的传导机制来影响房地产价格，房价自身又有一定的加速作用。譬如，中央银行实行了宽松的货币政策，货币供给增加，利率降低，资产价格（包括房地产价格）上升，而在银行信用当中，房产是最常使用同时最容易被接受的抵押物，房产价格的上升说明抵押品价值在不断提高，促使银

行扩张信贷的动机增强，从而引起新一轮的房价上涨。反之，房地产价格也会影响信贷市场从而对整个货币市场产生影响。譬如，房产价格上涨推动社会体系进一步通货膨胀，还可以通过财富效应和托宾 q 效应对消费和投资产生影响，从而影响整个社会的总产出水平和通货膨胀水平。日本 20 世纪 90 年代房地产泡沫的形成与破裂也是由于政府与货币当局忽略了货币政策的传导机制对房地产价格所起到的作用，过剩的流动性和低利率环境，增加了房地产的金融属性，任由前者推动者后者上涨，以致最终发生经济危机。

所以，稳定房地产价格对于整个经济体系的物价稳定以及经济增长也能起到一定的正面作用。因此，中国人民银行必须重点关注房地产市场价格水平异常波动，采用合适的货币政策工具来调控房地产市场，防止房地产价格异常波动可能带来的金融不稳定现象和因此产生的对我国宏观经济运行的不利影响。我国中央银行为了防止房地产泡沫的加剧，可以采用适当的选择性货币政策调控工具，如优惠利率、消费信用控制、房地产信用控制、扩展银行贷款期限、规定贷款首付比例等方式对房地产市场进行直接调控。重点关注房地产市场价格水平的变化，强化房地产价格因素在货币政策制定中的地位。货币当局在维护价格稳定与保持经济增长的同时，必须将房地产价格作为货币政策目标的约束条件，充分利用房地产价格所包含的信息。

四、注重与其他政策手段的有效配合，高效调控房地产市场

调控房地产市场，维持市场有序竞争，不仅仅是一个单位、一个部门的责任，而且是社会各个部门组织共同努力的成果，如制定并实行货币政策的中国人民银行，规划并落实财政政策的国务院，履行房地产市场监管职责的国土局、银监会等。只有各类政策手段协调有效配合，发挥货币政策与其他政策的联动配合效应，才能达到高效调控房地产市场的最终目标。

（一）货币政策与财政政策配合

财政政策由政府制定并保证实施，以稳定物价、推动经济持续增长、促进就业、维持国际收支平衡为政策目标。房地产市场是我国国民经济的重要组成部分，运用财政政策可以调节房地产市场供需，调整房地产市场普通商品房和经济适用房等不同类型房产的比例等，实现房价调控目标。中央银行在制定货币政策时具有一定的独立性，导致其政策可能会存在一些与财政政策相冲突的地方。因此，货币政策当局应加强与相关政府部门之间的协调，强化货币政策与财政政策的配合，联合对房地产市场进行宏观调控。在实际操作中，如果中央银行单纯采取稳健的货币政策，会在一定程度上遏制实体经济投资，不适合当下我国实体经济发展现状。因此，货币政策要配合财政政策一起实施，达到既可以为虚拟经济降温、平稳房价又不至压制实体经济发展的调控效果、促进

实体经济与虚拟经济协调、一致、稳定的发展。

我国当前在采取稳健的货币政策的同时应当配合积极的财政政策。这就要求在财政收入方面，充分发挥税收调节房地产价格的作用。一方面，向房地产企业增加税收，增加房地产供给方的税负。税负的一部分会转嫁给需求方，使得房地产供给和需求都在一定程度上减少，但因为房地产供给价格弹性要大于需求价格弹性，所以供给减少导致的房价上涨作用要小于需求减少导致的房价降低作用，最终会导致房价降低。因此，政府向房地产部门增加赋税，在保证政策传导具有有效性的前提下，能够抑制房价持续上涨产生的房地产泡沫。另一方面，对购房需求方提高征税，直接使需求方的购房意愿降低，减少房地产需求，从而抑制房价上涨。

在财政支出方面，应把更多的财政支出用于支持贫困、边远地区各项基础事业发展，再配合差别化的货币政策，改善欠发达地区的整体设施环境和金融环境，促进区域协调发展，吸引更多开发商进入这些地区房地产市场，引导个人或者机构投资于这些地区房地产，增加需求方的购房意愿，推动房地产市场去库存。在房地产泡沫较为严重的省市地区，政府和货币当局在制定财政政策和货币政策时需慎重决议，协调配合，避免在支持区域发展的同时助推了房价，增加资产泡沫。

（二）货币政策与信贷政策配合

在当前房地产市场投资过热、泡沫化严重、投机盛行的经济环境下，中央银行选择采取稳健的货币政策，采取调整存款准备金率和再贴现率，运用国债、政策性金融债券等交易品种进行逆回购，发行中央银行票据等措施，但同时为了不压制实体经济正常运行，需要保持流动性的基本稳定。而货币供给量会影响商业银行信贷能力：当货币供给减少，银行信贷能力减弱，消费者获得贷款的成本就会增加，最终会降低市场购房意愿，从而抑制房地产价格上涨；而当房地产作为一种金融产品时，原来选择用贷款投资于房地产市场的那一部分机构和个人将更难获得贷款，导致房地产投资资金量减少，也会促使房地产价格降低。然而，这一调控过程的顺利进行，不仅需要中央银行制定实行正确的财政政策，还需要商业银行信贷政策的配合。

首先，商业银行应提高认识，高度重视房地产信贷风险以及在房地产泡沫的状况下盲目放贷的危害性，增强防范金融风险的能力，支持有潜力的房地产项目发展，预防房地产泡沫积聚的潜在风险。商业银行要根据有关规定，严格审查开发商和购房者的借贷资格，对资本金不达标、行为不规范、信用方面出现过问题或者信用信息不健全的开发商及个人购房者，不给予审批贷款资格。

其次，商业银行应加强重视跟房地产项目有关的贷款管理。前期严格审批，谨慎放贷，斟酌好放贷的方式、数量以及期限；中期追踪每笔重要房贷的用途以及去向，做好风险预测和审查，估计损失准备；后期加强贷款催收效率，确保房贷按期收回。对贷款业务实行全程监控，为开发商开设专用贷款账户，根据项目进度，贷款逐期拨付，降低银行的资本金风险，而房贷的高效收回使得投放于房地产市场的资金数量减少，降低房市投资和投机热度，以防房地产泡沫的发生。

最后，通过提高法定存款准备金率使银行可借贷资金不断减少从而调控信贷规模。除此之外，窗口指导也可用于控制银行贷款的过快增长。中央银行这一系列稳健性货币政策也不断给商业银行的信贷政策和资产质量提出更高的要求，要求商业银行宁缺毋滥，能够为发展前景良好的项目提供贷款。但由于商业银行自身的可用资金减少，商业银行应严格控制贷款业务成本。银行可以尝试积极发展多种形式的房贷，比如住房公积金贷款，利用住房公积金特有的财政补贴、低利息的特点，既可解决一部分居民的购房需求，也可降低银行贷款成本及风险，保障房地产市场健康发展，配合货币政策实现对房地产市场的调控目标。

（三）货币政策与其他监管部门配合调控房价

稳定房地产价格的监管机构，除了制定并执行货币政策的中央银行以及制定并执行财政政策的国务院财政部之外，有地方房地产价格主要监管部门——各地的房地产管理局。作为房地产价格主要监管部门，住建部、国土资源部等相关部门应制定针对房地产市场的一套政策，对房价进行管理。房地产管理局在实行监督管理的过程中，应贯彻落实国家、省有关房地产的管理法规、政策，制订以及实施各地方房地产行业发展的中长期规划和年度计划，并负责行业的统计管理工作，对地方房地产市场的交易严格把关，规范买卖、租赁、转让、抵押、拍卖、继承等市场行为，限制房地产市场参与人恶意对房地产投机炒作及其他高风险投资行为，避免扰乱市场竞争秩序和价格体系的事项发生。并且，房地产管理局同时负责制定当地保障性住房（经济适用房、廉租住房等）的实施方案并负责具体的管理工作，从房屋供给侧改革方面调整房地产市场畸形的价格体系。

总而言之，平抑房地产市场泡沫，稳定房地产价格，需要货币政策与其他政策手段的有效配合。作为货币政策的制定和执行机构，中央银行应继续实行稳健的货币政策，可以适当提高存款准备金率，减少货币供给；作为制定财政政策的政府部门，应该多向房地产供应商征收房产税、土地增值税、企业所得税等税种，并且增加对偏远、贫困地区的政策扶持，减少对经济发达地区的转移支付等财政支出；作为商业银行，需要配合执行中央银行的货币政策，缩减房贷的同时，更要严格审查，一是加强对贷款者的信用能力的审查，二是加强对企业或个人贷款资金去向的审查，提高贷款质量；房地产立法以及监管部门的参与，对房产资源进行合理配置，监督房地产市场交易，优化市场竞争环境，稳定房地产价格；作为房地产开发商，应理性开发房地产资源，避免重建、乱建，积极吸收社会闲余资金投资房地产，吸纳国外资金进入融资市场，将分散的资金投入房地产建设当中。面对虚拟经济投资过热、房地产泡沫扩大等问题，需要各种政策手段协调配合共同抑制房价上涨趋势，只有注重货币政策与其他政策手段的有效配合，才能高效调控房地产市场。

第三节　防范系统性金融风险的宏观审慎监管框架设计

一、确立中国人民银行在我国宏观审慎监管体系中的主体地位

（一）明确中国人民银行在法律上的主导地位

中国人民银行需要两方面的金融监管权，一个是宏观审慎监管权，另一个是微观审慎监管权。我国目前属于发展中国家，在共享金融信息的能力和质量方面都是比较差的，所以货币政策和金融监管之间的信息依赖性很强，因此只有拥有了监管权力，才有助于中国人民银行货币政策和金融监管的信息交换并影响金融机构的行为，最终达到落实货币政策的效果。中国人民银行还应该对微观金融机构有所监督和检查，这样不仅可以在必要时要求微观金融机构提供报告，还可以尽快洞察出金融机构体系中的问题和风险，从而可以及时采取有效的措施，这样就可以进一步预判系统性金融风险并且防范风险。

首先，要赋予中国人民银行监管系统性金融风险的职责。中国人民银行应站在整个金融系统的角度，负责系统性的金融风险，主要是针对跨行业和跨市场的风险，以及监管好顺周期性风险。其次，要强化中国人民银行在金融监管协调机制中的作用。以中国人民银行为监管协调主体来构建宏观审慎监管框架，也就是根据宏观审慎监管的需要，中国人民银行可以要求各个有实力的微观审慎监管机构的配合。最后，要给予中国人民银行研究和开发宏观审慎监管政策工具的权力。比如说中国人民银行可以开发逆周期的监管政策工具以及跨市场、跨行业的具有交叉性质的金融工具等。除此之外，在法律方面也应该确定好中国人民银行的预警职权和风险测评职权，进一步确定中国人民银行积极开展国际宏观审慎监管的合作交流与协调等方面的职权，以确立中国人民银行主导宏观审慎监管的地位与权力。

（二）建立由中国人民银行主导的协调监管机制

随着信息技术在金融领域的发展和创新金融的快速发展，金融业各种类型的经营，比如混业经营、交叉经营和跨业经营等也渐渐地呈现出一体化的趋势，

传统的分业经营受到了严重的冲击，使得分业监管也就越来越不能够顺应金融业的发展和需要，进而系统性金融风险也就露出端倪。这在客观上要求中国人民银行和宏观管理部门之间、专业的金融监管机构之间能够配合融洽，一起维护金融的稳定，换句话说，就是要有效地结合宏观金融监管和微观层面上的金融监管。

首先，要明确中国人民银行在与"三会"协调合作中的主体地位，建立由中国人民银行主导的"监管协调机制"。在该机制中，中国人民银行按照宏观审慎的要求，负责监管系统性金融风险，并在监管事项上来协调"三会"的配合。"三会"的主要工作是在各自的专业领域履行自己的监管职责，并向中国人民银行通报重要的监管事项和重要协调事项，必要时也需要中国人民银行的参与来进行协调。其次，要强化监管信息的共享。可以让中国人民银行监管一些金融市场、外汇政策的运行状况信息，由其掌控货币政策，并负责从财政部收集的关于宏观金融运行的数据的整理工作；让"三会"来执行搜集重要性金融机构的数据以及关于银行、证券、保险行业整体运行的监管信息数据的任务。然后规定各方信息的共享原则和责任，并保证中国人民银行对防控系统性金融风险所需数据和信息的及时、完整获取。最后，就一些紧急的危机事件，如金融机构经营风险，各个监管部门应该及时报告给中国人民银行，由中国人民银行联合相关方提出解决办法。还可以建立针对紧急事态的处置机制，把中国人民银行作为主体，同"三会"展开评估风险、强度监督和联合求助等。

（三）健全完善的金融公共安全网

为防范系统性风险、加强宏观审慎监督和健全金融安全网，中国人民银行应该积极发挥主体作用，按照安全网的要求，完成以下工作。首先，在存款保险制度方面，起初可以由中国人民银行牵头，银监会和财政部共同加入到组建存款保险机构的队伍中。由中国人民银行管理存款保险机构的日常活动，等到时机成熟便可以推出存款保险机构的公司制。存款保险机构可以采取逆周期的经营理念来适应宏观审慎的要求，比如经济发展得好可以事前收取保费，经济发展得不好可以采取事后收取模式。由中国人民银行结合其他的部门监管存款保险机构，对于证券和保险的投资者、消费者的保护措施同样可以采取以上做法。其次，在金融宏观审慎监管上，法律方面要保证中国人民银行在监管和防范系统性金融风险的主导地位，增强中国人民银行的相关职权，中国人民银行要继续探索宏观审慎监管机构的组建形式，并且探索具体可行的政策手段，吸取国际上管理和监管的先进经验，进一步完善宏观审慎监管制度。最后，在管理贷款人的制度方面，增强自身的决策独立性是中国人民银行必须要做的，通过立法明确中国人民银行最后贷款人的职责，保持在救援过程中灵活审慎的原则；为了减少"最后贷款人"提供的"隐形存款责任制"的现象的发生，中国人民银行可以和其他的金融机构一起建立金融稳定基金等。除此之外，中国人民银行对于如何处理突发事件也应该制定相应制度，协调好与财政部等部门的配合，使得以中国人民银行为主体的安全网更加完善以及审慎监管制度的有效实施。

二、加强宏观金融风险的监测和预警

（一）优化系统性金融风险监测指标体系

宏观审慎指标和早期预警指标是宏观审慎监管在金融体系中监测风险的两个重要指标。用宏观审慎指标监测金融体系的总体风险，是总体描述金融体系风险的一种方式。在实践中，宏观审慎指标的主要不足是描述国家金融体系状况略有滞后，或者与金融系统压力指标同步。早期预警指数是对金融系统系统性风险的定量评估，然而早期预警指标过于庞大，在大多数情况下是不规则的，指标的前瞻性并不高，在预测方面并不突出，因此需要更好的指标体系来弥补以前的不足。

在使用监测指标之前，建议对指标的历史趋势进行分析，并比较与其他国家指标的差异。此外，信噪比和离散选择模型应该用于评价这些指标作为早期预警工具的预测能力。根据宏观金融体系内部机制，选择能够正确地描述和反映宏观金融操作特征和情景的监测指标体系，是建立健全宏观金融监测预警系统的前提和基础。我国当前的宏观金融体系呈现出若干特点，应以此为我国宏观金融风险预警和监测指标体系建设的基础：首先，随着我国金融市场逐步开放，市场相关指标在宏观金融风险监测中的重要性不断上升；其次，随着国际金融监管标准的整合，市场流动性和资本充足率指标发挥了更重要的作用；再次，越来越多的非金融机构具有高杠杆率，这改变了风险传导机制；最后，宏观金融风险并不是单个机构风险的简单加总，宏观金融风险预警和监测指标体系应同时考虑微观、中观、宏观这三个层面。

（二）加强对影子银行体系风险监测与监管

影子银行没有公共部门的稳定流动性支撑，也没有过多的监管，因此影子银行承担了过多的信贷和流动性风险，这使得影子银行很容易受到危机的影响。首先，我们应该从宏观的角度来理解和把握影子银行系统，也就是说，监管当局应该基于资金流动的规模和发展趋势从宏观上把握非银行信贷中介。此外，监管部门还应当重视其他与影子银行相关的信息，把这些信息作为资金流动规模的补充，因为影子银行系统与银行经常是联系在一起的，使用这些数据信息数据可以更进一步地认识整个影子银行体系。其次，由于影子银行体系包含多种实体和业务活动，因此监管影子银行的方式不止一种。应该参考 FSB（2011）的观点，从以下五个方面考虑：第一，实施有效的监督，减少传统银行体系的风险溢出效应；第二，进行系统的风险评估，减少其他影子银行实体的风险；第三，评价和激励证券化，降低金融体系过度的杠杆率；第四，减少融资担保；第五，应进一步限制影子银行实体的开放性和规模，限制银行对单一影子银行实体的敞口，有助于降低银行与影子银行体系之间的联系。此外，影子银行实体严重依赖银行，限制这些风险敞口将降低单个影子银行实体的杠杆率，以降低单一影子银行实体的风险溢出效应。

（三）建立金融数据信息分享及反馈机制

金融风险的突然爆发是众多因素共同作用的结果，然而风险程度的波动可以通过一系列的相关指标反映出来，因此，构建金融风险预警体系能够在一定程度上防止金融风险造成的损失。构建风险预警机制最重要的就是数据信息，因此，在数据来源方面不仅要建立完善的国内信息渠道，还要建立完善的全球信息网络，时刻关注国际数据的波动，保证数据资料的全面、准确和及时。在数据处理方面需要使用集成的中央处理系统，克服数据本身的一些劣势，与此同时，应加强软件和硬件配套设施，并积极吸取国外先进的技术经验，为我国的信息系统提供足够的技术后台支持。但是单一的技术手段肯定难以满足监管部门的需要，因此，要充分地重视研究科学的、可操作性强的风险预警机制，对数据信息进行分析、处理，及时地识别隐藏性风险，并通过有效的预警模型，及时采取措施降低、化解风险；同时分别从地方层面、区域层面以及国家层面建立系统科学的风险预警机制，从整体上把握金融风险走向，对重点风险预警指标重点控制，做到全面兼顾、层层监管，提高监管有效性、准确性以及科学性。风险预警体系的运行必不可少的环节是反馈机制，只有建立完善的风险反馈机制才能提醒人们实施相应的维护措施，而建立和完善风险预警机制必不可少的就是吸取国内外先进的技术经验，不断完善预警机制的信息反馈机制。这就要求我们及时关注国外风险预警机制的发展情况，收集可利用信息并进一步创新，使其适用于我国金融市场发展状况，更好地对检测风险中的薄弱环节进行识别，对预警指标参数以及预警阈值应跟随市场发展状况及时更新，并及时地将风险情况逐层向各类金融机构和监管机构汇报，提示风险的存在，给监管部门制定积极有效的措施防范金融风险提供理论支撑。

（四）注重宏观经济制度的协调与配合

宏观经济和整个金融体系的稳定，都离不开宏观审慎监管，传统的微观监管已经无法满足监管的需要，所以应该在微观的基础上进一步完善宏观审慎监管。微观审慎监管在防范系统性金融风险方面存在着许多不足，其根本原因在于从微观方面出发的理念很难与宏观方面的系统性金融风险相匹配。对系统性风险的识别、防范和控制需要一个宏观政策工具来配合，这也是推动金融监管从传统微观审慎到宏观审慎的根本原因。宏观审慎监管的目标是降低系统性风险，提高整个金融体系的稳定。要实现这一目标需要将重点放在两个方面：一是通过系统的设计和采取必要的方式有效抑制金融系统风险的集聚；二是在经济遭受了重大的冲击时，提高金融体系抵御能力和自我修复能力。

为了提高宏观审慎政策的作用效果，还应当加强宏观审慎政策和货币政策的相互协调与配合。一方面，宏观审慎监管可以有效降低整个金融体系的风险，确保货币政策效应的顺利传导。另一方面，货币政策也会影响资产的价格，进而对金融体系的稳定产生影响。成功和有效的货币政策和宏观审慎政策可以相辅相成、相互促进。与此同时，降低信贷供应领域的金融脆弱性，增强金融体系的弹性，也有助于经济环境中的货币政策更准确地反映信用状况的影响。

三、建立房地产市场宏观审慎监管体系

（一）建立房地产市场监测指标体系

房地产市场的繁荣一般情况下与信贷的繁荣是同步的。事实表明，房地产市场繁荣和信贷市场繁荣并存的国家，在一段时间之后会在不同程度上发生金融危机。因为在信贷市场较为宽松的时期，人们会对市场报以乐观态度，从而增加贷款。这其中很大一部分贷款流入了房地产市场，房价在人们的助力之下上升。而房价的上升又会使得房屋所有者感觉自己的资产增加，从而更加有生活保障，这又促进了贷款的进一步增长。一旦这种循环开始运行，想要打破它会很困难而且要付出高昂的代价。

要解决这种恶性循环，就需要对房地产市场进行监测，监测指标选择也要从多方面进行考虑。在房地产市场中，完整的监测指标应该包含以下几个方面。一是主要指标。主要指标包括信贷指标和价格指标：信贷方面的指标又包括贷款的增长率和贷款占比的增长率；价格指标方面主要包括房地产价格增速、房价所占收入的比重和房价与租金的比重。二是次要指标，次要指标是不可缺少的，是对主要指标的补充。次要指标中应该包括不同区域的房价及其增速。不同区域的数据可以用来判断房地产市场的繁荣是不是全国性的，国家可以据此来制定宏观审慎调控政策。应该对多个指标进行综合分析，比如将房价和信贷这两个指标一起分析，就可能会发现其强烈的风险提示，这将会有利于我们提前进行预警，避免更大的风险发生。

（二）建立和完善房地产信贷的审慎监测指标体系

房地产市场的信贷风险需要一个合理的风险预警机制来评估。建立一个有效的信贷风险监测体系是解决房地产市场所面临信贷风险的前提条件。要选取合理的监测指标来对房地产市场的信贷风险进行评估，这些指标的选择也要考虑是否可行、是否全面、能否能够预测未来的情况等。除此之外，还要从多方面、深层次考虑房地产市场的信贷动态变化情况，充分考虑宏观审慎的特点，

既要从局域方面进行检测，又要在总体上进行检测，采用系统科学的方法，对房地产市场将要面临的风险进行有效的识别。目前，压力测试方法是我国采用比较多的评估方式，在多年实践的基础上，这种测试风险的方法不断完善，越来越能有效地识别房地产市场存在的信贷风险。但压力测试自身存在一定的局限性，压力测试是基于一定的时期市场情况的假设，并不能动态地预测风险变化的趋势。因此，我国金融部门应该针对压力测试的局限性，来研究开发出更有效的评估预警体系，充分利用好房地产市场的监测数据，研究其内在的规律，以此来判断未来的风险状况，并能根据判断结果提早制定一系列合理的应对措施，做到防患于未然。

（三）降低房地产投资的杠杆效应

要根据房地产开发企业的信用水平、资格条件、资本充足率等条件来对房地产开发贷款的发放进行严格的控制。把房地产开发商的评级纳入考察范围，采取较为谨慎的做法和保守的态度来确定不同评级水平的房地产开发商的贷款成数，防止大量信贷风险的发生。在把握风险回报的基础上要针对中小户型和保障性住房的建设制定出更合理的贷款需求，尽可能满足此类房地产建设的贷款需求，防止发放首付不合规的个人住房贷款，防止为那些以充当筹资渠道或放款通道等方式直接或间接为各类机构发放首付贷等行为提供便利。对于不同类型的住房贷款，要有不同的资本要求与之对应，实行利率浮动机制，并且根据市场环境的变化及时调整贷款的支付期限。对于那些不是用来自住的商品房，商业银行应该提高首付比例，在利率方面也要进一步的规范，并争取有效缩短付款的期限。通过运用上述不同的房地产贷款政策，有效地抑制房地产贷款，在满足需求的基础上降低房地产市场的风险。同时，银监会应当严防各路资金违规进入房地产市场，逐步降低银行资金通过贷款、投资、理财、信托等渠道流入房地产市场的速度和规模，颁布相关行业准则，要求商业银行严格遵守房地产开发大类贷款的监管要求，对"四证不全"的房地产项目不得发放任何形式的贷款；房地产开发土地并购或房地产开发土地项目公司股权并购的，应按穿透原则监管等，使得房地产行业的杠杆效应进一步降低。

（四）完善综合监管体系

随着金融体制改革的不断深化，我国的金融体系愈来愈多元化、复杂化，尽管银行金融机构仍然在我国的金融市场占据主要地位，但是非银行金融机构的发展规模越来越大，日益影响金融市场的稳定运行。因此，要加强一行三会之间的协调互动能力，建立联合监管机制，实现信息资源共享，制定科学合理的经济政策，同时要及时与房地产行业自律组织沟通合作，更好地发挥自律组织的辅助作用，促进监管部门的积极性和责任心，防范系统性金融风险。还要坚持全覆盖监管理念的实施，强调监管的层次性，根据金融发展的需要和金融市场、机构、产品的风险水平，采取不同强度的监管措施，完善多层次、多机制、综合性的监管体系。"十三五"发展规划中，也明确指出，应"加强金融宏观审慎管理制度建设，加强统筹协调，改革并完善适应现代金融市场发展的金融监管框架"，在坚持分业监管体制的前提下，对监管机构之间的监管真空进行弥补，对监管重叠进行理顺，并适当合并或取消部分重叠部门。对部分重要的混业业务或产品采取联合监管或监管事业部的方式，成立跨部门的监管窗口。

1. 建立规范统一的金融信息平台

目前我国金融机构分业监管存在许多问题，其中最主要的就是监管真空和多头管理。监管真空是指，在分业监管体系下，随着金融工具水平的不断创新与深化，一些金融交易行为会因为划分不清而处于无人监管的地带，这就会使得一些潜在的金融风险游离在金融监管部门之外，破坏金融市场的稳定性；多头监管是指同一个金融机构同时受多个监管部门的监管，并要向多个监管部门报送金融数据报表，造成资源浪费。因此，我们可以将所有的金融机构纳入一个规范统一的信息输送平台，制定相关的规章制度，金融机构按照规定及时上报其经济数据，实现金融监管部门的信息共享，共同监管。利用现如今的互联网技术，利用大数据、区块链和云服务技术等，共享金融业内各种有关信息，使金融欺诈、道德风险等不良企业信息能够随时调用，强化对整个金融系统的监管，降低信息不对称所造成的各种不良影响。

2. 加强各监管部门之间的交流与合作

我国目前已经设立了中央银行、证监会、保监会、银监会等监管部门，分别监管。但是随着混业经营的出现，单纯的分业监管与日益发展的金融体系不相适应，必须建立各部门之间的联合监管机制，明确规定各部门的责任和义务，并定期召开监管信息交流委员会，实现信息资源的共享，及时处理各种隐藏风险。这种监管制度可以避免出现逃避监管责任以及监管不力的情况，不仅可以促进各监管部门之间的交流与合作，还可激发监管部门的工作积极性与责任心。另外，我们要积极与国际金融监管寻求合作与交流，从中获取对跨国金融机构监管的必要信息，同时学习国外金融监管的经验，不断提高我国的金融监管水平。上下级监管部门要及时沟通，避免政策下达无法落实到实处；各地方监管部门加强彼此之间的交流与沟通，共同探索监管方法，以期能够更加有效地实施监管工作，保证我国金融行业健康发展。

3. 建设一支高水平的综合性监督人才

富有经验、知识的监督人才对于金融监管体系来说是必不可少的，因此要构建和谐的人才发展环境，要真正树立人才是"第一资源"的意识，把人才队伍建设工作摆上重要议事日程，定期讨论研究，建立科学的选人用人机制，建立一套公开、平等、竞争、择优为导向的人才选用机制。同时应建立一套完整的人才激励、培训机制，定期举行培训讲座，尽快提高他们的从业水平和职业素质，使之能够对经济活动的运行以及风险管理系统作出正确的评级，并对防范风险提出有价值的参考建议。此外应利用互联网技术对现有人才进行广泛培训。在人才培养上应分层次逐步进行，对初级监督人员和终极监督人员制定不同的培训方案，但其最终目的都是提高监督从业人员的专业知识能力素养，保证各项监督活动有序展开。

4. 不断完善金融监管的立法体系

面对众多金融机构的业务经营活动，为确保金融机构依法合规运行，我们必须完善相关的法律法规，强化对金融机构的监管力度。首先，严格规定金融机构市场准入法则，提高金融机构质量，对不符合条件的金融机构严厉打击，禁止其进入金融市场。其次，一行三会要及时地完善和更新不合时宜的相关条款规定，对新出现的金融产品及时制定法律法规条款，避免出现监管漏洞。同时注重对上位法的修订和完善，使各行各业的法律法规相互补充，相互协调，逐步形成监管效率强大的相对完整的立法体系。最后，要严格执行法律法规，制定严格的惩罚机制，不允许贿赂、相互勾结等违法行为的存在。完备的立法体系是金融市场有效运行的基础。任何人都必须遵守法律法规的要求，对那些投机取巧、暗中操作的机构应采取严厉的惩罚措施，严重时令其退市。

（五）建立房地产金融逆周期监管机制

针对房地产行业的发展趋势以及其与金融行业的密切联系，应建立房地产金融的宏观审慎逆周期监管机制。在制定宏观货币政策时应当考虑房地产周期性波动的影响以及政策实施后时滞效应的存在，房地产繁荣和调整时期应该推出一些早期预警指标，设计出紧缩或宽松的货币政策，以减少宏观经济政策的实行对房地产行业的影响。具体操作是，在房地产繁荣时期，资本要预先提足，以防止调整期间房地产行业价格下跌带来的金融风险，房价下跌可能会使不良贷款增加或造成其他金融资产的损失。同时，应加强房地产抵押贷款和偿还期限的专业化研究，进一步提高贷款收入等其他金融专业技术和政策层面的水平。房地产抵押贷款要严格按照个人信用水平来合理发放，同时还要考虑市场的变化对房地产市场风险评估的影响，动态地控制房地产市场金融资产抵御风险的能力。

四、加大宏观审慎管理政策工具的开发与运用

（一）建立符合中国国情的宏观审慎政策工具箱

国有银行在我国占据主导地位，一方面，这会使得实施宏观审慎监管更加容易；但另一方面，会使国有银行受到政治压力，可能会导致其信贷分配效率低，削弱宏观审慎监管的效果。此外，制度环境（如数据积累、监管机构、技

术水平等）也会影响宏观审慎监管在一个国家的实施。宏观审慎政策工具箱十分复杂，包括传统的微观审慎工具和新的宏观方面的政策工具。宏观审慎监管包括两个维度，即横截面维度和时间维度，因此，建立我国的宏观审慎政策工具箱也应该考虑工具的时间维度和横截面维度。在工具箱的时间维度中，也要考虑到经济繁荣和衰退两个阶段的工具。也要根据宏观审慎工具的作用来建立宏观审慎政策工具箱，宏观审慎工具可分为基于借款人对金融机构的工具、基于资产负债表的工具、反周期调节工具、其他系统性工具。

（二）优化组合利用宏观审慎工具

由于不同的机制体系具有不同的重要性，因此应根据各机构对系统风险的贡献，对宏观审慎工具进行调整，从而提高系统风险相对于风险的多样性的权重。宏观审慎工具能够帮助实现的目标主要有：一是减少具有系统重要性的机构倒闭的可能性，具体工具包括额外的对系统重要性机构的资本要求、额外的流动性要求和监管要求的法律和运营结构；二是改善金融体系的危机应对和处置能力，特定工具能够有序地处理破产机构，建立具备预警功能的危机应对机制；三是加强金融体系的制度建设，提高相关工具改善金融基础设施的能力，降低金融机构之间的关联性。

在实践中，宏观审慎工具开发的一个重要步骤是配合现有的微观层面的审慎工具，例如，实施更严格的审慎标准，以及对可能会导致系统风险的行为进行限制。根据定义，只能由系统脆弱性来进行宏观审慎风险的衡量，衡量特定风险的指标主要包括资产价格、信贷增长、杠杆、货币错配、国际机构风险暴露关联性等。对于以上指标，我们需要定义"不平衡"或"超额"的判别标准，以区别于基本面驱动的周期波动和长期趋势。只有确定金融风险的形成原因，政府才能有效地实施逆周期操作。同时，在分析系统性风险的积累是否到了必须要采取政策的程度时，还需要考虑以下问题：金融和实体相关联的复杂性、实体和金融市场参与者的交互冲击的反应、采取的可能随着时间的推移而变化的反应、破产和监管约束的非线性等。宏观审慎政策工具应该动态调整，这些调整要么是在风险形成的繁荣期，要么是在信贷紧缩风险增加的萧条时期。这一调整过程应考虑繁荣与萧条的不同风险效应，以及在这一转型过程中风险偏好的快速变化。

（三）合理进行宏观审慎监管工具的分工与合作

第一，中央银行在宏观审慎监管工具上要与其他监管部门有明确的分工。作为最后贷款人，中央银行要重视宏观审慎工具的发展。为维护金融业的稳定发展，政府监管部门应不断完善和利用现有的宏观审慎工具，做好微观层面的监管，在此基础上进一步实现宏观审慎监管的目标。从宏观审慎方面考虑，中央银行必须独立使用监管工具，并且应该研究出具有统一标准的财务会计准则，建立起全面的、统一的金融业统计评价体系。监管部门的焦点则是保持金融机构独立个体的稳定发展，但应该注意与中央银行宏观审慎监管的目标是一致的，仍然要确保最终宏观审慎监管目标的实现。第二，中央银行与监管部门在使用宏观审慎监管工具方面又应共同合作。首先，要推动建立和完善存款保险制度。考虑到目前社会信用的发展水平、中央银行和监管部门在银行信息共享方面的优势和中国银行业风险的不断凸显，如果想要推进存款保险制度，需要两部门协调与配合，充分利用双方所享有的信息，以此来应对信息不对称现象。其次，中央银行和监管部门在对重要金融部门和机构监管时要充分发挥自身优势，通力合作。如中央银行应注重提高金融市场中包括证券交易系统、支付体系等在内的核心基础设施建设，削弱系统重要金融机构之间的联系以减少风险进一步扩散的可能性，监管机构应根据系统重要金融机构的业务范围，提高机构对资本金的要求。

参 考 文 献

［1］巴曙松，居姗，朱元倩．我国银行业系统性违约风险研究——基于 Systemic CCA 方法的分析．金融研究，2013（9）：91 - 83.

［2］蔡浩仪，汪小亚．再析东南亚金融危机成因：整体视角——金融层面．金融研究，1998（07）：11 - 13.

［3］陈斌开，徐帆，谭力．人口结构转变与中国住房需求：1999—2025—基于人口普查数据的微观实证研究．金融研究，2012（01）：129 - 140.

［4］陈利锋．金融冲击、抵押贷款约束与货币政策机制选择．南方金融，2016（07）：5 - 15.

［5］陈继勇，袁威，肖卫国．流动性、资产价格波动的隐含信息和货币政策选择——基于中国股票市场与房地产市场的实证分析．经济研究，2013（11）：43 - 55.

［6］陈虹．金融危机的风险监管：日本的经验．日本研究，2009（01）：18 - 25.

［7］陈诗一，王祥．融资成本、房地产价格波动与货币政策传导．金融研究，2016（03）：1 - 13.

［8］陈石清，朱玉林．中国城市化水平与房地产价格的实证分析．经济问题，2008（01）：47 - 49.

［9］陈雪楚，彭建刚，吴梦吟．城市间房价相关性与系统性金融风险防范．上海金融，2012（08）：16 - 20.

［10］陈学胜，崔丰慧．金融危机、企业投资波动及信贷刺激效果研究．证券市场导报，2017（01）：18 - 26.

［11］陈艳声，邹辉文．金融危机与一般均衡视角下单名 CDS 定价．管理评论，2017，29（04）：25 - 35.

［12］陈雨露，马勇．构建中国的"金融失衡指数"：方法及在宏观审慎中的应用．中国人民大学学报，2013（01）：59 - 71.

［13］崔光灿．资产价格、金融加速器与经济稳定．世界经济，2006（11）：59 - 69.

［14］戴国强，张建华．货币政策的房地产价格传导机制研究．财贸经济，

2009（12）：31 – 37.

［15］杜龙波，高婧．社会融资规模对房地产价格波动的影响研究．金融与经济，2014（06）：71 – 93.

［16］杜朝运，林航．强化我国金融宏观审慎监管的思考．经济与管理评论，2012（01）：101 – 105.

［17］段忠东．房地产价格波动与银行信贷增长实证研究．金融论坛，2007（02）：40 – 45.

［18］范小云，方意，王道平．我国银行系统性风险的动态特征及系统重要性银行甄别——基于 CCA 与 DAG 相结合的分析．金融研究，2013（11）：82 – 95.

［19］范小云，王道平，方意．我国金融机构的系统性风险贡献测度与监管——基于边际风险贡献与杠杆率的研究．南开经济研究，2011（04）：3 – 20.

［20］范小云，王道平，刘澜飚．规模、关联性与中国系统重要性银行的衡量．金融研究，2012（11）：16 – 30.

［21］方先明，谢雨菲．影子银行及其交叉传染风险．经济学家，2016（03）：58 – 65.

［22］方意．宏观审慎政策有效性研究．世界经济，2016（08）：25 – 49.

［23］方意．系统性风险的传染渠道与度量研究——兼论宏观审慎政策实施．管理世界，2016（08）：32 – 57.

［24］冯科．中国房地产市场在货币政策传导机制中的作用研究．经济学动态，2011（04）：42 – 49.

［25］冯涛，杨达，张蕾．房地产价格与货币政策调控研究——基于贝叶斯估计的动态随机一般均衡模型．西安交通大学学报（社会科学版），2014，34（01）：15 – 21.

［26］傅强，陈园园，刘军，刘俊，董丽蒙．基于面板数据和动态 Logit 方法的金融危机预警模型．中央财经大学学报，2015（01）：33 – 40.

［27］高国华．逆周期资本监管框架下的宏观系统性风险度量与风险识别研究．国际金融研究，2013（03）：30 – 40.

［28］顾海峰，张元姣．货币政策与房地产价格调控：理论与中国经验．经济研究．2014（01）：29 – 43.

［29］龚明华，宋彤．关于系统性风险识别方法的研究．国际金融研究，2010（05）：90 – 96.

［30］葛奇．次贷危机的成因、影响及金融监管的启示．国际金融研究，2008（11）：18 – 20.

［31］谷慎，岑磊．宏观审慎监管政策与货币政策的配合——基于动态随机

一般均衡分析．当代经济科学，2015（06）：26－33.

［32］郭红兵，杜金岷．中国综合金融稳定指数（AFSI）的构建、应用及政策含义．金融经济学研究，2014（01）：3－14.

［33］郭娜，梁琪．我国房地产市场周期与金融稳定——基于随机游走滤波的分析．南开经济研究，2011（04）：98－107.

［34］郭娜．政府？市场？谁更有效——中小企业融资难解决机制有效性研究．金融研究，2013（03）：194－206.

［35］郭娜，李政．我国货币政策工具对房地产市场调控的有效性研究——基于有向无环图的分析．财贸经济，2013（09）：130－137.

［36］郭娜．房价波动、宏观审慎监管与最优货币政策选择．南开经济研究，2018（04）：7－16.

［37］郭娜，吴敬．老龄化、城镇化与我国房地产价格研究——基于面板平滑转换模型的分析．当代经济科学，2015（02）：11－17.

［38］郭娜，章倩，周扬．房价"黏性"、系统性金融风险与宏观经济波动——基于内生化系统性风险的 DSGE 模型．当代经济科学，2017（06）：7－16.

［39］郭娜，马莹莹，张宁．我国影子银行对银行业系统性风险影响研究——基于内生化房地产商的 DSGE 模型分析．南方经济，2018（08）：94－102.

［40］郭娜，吴玉媛，刘潇潇．国际资本流动逆转对中国货币政策有效性的影响．金融经济学研究，2018（02）：1－18.

［41］郭娜，祁帆，张宁．我国系统性金融风险指数的度量与监测．财经科学，2018（02）：1－14.

［42］郭娜，葛传凯，祁帆．我国区域金融安全指数构建及状态识别研究．中央财经大学学报，2018（8）：37－48.

［43］郭娜，刘镇林，章倩．我国货币政策对房地产市场调控的非对称效应研究——基于 DSGE 模型的分析．华东经济管理，2017（11）：94－102.

［44］郭娜，胡佳琪．人口老龄化趋势、区域差异与我国房地产价格波动研究——基于省际门限面板模型的实证分析．统计与决策，2018（05）：92－95.

［45］郭娜．人口老龄化对我国房地产价格影响研究．价格理论与实践，2016（05）：93－96.

［46］郭娜，章倩．我国房地产价格波动背后的金融影响因素分析．价格理论与实践，2016（11）：106－109.

［47］郭娜，翟光宇．中国利率政策与房地产价格的互动关系研究．经济评论，2011（03）：43－50.

［48］郭田勇．资产价格、通货膨胀与中国货币政策体系的完善．金融研究，2006（10）：23－35.

［49］韩鑫韬，王擎．我国房地产价格波动与中央银行货币政策调控——来自货币供应量、汇率和利率的证据．南方金融，2011（11）：4－10.

［50］郝毅，李政．土地财政、地方政府债务与宏观经济波动研究——以地方政府投融资平台为例．当代经济科学，2017（01）：1－12.

［51］贺聪，洪昊，王紫薇，陈一稀，葛声，游碧芙．系统性金融风险与我国宏观审慎管理体系研究．经济科学，2011（05）：70－80.

［52］何怡瑶．实体经济低迷与房地产繁荣之"困"．经济理论与经济管理，2017，36（9）：19－27.

［53］胡丽琴，陈悦，班若愚．货币政策、影子银行发展与风险承担渠道的非对称效应分析．金融研究，2016（2）：154－162.

［54］黄静．房价上涨与信贷扩张：基于金融加速器视角的实证分析．中国软科学，2010（08）：61－69.

［55］黄燕芬，赵永升，夏方舟．中国房地产市场加杠杆：现状、机理、风险及对策．价格理论与实践，2016（08）：12－16.

［56］贾康，刘军民．建立符合国情和可持续发展要求的"双轨统筹"住房制度模式．财贸经济，2013（11）：13－20.

［57］贾庆英，孔艳芳．资产价格、经济杠杆与价格传递——基于国际PVAR模型的实证研究．国际金融研究，2016（01）：28－37.

［58］贾彦东．金融机构的系统重要性分析——金融网络中的系统风险衡量与成本分担．金融研究，2011（10）：17－33.

［59］姜林．宏观系统性风险及其度量的国际经验借鉴．金融发展评论，2015（06）：63－66.

［60］靳晶．论货币政策和财政政策对房地产金融市场的影响．理论与改革，2007（03）：117－118.

［61］康立，龚六堂，陈永伟．金融摩擦、银行净资产与经济波动的行业间传导．金融研究，2013（05）：32－46.

［62］柯昇沛，黄静，屠梅曾．房价波动、信贷扩张与金融稳定．上海管理科学，2011（08）：15－20.

［63］况伟大．预期、投机与中国城市房价波动．经济研究，2010（09）：67－78.

［64］赖娟，吕江林．基于金融压力指数的金融系统性风险的测度．统计与决策，2010（19）：128－131.

［65］雷良海，魏遥．美国次贷危机的传导机制．世界经济研究，2009

（01）：24 - 31.

[66] 雷禹，陈文. 房地产众筹发展模式研究. 南方金融，2015（04）：73 - 77.

[67] 李成，黎克俊，马文涛. 房价波动、货币政策工具的选择与宏观经济稳定. 当代经济科学，2011（06）：1 - 11.

[68] 李德智，谢莉，陈艳超，谭凤. 英国提高保障性住房项目可持续性的策略及其启示. 工程管理学报，2016（02）：50 - 54.

[69] 李宏，曹宁. 房地产市场对银行收益的系统性影响研究. 财经研究，2009（11）：125 - 143.

[70] 李红权，杜晓薇. 金融系统性风险与金融监管变革. 经济体制改革，2015（06）：152 - 157.

[71] 李瑞红. 防范房地产泡沫引发系统性金融风险的影响. 地方财政研究，2011（02）：21 - 31.

[72] 李勇刚，李祥. 房价波动与金融支持的关联效应研究. 经济实证，2012（07）：129 - 132.

[73] 李永胜. 兼具宏观与微观审慎监管功能的 LTV 限制. 统计与决策，2013（17）：169 - 171.

[74] 李志辉，樊莉. 中国商业银行系统性风险溢价实证研究. 当代经济科学，2011（06）：13 - 20.

[75] 廖岷，林学冠，寇宏. 中国宏观审慎监管工具和政策协调的有效性研究. 金融监管研究，2014（12）：1 - 23.

[76] 梁斌，李庆云. 中国房地产价格波动与货币政策分析——基于贝叶斯估计的动态随机一般均衡模型. 经济科学，2011（03）：17 - 32.

[77] 梁璐璐，赵胜民，田昕明，罗金峰. 宏观审慎政策及货币政策效果探讨：基于 DSGE 框架的分析. 财经研究，2014，40（3）：94 - 103.

[78] 梁琪，郭娜，郝项超. 房地产市场财富效应及其影响因素研究. 经济社会体制比较，2011（05）：179 - 184.

[79] 梁琪，李政，郝项超. 我国系统重要性金融机构的识别与监管——基于系统性风险指数 SRISK 方法的分析. 金融研究，2013（09）：56 - 70.

[80] 梁琪，李政. 系统重要性、审慎工具与我国银行业监管. 金融研究，2014（08）：55 - 69.

[81] 梁云芳，高铁梅，贺书平. 房地产市场与国民经济协调发展的实证分析. 中国社会科学，2006（03）：75 - 84.

[82] 林琳，曹勇，肖寒. 中国式影子银行下的金融系统脆弱性. 经济学（季刊），2016（15）：1113 - 1135.

［83］刘斌．我国 DSGE 模型的开发及在货币政策分析中的应用．金融研究，2008（10）：1－21．

［84］刘春航，朱元倩．银行业系统性风险度量框架的研究．金融研究，2011（12）：85－99．

［85］刘红忠，赵玉洁，周冬华．公允价值会计能否放大银行体系的系统性风险．金融研究，2011（04）：82－99．

［86］刘吕科，张定胜，邹恒甫．金融系统性风险衡量研究最新进展述评．金融研究，2012（11）：31－43．

［87］刘喜和，郝毅，田野．影子银行与正规金融双重结构下中国货币政策规则比较研究．金融经济学研究，2014（19）：15－26．

［88］刘颖春．城市化过程中人口变动趋势对我国房地产开发的影响．人口学刊，2004（03）：45－48．

［89］刘志超．我国宏观审慎监管与微观审慎监管协调机制初探．区域金融研究，2015（08）：54－59．

［90］卢锋．如何深化供给侧结构性改革．新金融，2017（02）：24－26．

［91］陆前进．最优货币政策规则参数的估计和中国货币状况指数的测度．金融研究，2016（05）：35－50．

［92］陆却非，葛丰．我国房地产投资信托基金系统性金融风险的转化机制及其预警．上海经济研究，2011（02）：92－97．

［93］禄晓龙，刘培生，成宏亮，任健．我国房地产价格波动与货币政策联动关系的实证分析．西部金融，2014（02）：23－28．

［94］罗娜，程方楠．房价波动的宏观审慎政策与货币政策协调效应分析——基于新凯恩斯主义的 DSGE 模型．国际金融研究，2017（01）：39－48．

［95］骆永民，徐明星．经济波动、收入分配与房价．经济问题探索，2015（12）：1－9．

［96］骆永民，伍文中．房产税改革与房价变动的宏观经济效应——基于 DSGE 模型的数值模拟分析．金融研究，2012（05）：1－14．

［97］马君潞，范小云，曹元涛．中国银行间市场双边传染的风险估测及其系统性特征分析．经济研究，2007（01）：68－78．

［98］马建堂，董小君，时红秀，徐杰，马小芳．中国的杠杆率与系统性金融风险防范．财贸经济，2016（01）：5－21．

［99］马亚明，刘翠．房地产价格波动与我国货币政策工具规则的选择——基于 DSGE 模型的模拟分析．国际金融研究，2014（08）：24－34．

［100］马亚明，刘翠．我国货币政策对房地产市场的非对称影响——基于 CARCH 模型的实证分析．河北经贸大学学报，2015（03）：67－71．

[101] 马勇，田拓，阮卓阳，朱军军．金融杠杆、经济增长与金融稳定．金融研究，2016（06）：37 - 50.

[102] 马勇，陈雨露．宏观审慎政策的协调与搭配：基于中国的模拟分析．金融研究，2013（8）：57 - 69.

[103] 马智利，周利．重庆市房地产供给侧改革研究．中国房地产，2017（03）：18 - 21.

[104] 毛泽盛，许艳梅．影子银行、信贷渠道与货币政策非对称效应．财经论丛，2015（03）：39 - 46.

[105] 苗永旺，王亮亮．金融系统性风险与宏观审慎监管研究．国际金融研究，2010（08）：59 - 68.

[106] 齐讴歌．房地产价格波动对金融体系的传导效应研究．统计与决策，2015（16）：44 - 48.

[107] 钱小安．资产价格变化对货币政策的影响．经济研究，1998（1）：70 - 76.

[108] 强林飞，贺娜，吴诣民．中国银行信贷、房地产价格与宏观经济互动关系研究——基于 VAR 模型的实证分析．统计与信息论坛，2010（09）：75 - 80.

[109] 裘翔，周强龙．影子银行与货币政策传导．经济研究，2014（05）：91 - 105.

[110] 瞿强．资产价格波动与宏观经济政策困境．管理世界，2007（10）：139 - 149.

[111] 瞿强．资产价格与货币政策．经济研究，2001（01）：60 - 67.

[112] 任碧云，武毅．基于 AHP - DEA 的中国金融系统性风险预警指标体系研究．经济问题，2015（01）：45 - 49.

[113] 任木荣，刘波．房价与城市化的关系——基于省际面板数据的实证分析．南方经济，2009（02）：41 - 49.

[114] 沈悦，戴士伟，陈琨．房价过度波动的系统性风险溢出效应测度——基于 GARCH - Copula - CoVaR 模型．中央财经大学学报，2016（03）：88 - 95.

[115] 沈悦，周奎省，李善燊．利率影响房价的有效性分析——基于 FVAR 模型．经济科学，2011（01）：60 - 68.

[116] 沈悦，郭培利．收入、房价与金融稳定性——源自异质面板门槛模型的解析．经济科学，2015（6）：38 - 50.

[117] 沈悦，张澄．人民币国际化进程中的金融风险预警研究．华东经济管理，2015（08）：94 - 101.

[118] 史青青，费方域，朱微亮．人口红利与房地产收益率的无关性．经济学（季刊），2010，10（1）：271－290.

[119] 宋凌峰，叶永刚．中国房地产行业宏观金融风险研究．经济管理，2010（12）：34－38.

[120] 苏明政，张庆君，赵进文．我国上市商业银行系统重要性评估与影响因素研究——基于预期损失分解视角．南开经济研究，2013（03）：110－122.

[121] 谭政勋，王聪．中国信贷扩张、房价波动的金融稳定效应研究——动态随机一般均衡模型视角．金融研究，2011（08）：57－71.

[122] 谭政勋，陈怡君．货币政策反应规则与房价波动的实证研究．金融论坛，2015（07）：27－36.

[123] 陶玲，朱迎．系统性金融风险的监测和度量——基于中国金融体系的研究．金融研究，2016（06）：18－36.

[124] 唐齐鸣，熊洁敏．中国资产价格与货币政策反应函数模拟．数量经济技术经济研究，2009（11）：104－115.

[125] 童中文，范从来，朱辰，张炜．金融审慎监管与货币政策的协同效应——考虑金融系统性风险防范．金融研究，2017（03）：16－32.

[126] 王爱俭，王璟怡．宏观审慎政策效应及其与货币政策关系研究．经济研究，2014（04）：17－31.

[127] 王爱俭，牛凯龙．次贷危机与日本金融监管改革：实践与启示．国际金融研究，2010（01）：68－73.

[128] 王浡力，李建军．中国影子银行的规模、风险评估与监管对策．中央财经大学学报，2013（05）：20－25.

[129] 王来福，郭峰．货币政策对房地产价格的动态影响研究——基于VAR模型的实证．财经问题研究，2007（11）：15－19.

[130] 王擎，韩鑫韬．货币政策能盯住资产价格吗？——来自中国房地产市场的证据．金融研究，2009（08）：114－123.

[131] 王曦，王茜，陈中飞．货币政策预期与通货膨胀管理——基于消息冲击的DSGE分析．经济研究，2016（02）：16－28.

[132] 王雪．基于房价过度波动的系统性金融风险防范．合作经济与科技，2017（01）：42－43.

[133] 王云清，朱启贵，谈正达．中国房地产市场波动研究——基于贝叶斯估计的两部门DSGE模型．金融研究，2013（03）：101－113.

[134] 王学菲．逆周期金融监管难点及应对策略．西南金融，2017（03）：54－61.

［135］魏金明．系统性金融风险的测度及影响因素研究．商业研究，2016（02）：73－80.

［136］吴国培，沈理明．金融风险预警系统的构建．中国金融，2014（24）：69－71.

［137］吴恒煜，胡锡亮，吕江林．我国银行业系统性风险研究——基于拓展的未定权益分析法．国际金融研究，2013（07）：85－96.

［138］吴立力．货币供应、银行信贷与我国的房地产价格泡沫——基于面板数据动态 GMM 法的实证检验．金融理论与实践，2017（05）：11－15.

［139］吴铁稳，林珊华．日本 20 世纪 80 年代房地产泡沫探析及启示——论政府在其中的作用．经济与社会发展，2012（03）：24－27.

［140］肖斌卿，颜建晔，杨旸，张璞．金融安全预警系统的建模与实证研究：基于中国数据的检验．国际商务（对外经济贸易大学学报），2015（06）：97－106.

［141］肖斌卿，杨旸，李心丹，颜建晔．基于 GA－ANN 的中国金融安全预警系统设计及实证分析．系统工程理论与实践，2015（08）：1928－1937.

［142］肖璞，刘轶，杨苏梅．相互关联性、风险溢出与系统重要性银行识别．金融研究，2012（12）：96－106.

［143］肖争艳，彭博．住房价格与中国货币政策规则．统计研究，2011，28（11）：40－49.

［144］向银涛．有限理性、房地产市场波动与金融稳定．上海金融，2011（6）：20－27.

［145］谢福泉，黄俊晖．城镇化与房地产市场供需：基于中国数据的检验．上海经济研究，2013（8）：115－123.

［146］谢福座．基于 GARACH－Copula－CoVaR 模型的风险溢出测度研究．金融发展研究，2010（02）：12－16.

［147］谢正发，饶勋乾．金融脆弱性指数构建的测度与实证分析．统计与决策，2016（05）：152－156.

［148］邢福俊，成吉．日本金融危机的成因分析．中国城市金融，1998（05）：43－45.

［149］许涤龙，陈双莲．基于金融压力指数的系统性金融风险测度研究．经济学动态，2015（04）：69－78.

［150］徐滇庆．泡沫经济与金融危机．北京：中国人民大学出版社，2000.

［151］徐国祥，郑雯．中国金融状况指数的构建及预测能力研究．统计研究，2013（08）：17－24.

［152］徐建炜，徐奇渊，何帆．房价上涨背后的人口结构因素：国际经验

与中国证据. 世界经济, 2012 (01): 24 - 42.

[153] 徐淑一, 殷明明, 陈平. 央行货币政策工具调控房地产价格的可行性. 国际金融研究, 2015 (02): 35 - 44.

[154] 杨春蕾. 金融危机后央行货币政策工具创新及"缩表"的中美比较. 世界经济与政治论坛, 2017 (06): 69 - 91.

[155] 杨七中, 黄瑞玲. 深化供给侧结构性改革的产权逻辑和制度构造——从宏观经济到微观企业. 当代经济管理, 2016 (11): 1 - 4.

[156] 杨晓光, 程建华, 黄德龙. 2009 年中国经济形势分析. 中国科学院院刊, 2009 (01): 34 - 41.

[157] 杨艳慧. 社会融资规模影响房地产价格波动的实证研究. 价格月刊, 2016 (2): 32 - 36.

[158] 杨子晖. 财政政策与货币政策对私人投资的影响研究——基于有向无环图的应用分析. 经济研究, 2008 (05): 81 - 93.

[159] 叶青, 叶跃, 徐琼. 人口结构特征及对城镇化和房价的影响——基于湖北省第六次人口普查及有关资料. 调研世界, 2012 (06): 40 - 44.

[160] 易纲, 王昭. 货币政策与金融资产价格. 经济研究, 2002 (03): 13 - 20.

[161] 易君健, 易行健. 房价上涨与生育率的长期下降: 基于香港的实证研究. 经济学 (季刊), 2008, 7 (3): 961 - 982.

[162] 于震, 张超磊. 日本宏观审慎监管的政策效果与启示——基于信贷周期调控的视角. 国际金融研究, 2015 (04): 34 - 44.

[163] 张宝林, 潘焕学. 影子银行与房地产泡沫: 诱发系统性金融风险之源. 现代财经, 2013 (11): 33 - 44.

[164] 张慧毅, 蒋玉洁. 中国影子银行体系的风险及其监管研究. 中央财经大学学报, 2013 (09): 26 - 32.

[165] 张红, 李洋. 房地产市场对货币政策传导效应的区域差异研究——基于 GVAR 模型的实证分析. 金融研究, 2013 (02): 114 - 128.

[166] 张健华, 贾彦东. 宏观审慎政策的理论与实践进展. 金融研究, 2012 (01): 20 - 35.

[167] 张晓晶, 孙涛. 中国房地产周期与金融稳定. 经济研究, 2006 (01): 23 - 33.

[168] 张晓朴. 系统性金融风险研究: 演进、成因与监管. 国际金融研究, 2010 (07): 58 - 67.

[169] 张新. 房地产金融宏观审慎管理的探索与实践. 上海金融, 2017 (01): 3 - 6.

[170] 占云生. 宏观审慎监测指标与调控工具的选择：理论与实践. 区域金融研究，2016（11）：25 – 30.

[171] 赵进文，高辉. 资产价格波动对中国货币政策的影响——基于1994—2006 年季度数据的实证分析. 中国社会科学，2009（02）：98 – 114.

[172] 赵进文，张胜保，韦文彬. 系统性金融风险度量方法的比较与应用. 统计研究，2013（10）：46 – 53.

[173] 赵胜民，方意，王道平. 金融信贷是否中国房地产、股票价格泡沫和波动的原因——基于有向无环图的分析. 金融研究，2011（12）：62 – 76.

[174] 赵胜民，梁璐璐，罗琦. 宏观审慎体制下的金融摩擦与房地产市场. 当代经济科学，2015，37（1）：47 – 55.

[175] 赵园. 房价波动、信贷结构与金融稳定——基于1998—2012 年数据的实证分析. 武汉金融，2015（12）：60 – 62.

[176] 赵蔚. 影子银行对商业银行信贷配给的影响研究. 经济问题，2013（05）：45 – 48.

[177] 郑宁，陈立文，任伟. 利率变动对京津冀地区房价影响的比较分析. 价格理论与实践，2016（02）：145 – 148.

[178] 郑忠华，张瑜. 房地产市场、银行体系与中国宏观经济波动——基于多部门动态随机一般均衡模型的分析. 南方经济，2015（02）：53 – 69.

[189] 周冰，苏治. 中国的货币政策能有效调控房价么？中央财经大学学报，2012（04）：17 – 22.

[180] 周晖，王擎. 货币政策与资产价格波动：理论模型与中国的经验分析. 经济研究，2009（10）：61 – 74.

[181] 周京奎. 房地产价格波动与投机行为——对中国14 个城市的实证研究. 当代经济科学，2005（04）；19 – 24.

[182] 周京奎，金融支持过度与房地产泡沫——理论与实证研究. 北京：北京大学出版社，2005.

[183] 周小川. 金融政策对金融危机的响应——宏观审慎政策框架的形成背景、内在逻辑和主要内容. 金融研究，2011（01）：1 – 14.

[184] Acharya, V. V., Richardson, M., Restoring Financial Stability：How to Repair a Failed System. John Wiley & Sons, New York NY , 2010.

[185] Acharya, V., Engle, R., Richardson, M., Capital shortfall：A new approach to ranking and regulating systemic risks. The American Economic Review：Papers and Proceedings, 2012, 102（3）：59 – 64.

[186] Acharya, V., Pedersen, L., Philippon, T., Richardson, M., Measuring systemic risk. Working Paper, NYU, 2010.

［187］ Adrian, T. , Shin H. S. , Financial Intermediaries and Monetary Economics. Handbook of Monetary Economics, vol. 3A, 601 – 650.

［188］ Adrian, T. , Brunnermeier, M. K. , CoVaR. FRB of New York Staff Report, No. 348, 2008.

［189］ Afonso, A. , Rault, C. , Multi – step analysis of public finances sustainability. Economic Modelling, forthcoming, 2014.

［190］ Agarwal , V. B. , Phillips , R. A. Mortgage Rate Buy – Downs Implications for Housing Price Indexes. Social science Quarterly , 1984, 65 （1）: 868 – 875.

［191］ Agnello, L. , Schuknecht, L. , Booms and busts in housing markets: determinants and implications. Journal of Housing Economics, 2011, 20 （3）: 171 – 190.

［192］ Ahearne, Alan, G. , et al. Monetary Policy and House Prices: A Cross – Country Study. International Finance Discussion Papers, 2005 （841）: 65 – 78.

［193］ Allen, F. , Gale, D. , Bubbles and Crises, Wharton Working Paper Series, Wharton Financial Institutions Center, 2000.

［194］ Allen, F. , Gale. Bubbles and Crises. Economic Journal, 2000, 110 （460）: 236 – 255.

［195］ Allen, F. , Gale, D. , Optimal Financial Crisis. Journal of Finance, 1998, 53 （4）: 1245 – 1284.

［196］ Allen, F. , Gale, D. , Financial contagion. Journal of political economy, 2000, 108 （1）: 1 – 33.

［197］ Allen L. , Bali, T. G. , Tang, Y. , Does systemic risk in the financial sector predict future economic downturns? Review of Financial Studies, 2012, 25 （10）: 3000 – 3036.

［198］ Alpanda, Sami, G. , Cateau, Meh. A Policy Model to Analyze Macroprudential Regulations and Monetary Policy. Bis Working Papers, 2014.

［199］ Andrew, Aurand. Density, Housing Types and Mixed Land Use: Smart Tools for Affordable Housing. Urban Studies, 2010 （5）.

［200］ Angelini, Paolo, Stefano Neri, Fabio Panetta. Grafting macroprudential policies in a macroeconomic framework choice of optimal instruments and interaction with monetary policy. 2010.

［201］ Angeloni, Ignazio, Faia, A. , Tale of Two Policies: Prudential Regulation and Monetary Policy with Fragile Banks. Kiel Working Papers, 2009.

［202］ Anundsen, A. K. , Jansen, E. S. , Self – reinforcing effects between housing prices and credit. Evidence from Norway. Discussion Papers 651, Research Department of Statistics Norway, 2011.

[203] Aoki K, Proudman J, Vlieghe G. House prices, consumption, and monetary policy: a financial accelerator approach. Ssrn Electronic Journal, 2002, 13 (4): 414 – 435.

[204] Apergis, N., Payne, J. E., Renewable and non – renewable energy consumption – growth nexus: Evidence from a panel error correction model. Energy Economics, 2012, 34 (3): 733 – 738.

[205] Arbeláez, H., Urrutia, J., Abbas, N., Short – term and long – term linkages among the Colombian capital market indexes. International Review of Financial Analysis, 2001, 10 (3): 237 – 273.

[206] Arellano, M., Bond, S., Some tests of specification for panel data: Monte Carlo evidence and an application to employment equations. The review of economic studies, 1991, 58 (2): 277 – 297.

[207] Badarudin, Z. E., Ariff, M., Khalid, A. M., Post – Keynesian money endogeneity evidence in G – 7 economies. Journal of International Money and Finance, 2013, 33: 146 – 162.

[208] Baily, M. N., Elmendorf, D. W., Litan R. E., The Great Credit Squeeze: How It Happened, How to Prevent another. Brookings Institution, 2008.

[209] Baker, D., The housing bubble and the financial crisis. Real – world economics review, 2008, 46: 73 – 81.

[210] Bakker, M. B. B., Dell´Ariccia, M. G., Laeven, M. L., Vandenbussche, J., Igan, D., Tong, H., Policies for macro – financial stability: How to deal with credit booms. International Monetary Fund, Staff Discussion Notes No. 12/6, 2012.

[211] Ball, M., Improving Housing Markets. RICS Leading Edge Series, 2003.

[212] Banulescu, G., Dumitrescu. Which are the SIFIs? A Component Expected Shortfall Approach to Systemic Risk. Journal of Banking & Finance, 2014.

[213] Barajas, A., Dell' Ariccia, G., Levchenko, A., Credit booms: The good, the bad, and the ugly. unpublished: International Monetary Fund, 2007.

[214] Bartholomew, P. F., Mote L. R., Whalen G., The Definition of Systemic Risk. Office of the Comptroller of the Currency. Presented at the seventieth annual Western Economic Association International Conference, San Diego, California, July, 1995.

[215] Batini, Nicoletta, Nelson, E., Optimal horizons for inflation targeting.

Journal of Economic Dynamics & Control, 2001, 25 (6 – 7): 891 – 910.

[216] Beatrice D. , Simo K. , Mehmet B. , Gupta R. , Monique R. , Goodness C. A. Is the Relationship between Monetary Policy and House Prices Asymmetric Across Bull and Bear Markets in South Africa? Evidence from A Markov – switching Vector Autoregressive Model. Economic Modelling, 2013, 32 (1): 161 – 171.

[217] Beau, Denis. L. , Clerc, Mojon. B. , Macro – Prudential Policy and the Conduct of Monetary Policy. Ssrn Electronic Journal, 2012, 234 (6): 120 – 141.

[218] Benoit, S. , Colletaz, G. , Hurlin, C. , Perignon, C. , A Theoretical and Empirical Comparison of Systemic Risk Measures. Available at SSRN 1973950, 2013.

[219] Bernanke, B. S. , Causes of the Recent Financial and Economic Crises. Statement before the Financial Crises Inquiry Commission. Washington, 2010.

[220] Bernanke, B. S. , Gertle. Inside the Black Box: The Credit Channel of Monetary Policy Transmission. Journal of Economic Perspective, 1995, 9 (4): 27 – 48.

[221] Bernanke, B. , S. , Gertler, M. , Gilchrist, S. , Chapter 21 The financial accelerator in a quantitative business cycle framework. Working Papers, 1998, 1 (99): 1341 – 1393.

[222] Bernanke. A Theory of Systemic Risk and Design of Prudential Bank Regulation. Journal of Financial Stability, 2009 (05): 224 – 255.

[223] Billio, M. , Getmansky, M. , Lo, A. W. , Pelizzon, L. , Econometric measures of connectedness and systemic risk in the finance and insurance sectors. Journal of Financial Economics, 2012, 104 (3): 535 – 559.

[224] Bisias, D. , Flood, M. , Lo, A. W. , Valavanis, S. , A Survey of Systemic Risk Analytics. Office of Financial Research Working Paper No. 0001, 2012.

[225] BIS. , Innovations in Credit Risk Transfer: Implications for Financial Stability. BIS Working Paper, No. 255, 2008.

[226] Bjornland, H. C. , Jacobsen, D. H. , The Role of House Prices in the Monetary Policy Transmission Mechanism in Small Open Economies. Norges Bank Working Paper, 2009.

[227] Bjornland, H. C. , Leitemo, K. , Identifying the Interdependence between US Monetary Policy and the Stock Market. Journal of Monetary Economics, 2009, 56 (2): 275 – 282.

[228] Blanchard, Olivier, G. , Dell' Ariccia, Mauro, P. , Rethinking Macroeconomic Policy. Journal of Money, Credit and Banking. Supplement, 2010 (42): 199 – 215.

[229] Bordo, M. D. , Jeanne, O. , Boom – busts in asset prices, economic in-stability, and monetary policy. National Bureau of Economic Research, No. w8966, 2002.

[230] Bordo, Michael, D. , Dueker, M. , Wheelock, D. C. , Aggregate Price Shocks and Financial Instability: An Historical Analysis. National Bureau of Economic Research, Inc, 2001, 521 – 538.

[231] Borio, C. E. , Lowe, P. W. , Asset prices, financial and monetary stabil-ity: exploring the nexus. BIS Working Paper, No. w114, 2002.

[232] Borio, C. E. , Towards a macroprudential framework for financial supervi-sion and regulation? . BIS Working Papers, No. 128, 2003.

[233] Borio, Claudio, Drehmann, M. , Towards an operational framework for fi-nancial stability: "fuzzy" measurement and its consequences. Central Bank of Chile, 2009.

[234] Bredin, D. , Reilly, G. O. , Stevenson, S. , Monetary policy transmission and real estate investment trusts. Int. J. Fin. Econ. , 2010, 16 (1): 92 – 102.

[235] Brownlees, C. T. , Engle, R. , Volatility, correlation and tails for system-ic risk measurement. New York University, mimeo, 2010.

[236] Brunnermeier, M. K. , Oehmke, M. , Bubbles, financial crises, and sys-temic risk. National Bureau of Economic Research, No. w18398, 2012.

[237] Candelon, B. , Dumitrescu, E. I. , Hurlin, C. How to Evaluate an Early – waming System: Toward a Unified Statistical Framework. Assessing Financial Crises Forecasting Methods. IMF Economic Review, 2012, 60 (1): 75 – 113.

[238] Case, K. E. , Shiner, R. J. , Forecasting Prices and Excess Returns in the Housing Market. NBER Working Paper, 1990.

[239] Castelnuovo, E. , Nisticò, S. , Stock Market Conditions and Monetary Policy in a DSGE Model for the U. S. . Journal of Economic Dynamics & Control, 2010 (9): 1700.

[240] Catte, Pietro, et al. , The role of macroeconomic policies in the global cri-sis. Journal of Policy Modeling, 2010, 33 (6): 787 – 803.

[241] Ceron, J. A. , Suarez, J. , Hot and cold housing markets: International evidence. Centre for Economic Policy Research, Discussion Paper, No. 5411, 2006.

[242] Chana, M. W. L. , Houb, K. , Lic, X. , Mountaina, D. C. , Foreign direct investment and its determinants: A regional panel causality analysis, The Quar-terly Review of Economics and Finance, 2014, 54 (4): 579 – 589.

[243] Chan – Lau, J. , Espinosa, Giesecke, Solé. Assessing the systemic impli-

cations of financial linkages. IMF Global Financial Stability Report, 2, 2009.

[244] Chan K. F. , Sirimon T. , Robert B. , et al. Asset maket linkages: Evidence from Fincinal , commodity and Real estate Assets. Journal of Banking and Finance, 2011 (6): 1415 –1426.

[245] Chen, J. H. , Guo, F, Wu, Y. , One Decade of Urban Housing Reform in China: Urban Housing Price Dynamics and the Role of Migration and Urbanization, 1995—2005. Habitat International, 2011, 35: 1 – 8.

[246] Christensen, I. , DIB, A. , The financial accelerator in an estimated new Keynesian model. Review of Economics Dynamics, 2008, 11 (1): 155 – 178.

[247] Christensen I, Corrigan P, Mendicino C, et al. Consumption, housing collateral and the Canadian business cycle. Shin – Ichi Nishiyama, 2009, 49.

[248] Claessens, S. , Kose, M. M. A. , Financial Crises Explanations, Types, and Implications. International Monetary Fund. Working Paper No. 13/28, 2013.

[249] Colletaz, G. , Hurlin, C. , Threshold Effects in the Public Capital Productivity: An International Panel Smooth Transition Approach. Working Papers halshs – 00724208, HAL. , 2008.

[250] Collyns, C. , Senhadji. Lending Booms Real Estate Bubbles and the Asian Crisis. IMF Working Paper, 2002, No. 20.

[251] Crowe, C. , Ariccia, Igan. How to Deal with Real Estate Booms: Lessons from Country Experiences. Journal of Financial Stability, 2011, 9 (3): 300 –319.

[252] Cúrdia, Vasco, Woodford, M. , Credit Spreads and Monetary Policy. Federal Reserve Bank of New York, 2009, 3 –35.

[253] David G, Michael P, Andrew S. How Should Monetary Pollcy Respond to Assetprice Bubbles? International Journal of Central Banking, 2005, Vol. 1, No. 3: 1 –31.

[254] Davis, E. P. , Debt, Financial Fragility and Systemic Risk. Revise Edition, Oxford University Press, 1995.

[255] De Bandt, O. , Hartmann, P. , Systemic Risk: A Survey. CEPR Discussion Papers, 2000.

[256] Del Negro, M. , Otrok, C. , 99 Luftballons: Monetary Policy and the House Price Boom across U. S. States. Journal of Monetary Economics, 2007, 54 (7): 1962 –1985.

[257] Dent, H, S. , The Next Great Bubble Boom: How to Profit from the Greatest Boom in History, 2005 –2009, Free Press.

[258] Desai, V. , Urbanization and Housing the Poor: Overview. International

Encyclopedia of Housing and Home, 2012: 212 - 218.

[259] Detken, C., Smets, F., Asset price booms and monetary policy. ECB Workshop on 11/12 December 2003.

[260] Diebold, F. X., Yilmaz. On the Network Topology of Variance Decompositions: Measuring the Connectedness of Financial Firms. Journal of Econometrics, 2014, 182 (1): 119 - 134.

[261] Dong, Y., Green Trend of Indemnificatory Housing: Three American Cases Study. Architectural Journal, 2011.

[262] Dreger, C., Zhang, Y., Is there a Chinese real estate bubble? Regional evidence and implications. DIW Discussion Paper 1081, 2010.

[263] Drehmann, M., Tarashev, N., Systemic importance: some simple indicators. BIS Quarterly Review: 25 - 37, 2011.

[264] Drehmann, M., Tarashey. Measuring the Systemic Importance of Interconnected Banks. Journal of Financial Intermediation, 2013, 22 (4): 586 - 607.

[265] Engle, R. F., Grange, C. W. J., Cointegration and Error Correction: Representation, Estimation and Testing. Econometrica, 1987, (55): 251 - 276.

[266] Englund, P., Ioannides, Y. M., House price dynamics: an international empirical perspective. Journal of Housing Economics, 1997, 6 (2): 119 - 136.

[267] Fair, R. C., Disequilibrium in Housing Models. Journal of Finance, 1972, 2: 207 - 221.

[268] Favilukis, J., Kohn, D., Ludvigson, S. C., Van Nieuwerburgh, S., International capital flows and house prices: Theory and evidence. National Bureau of Economic Research, No. w17751, 2012.

[269] Fiechter, Jonathan, et al., The Making of Good Supervision: Learning to Say "No". Ssrn Electronic Journal, 2010.

[270] Fiordelisi, F., Marques - Ibanez, D., Molyneux, P., Efficiency and risk in European banking. Journal of Banking and Finance, 2011, (35): 1315 - 1326.

[271] Financial Stability Board. Shadow Banking: Strengthening Oversight and Regulation, 2011b.

[272] Frankel, Rose. Currency Crashes in Emerging Markets: An Empirical-treatment. Journal of International Economics, 1996.

[273] Freixas, X., Parigi, B. M., Rochet, J., Systemic risk, interbank relations, and liquidity provision by the central bank. Journal of money, credit and banking, 2000: 611 - 638.

［274］Galí, Jordi. Monetary Policy, Inflation, and the Business Cycle. Manuscript, CREI and UPF, 2007.

［275］Gali, Jordi, Tommaso Monacelli. Monetary policy and exchange rate volatility in a small open economy. The Review of Economic Studies, 2005, 72 (3): 707 – 734.

［276］Gelain, P. , Bank, N. , (2011, May). Macro – prudential policies in a DSGE model with financial frictions. In 7th Dynare Conference, Atlanta, USA.

［277］Gennaioli, N. , Shleifer, A. , Vishny, R. W. , A Model of Shadow Banking. Journal of Finance, 2013 (6).

［278］Gennaioli, N. , Shleifer, A. , Vishny, R. , Neglected risks, financial innovation, and financial fragility. Journal of Financial Economics, 2012, 104 (3): 452 – 468.

［279］Gennaioli, N. , Shleifer, A. , Vishny, R. W. , A Model of Shadow Banking. Journal of Finance, 2013 (9): 86.

［280］Gerdesmeier, D. , Reimers, H. E. , Roffia, B. , Asset Price Misalignments and the Role of Money and Credit. International Finance, 2010, 13 (3): 377 – 407.

［281］Gerlach, S. , Peng, W. , Bank lending and property prices in Hong Kong. Journal of Banking & Finance, 2005, 29 (2): 461 – 481.

［282］Gertler, M. , Karadi. A Model of Unconventional Monetary Policy. Journal of Monetary Economics, 2011 (1): 17 – 34.

［283］Gertler, M. , Kiyotaki, Queralto. Financial Crisis, Bank Risk Exposure and Government Financial Policy. Working Paper, 2010.

［284］Girardi, G. , Tolga, A. , Ergün. Systemic risk measurement: Multivariate GARCH estimation of CoVaR. Journal of Banking & Finance, 2013, 37 (8): 3169 – 3180.

［285］Gilchrist, S. , Leahy, J. V. , Monetary policy and asset prices. Journal of monetary Economics, 2002, 49 (1): 75 – 97.

［286］Gilchrist, Simon, John V. , Leahy. Monetary policy and asset prices. Journal of monetary Economics, 2002, 49 (1): 75 – 97.

［287］Glaeser, E. L. , Gottlieb, J. D. , Gyourko, J. , Can cheap credit explain the housing boom? National Bureau of Economic Research. No. w16230, 2010.

［288］Glocker, Christian, Towbin, P. , The Macroeconomic Effects of Reserve Requirements. Ssrn Electronic Journal, 2012.

［299］Goetzrnann, W. N. , Peng, L. , Jaequeline, Y. , The sub – prime crisis and House price appreciation. Yale ICF Working Paper, 2009: 9 – 14.

[290] Goetz von P. , Asset prices and banking distress: A macroeconomic App-mach. Joumal of Finacial Sitability, 2009, 75 (10): 298 – 319.

[291] Gonza'les, A. , Teräsvirta, T. , van Dijk, D. , Panel smooth transition re-gression model and an application to investment under credit constraints. Working Pa-per of Stockholm School of Economics, 2004.

[292] Goodhart, C. , Hofmann, B. , Segoviano, M. , Bank regulation and mac-roeconomic fluctuations. Oxford review of economic Policy, 2004, 20 (4): 591 – 615.

[293] Goodhart, C. A. E. , Segoviano, M. A. , Hofmann, B. , Default, Credit Growth, and Asset Prices. International Monetary Fund, Working Paper No. 06/ 223, 2006.

[294] Goodhart, C. , Hofmann, B. , House prices, money, credit, and the macroeconomy. Oxford Review of Economic Policy, 2008, 24 (1): 180 – 205.

[295] Goodhart, Charles, A. E. , Price stability and financial fragility. Finan-cial stability in a changing environment. Palgrave Macmillan UK, 1995, 439 – 509.

[296] Gorton, G. , Metrick, A. , The Run on Report and the Panic of 2007—2008. Yale ICF Working Paper, 2010: 9 – 14.

[297] Goukasian, L. , Majbouri, M. , The Reaction of Real Estate – Related Industries to the Monetary Policy Actions. Real Estate Economics, 2010, 38 (2): 355 – 398.

[298] Gourinchas, P. O. , Valdes, R. , Landerretche, O. , Lending booms: Latin America and the world. National Bureau of Economic Research. No. w8249, 2001.

[299] Gray, D. , Jobst, A. , Systemic CCA – A Model Approach to Systemic Risk. Citeseer, 2010.

[300] Gray, Dale F. , and Andreas A. Jobst. Higher Moments and Multivariate Dependence of Implied Volatilities from Equity Options as Measures of Systemic Risk. Global Financial Stability Report, Chapter 3, April (Washington, D. C. : International Monetary Fund) , 2009, pp: 128 – 131.

[301] Green, R. , Hendershott. R. H. , Age, Housing Demand, and Real House Prices. Regional Science and Urban Economics, 1996, 26: 465 – 480.

[302] Guo, F. , Huang, Y. S. , Does "hot money" drive China's real estate and stock markets? . International Review of Economics & Finance, 2010, 19 (3): 452 – 466.

[303] Guo, F. C., ZHOU, E. Y., Demographic Structure and Real Estate Price. International Conference on Engineering and Business Management. International Conference on Engineering and Business Management, EBM, 2010.

[304] Hakkio, Keeton. Financial stress: What is it, how can it be measured, and why does it matter? . Economic Review, 2009 (3): 26 – 31.

[305] Hans, D., Raf, W., Endogenous risk in a DSGE model with capital – constrained financial intermediaries. Journal of Economic Dynamics & Control, 2014, 43: 241 – 268.

[306] Hansen, B. E., Threshold Effects in Non – Dynamic panels: Estimation, Testing and Inference, Journal of Econometrics, 1999, 93: 345 – 368.

[307] He, Arvind, K., A Macroeconomic Framework for Quantifying Systemic Risk. National Bureau of Economic Research, 2014.

[308] Hilbers, P., Otker – Robe, I., Pazarbasioglu, C., Johnsen, G., Assessing and managing rapid credit growth and the role of supervisory and prudential policies. IMF Working Paper No. 05/151, 2005.

[309] Himmelberg, C., Mayer, C., Sinai, T., Assessing high house prices: Bubbles, fundamentals, and misperceptions. National Bureau of Economic Research, No. w11643, 2005.

[310] Hofmann, B., Bank Lending and Property Prices: Some International Evidence. HKIM Working Paper, 2003.

[311] Hofmann, B., The Determinants of Private Sector Credit in Industrialized Countries: Do Property Prices Matter? BIS Working Paper, 2001.

[312] Hofmann, B., Bank Lending and Property Prices: Some International Evidence. The Hong Kong Institute for Monetary Research Working Paper, 2003.

[313] Hollander, Hylton, Liu, G., The equity price channel in a New – Keynesian DSGE model with financial frictions and banking. Economic Modelling, 2013 (52): 375 – 389.

[314] Horioka, C. Y., Tenure Choice and Housing Demand in Japan. Journal of Urban Economics, 1988, 24 (3): 289 – 303.

[315] Huang, X., Zhou, H., Zhu. H., Assessing the systemic risk of a heterogeneous portfolio of banks during the recent financial crisis. Journal of Financial Stability, 2012, 8 (3): 193 – 205.

[316] Huang, X., Zhou, Zhu. Systemic risk contributions. Journal of financial services research, 2012, 42 (1 – 2): 55 – 83.

[317] Huang, X., Zhou, Zhu. A framework for assessing the systemic risk of

major financial institutions. Journal of Banking & Finance, 2009, 33 (11): 2036 – 2049.

[318] Hurlin C. , Threshold Eects of the Public Capital Productivity: An International Panel Smooth Transition Approach. 2012. RunShare Companion Website.

[319] Hwang, M. , Quigley, J. M. , Economic fundamentals in local housing markets: evidence from US metropolitan regions. Journal of Regional Science, 2006, 46 (3): 425 – 453.

[320] Iacoviello, M. , House prices, Borrowing Constraints, and Monetary Policy in the Business Cycle. American Economic Review, 2005, 95 (3): 739 – 764.

[321] Iacoviello, M. , House Prices and the Macro Economy in Europe: Results from a Structural VAR Analysis . ECB Working Paper Series, 2000, No. 18.

[322] Iacoviello, M. , House Prices, Borrowing Constraints, and Monetary Policy in the Business Cycle. American Economic Review, 2005, 95 (3): 739 – 764.

[323] Illing, M. , Liu, Y. , Measuring financial stress in a developed country: An application to Canada. Journal of Financial Stability, 2006, 2 (3): 243 – 265.

[324] International Monetary Fund (IMF) . Are credit booms in emerging markets a concern?, World Economic Outlook, 2004.

[325] International Monetary Fund. Shadow Banks: Economics and Policy IMF. Staff Discussion Note, 2012.

[326] Issing, Otmar. Monetary and Financial Stability: Is there a Trade – off? . Bis Papers, 2003.

[327] Jarocinski, M. , Smets, F. R. , House Prices and the Stance of Monetary Policy. Federal Reserve Bank of St. Louis Review, 2008, 339 – 365.

[328] Kannan, Prakash, Pau Rabanal, Alasdair Scott. Monetary and macroprudential policy rules in a model with house price booms. International Monetary Fund, Research Department, 2009.

[329] Kaminsky, G. L. , Reinhart, C. M. , The twin crises: the causes of banking and balance – of – payments problems. American economic review, 1999, 89 (3): 473 – 500.

[330] Karapetyan, A. , Credit, house prices, and risk taking by banks in Norway. Norges Bank Staff Memo, 13, 2011.

[331] Kasparova, D. , White, M. , The Responsiveness Of House Prices To Macroeconomic Forces: A Cross – Country Comparison. European Journal of Housing Policy, 2001, 1 (3): 385 – 416.

[332] Kaufman, Scott. What is Systemic Risk, and Do Bank Regulators Retard

or Contribute to It? Independent Review, 2003, 371 –388.

[333] Kennedy, N. , Andersen, P. , Housing saving and the real house prices: an international prospective. BIS Working Paper, 1994 (20) .

[334] Kiyotaki N. , Moore I. Credit Cycle: Journal of political Economy, 1997, 105: 211 –248.

[335] Kritzman, M. , Li, Y. , Page, S. , Rigobon, R. , Principal components as a measure of systemic risk. The Journal of Portfolio Management, 2011, 37 (4): 112 –126.

[336] Krugman, P. , A model of balance of payment crises. Journal of Money. Credit and Banking, 1979 (11): 311 –325.

[337] Leung, C. , Macroeconomics and housing: a review of the literature. Journal of Housing Economics, 2004, 13 (4): 249 –267.

[338] Lim, Cheng Hoon, et al. , Macroprudential Policy: What Instruments and How to Use Them? Lessons from Country Experiences. Imf Working Papers, 2011.

[339] Li, J. , What causes China's property boom? . Property Management, 2013, 31 (1): 4 –21.

[340] Louzis D, Vouldis A. Financial Systemic Stress Index for Greece. Bank of Greece Working Paper, 2013.

[341] Lowe, Philip William, Borio, C. E. V. , Asset prices, financial and monetary stability: exploring the nexus. Ssrn Electronic Journal, 2002.

[342] Mankiw, N. G. , Weil, D. N. , The baby boom, the baby bust, and the Housing Market. Regional Science and Urban Ecnomics, 1989, 19: 235 –258.

[343] Martínez – Jaramillo, S. , Pérez, O. P. , Embriz, F. A. , Dey, F. L. G. , Systemic risk, financial contagion and financial fragility. Journal of Economic Dynamics and Control, 2010, 34 (11): 2358 –2374.

[344] Matteo, Iacoviello. House Prices, Borrowing Constraints, and Monetary Policy in the Business Cycle. American Economic Review, 2005, 95 (3): 739 –764.

[345] Mayer, C. , Sinai, T. , Bubble trouble? Not likely. Wall Street Journal, 2005.

[346] McDonald, J. F. , Stokes, H. H. , Monetary policy and the housing bubble. The Journal of Real Estate Finance and Economics, 2013, 46 (3): 437 –451.

[347] McFadden, D. , Demographics, the Housing Market, and the Welfare of the elderly, in: D. Wise, ed. , Studies in the economics of aging (The University of Chicago Press, Chicago, and NBER) .

[348] Meltzer, A. H. , Monetary, credit and (other) transmission processes: a

monetarist perspective. The Journal of Economic Perspectives, 1995: 49 – 72.

[349] Mendicino C, Punzi M T. House prices, capital inflows and macro – prudential policy . Journal of Banking & Finance, 2014, 49 (12): 337 – 355.

[350] Mendoza, E. G. , Smith, K. A. , Terrones, M. E. , Mind Your Credit Booms. IMF Working Paper (Washington: International Monetary Fund), 2004.

[351] Mendoza, E. G. , Terrones, M. E. , An Anatomy of redit Booms: Evidence From Macro Aggregates and Micro Data. FED, Discussion Paper, No. 936, 2008 (7) .

[352] Mendoza, E. G. , Terrones, M. , E. , An Anatomy of Credits Booms and their Demise. Journal Economía Chilena (The Chilean Economy), Central Bank of Chile, 2012, 15 (2): 4 – 32.

[353] Mian, Atif, Amir Sufi. The Consequences of Mortgage Credit Expansion: Evidence from the 2007 Mortgage Default Crisis. University of Chicago Working Paper, 2008.

[354] Mishkin, Frederic, S. , Globalization, Macroeconomic Performance, and Monetary Policy. Journal of Money, Credit and Banking. Supplement, 2009 (41): 187 – 196.

[355] Mistrulli, P. E. , Assessing financial contagion in the interbank market: Maximum entropy versus observed interbank lending patterns. Journal of Banking & Finance, 2011, 35 (5): 1114 – 1127.

[356] Mukhija, Vinit. Can Inclusionary Zoning Be Effective & Efficient Housing Policy? . Journal of Urban Affairs, 2009 (1) .

[357] Müller, J. , Interbank credit lines as a channel of contagion. Journal of Financial Services Research, 2006, 29 (1): 37 – 60.

[358] Muth, R. F. , The Demand for Non – Farm Housing. The Demand for Durable Goods, University of Chicago Press, 1960.

[359] Nag, A. , Mitra, A. , Neural Networks and Early Warning Indicatorn of Currency Crisis. Reserve Bank of India Occasional Papers, 1999, 20 (2): 183 – 222.

[360] N'Diaye, Papa M'B. P. , Countercyclical Macro Prudential Policies in a Supporting Role to Monetary Policy. general information , 2009 (257): 1 – 22.

[361] Nelson, E. , The future of monetary aggregates in monetary policy analysis. Journal of Monetary Economics, 2003, 50 (5): 1029 – 1059.

[362] Nier, E. , Yang, J. , Yorulmazer, T. , Alentorn, A. , Network models and financial stability. Journal of Economic Dynamics and Control, 2007, 31 (6):

2033 – 2060.

［363］ Oet, M. , Eiben, Bianco, T. , Gramlich, D. , Ong, S. , The financial stress index: Identification of systemic risk conditions. Working Paper, Federal Reserve Bank of Cleveland, forthcoming, 2011.

［364］ Oet, M. V. , Bianco, T. , Gramlich, D. , Ong, S. J. , SAFE: An early warning system for systemic banking risk. Journal of Banking & Finance, 2013, 37 (11): 4510 –4533.

［365］ Ognjen Vukovic. Predicting Financial Contagion and Crisis by Using Jones, Alexander Polynomial and Knot Theory. Journal of Applied Mathematics and Physics, 2015 (3): 1073 – 1079.

［366］ Ottens, D. , Lambregts, E. , Poelhekke, S. , Credit Booms in Emerging Market Economies: A Recipe for Banking Crises? . Manuscript, De Nederlandsche Bank, 2005.

［367］ Padoa – Schioppa, Tommaso. Central banks and financial stability: exploring the land in between. The Transformation of the European Financial System 2003: 269 – 310.

［368］ Pan, H. R. , Wang, C. , House prices, bank instability, and economic growth: evidence from the threshold model. Journal of Finance, 37 (1): 1720 – 1732.

［369］ Patro, D. K. , Qi, M. , Sun, X. , A simple indicator of systemic risk. Journal of Financial Stability, 2013, 9 (1): 105 – 116.

［370］ Paul, E. , Orzechowski. Bank profits, loan activity, and monetary policy: evidence from the FDIC's Historical Statistics on Banking. Review of Financial Economics, 2016: 55 – 63.

［371］ Pearl J. Causal diagrams for empirical research ［J］ . Biometrika, 1995, 82 (4): 669 – 688.

［372］ Pedroni, P. , Panel Cointegration: Asymptotic and Finite Sample Properties of Pooled Time series Tests, With an Application to the PPP Hypothesis, Econometric Theory, 2004 (20): 597 – 625.

［373］ Pedroni, P. , Critical values for cointegration tests in heterogeneous panels with multiple regressors. Oxford Bulletin of Economics and statistics, 1999, 61 (S1): 653 – 670.

［374］ Pouvelle, C. , Bank Credit Asset Prices and Financial Stability: Evidence from French Banks. IMF Working Paper, 2012, No. 103.

［375］ Pozsar, Z. , Singh, M. , The Non – Bank Nexus and the Shadow Banking

System. IMF Working Paper WP/11/190, 2011.

[376] Pug, C., Urbanization in Develping Countries: An overview of the Economic and Policy Issue in the 1990s. 1995, 6: 381 – 398.

[377] Robstad, Ørjan. House Prices, Credit and the Effect of Monetary Policy in Norway: Evidence from Structural VAR Models. Bank Working Paper, 2014 (5): 26 – 41.

[378] Rubio, Margarita, José, A., Carrasco – Gallego. Macroprudential and Monetary Policy Rules: a Welfare Analysis. The Manchester School, 2015, 83 (2): 127 – 152.

[379] Sachs, J., Tornell, A., Velasco, A., Financial Crises in Emerging Markets: The Lessons from 1995. Brookings Papers on Economic Activity, 1996 (1): 147 – 2151.

[380] Schwartz, Robert, A., A proposal to stabilize stock prices. Journal of Portfolio Management, 1988, 15 (1): 4 – 11.

[381] Segoviano, M. A., Goodhart, C. A. E., Banking stability measures. International Monetary Fund, 2009.

[382] Setzer, R., Greiber, C., Money and Housing: Evidence for the Euro Area and the US. Deutsche Bundesbank Discussion Paper 12/2007, 2007.

[383] Shen. Chen. Causality between Banking and Currency Fragilities: A Dynamic Panel Model. Global Finance Journal, 2008, 19: 85 – 101.

[384] Shen, C. H., Lee, Y. H., Wu, M. W., Guo, N., Does Housing Boom Lead to Credit Boom or Is It the Other Way Around? The Case of China. International Review of Economics and Finance, 2016, 42: 349 – 367.

[385] Sheldon, G., Maurer, M., Interbank Lending and Systemic Risk: An Empirical Analysis for Switzerland. Swiss Journal of Economics and Statistics (SJES), 1998, 134 (IV): 685 – 704.

[386] Shen, C. H., Lee, Y. H. Wu, M. W., Guo, N., Does Housing Boom Lead to Credit Boom or Is It the Other Way Around? The Case of China. International Review of Economics and Finance, 2016 (42): 349 – 367.

[387] Shen, C. H, Lin, K. L., Guo, N., Hawk or Dove: Switching Regression Model for the Monetary Policy Reaction Function in China. Pacific – Basin Finance Journal, 2016 (36): 94 – 111.

[388] Smets, F., Wounters, R., Shocks and frictions in US business cycles: a Bayesian DSGE approach. American Economic Revies, 2007 (3): 586 – 606.

[389] Smith, B. A., Ohsfldt, R., Housing – Price Inflation in Houston,

1970—1976. Policy Studies Journal, 1982, 8 (2): 257 - 276.

[390] Sprites, P., Glymour, C., Scheines, R., Causation Prediction and Search. Published by MIT Press, 2000.

[391] Stefan, L., Andrea, P., Jarkko, T., Systemic Risk: A New Trade - off for Monetary Policy? IMF working paper, 2015: 1 - 46.

[392] Suh, S., Measuring systemic risk: A factor - augmented correlated default approach. Journal of Financial Intermediation, 2012, 21 (2): 341 - 358.

[393] Suh, Hyunduk. Macroprudential Policy: Its Effects and Relationship to Monetary Policy. Ssrn Electronic Journal, 2012.

[394] Tabak, B. M., Takami, M., Rocha, J., Cajueiro, D. O., Souza, S. R., Directed clustering coefficient as a measure of systemic risk in complex banking networks. Physica A: Statistical Mechanics and its Applications, 2014, 394: 211 - 216.

[395] Takats, E., Ageing and Asset Prices. BIS Working Paper, August, 2010.

[396] Tarashev, N., Borio, C., Tsatsaronis, K., Attributing systemic risk to individual institutions. Bank for International Settlements, 2010.

[397] Tarashev, N., Borio, C., Tsatsaronis, K., The systemic importance of financial institutions. BIS Quarterly Review, 2009: 75 - 87.

[398] Tavman, Yaprak. A comparative analysis of macroprudential policies. Oxford Economic Papers, 2015, 67 (2): 334 - 355.

[399] Taylor, J. B., Getting off track: How government actions and interventions caused, prolonged, and worsened the financial crisis. Hoover Press, 2009.

[400] The economist, Housing markets Double bubble trouble—China's property prices appear to be falling again, 2014.

[401] Unsal, Filiz, D., Capital Flows and Financial Stability: Monetary Policy and Macroprudential Responses. International Monetary Fund, 2011.

[402] Upper, C., Simulation methods to assess the danger of contagion in interbank markets. Journal of Financial Stability, 2011, 7 (3): 111 - 125.

[403] Upper, C., Worms, A., Estimating bilateral exposures in the German interbank market: Is there a danger of contagion? . European Economic Review, 2004, 48 (4): 827 - 849.

[404] Van Lelyveld, I., Liedorp, F., Interbank contagion in the Dutch banking sector: A sensitivity analysis. International Journal of Central Banking, 2006, 2 (2): 99 - 133.

[405] Wahab, M. , Asymmetric output growth effects of government spending: Cross – sectional and panel data evidence. International Review of Economics & Finance, 2012, 20 (4): 574 – 590.

[406] Wang, Y. Q. , Zhu, Q. G. , Energy price shocks, monetary policy and China's economic fluctuations. Asian – Pacific Economic Literature, 2015, 29 (1): 126 – 141.

[407] Wei, S. J. , Zhang, X. B. , The Competitive Saving Motive: Evidence from Rising Sex Ratios and Savings Rates in China. Journal of Political Economy, 2011, 119 (3): 511 – 564.

[408] Wei, Patrick, T. I. , Lam, Yat Hung Chiang, Barbara, Y. P. , Leung. The effects of monetary policy on real estate investment in China: a regional perspective. International Journal of Strategic Property Management, 2014, 18 (4): 368 – 379.

[409] Weinberg, D. H. , Friedman, J. M. , Stephen, K. M. , Intraurban Residential Mobility: the Role of Transactions Costs, Market Imperfections, and Household Disequilibrium. Journal of Urban Economics, 1981, 9 (3): 332 – 348.

[410] Wells, S. UK interbank exposures: systemic risk implications. Financial Stability Review, 2002, 13: 175 – 182.

[411] Westerlund, J. , Testing for error correction in panel data. Oxford Bulletin of Economics and statistics, 2007, 69 (6): 709 – 748.

[412] Woodford, Michael. Interest and prices: foundations of a theory of monetary policy. Princeton University Press, 2003.

[413] Xiao Q, CHEN T. The effect of monetary policy on real estate price growth in China. Pacific – Basin Finance Journal, 2012 (1): 62 – 77.

[414] Xiong, Song, He, Guo, Lin, Deng. Monetary Policy's Influence on Real Estate Price in China: An Analysis Based on VAR Model. Advanced Materials Research, 2014, 2880 (850): 1003 – 1007.

[415] Xu, X. E. , Chen, T. , The effect of monetary policy on real estate price growth in China. Pacific – Basin Finance Journal, 2012, 20 (1): 62 – 77.

[416] Yang, D. T. , Aggregate savings and external imbalances in China, Journal of Economic Perspectives, 2012 (26): 125 – 146.

[417] Yang, L. Simulation and Empirical Analysis on Real Estate Prediction Based on Friction Model. Applied Mechanics and Materials, 2015, 3752 (716): 474 – 478.

[418] Yang, J. , Zhou, Y. , Credit risk spillovers among financial institutions around the global credit crisis: Firm – level evidence. Management Science, 2013, 59

（10）: 2343 – 2359.

[419] Zhou, C. , Are banks too big to fail? Measuring systemic importance of financial institutions. International Journal of Central Banking, 2010, 6（4）: 205 – 250.